KB202171

丁巳六月二十四日

廣開門

丁巳六月二十四日

廣開門

丁巳六月二十四日

廣開門

丁巳六月二十四日

廣開門

丁巳六月二十四日

廣開門

丁巳六月二十四日

廣開門

丁巳六月二十四日

廣開門

丁巳六月二十四日

廣開門

丁巳六月二十四日

廣開門

丁巳六月二十四日

정조어찰첩

정조어찰첩

초판 1쇄 발행 2009년 5월 20일
초판 2쇄 발행 2009년 6월 15일

편　저 성균관대학교 동아시아학술원
펴낸이 서정돈
펴낸곳 성균관대학교 출판부
출판부장 한상만
편　집 신철호 · 현상철 · 구남희
디자인 최세진
마케팅 김종우 · 송지혜
관　리 손호종 · 김지현

등록 1975년 5월 21일 제1975-9호
주소 110-745 서울특별시 종로구 명륜동 3가 53
대표전화 02)760-1252~4
팩시밀리 02)762-7452
홈페이지 press.skku.edu

ISBN 978-89-7986-806-7 94900

탈초 번역 백승호, 장유승
탈초 교열 박철상, 최병준
번역 윤문 진재교, 안대회, 이상하, 김문식
해　　제 임형택, 진재교

성균관대학교
출　판　부

정조어필파초도(正祖御筆芭蕉圖) | 보물 743호
동국대학교박물관 소장

정조어필국화도(正祖御筆菊花圖) | 보물 744호
동국대학교박물관 소장

간행사

우리 성균관대학교 동아시아학술원은 지난 10년 동안 학교의 정책적 지원으로 한국학과 동아시아학 분야를 대표하는 연구 · 교육 기관으로 자리잡아, 이미 국내외적으로 널리 알려졌습니다. 그간 동아시아학술원에서 간행한 학술 자료와 연구 성과물 역시 국내외 학계의 비상한 주목을 받을 정도로 업적을 낸 바 있습니다.

이번에 새로 발견하여 간행하는 『정조어찰첩(正祖御札帖)』은 조선조 후기 호학군주(好學君主)이자 군사(君師)로 알려진 정조(正祖, 1752~1800)가 1796년부터 1800년 서거하기 직전까지 심환지(沈煥之, 1730~1802)에게 보낸 친필 어찰 297건을 모은 귀중한 자료입니다. 이미 동아시아학술원은 지난 2월에 기자회견과 학술발표를 통해 정조의 어찰을 공개하고, 학계와 국민으로부터 큰 관심을 촉발하였습니다. 이에 성균관대학교 동아시아학술원은 출판부의 지원에 힘입어 학계와 일반 국민의 관심에 부응하기 위하여 2책으로 간행하게 되었습니다.

사실 조선조 후기 역사에서 학술적으로나 문화적으로 정조만큼 관심을 끈 국왕은 없었습니다. 조선의 르네상스를 불러 온 국왕 정조의 편지가 297건이나 남아 있다는 사실만으로 『정조어찰첩』의 문화적 가치는 짐작하고도 남음이 있습니다. 이번에 간행하는 『정조어찰첩』은 일반 어찰(御札)이나 편지와 달리 297건 모두 정조의 정무(政務)와 관련

된 내용들입니다. 이번 간행을 통해 그동안 제대로 알려지지 않았던 국왕 정조의 정치적 행보와 인간적 면모, 나아가 정조의 제왕학(帝王學) 등을 두루 엿볼 수 있습니다.

특히 『정조어찰첩』은 『조선왕조실록』이나 『승정원일기』에서 볼 수 없는 정치사의 이면과 정조의 시대를 구체적으로 이해할 수 있는 생생한 정보를 담고 있어 학술 자료로서의 가치 또한 큽니다. 그리고 이번에 어찰첩이 간행될 수 있었던 것은 원 자료를 제공한 개인 소장가와 동아시아학술원과 고전번역원의 공동 노력 덕분입니다.

어려운 여건 속에서도 『정조어찰첩』을 제공해 주신 개인 소장자와 탈초와 번역 윤문에 노고를 아끼지 않은 동아시아학술원과 고전번역원 관계자 여러분께 감사의 말씀을 드립니다. 그리고 훌륭한 책자를 만드는 데 도움을 주신 동아시아학술원 김동순 원장과 간행에 이르기까지 기획과 조언을 아끼지 않은 진재교 · 안대회 두 분 교수의 노고에도 감사드립니다.

2009년 4월
성균관대학교 총장
서정돈

차례

일러두기

- 정조 어찰첩은 개인 소장자의 소장품으로 소장자의 허락을 받아 간행한다.
- 이 책은 새로 발굴한 정조 어찰첩을 탈초(脫草)하고 번역하여 수록한다.
- 정조 어찰첩은 6첩으로 이루어져 있다. 각 첩에 수록된 어찰의 수량은 1첩 48건, 2첩 52건, 3첩 50건, 4첩 54건, 5첩 49건, 6첩 44건으로, 모두 297건이다.
- 이 책은 열람의 편의를 위해 수록된 어찰의 순서를 다소 조정하였다. 각 첩에 수록된 어찰은 날짜순으로 재편집하고, 날짜가 명기되지 않은 어찰은 원래 수록된 위치에 그대로 두었다.
- 번역문을 먼저 수록하고, 이어서 원문을 탈초하여 수록하였다.
- 피봉에 기록된 내용 역시 탈초 번역하였다.
- 피봉에 봉함인(封緘印)이 있는 경우는 원문 하단에 [印]으로 표시하고, 인문(印文)의 내용을 판독하여 기재하였다. 착압(着押)이 있는 경우는 [ ] 안에 기재하였다. 판독할 수 없는 것은 '■'로 기재하였다.
- 원본에 첨입(添入)하도록 표시한 자구가 있는 경우는 【 】로 표기하였다. 삭제하도록 표시한 자구는 별도의 표기 없이 삭제하였다.
- 원문 판독이 불가능한 경우는 '■'로 표시하였다.
- 원문의 표점은 구(句)와 두(讀)를 구분하여 각각 쉼표(,)와 마침표(.)로 표기하였다.
- 번역은 한국고전번역원의 사료번역표준사례집의 지침을 기준으로 하되, 전문용어는 가능한 쉽게 풀어 쓰고자 하였다. 의미가 명확하지 않은 부분은 원문의 표현을 그대로 옮기고자 하였다.
- 번역문은 한글을 전용하되, 한글로만 이해하기 힘든 한자어는 ( )안에 한자를 병기하였다.

- 번역문의 단락은 역자가 임의로 구분하였다. 단, 원본에서 분명히 단락이 구분되어 있을 경우는 한 행을 띄어 구분하였다.

- 특정 인물을 지칭하는 글자는 원문에 표기된 대로 옮겨 적되, 성명이 확인되는 경우는 [ ] 안에 부기하였다. 관직명이 특정 인물을 지칭하는 경우 역시 같은 방식으로 부기하였다. 이밖에 원문에는 없으나 번역문의 이해를 높이기 위해 역자가 추가한 내용도 [ ]로 표기하였다.

- 내용상 앞뒤로 누락된 부분이 있을 것으로 추정한 경우, 번역문의 앞뒤에 [이상 결], [이하 결]로 표시하였다.

- 독자의 이해를 돕기 위하여 번역문에 각주(脚註)를 부기하였다. 간략한 설명으로 충분한 경우는 간주(間註)를 부기하였다.

- 이 책의 이해를 위해서는 『정조실록(正祖實錄) 및 정조대(正祖代)』 『승정원일기(承政院日記)』와 『일성록(日省錄)』 등에 수록된 기사를 참조할 필요가 있다. 이상의 사료에서 어찰의 내용과 관련 있는 기사가 발견되는 경우 각주를 부기하고 기사의 내용을 간략히 정리하여 소개하였다.

- 정조 어찰첩의 전체적 내용과 사료적 가치, 전체 어찰의 간략한 내용 소개에 대한 자세한 설명은 본서 해제와 성균관대학교 동아시아학술원과 한국고전번역원이 2009년 2월 9일 공동 주최한 '새로 발굴한 정조 어찰의 종합적 검토' 학술회의에서 발표된 안대회, 김문식, 박철상, 장유승, 백승호의 논문을 참조할 수 있다. 이상 5편의 논문은 『대동문화연구』 66집(성균관대학교 대동문화연구원)에 수록될 예정이다.

丁巳四月十一日

正祖御札帖

一帖

병진년1796 8월 20일에 받은 편지

101

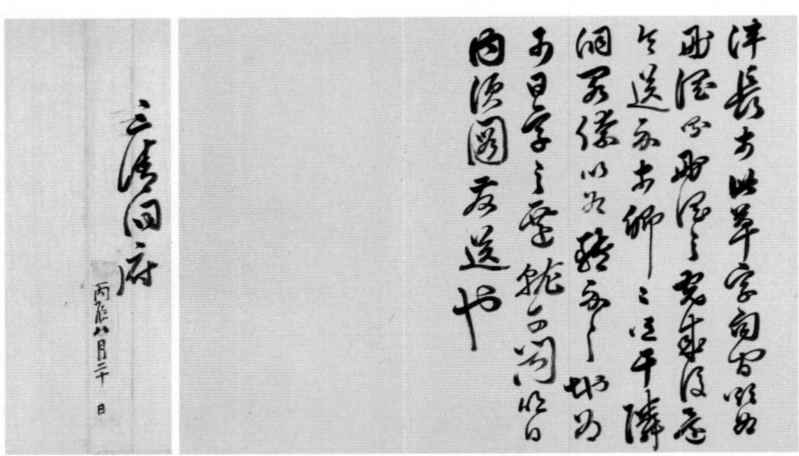

성균관 대사성[尹得孚]에게 이 초고의 자구(字句)에 다듬을 것이 있으면 다듬어 완성한 뒤, 경에게 돌려보내 보여주라고 하였다. 경은 인동(隣洞)의 각료에게 보내어 돌려 보이도록 하는 것이 좋겠다. 시일이 지연되어 답답하니 내일 안으로 발송하도록 하라.

삼청동부*
병진년 8월 20일*

泮長於此草字句間，欲爲刪潤則刪潤之，完成後，還令送示於卿．卿送于隣洞閣僚，以爲轉示之地爲可．日字之遷就，可悶．明日內須圖發送也．

三淸洞府
丙辰八月二十日

병진년1796 8월 20일에 받은 편지

우의정[尹蓍東]이 써서 들인 것이 이러하니, 원본 초고는 약간 고쳐서 사용할 수밖에 없다. 이 편지를 보고 나서 원본 초고 및 우의정의 편지는 돌려 보내도록 하라.

端揆書納者如此, 而原草不可不略加淘洗用之. 此紙覽後, 原草與端揆紙, 還送也.

三淸洞府
丙辰八月二十日

* 수신처인 삼청동부(三淸洞府)와 삼청동문(三淸洞門)은 이하 번역 생략함.
또한 그 아래 수신 날짜는 위의 제목으로 삼았으므로 이하 번역 생략함.

병진년1796 9월 3일에 받은 편지

103

듣자하니 성균관 유생 가운데 관계 없는 이들조차도 이번 상소의 일에 대해서는 전혀 다른 말이 없다고 한다. 하지만 장의(掌議)[1]가 논의를 꺼내자마자 병을 핑계댄 것에 대해서는 트집을 잡아 이러쿵저러쿵 하는 자들이 많다고 한다. 만약 이 일에 대해 터럭만큼이라도 머뭇거리는 기색을 남들에게 보인다면 말이 되겠는가?

상소의 초고가 놀랍다는 사실은 인동(隣洞)의 각료도 반드시 언급하였을 것이다. 이러한 문자에 관한 일을 잘 아는 사람으로는 이 판부사(李判府事)[李秉模]가 괜찮을 것이다. 직접 말을 전하기가 어렵다면 이익모(李翊模) 같은 사람과 무릎을 맞대고 상의하는 것이 어떠한지 모르겠다. 만일 지체하다가 수치를 당하면 어찌 되겠는가? 그밖에 이조 판서[金載瓚] 같은 이에게 주지(主旨)를 써 보내고 지어내게 해도 좋지 않겠는가?

聞泮儒中風牛不相及處, 今番疏事, 沕然無異辭, 而以掌議之纔發論, 旋稱病, 多有執跡而雌黃之者. 若於此事, 示人以一毫泄泄之色, 是豈成說乎. 疏草之駭然, 隣僚亦必及之, 而此等文字之知人事, 李判府頗可意. 如難自我送言, 如李翊模者, 造膝相議, 未知如何. 萬一遲滯貽羞, 當如何. 外此, 如吏判亦或以命意錄送, 使之構出爲可耶.

三淸洞府
丙辰九月初三日
[印]謹封

1 장의(掌議) : 성균관 및 지방 향교 재생(齋生)의 우두머리.

병진년1796 9월 15일에 받은 편지

요사이 시사(時事)는 들려줄 만한 것이 있는가? 우의정[尹蓍東]이 서(徐)[徐龍輔]에게 답한 편지는 말이 매우 눈에 거슬린다. 이른바 '파해(頗解)'라고 한 말은 무슨 뜻이며, 말을 전한 자는 어떤 사람인가? 경이 우의정과 주고받은 이야기가 도대체 무엇이기에 우의정이 이렇게 말한 것인가? 자세히 알려주도록 하라.

近來時耗, 有可聞者否. 右相之答徐書, 辭極碍眼, 所謂頗解者何謂, 而送言者何人耶. 卿於右相往復果何如, 而右相言乃如此耶. 須細示也.

三淸洞府
丙辰九月十五日
[印]肅

병진년1796 10월 17일에 받은 편지

105

보내준 편지는 잘 보았다. 저쪽에서 문제삼아 말할 단서가 없을 뿐만 아니라 처지가 이처럼 좋고 동료간의 우의가 이처럼 무거우니 그저 내 말대로 해야 할 것이다. 어찌 다른 말이 필요하겠는가? 많이 생각하지 않는 것이 좋겠다. 내 말을 늘상 듣지 않으려 하니, 경의 인사가 어찌 놀랍지 않겠는가? 껄껄.

來紙覽悉. 彼旣無可以執言之端, 而地處也如此其好, 僚誼也如此其重, 則但當依此言爲之, 豈容他說. 休却多少商量, 爲可爲可. 此言每欲不聽, 卿之人事, 豈不駭然. 呵呵.

三淸洞府
丙辰十月十七日再下

병진년[1796] 11월 30일에 받은 편지

106

부인은 쾌차하였는가? 삼아(蔘椏)를 보내니 약으로 쓰도록 하라.

室中快差耶. 蔘椏奉, 助藥用耳.

丙辰至月晦日

병진년1796 12월 26일에 받은 편지

107

방금 장지면(張至冕)의 상소[2]를 보니, 홍낙임(洪樂任) 세 글자가 나왔으나 전혀 귀착되는 곳이 없고, 병조 판서[鄭好仁]의 죄를 청한 것은 '개탄스럽고 놀랍다[慨駭]' 두 글자에 불과하여 체단(體段)을 이루지 못한다. 게다가 이경빈(李敬彬)의 무리들도 있으니 홍낙임만 거론한다면 말이 되겠는가? 계사(啓辭)는 절대 이렇게 하지 않는 것이 좋겠다.

허반(許鑿)의 일은 훗날 차대(次對)[3]에서 금위대장[李敬懋]과 상의하여 우의정[尹蓍東]에게 말하고, 그로 하여금 처치하게 하는 것이 좋겠다.[4] 금위대장의 조카[李光益]가 여기에 있어 이렇게 말해둔다.

卽見張至冕疏, 露出洪樂任三字, 全沒着落, 兵判請罪, 不過慨駭二字, 不成體段矣. 況有李敬彬輩, 則單擧任也, 豈成說耶. 啓則切勿如是爲之爲可. 許鑿事, 後日次對, 與禁將相議, 言于右相, 使之處置爲可. 禁將之侄在此, 以此言及耳.

三淸洞府
丙辰臘月念六日繼下

2 장지면(張至冕)의 상소 : 1798년 12월 27일 정조는 정호인의 상소가 『명의록(明義錄)』의 의리에 어긋난다며 그를 국문하도록 하였다. 이때 장령 장지면이 정호인의 처벌을 청하는 상소를 올렸는데, 그 상소에서 『명의록』의 의리가 시행되지 않는 데 대해 단지 '개탄한다[慨惋]' 라고만 하였다. 이 때문에 정조는 장지면 역시 문책하도록 하였다.(『승정원일기』 1796년 12월 27일) 정호인의 상소는 『승정원일기』에 보이지 않는다. 장지면의 상소는 『승정원일기』 1796년 12월 25일에 보인다.

3 차대(次對) : 매달 여섯 차례 대신, 정부 당상, 대간 옥당 등이 국왕에게 나아가 정무를 보고하는 일.

4 허반(許鑿)의 일은……좋겠다 : 이에 대해서는 『승정원일기』 1796년 12월 27일을 참조.
윤시동이 아뢰기를, "포도대장 이경무의 말을 들으니, 여름에 저곳에서 비답을 위조한 일을 조사하였더니 결국 허반이라는 사람에게 귀결되었다고 합니다. 이는 범상하게 처리할 수 없으니 우선 광주부의 옥에 옮겨 가두고 추궁하여 죄를 정하는 것이 어떻겠습니까?" 하니, 상이 아뢴대로 하라고 하였다.

지난 편지를 다 읽었는데 마침 편지를 받고 매우 기뻤다. 경은 상소를 올리는 일을 이전의 편지대로 그만두고, 함께 사직 상소를 올리는 한 가지 일에 대해서만 일제학(一提學)[鄭民始]과 의논하는 것이 어떠한가?

이직학(二直學) 형제[李時秀, 李晩秀]가 사류(士流)를 위한다는 것은 전에도 이미 여러 번 증명되었으니, 이른바 벽벽파(碧碧派) 막막조(莫莫調)[5]라 하겠다. 어찌하여 어수(魚帥)[魚用謙]의 무리들에게 알려주어 서로 담박하게 어울리도록 하지 않는가? 그렇게 하지 않는다면 도와주기를 바라고 선을 향하려는 그들의 마음을 저버리는 것이다. 이만 줄인다.

俄書已悉, 際承多喜. 卿則疏擧依俄書置之, 只以同爲尋單一款, 往復於一提如何. 二直學兄弟之爲士流, 前旣屢證, 可謂碧碧派莫莫調. 何乃不使魚帥輩知之, 澹泊於相與之際, 以阻其來蘇向善之心耶. 姑此.

三淸洞門

5 벽벽파(碧碧派) 막막조(莫莫調) : 미상.

정사년1797 1월 5일에 받은 편지

109

간밤에 잘 있었는가? 나는 곽란(癨亂)[6] 같기도 하고 아닌 것 같기도 한데 며칠째 고통스럽다. 친향(親享)[7]은 오늘 내일 차도를 보아 형세상 섭행(攝行)[8] 하도록 명해야 할 것 같으니 무척 우울하다.

윤음(綸音)의 인본(印本) 30건을 보낸다. 인소(印所)에서 인쇄해 온 것이라 하면서 먼저 경의 처소 문미(門楣)에 붙이고, 친지들의 집과 각처의 향교 및 서원에 나누어 보내는 것이 어떠한가?

夜間問如何. ■[9]似癨非癨, 數日苦痛. 親享欲觀今明加減, 勢將命攝, 何等紆菀. 綸音印本三十件送之, 謂以印來於印所, 先付卿之所處楣上, 親知之家, 各處校院, 分送如何.

三淸洞府
丁巳正月初五日

6 곽란(癨亂) : 음식이 체하여 토하고 설사하는 급성 위장병.
7 친향(親享) : 국왕이 몸소 제사를 지냄.
8 섭행(攝行) : 일을 대신 행함.
9 ■ : 원문 탈락. 오려낸 것으로 추정됨.

[경이] 보내온 하예(下隸)가 왔기에 우선 [경이] 보내준 편지부터 찾았더니, 단지 '김예(金隸)를 만나러 왔다.' 하였다. 집으로 찾아온 새를 좋아하는 것이 편지를 물고 왔는지 여부와 상관이 있겠는가? 경이 하는 일은 헐후(歇後)[10]하기가 갈수록 심해진다고 하겠으니, 도리어 껄껄 웃을 일이다.

신임 이조 판서[金載瓚]는 가까이 해서는 안 될 뿐만 아니라 지조없이 윗사람의 뜻을 따르는 습속에 기대려 한다. 어쩔 수 없이 차함(借銜)[11]하기는 하였으나 두합(豆閤)[金鍾秀] 이하 사람들은 대부분 중요한 직임을 가볍게 준 것으로 알고 있다. 경은 절대로 신귀조(申龜朝) 무리의 감언이설에 빠지지도 말고 병(秉)[李秉鼎]의 술책에 걸려들지도 않는 것이 어떠한가? 병[이병정]은 그저 한두 달 청요직에 있을 사람에 불과하니, 그에게 힘을 낭비해서야 되겠는가?

어(魚)[魚用謙] 집안의 어용구(魚用九)라는 자가 하는 짓은 하루가 다르게 심해진다. 게다가 소론(少論)과 절친하여 패악한 말을 많이 하는데 모두 근거없는 말이다. 어떻게 하면 그 놈을 흔적 없이 멀리 쫓아낼 수 있겠는가? 이 일에 대해 어 장군[어용겸]과 이야기하는 것이 어떠한가? 한(韓)이 소명(召命)을 받고 도성에 들어오는 날은 언제쯤이라 하던가?

나는 아직 완쾌하지 않아 지금까지 이불을 두르고 신음하고 있다. 처음 당

• • •

10 헐후(歇後) : 본디 뒤 끝에 붙은 말을 줄여서 앞부분만으로 뜻을 나타내는 수사 기법인데, 여기서는 뒤처리가 완벽하지 못하다는 뜻으로 쓰인 듯하다.

11 차함(借銜) : 실지 직무는 집행하지 아니하고 그 관직의 명목만 가짐.

하는 고통이라 하겠으니, 이루 말할 수 없이 답답하다. 그렇지만 며칠 뒤에는 억지로라도 세수와 빗질은 할 수 있을 듯하다. 이만 줄인다.

윤음 30건을 보낸다. 어[어용겸]와 상의하여 전에 보냈던 곳에 다시 보내는 것이 어떠한가? 어 장군[어용겸]에게 보낼 세화(歲畵)와 달력을 빠뜨리고 보내지 못하였으니, 인편을 구해 즉시 그에게 전하라.

來隸云至, 先尋來書, 只云與金隸見面. 屋烏之愛, 何間於喞書與否, 而卿之事歇後, 亦可謂愈往愈甚, 還可呵也. 新銓長, 不但不可近, 欲藉㚖詬逢迎之習, 雖不得不借銜, 而豆閤以下, 多以重任之輕授知之. 卿則切勿溺於申龜朝輩甘言, 又墮秉也術中, 如何如何. 秉是一二朔淸銜者, 何可費力於渠耶. 魚也家所謂魚用九所爲, 日甚一日. 況與少論切親, 許多悖說, 無非浪談. 何以則厥漢無痕遠逐耶. 說與此事於魚將如何. 韓也承召入城, 在何間云耶. 此尙不快勝, 至今擁衾呻囈, 可謂初當之苦, 其悶何喩. 然於數日後, 盥櫛亦似可强耳. 姑此.
綸音三十件送之, 與魚也相議, 前送處更送如何. 魚將許所送歲畵【與曆封】遺漏, 討便卽傳於渠也.

三淸洞府
丁巳正月十一日

정사년1797 1월 17일 아침에 받은 편지

요사이 잘 지냈는가? 나는 빗질하고 세수하기 시작한 지 며칠 되었으나 아직 깨끗이 낫지는 않았다. 20일 무렵이 지나야 평상시처럼 회복될 듯하다.

이명연(李明淵)의 상소[12]는 보았는가? 젊은 사람이 숨기지 않고 소회를 말하였으니 칭찬할 만한 일이다. 또 눈앞의 일에 대해 많이 이야기하였는데 눈을 뜨이게 하는 데 문제될 것이 없다. 다만 사람됨이 방비를 너무 소홀히 하고, 지난날 처분한 일을 논하는 데서도 법도가 부족함을 면치 못하였다. 즉시 베껴 쓴 것을 가져다 보는 것이 어떻겠는가?

近日安重耶. 此梳洗有日, 姑稽蘇醒, 差過念後, 庶可如常耳. 李明淵疏見之耶. 年少之人, 有懷無隱, 卽可獎之一端. 且多說及目下, 亦不害爲開眼. 但其人也太忽防範, 【論】向來處分事, 亦未免欠於矩方. 須卽取見謄本如何.

三淸洞門
丁巳正月十七日朝

12 이명연(李明淵)의 상소 : 이명연은 정조가 자신의 뜻에 맞지 않는 일에 대해 지나치게 엄격하고 조급하게 처분을 내린다고 비판하는 내용의 상소를 올렸다.(『승정원일기』 1797년 1월 17일) 그러자 일부 신료들은 이 상소가 성덕우(成德雨)와 정호인(鄭好仁)을 편든 것이라며 극력 비난하였다.

정사년1797 1월 17일 저녁에 받은 편지

112

아침에 [경이] 보내온 답장을 보고서 경이 편지의 말을 잘못 보았다고 비웃었는데, 지금 보내준 편지를 보니 더욱 껄껄 웃을 일이다.

이명연(李明淵)의 상소는 온 세상 사람들이 어려운 일이라고 말할 것이다. 그가 어떤 사람이기에 이런 일을 할 수 있었는가? 이는 과연 사람들이 과감하게 말하더라도 내가 듣기 싫어하는 기색을 보이지 않아서 그러한 것인가? 그렇다면 그 말이 옳은지 여부를 막론하고 축하할 일이지 탄식할 일이 아니다. 지금은 입을 다물고 있는 세상이기에 이렇게 판부(判付)[13]를 낼 계획이다. 보내준 편지의 '근심하고 탄식한다'는 말을 어찌 지나친 말이라 하겠는가? 그러나 이는 모두 스스로 불러들인 것이다. 사람은 반드시 스스로를 모욕한 다음에야 모욕을 당하니, 오로지 어떻게 반성하는가에 달려 있을 뿐이다.

홍문관 하예(下隸)의 일은 더욱 놀랍다. 세도(世道)가 이러한 것도 두려운데 백성들의 마음까지 이러하니 어찌 더욱 모골이 송연하지 않겠는가? 박옥당(朴玉堂)[朴鍾淳]은 그저 규례에 따라 그들에게 물었다고 하던가?

대저 기개가 나약하여 적지 않은 모욕을 받는 것이니, 이래서야 무슨 일을 할 수 있겠는가? 심지어 어(魚)[魚用謙]조차도 합문 밖 승정원 안에서 동료에게 모욕을 받았으니, 다른 사람이야 말해 무엇하겠는가? 요사이 꼴을 보면 조정에 있는 사람들은 하나도 꺼려지는 사람이 없다. 명(明)[이명연]의 일에

• • •

13 판부(判付) : 사건에 대한 국왕의 재가 사항.

대해서 왈가왈부하더라도 경들의 말은 그리 존중받지 못할 것이다. 두합(豆閤)[金鍾秀]은 경들보다 나을지도 모르지만 직임이 시임(時任)이 아닌데다 너무 늙고 병들었으니 어찌 힘을 내어 물리치기를 바랄 수 있겠는가? 한 마디로 말하자면 한심하다. 이만 줄인다.

朝見來答, 竊笑卿錯看書辭, 今見所示, 尤可呵也. 李明淵之疏, 一世皆當以難矣云耳, 渠是何人乃能辨此. 此果人皆敢言, 吾無訑訑之色而然耶. 然則無論其言之當否, 固可賀, 非可歎. 而以今含嘿之世, 爲此出判之計. 所示中憂歎, 豈可謂之過語耶. 然莫非自取, 人必自侮而後侮之, 惟在反求之如何. 至於館隸事, 尤可瞠然. 世道之如許, 猶可懼也, 民志之如許, 尤豈不悚然耶. 朴玉堂只爲【循】例問於渠輩等處云耶. 大抵氣節萎靡, 受侮不少, 如是而何事可做耶. 【甚至】魚也之閤外院中受侮於傔員, 而他尙何說耶.
近日貌樣, 在朝諸人, 無一見憚之人, 如明也之事, 曰可曰否, 卿等之言, 未必見重. 如豆閤, 或勝於卿等, 而職非時任, 衰病且甚, 亦豈有出力辭闢之望耶. 蔽一言曰寒心. 姑此.

三淸洞門
丁巳正月十七夕

정사년1797 1월 17일 초경에 받은 편지

113

방금 보내온 하예(下隸)가 돌아갈 때 혹시 범종(犯鍾)[14]할까 걱정하였다. 빠뜨린 것이 있어 다시 이렇게 인편을 보낸다.

정의조(鄭毅祚)라는 자는 그저 염량세태(炎凉世態)[15]만 아는 소론(少論), 소북(小北)이다. 가을 무렵부터 소론의 절친한 이들에게 큰소리치기를, '심 아무개[沈煥之]가 나로 하여금 강화 유수[金履翼]를 논죄하게 하였는데, 죄목은 탐학(貪虐)에 관한 일이며, 통진(通津)의 병장(屛帳)에 관한 일이 그 중 한 가지 조목이다. 나는 과연 이래도 탈이고 저래도 탈이라 일단 하지 않겠다고 하였다.' 라고 하였다. 그런데 이 말을 소론 중의 남예(南隸)들이 서로 이야기한다고들 한다. 지금 어(魚)[魚用謙]의 말을 들으니 이것과 딱 맞아 떨어진다. 잘 모르겠지만 가을 무렵 정의조에게 이 일을 하도록 권하면서 반드시 중간에서 빙자하여 팔아먹은 자가 있을 것이다. 이밖에 또 한 가지 일이 있으나 편지에 다 쓸 수 없다. 조용한 때를 기다렸다가 어[어용겸]에게 자세히 말하고, 그를 시켜 가서 전하도록 할 계획이다.

대저 경은 근래 자벽(子壁)[16]이 전혀 견고하지 않고 추기(樞機: 말)를 조심하지 않으며 기개가 엄정하지 않다. 두합(豆閤)[金鍾秀]의 친지들조차 남몰래 탄식하지 않은 적이 없다고 한다. 이러한 것들에 대해 어찌 맹렬히 노력하지 않는가?

• • •

14 범종(犯鍾) : 야간 통행 금지 시간에 함부로 다니는 일. 초경 삼점(初更三點)에서 오경 삼점까지 금지하였다.

15 염량세태(炎凉世態) : 권력이 성했을 때는 아첨하면서 붙고, 권력을 잃으면 푸대접하는 세속의 행태.

16 자벽(子壁) : 내부의 진(陣).

이명연(李明淵)의 일에 대해서는 서용보(徐龍輔)에게 편지를 보내어 근심하고 탄식한다는 뜻을 알려주는 것이 어떠한가? 요새는 자못 조용하니, 저라고 어찌 계속하고 싶겠는가? 지난번 경연에서 당부한 말을 어찌 명심하지 않는가? 이만 줄인다.

俄便來隷之還, 恐或犯鍾, 有遺漏者, 更此送便耳. 鄭毅祚者, 徒知炎涼之少論小北也. 自秋間, 倡言於少論切親處曰, 沈某使渠論沁留, 而其措語卽貪濁事, 而通津屛帳事, 爲其一條, 而渠果此頉彼頉, 姑不爲之爲言, 此說少論中南隷相與說到云云. 今聞魚說, 有此沕合, 未知秋間勸令鄭也爲此擧者, 必有中間藉賣者. 此外又有一事, 書不之盡, 頗待從容時, 當詳言於魚也, 使之往傳爲計. 大抵卿之近來子壁太不堅固, 樞機不密, 氣節不嚴. 如豆閤之親知者, 亦未嘗不竊歎云, 此等處, 何不猛着工夫耶. 如李明淵之事, 與書徐龍輔, 以示憂歎之意如何. 近頗落落, 彼亦豈欲源源耶. 向筵云云之托, 何不銘心耶. 姑此.

三淸洞門
丁巳正月十七日初更

정사년1797 1월 17일 삼경에 받은 편지

114

박(朴)[朴載淳]이 [상소]하고자 한다면[17] 적용할 법률의 명목은 신중히 정하지 않으면 안 된다. 만약 엄히 국문하여 실정을 알아내라고 주장한다면 새삼스러울 것도 없고, 도리어 한쪽 편 사람들의 당시 기습과 비슷해진다. [박재순이] 청좌(廳坐)[18]에 나아가 [상소를] 올릴 때 즉시 주선하여, '쓸어내고 타파해야 한다.' 는 등의 말로 끝맺도록 하는 것이 좋겠다. 글을 지을 때 어떻게 초를 잡을지 몰라 신경이 쓰인다.

朴也若欲爲之, 則律名不可不審愼. 若以嚴鞫得情爲說, 便不新新, 還似一邊人當時習氣. 趂廳坐呈納時, 卽爲周旋, 而以廓揮打破等語結之爲可. 至於措語間, 未知如何構草, 爲之耿耿也.

三淸洞門
丁巳正月十七日三更

17 박(朴)[朴載淳]이……한다면 : 박재순이 앞에서 나온 이명연의 상소를 반박하고 이명연을 국문하여 실정을 캐내도록 청하는 상소를 올렸다. 그러자 정조는 이 상소를 물리쳤다.(『승정원일기』 1797년 1월 18일)

18 청좌(廳座) : 승지들이 아침마다 계판(啓板) 앞에서 정렬(整列)하여 예(禮)를 행하는 일.

정사년1797 1월 19일에 받은 편지

일간에 잘 지냈는가? 나는 점점 나아지고 있다. 유생들의 통문(通文)이 있다고 들은 듯한데, 소문이 사실이라면 말이 되겠는가? 모쪼록 조사하여 금지하는 것이 어떠한가? 결코 그들이 하는 대로 둘 수 없으니 모쪼록 만류하여 중지시키는 것이 좋겠다. 명(明)[李明淵]의 일은 그 출처를 알기 어렵지 않은데, 혹시 이미 알아내었는가? 유생들의 통문에 관한 일을 알리고자 사람을 보낸다. 이만 줄인다.

日間安勝耶. 此次次差可耳. 似聞有儒通, 所聞眞有是也, 豈成說耶. 某條探禁如何. 決不可任他, 某條挽止爲可. 明也事, 大抵不難知其出處, 或已撕得耶. 爲申儒通事走伻, 餘留姑此.

三淸洞門
丁巳正月十九日

정사년1797 1월 21일 저녁에 받은 편지

116

일간에 잘 지냈는가? 그 사이 과연 한편으로는 진정시키고 한편으로는 굳게 지키고 있는가? 어(魚)[魚用謙]가 사진(仕進)[19]하지 않는 까닭은 체직을 도모하여 그러는 것인가? 명(明)[李明淵]의 집에서 혹시 탐문해 온 소식이 있는가? 이만 줄인다.

나는 요사이 더욱 나아졌다.

日間安重耶. 其間果已一邊靜鎭, 一邊堅守耶. 魚也不爲仕進, 欲爲圖遞而然耶. 明也家或有探來聲聞耶. 姑此.
此近益差勝耳.

三淸洞門
丁巳正月二十一夕

19 사진(仕進) : 관원이 규정된 시각에 관청으로 출근함.

편지를 받고 위안이 되었다. 보여준 대사헌[宋煥箕]의 상소 초본이라는 것은 야사립(野絲笠)[20]이라 하겠다. 대저 그 사람은 지난날 시패(時牌) 무리 중 한 사람이었다. 지론이 엄하지 않고 처사가 성실하지 않으니, 그의 입에서 나왔다면 만 줄이나 천 편의 글이 나오더라도 세도에 무슨 보탬이 되겠으며 대의에 무슨 도움이 되겠는가? 경의 병통은 항상 좋고 나쁜 것을 가리지 못하는 데 있으니, 이것이 지금 상황이 예전 그대로인 이유이다.

'정밀하게 하고 한결같이 하라[惟精惟一]'는 말씀은 옛 성인들이 전수해 온 의발이다. 그러나 선을 택하지 않는다면 이른바 '굳게 지킨다'는 것은 한갓 자막(子莫)의 집중(執中)[21]으로 귀결될 뿐이다. 하물며 자막의 편견조차도 오늘날의 세상에서는 기대하기 어렵지 않은가? 이제부터라도 분명히 주목하여 이전처럼 법도를 소홀히 여기지 않는 것이 어떠한가?

일전에 김선(金銑)의 상소가 나온 뒤 세상 사람들이 입을 가리고 웃었다. 이번에 어(魚)[魚用謙]의 상소[22]가 나온 뒤 조금이나마 사람들의 마음을 감복시키고 보는 사람들을 용동(聳動)케 하였는데, 또 김선과 비슷한 무리가 나와 예전처럼 먹칠을 하였다. 마치 권유(權裕)의 상소가 나온 뒤 패악한 상소

• • •

20 야사립(野絲笠) : 미상.

21 자막(子莫)의 집중(執中) : 변통할 줄 모르는 도식적인 중용을 말한다. 자막은 노(魯) 나라의 대부(大夫)이다. 맹자가 말하기를, "양주(楊朱)는 자신만을 위하고, 묵적(墨翟)은 모든 사람들을 똑같이 사랑한다 하여 각기 한쪽에 치우쳐 있다. 그런데 자막은 양주와 묵적의 중간을 헤아려 중(中)을 잡았으니, 도(道)에 가깝다. 그러나 때와 장소에 따라 적절히 변통하지 못하고, 오직 중간만 취한다면 이 역시 도에 해롭다." 하였다.(『孟子』「盡心 上」)

22 어(魚)[魚用謙]의 상소 : 어용겸의 상소는 『정조실록』 1797년 1월 18일에 보인다.

들이 나와 사람들의 마음을 감복시키지 못한 것처럼 된다면 말이 되겠는가?

지금의 계책으로는 모름지기 이명연의 상소보다 만 배나 더 큰 의리를 주장하는 상소를 올린 뒤에야 저들과 대적할 수 있을 것이다. 이보다 못한 것은 모두 시체(時體)이니, 누군들 임금의 악을 조장하고 임금의 잘못을 키운다고 말하지 않겠는가?

또 사리로 말하더라도 별달리 신기한 이야기도 없고 연석에서 하교하지도 않았는데, 앞 사람이 이미 올린 상소를 베껴 올린다면 수치를 당하는 한 가지 단초가 아니겠는가? 그리고 기강으로 헤아려 보더라도 거리낌없이 덤벼들어 도리어 조정을 경시한다고 주의를 주지 않을 수 있겠는가? 이만 줄인다.

일전에 몽상(夢相)[金鍾秀]을 만났더니 그의 지론이 느슨하기가 내 말과 똑같았다. 경도 그의 이야기를 들었는가? 대사헌의 무리가 백 번 상소한들 몽상의 한 마디만 못할 뿐이다.

承慰. 所示所謂都憲疏草, 可謂野絲笠. 大抵其人卽舊日時輩中一人, 持論不嚴, 處事欠誠, 自其口出者, 雖捧出萬行之牘千篇之章, 何益於世道, 何補於大義耶. 卿之病痛, 每在姸媸不擇, 此所以時象之依舊. 惟精惟一, 固是千聖之衣鉢, 而若不擇善, 則其所謂固執, 徒歸子莫之執中.【況子莫之偏見, 亦難望於今之世者耶.】自今明着眼目, 須勿如前泛忽於繩尺, 如何如何. 日前金銑疏以後,【以】貽一世之掩口竊笑, 今番【魚疏以後,】稍欲服人心聳群瞻之餘, 又出金銑者流, 依前塗鴉. 若權裕疏後, 諸悖疏出, 而人心不能厭服之爲, 則其可成說耶. 爲今之計, 須有萬倍勝於明也疏之大義理疏章, 然後庶可以與彼相抗, 下此皆時體也, 孰不日逢君之惡而長君之非耶. 且以事理言之, 別無新奇說話, 而不有筵敎, 謄納前人已徹之本, 尤豈不貽羞之一端, 而揆以紀綱,【亦豈】無難冒犯反忽輕朝廷之戒耶. 姑此.
日前見夢相, 其持論之緩, 一如吾言, 卿亦聞其緖論耶. 都憲輩百疏, 不若夢相一言耳.

三淸洞門
丁巳正月念六日

먼 길을 다녀온 뒤라 매우 피곤할 터인데 일간에 잘 지냈는가? 근래 오랫동안 인편 왕래가 없어 몹시 답답하였다. 두합(豆閤)[金鍾秀]의 상소는 초본(初本)에 비하면 괄목할 정도라 하겠으니 매우 다행이다. 상소에 대한 비답을 베껴 보내니 읽어 보는 것이 어떠한가?

대계(臺啓)[23]의 형식처럼 이명연(李明淵)을 다시 거론하지는 않더라도 그대의 도리에 있어서는 가만히 있으면 안 된다. 명을 받고 도성에 들어오면 한 번 부주(附奏)[24]하는 일을 결코 그만두어서는 안 된다. 그 초본은 곧장 이곳에서 지어 두합(김종수)에게 보내겠다. 하지만 이곳에 김용선(金用善)이 없다면 주선하기 어려울 듯하니, 혹시 도성에 들어오거든 승지가 가기 전에 즉시 내보내는 것이 어떠한가?

요사이 들려줄 만한 소식이 있는가? 이른바 벽패(僻牌) 몇 사람이 모욕을 당하고 경시받는 단서는 한두 가지가 아니다. 이명연의 일이 있은 뒤로 어용겸(魚用謙)이 여러 날 승정원에 있었는데도 사람들을 따라 잠자코 있으면서 애당초 뾰족하게 말한 것이 없다고 한다. 이명연의 일에 대해서만 그렇게 한 것이 아니라 눈에 거슬리고 귀에 거슬리는 속된 습관에 가까운 모든 일에 대해서 하나같이 눈을 감고 못 본 척하였다. 그래서 사람들이 모두 잔골(殘骨)이라 두려워할 것 없다고 지목한다. 어찌 이런 사람이 있단 말인가? 근래에 불러다 보고 호되게 꾸짖을 생각이 간절하였으나 이목이 몹시 번거로워 실

23 대계(臺啓) : 사헌부와 사간원의 대간(臺諫)들이 관원의 잘못을 국왕에게 보고하던 글.

24 부주(附奏) : 의정(議政)이 국왕의 유지(諭旨)에 대하여 답하는 글.

행에 옮기지 못하였다. [경이] 불러다가 이러한 뜻으로 엄하게 신칙하는 것이 어떠한가?

이명연을 성토하는 일을 말하더라도 지론이 엄하지 않아서는 안 되지만 곧장 역적으로 몰아서도 안 된다. 젊은이들의 말투와는 조금 달리하는 것이 좋겠다. 이 뜻도 그에게 말해주는 것이 어떠한가? 요사이 승정원에 들어온 뒤로 명망이 크게 떨어졌으니, 앞으로는 일마다 사납고 독하게 하라는 뜻으로 각별히 엄하게 신칙하라. 이밖에도 하고 싶은 말이 산처럼 쌓였으나 모두 다음 편지로 미룬다.

驅馳餘, 撼頓旣多, 日來安重耶. 近來久阻便使, 甚鬱甚鬱. 豆閣疏, 比之初本, 可謂刮目, 甚幸. 疏批謄送, 覽過如何. 雖不更提李明淵如臺啓之體, 在自家道理, 不可伈泄. 承命入城, 一番附奏, 斷不可已. 其草直自此處構送豆閣, 而這中若無金用善, 似難周旋. 如或入城, 卽爲出送於承宣進去之前, 如何如何. 近日有何可聞耶. 所謂僻牌數人之見侮取輕, 不一其端, 而李明淵後, 魚用謙在院多日, 隨衆噤嘿, 初無模稜之可言云, 而明淵事, 不特爲然, 諸凡碍眼碍耳, 近於俗習之事, 一例闔眼褎如, 人皆目之以殘骨不足畏, 豈有如許人耶. 近來切欲召見切責, 而亦甚煩眼, 未果爲焉. 須以此意招來嚴飭, 如何如何. 雖以討明淵事言之, 持論不可不嚴, 亦不可以逆賊【直】驅之, 差異於少年輩口氣爲可. 此意亦爲言之如何. 近於入院之後, 名望大落, 此後隨事剛毒之意, 亦爲各別嚴飭, 而此外所欲言者山積, 都留後便耳.

三淸洞門
丁巳二月初五夕

정사년1797 2월 14일에 받은 편지

119

일간에 잘 있었는가? 송 산림(宋山林)[宋煥箕]의 일은 전혀 말이 되지 않는다. 처음에는 우의정[尹蓍東]이 올라온다고 말하였는데, 어제 해래사관(偕來史官) 편에 갑자기 병을 핑계댄 것은 오로지 한양의 의론이 둘로 갈라졌기 때문에 그런 것이다. 지금은 소홀히 대할 수 없으니 우의정과 상의하여 힘을 합쳐 불러올 방도를 찾으라. 송흠서(宋欽書)가 이미 올라왔다기에 경들로 하여금 주선하게 하려고 한다. 서(書)[송흠서]는 내일쯤 산림이 있는 곳으로 내려보낼 생각인데, 그 전에 힘써 도모하는 것이 어떠한가? 택일(擇日)은 아직 입계하지 않았으나 사람들이 모두 알고 있어 뒤로 미루어 정하고자 한다. 일의 체면이 어찌 말이 되겠는가? 즉시 상의하여 도모하라. 우의정은 병 때문에 응접하기 어려울 듯한데, 이러한 일들이 더욱 답답하지 않겠는가? 서용보(徐龍輔)는 이 일을 자세히 알 것이니, 함께 상의하여 우의정과 편지를 주고받는 것이 어떠한가? 이미 사진(仕進)하였다기에 만나서 이야기하고자 했는데, 어찌하여 즉시 나갔는가?

日間安勝耶. 宋山林事, 萬萬不成說. 初則右相以上來有言矣, 昨於偕來史官便, 忽地稱病者, 專由於京中議論之携貳而然. 今則不可泛忽, 須與右相相議, 以爲合力招來之地, 而宋欽書已爲上來, 欲令卿等周旋, 書也則明間下送山林處爲計, 其前力圖如何. 擇日姑未入啓, 而人皆知之, 則今將退定, 其在事體, 亦豈成說耶. 卽卽相議圖之, 而右相之病, 似難應接. 此等事, 尤豈不可悶. 徐龍輔詳知此事, 亦與之相議, 往復於右相如何. 聞已仕進, 欲爲面說矣. 何其卽爲出去耶.

三淸洞門
丁巳二月十四日

日前安候節 宋山林事業業不知
誠從朝下右相以上來不言者以爲
借來史官保色地稱病者專由於
京中議論之携貳與我令下不已
總色深與右相之從以爲合力拒
來之地而宋欽書已而上來皆是卿
未周旋之也下此而可也 山林處
不必至若力圖也可擇日出來
入路而人皆欲之下令將近之至
在事雖亦望其從仰即之以
緣國之而右相之病似稍應稍
出於事尤豈不可問繼就輔得否
此事亦與之相議後與右相也耶
耶已任之其行而圖從矣何其爲
也不宣

三清洞門

丁巳二月十四日

정사년1797 2월 20일에 받은 편지

120

아침에 연석에서 잠시 만났으나 바라보기만 할 뿐 가까이 할 수는 없는 처지라 하겠다.

산림(山林)[宋煥箕]이 또 사직 상소를 올렸다. 의례적으로 한 번 사양하고자 그러는 것인가, 아니면 계속해서 고집하는 것이라 하던가? 재령 군수[宋欽書]는 내려간 뒤로 보내온 편지가 있는가? 불러올 방도를 십분 유의하는 것이 좋겠다. 그 사이 들려줄 만한 것이 있는가? 이는 전적으로 여주(驪州)[尹得孚]가 올라오려 하지 않기에 누군가 회덕(懷德)[宋煥箕]에게 나오지 말라고 권하여 그렇게 된 것이다. 이것이 어찌 소홀히 여길 일이겠는가? 다시 힘껏 도모하는 것이 어떠한가?

요사이 들려줄 만한 것이 있는가? 어(魚)[魚用謙]도 소식을 전하지 않으니 어째서인가? 정녕 사정(私情)을 따르는 사람으로 자처하느라 황송하여 그렇다고 하던가? 이(李)[李嬅]는 가까운 곳으로 배소(配所)를 정하였다.[25] 이 또한 경의 말을 들은 것이라 하겠으니 껄껄 웃을 일이다. 이에 대한 소식을 들었는가? 이만 줄인다.

아침에 일제학[鄭民始]을 만났는데, 들을 만한 것이 많았다. 만나지 않으면 이야기하기 어렵다. 추기(樞機)를 더욱 치밀하게 하는 것이 어떠한가?

25 이(李)[李嬅]는……정하였다 : 함부로 상언(上言)한 이화(李嬅)를 강원도 삼척부(三陟府)에 정배한 일을 가리킨다.(『승정원일기』 1797년 2월 18일)

朝筵暫面, 可謂可望不可親. 山林又呈辭疏, 豈欲一番例讓而然耶. 抑一味固執云耶. 載寧倅下去之後, 或有來書耶. 其所招徠之道, 十分留意爲可. 其間有何可聞耶. 此事由於驪州之不欲上來, 而有誰勸以勿出於懷德而然, 此豈泛看處. 更須力圖之, 如何如何. 近日有何可聞. 而魚亦無所示何也. 眞箇自處以循私之人, 惶悚而然云耶. 李也近地發配, 亦可謂聽卿言, 好呵. 聞之耶. 姑此.
朝見一提, 亦多可聞, 非面不可悉, 樞機益加愼密, 如何如何.

三淸洞門
丁巳二月二十日

정사년1797 2월 25일에 받은 편지

121

오늘 이 판부사(李判府事)[李秉模]의 차자[26]는 크게 물망(物望)을 얻었다 하겠으니, 공적으로는 기쁘고 사적으로는 다행이다. 대저 그 일에 만전을 기하여 폐단이 없더라도 어찌 한양의 부호(富戶)를 화성부(華城府)로 옮겨보내는 정책이 있겠는가? 옛적에 무릉(茂陵)으로 부호들을 옮길 때에도[27] 그렇게 하지는 않았다. 절목(節目)이 완성되어 오래 전에 알려졌는데 이제 다행히 옳고 그름에 대한 논의가 일어났으니, 이 얼마나 조정의 아름다운 일이며 희소식인가? 이 대신은 어두운 곳에 앉아 버젓이 명성만 얻었으니, 배꼽을 잡고 웃을 일이다. 경도 다른 사람에게는 미리 알고 있었다는 기색을 절대로 드러내지 말고 그저 극구 칭찬하는 것이 어떠한가? 그간의 소문은 들려줄 만한 것이 있는가?

今日李判府之箚, 可謂大得物望, 爲公而喜, 爲私則幸. 大抵本事雖萬全無弊, 焉有京師豪富移送留府之經綸. 古之茂陵徙富, 亦不然矣. 而節目已成, 聽聞不咋, 今幸有可否之論, 是何等朝廷之美事與喜消息耶. 此大臣坐窨中, 公然得喫聲譽, 令人捧腹. 卿亦對人切勿出預知幾微之色, 只大加稱道, 如何如何. 其間所聞, 有何可聞耶.

三清洞門
丁巳二月二十五日

26 이 판부사(李判府事)[李秉模]의 차자 : 이병모의 차자는 화성부(華城府)의 발전에 장애가 되는 여섯 가지 절목에 관한 내용이다.(『정조실록』 1797년 2월 25일)

27 옛적에……옮길 때에도 : B.C. 127년, 한 무제(漢武帝)가 자신의 능이 조성된 무릉으로 관중(關中)의 부호 300만 호를 이주시킨 일이 있다.

정사년1797 2월 29일 밤에 받은 편지

어제는 사람이 많아 조용히 이야기하지 못하였다. 게다가 우(愚)[李海愚]에게 억지로 시키기 어려운 중요한 일이 있어 인편을 보내기도 쉽지 않으니 매우 답답하다. 요새는 무슨 들려줄 만한 것이 있는가?

종각(鍾閣)의 일은 훈련대장[李敬懋]의 조카(李光益)를 통해 어제 이미 자세히 들었다. 작년에 비하면 냉수 중의 냉수라고 하겠다. 사람들의 마음이 올바르지 않으니 너무나도 근심스럽다. 경이 서(徐)[徐龍輔]를 통해 전해준 편지도 이미 보았다. 경처럼 외딴 골목에 있는 사람이 들었다면 다른 사람들도 모두 들었으리라는 것은 알 만하다. 편지를 보내 훈련대장을 다그치고, 어떻게 조사할지 의논하라. 고(故) 장신(將臣)[28] 장붕익(張鵬翼)과 정찬술(鄭纘述)이 잡아들인 고사를 인용하여 알려주는 것이 좋겠다. 또한 익명서는 발견 즉시 불태우고 전하지 못하게 하는 금석(金石)과 같은 법이 있다. 그리고 조정에까지 미치는 일이 아니라면 조사하는 도중에는 절대로 노출하지 않도록 주의를 주는 것이 어떠한가?

昨於稠中, 未能做穩, 且因愚也緊故之難强, 討便未易, 甚鬱甚鬱. 近日有何可聞耶. 鍾閣事, 從訓將之侄, 昨旣得聞其詳. 比之昨年, 可謂冷水之冷水, 而人心之不靖, 何等憂歎. 卿之從徐所所示者, 亦已見之. 如卿在僻巷者聞之, 則他耳之無不聞可知. 須以一書激勵訓將, 議其何以查得之方, 而引喩故將臣張鵬翼鄭纘述之捉納之故事爲可, 亦以匿名書, 見卽付火, 不得相傳, 有金石之典. 且非推上朝廷之事, 决不可宣露探察中, 戒之如何.

三淸洞門
丁巳二月二十九夜

28 장신(將臣) : 각 군문(軍門)의 대장.

정사년1797 3월 5일에 받은 편지

123

편지를 보내려 하였는데 [경이] 보내준 편지를 먼저 받으니 기쁘다. 나는 이날 어버이 그리는 마음이 더욱 간절하다.[29] 하지만 소식(素食)을 한 나머지, 체증이 약속이라도 한 것처럼 거세게 일어났는데, 오늘은 다행히 조금 나았다. 보내준 편지의 몇 조목에 대해서는 어찌 애써 말하기를 기다리겠는가? 어제 이미 승지에게 회유(回諭)하였으니, 다시 형세를 보아 두 사람에게 주밀하게 처리하도록 할 생각이다.

부호(富戶)를 옮기는 일은 설령 온갖 말이 나오더라도 경들과 무슨 상관이 있겠는가? 다만 일제학[鄭民始]은 단지 사람들과 다른 정도가 아니다. 그밖에 경들을 미워하는 자들이 무어라 말할지 모르겠다. 길에서 전하는 말을 들으니, 이합(李閤)[李秉模]이 대단한 물망을 얻었다고 한다. 공적으로 얼마나 다행한 일인가? 대저 우의정[尹蓍東]이 죽은 뒤 도(道)가 날로 외로워졌다. 그리하여 교묘한 꾀를 내어 모합(某閤)[이병모]에게 물망을 얻게 한 것이니, 이 어찌 원대한 계책이 아니겠는가? 껄껄 웃을 일이다.

별지(別紙)는 보고 나서 돌려보내는 것이 어떠한가? 이와 같은 별지를 경이 매번 소홀히 여기니, 터럭만큼이라도 누설될까 걱정하여 이렇게 돌려보내라고 당부하는 것이다. 앞으로는 이렇게 말하지 않더라도 그리 알라.

29 나는……간절하다 : 영조(英祖)가 승하한 날이기 때문에 이렇게 말한 것이다.

擬付一書, 忻承來便之先施. 此此日孺慕益復靡逮, 而食素之餘, 滯症如期大發, 今日幸得少蘇耳. 示紙數條, 豈待勤說. 而昨旣回諭於承宣, 更欲觀勢周章於兩人爲計. 徒富事, 雖使百喙爭鳴, 何關於卿等. 但一提不但異於人, 其外惡卿輩者, 不知爲說之如何, 而竊聽道路, 則李閣物望, 不啻幾丈浪得云, 在公何等大幸. 大抵右相去後, 道日益孤, 所以打起工謀之某閣, 俾得輿望, 此豈非深長之計耶. 可呵. 別紙覽還如何. 似此別紙, 卿每踈曠, 恐有一毫遺漏, 有此還送之托, 後亦知此不待此.

三淸洞門
丁巳三月初五日

정사년1797 3월 12일에 받은 편지

124

요사이 오랫동안 인편 왕래가 없었는데 잘 지냈는가? 나는 종종 체증이 생겨 괴롭고 답답하다. 산림(山林)[宋煥箕]의 거취는 도맡아 주선하는 사람이 있어야 할 수 있다. 서(徐)[徐龍輔]를 통해 주고받은 편지들을 자세히 보라. 이는 모두 내가 하교한 것이니, 앞으로도 계속 이렇게 하는 것이 좋겠다.

어(魚)[魚用謙]는 요사이 소식을 전하지 않는가? 또 무슨 까닭으로 어[어용겸]만 소식을 전하고 다른 사람들은 그렇게 하려고 하지 않는가? 어[어용겸]를 이조 참의로 임명하는 일은 일단 중지하였다. 이 또한 여러 가지 생각이 있어서이니, 첫째도 그를 위해서요, 둘째도 그를 위해서다. 그를 불러다 자세히 이야기하되 발설하지 않도록 하는 것이 어떠한가?

예전 몽상(夢相)[金鍾秀]의 상소에 대해 한양에서 상소의 초를 잡은 사람이 누구누구이고, 중간에 자구를 고쳐 준 사람이 누군지를 하나하나 분명히 말하였다.【시(始)[鄭民始]의 집에서 들은 것이다.】 이처럼 추기(樞機)를 조심하지 않으니, 너무나도 답답한 노릇이다. 얼마 전 연상(連相)의 편지에 있는 '미발불류(未發不流)' 등의 구절은 마치 경이 써서 들인 것처럼 이미 소문났다고 한다. 혹시 조금이라도 조심하지 않은 일이 있는가? 당혹스러울 뿐이다.

산림[송환기]에 대한 소문은 간혹 들은 것이 있는가? 이만 줄인다.

近日久阻伻，安勝耶．此往往有滯症，苦悶苦悶．山林居停，須有主張周旋之人，可以爲之，從徐往復諸紙詳見，而此皆吾之所敎，此後一直如此爲之，爲可爲可．魚也近無所示耶．又何故獨魚也示所聞，餘人則不肯爲耶．魚之三銓姑靳，亦有多般商量，一則爲渠，二則爲渠．招渠詳伸，俾勿發耶．如何．向來夢相疎，在京草疎某某人，中間字句改給之人，無不一一明言．【始也家所聞】大抵樞機之不密若此，已甚切悶，而日前連相書辭，未發不流等句語，以卿之書納樣，已出所聞云．或一分不愼之端耶．令人瞠惑而已．山林所聞，則間亦或得聞耶．姑此．

三淸洞門
丁巳三月十二日

정사년1797 3월 29일에 받은 편지

125

요사이 오랫동안 인편 왕래가 없었다. 나는 서책의 일 때문에 바빠서 그러하였던 것인데, 경까지 종종 소식을 전하지 않은 것은 어째서인가? 요사이 아무 탈이 없는가?

우의정[李秉模]이 내일 나와서 숙배(肅拜)[30]할 것인데, 그가 요량하는 바를 혹시 들었는가? 요사이 시사(時事)는 들려줄 만한 것이 있는가? 경이 자주 연석에 올라오지 않고, 어(魚)[魚用謙]가 승정원에 들어오지 않으며, 심지어 정설(鄭椪)을 태거(汰去)한[31] 것까지도 모두 쫓겨나고 떨어질 단서로 치부한다는데, 들었는가?

경의 조카는 요사이 과연 마음을 고쳤는가? 일전에 시(始)[鄭民始]를 만났는데 들을 만한 이야기가 많았다. 직접 만나지 않으면 이야기하기 어렵다. 이만 줄인다.

近日則伻信久阻, 此中役役於書册之役而然, 卿亦不以時助聽何也. 日間無恙耶. 右揆明當出肅, 其所料量者, 亦或得聞耶. 近耗亦有何可聞耶. 以卿登筵之間濶, 魚也之不入院, 甚至鄭椪之汰去, 皆付之見逐見落之端緖云, 聞之耶. 卿姪近果改心耶. 日前見始也, 多可聞, 匪面不可悉. 姑此.

三淸洞門
丁巳三月二十九日

30 숙배(肅拜) : 새로 임명된 관원이 대궐에 나와 국왕에게 인사하는 일.
31 태거(汰去) : 잘못이 있거나 필요하지 않은 관원을 가려내어 쫓아 버림.

요새는 내가 편지를 보내지 않으면 애당초 경이 먼저 인편을 보내는 경우가 없으니, 경도 근래에 이러쿵저러쿵 하는 것을 두려워하여 그러는가? 낮 사이 경은 아무 탈 없는가?

지난 편지에서 선정(先正)[宋時烈]에게 치제(致祭)하는 장소를 용호영(龍虎營)으로 정하겠다고 했는데, 천부당만부당하다. 이른바 송동(宋洞)[32]은 다름 아닌 반인(泮人) 정가(鄭哥)[鄭學洙]의 서재(書齋)이다. 게다가 선정의 필적인 '증주벽립(曾朱壁立)' 네 글자가 완연하다. 바위에 쓴 글씨는 벽에 쓴 것과는 큰 차이가 있으니, 이런 곳에서 이런 일을 거행한다면 땅도 사람을 만나는 경우가 있다고 하겠다. 하지만 송동은 구동(狗洞)[33]과 멀지 않으니, 바른 사람을 미워하는 무리들에게서 선현을 모욕하는 말이 없을지 의문이다.

이렇든 저렇든 간에, 내 생각에는 크게 일을 벌여 사람마다 일일이 접대한다면 호조(戶曹)의 도구나 평양의 물력으로도 결코 손대기 어려울 것이다. 또한 그렇게 할 수 있다 하더라도 무장(武將)에게 구걸하거나 넉넉한 관서에 부탁한다면 결코 선정을 높이고 선정을 대우하는 도리가 아니다. 봉안할 만한 곳에 봉안하여 제사를 받도록 하고, 간소한 제수를 준비하여 편의에 따라 접대하는 것이 가장 좋은 방법이다. 이야말로 광명정대(光明正大)한 거사이니, 사류의 일은 마땅히 이와 같아야 한다. 이 뜻을 깊이 생각하는 것이 어떠한

• • •

32 송동(宋洞) : 성균관 서쪽 산기슭으로, 우암(尤庵) 송시열(宋時烈)이 기거하던 곳이다. 석벽에 우암의 친필로 '증주벽립(曾朱壁立)'이라는 네 글자가 새겨져 있다.

33 구동(狗洞) : 윤휴(尹鑴)의 집이 있던 곳이다.

가? 그동안 바삐 지내다가 이제야 서용보(徐龍輔)를 통해 경의 편지를 받아보고 이렇게 언급한다.

요새 숨어있는 근심거리 중에 북촌(北村)[34]은 오히려 두 번째에 속한다. 지난번 이문원(摛文院)에서 말한 음모가 보지도 듣지도 못하는 가운데 점차 커지고 있으니, 지금처럼 추기(樞機)를 더욱 신중히 해야 하는 때가 없다. 경은 과연 십분 조심하고 만분 입을 다물며, 이면에 관계된 일이라면 자벽(子壁)을 귀신도 엿보지 못하도록 할 수 있겠는가?

오전에 도승지[趙鎭寬]에게 내린 비지(批旨)의 '아마도 충분하리라 생각한다.[意想已愜]' 네 글자와 그 아래의 '작은 일을 조심하라.[謹微]' 두 글자는 겉으로 보면 과연 얼마나 두려운 말인가?[35] 얼마 전 서(徐)[서용보]에게 이러한 뜻을 전하여 경으로 하여금 사람들을 만나거든 두려워하는 말과 기색을 보이도록 하였다. 과연 이대로 할 계획인가? 지금 우의정[李秉模]이 바른 길로 돌아왔으니

• • •

34 북촌(北村) : 『명의록언해(明義錄諺解)』에 따르면 정조가 세손으로 있을 때 북산 아래 살았던 홍지해(洪趾海), 윤양후(尹養厚), 김상익(金相翊)을 일컫는 말이라 하나 미상.

35 오전에 도승지[趙鎭寬]에게……두려운 말인가 : 이에 대해서는 『승정원일기』 1797년 4월 4일을 참조. 상이 이르기를, "지금처럼 반성하는 때에 부지런히 자문하는 뜻을 보이고자 신료들을 합문에 오게 하였는데, 가랑비가 내렸다고 제멋대로 반열을 이탈하였다. 신칙하는 하교를 내렸는데도 즉시 대오를 정돈하지 않았으니, 저 두세 중신들은 이조 판서, 예조 판서가 아니면 각신이다. 관직이 이미 높으니, 아마도 충분하리라 생각한다.[意想已愜] 사소한 절목에 관한 일조차 쉽사리 소홀하게 여겨 태만함을 면치 못하니, 이 때문에 이같은 처지에서는 '작은 일을 조심하라.[謹微]'는 두 글자에 전전긍긍해야 한다. 그런데 두세 중신은 조심하였는가, 조심하지 않았는가? 하지만 서계(誓戒)가 중요하고 습의(習儀)가 내일이므로 마침 생각하던 차에 경의 말이 이와 같았다. 하지만 경계할 줄 알도록 하는 방도에 있어서 파직과 추고가 무슨 차이가 있겠는가? 일단 엄히 추고하라고 전지에 부표(付標)하라." 하였다.

[이하 결]

近日則除非有書,【則】初不自卿所送便, 卿亦怵畏近日嘵嘵而然耶. 午間卿無恙耶. 前書中先正致祭處所, 欲以龍營爲之, 萬不當千不可. 所謂宋洞, 必是泮人鄭哥書齋, 而且況曾朱壁立四字, 先正之筆迹宛然, 石間之蛙, 又不啻壁間之蛛, 則於此地設此擧, 亦可謂地亦有遇, 然而宋洞距狗洞不遠, 未知醜正之徒, 能無侮賢之說耶. 無論如此如彼, 吾意則張大設辦, 而一一接待人人面面, 雖欲以度支之器具, 箕城之事力, 決難下手. 又或足可如彼, 如或求乞於武將, 囑托於腴司, 決非尊先正待先正之道. 莫若妥奉於可奉處, 使之受祭, 而略備饌具, 從便接待, 則是乃正大光明之擧. 士流事當如此, 深意此意, 如何如何. 其間役役, 今始從徐龍輔所見卿書, 有此提及耳. 近日潛伏之憂虞, 北村猶屬第二件, 向於擒院云云之陰謀, 漸滋於不覩不聞之中, 而樞機之益愼, 莫今時若, 卿果十分操心, 萬分噤口, 事關裏面, 子璧能使神鬼莫窺耶. 午前知申批旨中, 意想已愜四字, 其下謹微二字, 外面觀之, 果何等悚慄之語乎. 昨令徐也傳此意, 俾卿對人示悚慄之色辭矣. 果然法此爲之爲計耶. 今則右相歸正,

三清洞門
丁巳四月初六日

정사년1797 4월 10일에 받은 편지

127

계속 나랏일로 바빠 아마도 쉴 틈이 없을 것이다. 간밤에 잘 있었는가? 요사이 소식은 어찌 알려주지 않는가? 그리고 일전에 당부한 것은 과연 어(魚)[魚用謙]에게 상세히 말하였으며, 누구누구처럼 절친한 사람이나 집안 자제들에게도 추기(樞機)를 누설하지 말고 더욱 치밀하게 하라고 신신당부하였는가? 내 눈에 띄는 사람은 단지 어 장군[어용겸] 하나뿐이니, 그가 어떻게 내 뜻을 펼지는 모르겠으나 내 마음은 이러하다. 껄껄.

산림(山林)[宋煥箕]은 상경한 뒤로 성 밖의 여관에 머물고 있다 하는데 과연 그러한가? 여관 말고 머무를 곳이 있으면 좋을 듯한데, 이 점을 도모하는 것이 어떠한가?

얼마 전 이문원(摛文院)에서 조용한 틈을 타서 노론(老論)의 시패(時牌)와 벽패(僻牌) 중 어떠한 자가 오입(外入)한 일을 이야기하였는데, 경이 그것을 서용보(徐龍輔)에게 말했다고 한다. 서[서용보]가 듣는 것이야 무슨 문제가 있겠는가마는, 내가 그에게 말하지 않은 것을 경은 함부로 이야기하였다. 나는 이처럼 경을 격의 없이 여기는데 경은 갈수록 입을 조심하지 않는다. 앞으로 경을 대할 때 나 역시 입을 다무는 것 말고 다른 방법이 없으니 우스운 일이다. 이른바 '이 떡 먹고 이 말 말아라.' 는 속담을 다시금 명심하는 것이 어떠한가?

경은 이제 늙어서 머리가 세었다. 게다가 처지와 신임이 어떠한가? 그런데 매번 입조심 한 가지 일에 대해서만은 탈이 생기는 일을 면하지 못하니, 경은 생각 없는 늙은이라 하겠다. 너무나도 답답하다.

이영재(李寧載)의 장문 편지에 대한 소문을 사람들에게서 들었는데 경은 어찌 전혀 알려주지 않는가? 모두 네 번 보냈고 네 번째 편지가 더욱 볼 만하다는데 과연 그렇다고 하는가? 우의정[李秉模]의 일은 근래에 어떻게 관계하고 있는가? 서용보가 주장하기는 하나 이익모(李翊模)와 이노춘(李魯春) 중에 누구의 말을 더 잘 듣는다고 하는가? 이만 줄인다.

連以王務鞅掌, 想無休歇時, 夜還無䗧耶. 近耗何無所示. 而日前所托, 果詳言於魚也, 亦令渠雖對切親如某某人家間子弟, 不露樞機, 益加愼密之意, 申申當付耶. 吾目中只知魚將一人, 雖未知渠之如何對揚, 而吾心則如此. 呵呵. 山林上來後, 留接城外旅客家云云, 果然云耶. 旅客外如有借接之處似好, 以此圖之如何. 向於摛院從容時, 說老之時僻中外入之事矣, 卿對徐龍輔說到云. 徐之聞之, 固何妨也. 吾所不言於渠者, 卿則輕說, 吾之視卿無間如彼, 而卿之不愼口, 愈往愈甚. 此後對卿, 吾亦當緘嘿之外, 無他道, 還覺呵呵. 所謂喫此餠忍此言之諺, 更須銘念如何. 卿今老白首, 且地處與委畀顧何如. 每於愼口一款, 輒不免生頉, 卿可謂無筭之叟, 悶甚悶甚. 李寧載長書所聞, 聞於諸人, 卿何不槩示. 凡爲四次, 而第四書尤可觀云, 果然云耶. 右相事, 近來何以相關. 而徐龍輔雖主張, 李翊模李魯春中, 誰言傾聽云耶. 姑此.

三清洞門
丁巳四月初十日

어제 편지는 자세히 보았다. 간밤에 잘 있었는가? 나는 또 연(淵)[李明淵]의 일 때문에 어젯밤에도 눈을 붙이지 못하였으니 한바탕 웃을 일이다. 처음에는 그가 필시 미리 공초(供招)의 초고를 만들어 두었을 것이라 생각하였다. 그런데 여러 날을 기다렸다가 치대(置對)[36]하게 하였더니, 그는 그간의 사실을 전혀 모르고 두려워 어쩔 줄 몰라 하면서, 그를 빠져나가게 해주려고 나문(拿問)한 것을 자기를 추궁하는 절차인 양 착각하였다. 그리하여 첫 번째 공초와 두 번째 공초에서 횡설수설하였다고 한다. 어찌 이렇게 몰지각한 놈이 있단 말인가? 어제의 공초는 비로소 빠져나갈 길을 알고서 말한 것이었다. 이제 와서는 탕척(蕩滌)하여 서용(敍用)한들 어찌 절대로 안 될 것이 있으랴. 원정(原情)[37]은 조보(朝報)에 내도록 하였는데, 먼저 이렇게 베껴 보낸다.

요사이 벽패(僻牌)가 탈락한다는 소문이 자못 성행한다고 하는데, 내허외실(內虛外實)에 비한다면 그 이해와 득실이 과연 어떠한가? 이렇게 한 뒤라야 우리 당의 광사(狂士)[38]를 얻을 수 있을 것이다. 지금처럼 벽패의 무리들이 뒤죽박죽이 되었을 때에는 종종 이처럼 근거없는 소문이 있다 해도 무방하다. 이해할 수 있겠는가? 이만 줄인다.

36 치대(置對) : 대질 신문.

37 원정(原情) : 억울한 사정을 하소연한 내용을 적은 문서.

38 광사(狂士) : 본디 뜻만 크고 행동이 부족한 사람을 말하나, 여기서는 열성 당원의 의미에 가깝다.

昨書詳悉, 而夜間安未. 此又爲淵也事, 昨夜不得接目, 好覺一呵. 初意【以】渠必已爲構供招之草, 而等待多日, 使之置對矣, 渠則全不知其間事實, 而慌惚不知所出, 以爲渠昭脫之拿問, 認爲驅渠之大節拍, 初供再供, 狂叫亂說云, 豈有如許沒覺漢耶. 昨供始識蹊逕之說也. 到今滌用, 豈至於大不可耶. 原情使之出朝報, 而先此謄送耳. 近來僻牌見落之說, 頗盛行云. 比之內虛外實, 其利害得失, 果何如. 且如是然後, 吾黨之狂士可得. 近日僻類爲뒤죽박죽之時, 有時有此無根之嘵嘵, 也是不妨, 可以領會耶. 姑此.

三淸洞門
丁巳四月十一日

정사년1797 4월 16일에 받은 편지

129

인사는 생략한다. 안(安)[李安默]의 일[39]은 엄하게 처리한 뒤에야 두려워할 것이요, 두려워한 뒤에야 이쪽 저쪽 사람이 모두 감히 입을 열지 못할 것이다. 어찌 세도를 위한 고심이 아니겠는가? 서료(徐僚)[徐龍輔]에게는 어제 편지에 자세히 말하였고, 경에게 전해주라고 하였는데, 들었는가? 안[이안묵]이 올라오기 전에 우의정[李秉模]과 상의하여 빈틈없이 준비하도록 하라. 남인과 소론의 분위기는 연(淵)[李明淵]의 공초(供招)가 나온 뒤로 매우 두려울 정도이다. 수습할 방법을 유념하지 않는 것은 아니지만 이면을 알 수 없으니 너무도 답답한 일이다.

除冗. 安也事, 嚴然後畏之, 畏然後彼此之人, 皆不敢開口, 豈非爲世道之苦心耶. 徐僚許, 昨令已詳言於書中, 使卽轉說於卿, 聞之耶. 安也上來前, 與右相相議, 期於盛水不漏也. 午少風色, 淵供以後, 極可怕, 彌綸之方, 非不留意, 而不知裏面, 甚是悶事耳.

三淸洞門
丁巳四月十六日
[印]緘

39 안(安)[李安默]의 일 : 1795년 10월 6일 이안묵은 서유방(徐有防)과 서유린(徐有隣) 등을 탄핵하는 상소를 올렸다가 시골로 쫓겨났다. 이 무렵 이병모가 그를 용서하여 돌아오게 해달라고 청한 일을 말하는 듯하다.

정사년1797 4월 17일에 받은 편지

130

일간에 잘 지냈는가? 산림(山林)[宋煥箕]이 내일 들어올 것이니, 맞이하는 절차에 대해 어제 서(徐)[徐龍輔]를 통해 연달아 경에게 전하도록 하였는데 모두 이미 들어 아는가? 경과 성균관 대사성[尹得孚] 중에 누가 강교(江郊)에 나가겠는가? 유생들은 어떻게 할 계획이라 하던가? 경이 그곳에도 편지 한 장을 보내어 움직이도록 권하였는가? 자세히 알려 달라. 그리고 내일 [송환기가] 올라온 뒤 가서 만나보는 일에 모쪼록 힘을 써서 너무 초라하지 않도록 하는 것이 어떠한가? 이 말을 전하고자 편지를 보낸다. 이만 줄인다.

日間安勝耶. 山林明當入來, 延候節次, 昨從徐也連爲轉言於卿, 皆已聞知耶. 卿與泮長間, 或有出往江郊者耶. 儒生則何以爲計云耶. 卿亦其間付一書勸起耶. 詳示之. 而明日上來後, 往見一款, 某條宣力, 不至於太草草, 如何如何. 爲申此語. 姑此.

三淸洞門
丁巳四月十七日

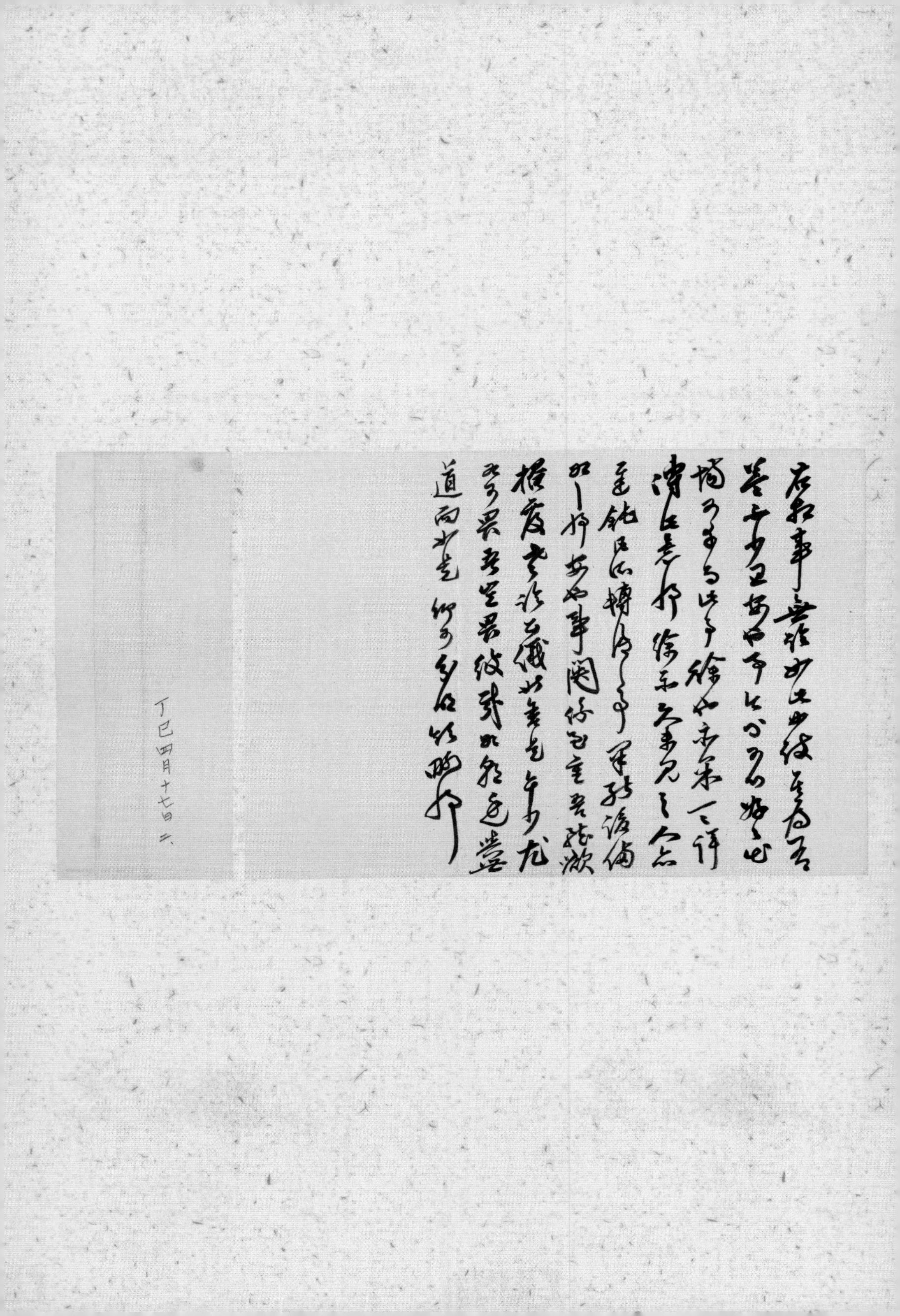

[illegible]

丁巳四月十七日 二、

우의정[李秉模]의 일은 이러하건 저러하건 간에 적지 않게 유익할 것이다. 또 안(安)[李安默]의 일은 이제 잘 처리되었으니 다행이다. 그리고 이 일에 대해서 서(徐)[徐龍輔]에게도 과연 내 뜻을 하나하나 자세히 전하였는가? 서[서용보] 역시 오래 만나지 못하였는데, 사람됨이 느리고 둔하니 다른 사람을 통해 전한 일을 과연 빈틈없이 제대로 하였는지 모르겠다.

안[이안묵]의 일은 관계된 바가 매우 중요하다. 내가 비록 노론을 덮어주고자 하나, 공의(公議)는 제쳐두고서라도 남인과 소론이 더욱 두렵다. 내가 어찌 그들을 두려워하겠는가마는 조정과 세도를 위해 이렇게 하는 것이다. 경은 분명히 이해할 수 있겠는가?

右相事, 無論如此如彼, 其爲有益不少. 且安也事, 今則可以好好出場, 可幸. 而此事徐也亦果一一詳傳此意耶. 徐亦久未見之, 人亦遲鈍, 凡所轉傳之事, 果能該備爲之耶. 安也事, 關係至重. 吾雖欲掩覆老論, 公議姑舍是, 午少尤爲可畏. 吾豈畏彼哉. 爲朝廷與世道而如是. 卿可分明領略耶.

丁巳四月十七日二

정사년1797. 4월 23일에 받은 편지

132

요사이 오랫동안 소식이 없었는데, 겸인(傔人)이 없어서 그랬던 것인가? 며칠 동안 어떻게 지냈는가?

산림(山林)[宋煥箕]의 일은 행동거지가 구차하지 않다. 한양에서 잠자코 있느니 자리에서 물러나와 곧바로 고향으로 돌아가면 흠잡힐 일이 없을 듯하다. 도승지[徐邁修]가 동행하여 무엇을 적어 보냈는가?[40] 요사이 시사에 대해서는 귀머거리나 장님과 다름이 없으니, 귀에 들어온 것이 있으면 대략 알려 주기 바란다.

황해도 관찰사[閔台爀]의 일[41]은 '초(楚)나라를 위한 것이지 조(趙)나라를 위한 것이 아니다.'[42]라는 경우와 비슷하다. 공적인 격식에 관계된 일이니 어쩔 수 없이 그리 하였다. 하지만 몽상(夢相)[金鍾秀]의 입장에서는 물리치기가 어렵게 되었으니 다행이다. 이만 줄인다.

오정원(吳鼎源)은 부디 방심하지 말고 보도록 하라. 번거로워 다 쓰지 못한다.

• • •

40 도승지[徐邁修]가……보냈는가 : 정조는 낙향하는 송환기를 만류하기 위해 도승지 서매수를 보냈다.(『승정원일기』 1797년 4월 21일)

41 황해도 관찰사[閔台爀]의 일 : 황해도 관찰사 민태혁이 장계를 올려 김종수(金鍾秀)의 출발 일자를 보고하였는데, '대감행차(大監行次) 분부기후(分付氣候)' 등의 말이 있었다. 정조는 이 말이 격식에 매우 어긋난 것이라며 파직을 명하였다.(『승정원일기』 1797년 4월 22일)

42 초(楚)나라를 ….아니다 : 겉으로는 위하는 척하면서 다른 속셈이 있는 것을 말한다. 전국시대에 진(秦)나라가 조(趙)나라의 한단(邯鄲)을 공격하자 조나라에서는 평원군(平原君)을 시켜 초(楚)나라에 가서 구원을 청하게 하였다. 평원군이 초나라에 가서 합종책(合從策)을 주장하였으나 결정이 나지 않자, 평원군을 따라온 모수(毛遂)가 뛰쳐나와, "합종책은 초나라를 위하는 것이지 조나라를 위하는 것이 아니다."라고 주장하자, 초나라 왕이 합종책을 따르기로 결정하였다.(『史記』 卷76 「平原君傳」)

近日久阻伻信，傔者不在而然耶．日間何履．山林事，行止不苟，與其在京而嘿然，退自前席，直尋本鄕，似無爲疵之端耳．知申同行，有何錄送耶．近耗一切聾聵，如有入耳者，須槩示也．海伯事，雖近於爲楚非爲趙，公格所在，不得不然，而在夢相省却難處，可幸．姑此．
吳鼎源須勿放心看也，書不能煩．

三淸洞門
丁巳四月念三日
[印]報安

정사년1797 4월 28일에 받은 편지

133

차자를 올리는 일은 이조 판서[李秉鼎]가 발이 빨랐기에 선두를 양보하게 되었으니 참으로 한탄스럽다.[43] 요사이 시사는 들려줄 만한 것이 있는가? 이영재(李寧載)의 설이 성행하는데 들어 아는가? 어(魚)[魚用謙]가 적어 보낸 편지에 윤모(尹某) 운운한 것은 무슨 일인가? 어[어용겸]에게 근래 소식을 전하라고 다시 엄하게 신칙하는 것이 어떠한가? 그가 도대체 어떤 사람이기에 이 정도로 지우(知遇)를 입고도 감히 품은 바를 다하지 않는가? 다른 사람이라면 내가 어찌 이처럼 완비하기를 요구하겠는가? 이 뜻을 자세히 전하는 것이 어떠한가?

箚擧之讓頭於吏判之疾足，切可歎咄耳．近耗有何可聞耶．李寧載之說盛行，聞知耶．魚也錄紙中尹某云云，卽何事耶．魚也許近耗，更須嚴飭如何．渠是何人，受知至此，敢不竭其所蘊耶．在他人則吾豈若是責備耶．此意細傳如何．

三淸洞門
丁巳四月念八日

43 차자를……한탄스럽다 : 정조가 강화 유수 임시철(林蓍喆)에게 사적인 편지로 명령을 내린 일이 있었는데, 임시철은 공문이 아니라는 이유로 거부하였다. 이에 정조는 그를 잡아오게 하였다. 이후 응교 박재순(朴載淳), 수찬 김이교(金履喬)가 상소하여 임시철을 두둔하자, 정조는 이들에게 엄한 비답을 내리고 체직하였다. 이로 인해 이병정이 비답의 내용이 지나치다고 상소하자 정조가 가납하였다.(『승정원일기』 1797년 4월 28일)

정사년1797 4월 28일에 받은 편지

134

인사는 생략한다. 아침에 서(徐)[徐龍輔]를 통해 편지를 보냈는데 아마 이보다 먼저 보았으리라 생각한다. 이번에는 이조 판서[李秉鼎]가 선편을 잡은데다 고비(皐比)를 하사받기까지 하였으니[44], 만일 거듭 상소한다면 경은 공을 바라는 무리가 되는 데 불과하다. 즉시 그만두는 것이 어떠한가?

除煩. 朝從徐也有所示, 想先此覽過. 而今則吏判旣先着鞭, 至蒙皐比之錫. 萬一疊呈, 卿不過爲希功之徒, 卽卽已之如何.

丁巳四月念八日付

44 고비(皐比)를……하였으니 : 이병정은 이 상소를 올려 녹피(鹿皮) 한 벌을 하사받았다.

정사년1797 5월 5일에 받은 편지

135

퇴근한 뒤 잘 지냈는가? 얼마 동안 소식이 없어 아쉬웠다. 오늘 강연(講筵)에 들어와 참석한 일은 과연 좋았다. 공무로 대궐에 나왔을 때 마침 강연이 있는 날이거든 반드시 들어와 참석하라. 늘그막의 근력으로는 매일 새벽같이 사진(仕進)하기 어려울 터이니 내일 주좌(籌坐)[45]에는 병을 핑계대고, 내일 모레 강연을 열 것이니 곧바로 주자소(鑄字所)에 사진하는 것이 어떠한가? 어장군[魚用謙]은 과연 만나서 물어보았는가?

강연에 따라 들어오는 일에 대해서 다른 사람에게는 지난 전례를 근거로 삼아 연석에서 여쭈었다고 말하는 것이 좋겠다.

오늘은 명절이다. 기름먹인 부채에 투식적인 글을 써서 보내니, 용면거사(龍眠居士)[李公麟]의 솜씨를 빌려 그림을 그려서 쓰도록 하라.

公退穩勝否, 稍阻可悵. 今日入參講筵, 果好. 因公赴闕之時, 適値日次, 則必爲入參. 而老境筋力, 有難日日曉仕, 明日籌坐懸病, 再明日當爲開講, 直爲仕進於鑄所如何. 魚將果逢見問之耶.
講筵隨入事, 對人以援據已例筵稟爲之爲言爲可, 今日卽名節也, 油扇着箇套署以送, 倩龍眠以把也.

三淸洞門
丁巳五月初五日

45 주좌(籌坐) : 비변사의 회좌(會坐).

절선(節扇)이 비록 사소한 것이라고는 하지만 조정의 명령이니 삼가 따라야 한다. 금년 경상도와 전라도에서는 과연 금령을 어기지 않고 모두 기름을 발랐다고 하는가? 만약 어긴 자가 있다면 서료(徐僚)[徐龍輔]를 시켜 우의정[李秉模]에게 서면으로 알려 연석에서 아뢰거나 관문(關文)을 보내어 신칙하라. 기왕 조정의 금령이라 하였는데, 조정에 있는 사람들이 들고 있는 것도 법식을 어기고 만든 것이 많다. 감영에서는 법식대로 만들었더라도 각 고을에서는 금령을 어긴 경우가 많다고 하는데, 이것은 굳이 연석에서 아뢸 필요는 없다. 경이 주좌(籌坐)에 참석하였을 때 이를 강력히 말하고 굳게 배척하는 것이 좋겠다.

節扇雖曰微事, 旣是朝令, 當爲恪遵. 今年嶺湖, 果無犯禁, 而亦皆着油云耶. 如有冒犯者, 使徐僚書報右揆, 以爲筵奏, 或關飭之地. 旣云朝禁, 而朝廷之上所把, 多有違製者, 監營雖如式造成, 各邑或多犯禁處云. 此則不必筵稟, 卿於籌坐公會之時, 以此力言盛斥爲可.

丁巳五月初五日

정사년1797 5월 8일에 받은 편지

137

『소학(小學)』 초권(初卷) 책례(册禮)

전복(全鰒) 5관(串)
추복(追鰒) 2첩(貼)
장인복(長引鰒) 3첩(貼)
광어(廣魚) 2미(尾)
홍합(紅蛤) 5승(升)
해삼(海蔘) 5승(升)
대구어(大口魚) 5미(尾)
민어(民魚) 2미(尾)
석어(石魚) 3속(束)
문어(文魚) 1미(尾)
하란(蝦卵) 1항(缸)
청(淸) 1항(缸)

이제학(二提學)[沈煥之]이 연일 들어와 노고가 많았고 또 가르치는 공로가 있었으니, 유선(諭善)의 전례에 따라 책례를 할 것이다.

小學初卷册禮

全鰒五串 追鰒二貼 長引鰒三貼 廣魚二尾 紅蛤五升 海蔘五升 大口魚五尾 民魚二尾 石魚三束 文魚一尾 蝦卵一缸 淸一缸

丁巳五月初八日

二提學, 連日入來勤勞多, 而又有訓誨之功. 依諭善例, 册禮爲之.

정사년1797 6월 5일에 받은 편지

138

아침 연석에서 잠깐 만났는데, 멀찌감치서 바라볼 수는 있지만 가까이 할 수는 없다고 하겠다.

홍 대간(洪臺諫)[洪致榮]의 일[46]은 근래 가장 눈을 뜨이게 한 일이다. 이조 판서[李秉鼎]를 논죄하면서 그의 죄를 대상으로 하지 않았고, 상소에 쓴 말도 실제에 맞지 않으니 이것이 아주 흠이다. 그[이병정]도 곧 변명하는 말이 있겠지만 이것이 어찌 백성들의 뜻을 매우 두려워하는 길이겠는가? 심지어 [홍치영의] 피혐 계사(避嫌啓辭)에서는 공연히 작은 일로 대관(大官)을 침척하고 마음껏 짓밟았다. 그 사람이야 본디 말할 것도 없지만, 그 직분을 물으면 대관이다. 대관이 모욕을 받는 것은 바로 조정이 모욕을 받는 것이니, 이러한 것들에 대해 어찌하여 미리미리 힘닿는 곳에 약속하여 거조를 온당케 하고 민심이 기쁜 마음으로 복종케 하지 못하였는가? 늘상 일을 당해서야 바로잡고자 하니, 그때마다 늦어서 제때 하지 못하는 것이다.

장지면(張至冕)의 상소가 오늘 또 나왔는데, 대신(大臣)과 이조 판서의 일에 대해서는 앞서의 상소를 베껴서 들였다. 이러한 일들이 어찌 매우 답답하지 않겠는가? 비웃음을 당하는 것도 이 때문이요, 누를 끼치는 것도 이 때문이니, 어(魚)[魚用謙]를 불러다 각별히 엄하게 신칙하는 것이 어떠한가? 대관을 높이면 대간의 체면도 따라서 높아지는 법이요, 체면을 잃지 않으면 그 말이

46 홍 대간(洪臺諫)[洪致榮]의 일 : 정언 홍치영이 상소하여 비변사 당상관들은 한 자리에 모여 정사를 제쳐놓고 주색(酒色)이나 평하고 있다고 고발하였다. 아울러 이조 판서 이병정이 부정한 경로로 출세한 이진두(李鎭斗)를 의망하였다는 이유로 이병정의 삭직을 청하였다.(『승정원일기』 1797년 6월 3일)

갑절로 무거워지는 법이다. 눈앞의 급선무는 이러한 폐단을 바로잡는 것보다 더한 것이 없으니, 다시 바라건대 밤낮으로 두려워하며 생각하라.

대신(臺臣)에게 문계(問啓)[47]하는 일로 말하자면, 풍문은 풍문이요 사면(事面)[일의 체면]은 사면이니, 사면이 관계된 곳은 조사하여 바로잡지 않을 수 없다. 경재(卿宰)가 대관에 버금간다고는 하나, 지금의 꼴은 모두 거간꾼이나 다름없다. 설령 전하는 말이 지나치게 전해졌더라도 이 무리들이 항상 말하는 것은 바로 이 두 글자이니, 하고 말고는 따질 것 없다. 조사하여 바로잡아야 한다는 주장은 서용보(徐龍輔)가 힘써 주장하고 있다. 그리고 비변사 당상 중 남(南)[南公轍]의 얼굴을 봐서라도 공적인 중에서도 사정(私情)을 특별히 유념하여 어제 익(益)[李益運]으로 하여금 좌의정[蔡濟恭]을 일으켜 즉시 차자를 올리게 하였다.[48] 나의 지시로 좌의정이 욕을 한 바가지나 먹게 되었으니, 안타깝기가 이루 말할 수 없다.

내 생각에 이 일로 대신(臺臣)을 문계하면 안 되고, 문계하더라도 대신은 대답하면 안 된다. 하지만 속된 사람들의 견해가 서로 달라 혼자서 대항할 수가 없다. 서[서용보]를 만나더라도 절대 이러한 뜻을 내보이지 말라.

좌의정이 쫓겨난다는 소문이 남인들 사이에 파다한데, 당하는 사람은 이를 갈고 편드는 사람은 팔뚝을 휘두른다. 게다가 두둔하는 말을 하면서 보이

• • •

47 문계(問啓) : 국왕이 승정원으로 하여금 해당 관원을 불러와 궁금한 사항을 물어서 아뢰게 하는 것.

48 어제 익(益)[李益運]으로……올리게 하였다 : 채제공은 홍치영의 상소에 거론된 문제로 대신들을 조사하라는 차자를 올렸다.(『승정원일기』 1797년 6월 6일)

지 않는 곳에서 합심한다 하니, 모두 사류에게 불리한 일이다. 예전부터 그러하였으니, 이를 생각하면 두려울 뿐이다. 비방을 종식시킬 방법을 생각하는 것이 어떠한가? 익[이익운] 또한 자기 편에서 들은 내용을 이상과 같이 전하였다. 이 편지는 매우 번거로우니 즉시 찢어버리라.

어제 보내준 편지에서 김사원(金士源)[金祖淳], 민참봉(閔參奉)에 대해 언급한 일은 나도 들은 지 오래다. 하물며 내가 시켜서 한 일임에랴. 경은 전에 내 말을 자세히 들었을 것인데 또 무엇 때문에 오가는 이야기에 흔들려 처음 듣는 별다른 소식으로 여기는가? 경이 하는 일은 일마다 이와 같으니 무슨 일을 할 수 있겠는가? 앞으로 사람을 대할 적에는 반드시 일전에 만나서 당부한대로 더욱 추기(樞機)를 신중히 하라. 이 한 가지가 만약 터럭만큼이라도 잘못된다면 그 뒤의 일은 나도 모른다. 예나 지금이나 국가를 위해 원대한 계책을 꾸미는 자들은 사정(事情)에 우활하고 추기를 신중히 하지 않으면 예외없이 몸을 망치고 신의를 잃었다. 부디 다시 죽을 힘을 다해 참고 있는 것이 어떠한가? 서[서용보]를 만나서 과연 부탁한 대로 대략 꼬집었는가? 자세히 답하는 것이 어떠한가? 이 편지는 남겨두지 말고 즉시 찢으라.

朝筵覿面，可謂可望不可親．洪臺事，近來中最開眼，而論吏判，不以其罪，下語亦不襯，此甚欠事．彼亦將有發明之說，是豈大畏民志之道耶．至如避辭之公然以微事侵侮大官，極意凌沓．彼固不足言，問其職則大官也．大官之受侮，卽朝廷之受侮．此等處，何不預加約束於力所及處，擧措得其當，人心悅而服耶．每欲臨事較正，輒致緩不及時加之．張疏今日又發，而大臣吏判事，謄納前本．此等處，豈不切悶耶．取笑在此，貽累在此，魚也招來，各別嚴飭，如何如何．尊大官則臺體亦隨而尊，體貌不失則其言倍重．目下急先務，莫過於似此蘇弊之整頓，更望日夕惕念耳．臺臣問啓事，風聞自風聞，事面自事面，事面之有關係處，不可不査正．而卿宰雖曰亞於大官，卽今貌樣，無非騶儓之徒．設令傳說過傳，此輩恒談，卽是這二字，爲與不爲，無足輕重．而査問爲可之說，徐龍輔力主．且備堂中有南也顔情所在，特念公中之私，昨令益也打起左相，須卽翁陳矣．因吾指揮，使左相喫得一鉢辱說，咄咄何言．吾意則此事臺臣不可問也，雖問之，臺臣不可對云，而俗見參差，非一葦可抗．雖對徐也，切勿露示此意也．左相駁逐之說，盛行於午間，當之者磨牙，爲之者攘臂，從以右袒之說，涯角同心，無非不利於士流．自昔已鑑，思之懍然，亦須運意於息謗之道，如何如何．益也亦傳自中之所聞如右耳．此紙煩甚，卽扯之．

昨示中金士源閔參奉云云事，吾已聞之久矣．况吾之使之爲之．卿旣詳聞吾言於前，則又何爲而動於往來之說，認爲初聞之別所聞．卿之事，事事如此，何事可做耶．此後對人，亦必依日前面托，益愼樞機，而此一條路，若一毫蹉跌，則其後事，吾亦不知．往古來今，爲國家深長之計者，未有濶於事情，不愼樞機，【而】能不失身失信者，更須出死力忍住，如何如何．對徐也，亦果依所托，略刮之耶．詳答如何．此紙勿留，卽扯之也．

三清洞門
丁巳六月初五日

정사년1797 6월 12일에 받은 편지

139

얼마 전 만난 일로 아직까지 기쁘다. 요사이의 시사(時事)는 어째서 알아보고 알려주지 않는가? 병조 판서는 대신이 동전(東銓)[吏曹]에 천거하려 하지 않으므로 중비(中批)[49]하고자 한다. 훈련대장에게 본병(本兵)[병조 판서]이 없어서야 되겠는가? 서료(徐僚)[徐龍輔]를 시켜 우의정[李秉模]에게 천거하도록 하는 것이 어떠한가? 경의 생각이라고 말하는 것이 좋겠다. 이만 줄인다.

日昨之奉, 尙以爲喜. 近日時耗, 何不覓聞耶. 兵判以大臣之不欲應薦於東銓, 欲爲中批, 而訓將可無本兵. 使徐僚公擧於右相如何. 以卿意言之爲好. 姑此.

三淸洞門
丁巳六月十二日

49 중비(中批) : 전형(銓衡)을 거치지 않고 국왕의 특지(特旨)로 관원을 임명하는 일.

정사년1797 6월 12일 저녁에 받은 편지

140

보내준 편지의 내용은 잘 알겠다. 강석(講席)에는 다음번에 들어오라고 한 것은 경을 편안히 있도록 하기 위해서였다. 만약 내의원에 사진(仕進)한 줄 알았다면 어찌 오라고 청하지 않았겠는가?

이조 참의[金祖淳]를 중비(中批)한 것은 똑같이 대우하는 방법으로 여론을 잠재우고 소란을 무마하고자 한 것이다. 양해할 수 있겠는가? 그렇지만 치우쳐서 주객이 전도되는 지경에 이른다면, 이 역시 때에 맞게 중도를 지키는 의리가 아니다. 듣자하니 이조 참의는 죄를 저질렀다는 핑계로 나오지 않는다고 한다. 판당(判堂)[50]의 빈자리는 형세상 경에게 돌아올 것이니, 이 뜻을 먼저 아는 것이 어떠한가? 이번에는 김조순을 시켰으니 어(魚)[魚用謙]는 그 후임이 될 것이다. 그를 불러다 말해주고 함께 한바탕 웃는 것이 어떠한가?

來幅領悉, 講席之使之後日次入來, 欲爲卿穩居. 若知內局仕進, 豈不請來耶. 三銓中批, 蓋欲一視之道, 平物情而圓囂說, 可諒之耶. 然而偏而至於主客之濕淆, 亦非時中之義, 三銓聞欲限罪不出云, 而判堂見窠, 勢將歸之於卿, 此意先爲知之如何. 今則金祖淳旣爲之, 魚也當爲其代, 招渠言之, 相與一噱如何.

三淸洞門
丁巳六月十二夕

50 판당(判堂) : 판서(判書), 판윤(判尹), 판의금(判義禁) 등을 말한다. 여기서는 이조 판서를 가리킨다.

정사년1797 6월 24일에 받은 편지

141

소식이 갑자기 끊겼는데 경은 그동안 자고 있었는가, 술에 취해 있었는가? 아니면 어디로 갔었기에 나를 까맣게 잊어버렸는가? 혹시 소식을 전하고 싶지 않아 그러하였던 것인가? 나는 소식이 없어 아쉬웠다. 이렇게 사람을 보내어 모과를 보내니 아름다운 옥을 얻을 수 있겠는가?[51]

問聞頓然相阻, 卿其間眠耶醉耶. 抑往於何處而忘我實多耶. 或不欲相問而然耶. 此則稍闋爲悵, 有此委伻木瓜, 可得瓊琚耶.

三淸洞門
丁巳六月二十四日

51 모과를……있겠는가 : 『시경(詩經)』 「위풍(衛風)」 〈모과(木瓜)〉에, "나에게 모과를 던져 주기에, 아름다운 옥으로 갚는다.[投我以木瓜, 報之以瓊琚]" 하였다. 여기서는 편지를 보내니 답장을 달라는 뜻으로 쓰였다.

정사년1797 6월 25일 저녁에 받은 편지

142

오늘의 비는 농사를 위해 매우 다행이다. 그리고 어제 연석에서 말하였지만 나는 이것이 분명 소 도살 금지의 효과라고 생각한다. 요사이 듣자니 충청도에서 소 도살 금지가 전임 관찰사 때만 못하다고 한다. 우의정[李秉模]은 평안도에 있었을 때 감영의 주방에서 소를 잡지 않았다. 충청도 관찰사[韓用和]는 어버이를 모시고 있으므로 일절 금지하기는 어렵겠지만, 먼저 감영에서 모범을 보인 뒤에야 예하 고을들에 요구할 수 있을 것이다. 각별히 엄하게 신칙하라.

폄제(貶題)[52]가 머지 않았으니 백성을 병들게 하는 못난 수령들을 결코 용서해서는 안 된다. 그들로 하여금 조정이 수령을 가려뽑은 뜻을 알도록 하라. 이 또한 모쪼록 엄하게 신칙하여 실효를 거두게 하는 것이 어떠한가? 지난 편지에 말하고자 하였으나 빠뜨렸기에 이렇게 다시 사람을 보낸다.

이조 참의[金祖淳]는 아직 패초(牌招)[53]를 받들지 않았으니, 필시 명패(命牌)[54]를 찾기 어려워 그런가 보다. 우스운 일이다. 이만 줄인다.

요사이 청의(淸義)의 설이 성행한다고 하는데, 어떻게 이러한 명성을 양초지간(梁楚之間)에서 얻었는가?[55] 이미 들었는가?

52 폄제(貶題) : 관찰사가 해마다 두 차례씩 수령의 치적을 상, 중, 하로 매겨서 중앙에 보고할 때 하등으로 보고하는 일.

53 패초(牌招) : 승지가 국왕의 명을 받아 신하를 부르는 일.

54 명패(命牌) : 대신(大臣) 이하 통정대부(通政大夫) 이상, 삼사(三司), 춘방(春坊) 관원을 패초할 때 쓰이는 패.

今日之雨, 爲三農萬幸. 而昨筵亦言之, 吾則以爲分明是牛禁之效耳. 近聞湖西牛禁不若前伯時云. 右相則在關西也, 自營庖不宰, 錦伯奉老, 雖難爲一切之法, 先自營下律己, 然後列邑可責. 各別嚴飭, 而貶題不遠, 劣倅之病民者, 斷不饒貸, 俾知朝廷擇守令之意爲可. 此亦某條嚴飭, 俾有實效如何. 前書欲言而漏却, 更此委伻耳. 三銓尙未承牌, 必因艱覓而然. 可呵. 姑此.
近日淸義之說盛行云, 何以得此於梁楚耶. 亦已得聞耶.

三淸洞門
丁巳六月二十五日夕

55 어떻게……얻었는가 : 조구(曹丘)가 계포(季布)에게 말하기를, "초나라 사람들이, '황금 백 근을 얻는 것이 계포의 한 번 승낙을 얻는 것만 못하다.' 하는데, 그대는 어떻게 이러한 명성을 양초지간(梁楚之間)에서 얻었는가?" 하였다. 사람들로부터 두터운 신망을 얻고 있음을 말한다. 간혹 좋지 못한 평판을 듣는다는 뜻으로도 쓰인다.(『史記』「季布列傳」)

정사년1797 6월 27일 식전에 받은 편지

이조 참의[金祖淳]의 정사(政事)는 그래도 너무 치우쳤다고 하겠다. 볼품없는 말석조차 소론과 남인을 의망하는 것은 거론하지 않았으니 말이 되겠는가? 정(丁)[丁若鏞]을 서반(西班)으로 보내지 않은 것은 선(善)을 권장하는 뜻이 전혀 아니다.[56] 한두 가지 일 때문에 반세(半世)의 원한과 유감이 날로 심해지니, 이러한 것들을 어찌 유념하지 않는가? 참판[洪明浩]이 들어올 것이니, 이번 정사에서 서반으로 보내도록 하는 것이 어떠한가? 참의의 사직 상소는 반드시 베껴서 보는 것이 어떠한가? 참으로 볼만할 것이다. 이만 줄인다.

三銓之政, 猶言其太偏, 并與虛閒之殿末擬少午, 不爲擧論, 豈成說耶. 丁也之不爲送西, 大非勸善之意. 一事二事, 半世之怨憾日甚, 此等處, 何不留意耶. 亞銓當入來矣, 今政則使之送西如何. 此三銓辭疏, 須卽謄見如何. 儘有可觀耳. 姑此.

三淸洞門
丁巳六月二十七日食前

56 정(丁)[丁若鏞]을……전혀 아니다 : 이조에서 정약용을 군직(軍職)에 부직하지 않은 일을 말한다.(『승정원일기』 1797년 6월 27일)

정사년1797 7월 1일 저녁에 받은 편지

144

그간 오래 소식이 끊겼다. 나는 경을 도외시하지 않는다고 일찍이 경에게 말한 적이 있다. 아마 경도 나를 믿어 조정의 영욕 때문에 조금이라도 걸음을 옮기거나 모습을 바꾸지 않을 것이라 생각하였다. 게다가 지난 연석에서 말한 것도 있는데, 내가 경에게 이해받지 못한 것인가? 그 뒤 다른 사람을 통해 경에게 전한 말은 나의 태양증(太陽症)에서 비롯된 것이다. 그리고 말해놓고도 곧 잊어버렸다. 그렇지만 내가 먼저 경에게 물을 수가 없어 여러 날을 기다렸으나 인편이 오지 않아 슬퍼하고 탄식하며 마음을 가누지 못하였다. 그런데 오늘이 무슨 날인지 홀연 그대가 먼저 보내준 편지를 받으니, 울적한 마음에 너무도 위로가 되었다. 한바탕 껄껄 웃을 일이다.

기왕의 일은 말할 것 없고, 옛 사람이 말하지 않았던가? '조금이라도 의도가 있으면 곧 인욕(人慾)이다.' 라고. 이는 경의 지난번 연석에서의 광경을 말한 것이다. 내 마음은 간절히 시속(時俗)을 바로잡고자 하는데, 경의 말은 내 마음과 상반된다. 이는 바로 구(九)[李書九]를 아끼는 마음이 먼저 깊은 곳에 남아 있었기에 저절로 소홀하게 듣는 것을 면치 못하였으므로 동서문답과 다름이 없었던 것이다.

지금 내가 밤낮으로 생각하는 것은 '뜻을 가다듬는다.[銳意]' 는 이 두 글자에 있다. 어찌 내 말을 어기지 않게 하려는 것이겠는가?[57] 다만 의리(義理)는 정해진 장소나 방향이 없으니 오직 의(義)를 보아야 비로소 이(理)에 부합하

57 어찌 내 말을……것이겠는가 : 『논어(論語)』에, "나는 임금 노릇하는 데 즐거움이 없고, 오직 내 말을 어기지 않는 것을 바랄 뿐이다.[子無樂乎爲君, 唯其言而莫予違也]"라는 말이 보인다.(『論語』「子路」)

는 것이다. 때문에 천하를 인(仁)으로 이끌면 백성이 따르는[從] 것이니[58], 이 종(從)자는 참으로 좋다. 혁괘(革卦)의 정전(程傳)을 보면 그렇다는 것을 더욱 잘 알 수 있다. 배운 바를 버리고 자기가 좋아하는 것을 따른다면 매우 잘못이다. 『맹자(孟子)』의 주해(註解)를 보면 분변하기 어렵지 않다. 그렇다면 경이 지난날 했던 말은 미처 생각지 못한 것이라 하겠다.

이 기회에 경에게 한 마디 말할 것이 있다. 시패(時牌)의 젊은이들이 사촌(四寸) 이하는 돌아보지도 않으려고 하는 것은 참으로 잘못된 폐단이자 고질적인 습속이다. 하지만 경계로 삼으면서도 어쩔 수 없이 그 잘못을 따르는 경우가 있으니, 서로 도와 함께 일을 해야 할 때에 종종 일이 마음대로 되지 않아 그러한 것이다. 옛적의 훌륭한 사람들이 어찌 이런 일을 즐겨 하였겠는가?

구[이서구]의 행동과 같은 경우에는 지난날의 가면(假面)으로, 칭찬할 단서라고는 터럭만큼도 없으니, 연석에서 하교한 본뜻을 이해하지 못한 것은 경의 잘못이다. 저 구[이서구]의 어리석은 꼴을 내버려 둔 채 뒤따라 두둔하는 것이 어찌 평소 알던 경의 모습이겠는가? 지금부터 이 의리를 조용히 궁구하여 흠잡을 데 없는 확고한 도리를 찾아야 할 것이다. 지금처럼 믿지 못하는 떠들썩한 속습으로는 결코 우리 사이를 엿보지 못할 것이니, 다시금 깊이 유념하는 것이 어떠한가? 이제 다 말하고 나니 나의 마음은 구름이 걷힌 듯하다. 껄껄.

보령 현감에 관한 일로 말하자면 체직하기는 너무 애석하니, 공문으로 아

58 이로써 천하를……따르는 것이니 : 『대학(大學)』에, "요순이 천하를 인으로 이끌자 백성들이 따랐다.[堯舜帥天下以仁, 而民從之]"는 말이 보인다.(『大學』 傳9章)

뢰더라도 그의 생각이 적중하였다고 하고서 도로 내려보낼 생각이다. 그러니 그로 하여금 즉시 법례에 따라 공문을 올리게 한다면 아무 일 없을 것이다.

여강(驪江)의 김 산림(金山林)[金亮行]은 수립한 바가 탁월하다. 한 번 추가로 증직하는 일은 마음에 담아두고 있었다. 그의 선조를 따로 특별히 추증하는 일은 그때를 기다렸다가 하는 것이 좋겠다. 이만 줄인다.

其間許久阻信, 吾非外卿. 曾有設言於卿. 意謂卿之信吾, 不以朝廷間榮辱, 有些移步換形. 且況向筵云云, 吾不見諒於卿者耶. 其後轉言於卿者, 亦由此漢太陽症, 而旣言之, 便已忘之, 然不可自吾先問於卿, 側竢多日, 便使不至, 且悵且咄, 不知何以自解. 今辰何辰, 忽接先施之來翰, 丕慰耿菀之思, 還覺好呵. 旣往不須說, 而古人豈不云乎. 才有意便是人欲, 卿之向筵光景之謂也. 吾心方切於矯俗, 卿言相反於吾心, 此盖顧惜九也之心, 先着肚裏, 自不免聽之褻如, 無異問東答西. 今吾夙宵一念, 在於銳意二字, 寧或使之惟吾言而莫予違耶. 但義理無定處方嚮, 惟義是視, 始合於理, 以是率天下以仁而民從之, 此從字固好矣, 觀於革卦程傳, 尤可知其然者. 棄所學從吾好, 甚非矣, 觀於鄒書註解, 亦有不難卞者, 則卿之伊日之言, 可謂意不到. 因此又有一語於卿者. 時輩之少爾則自四寸以下不欲顧見者, 誠一弊習痼俗, 而懲羹之中, 亦有不得不反效其尤處者, 相須共成之際, 往往有事不從心而然. 古之名碩, 亦豈樂爲哉. 至於九也所爲, 卽曩時之假面, 毫無可以一分稱詡之端, 則不會筵敎之本意, 在卿已是歉德, 而任他九也之癡樣, 從以右袒之者, 是豈所知於卿哉. 自今潛究此箇義理, 惟求其擷撲不破之道, 則以今囂俗【之】不可信, 決無窺覘於吾輩之間, 更須深念, 如何如何. 今旣悉言之, 吾心如雲捲而已. 呵呵. 保倅事, 遞甚可惜, 雖以公格狀聞, 以適中其意爲說, 欲爲還下送, 而使渠卽爲法例呈公狀, 則都無事矣. 驪江金山林, 樹立卓然, 一番加贈, 卽所留在心曲者. 其先祖之拔例別贈, 待其時爲之亦可. 姑此.

三淸洞門
丁巳七月初一夕

정사년1797 7월 6일 저녁에 받은 편지

단비가 두루 적셔주기를 바라는 이때 잘 지내고 있으며 부인도 나아지고 있는가?

지금 가장 필요한 일은 인심을 수습하는 것이다. 전라도의 유생 이동구(李東九)와 경기의 유생 홍이유(洪履猷) 같은 이들에 대해서는 전에도 이야기한 적이 있다. 그렇지만 이밖에도 작은 고을에 숨어있는 충성스럽고 성실한 사람이 어찌 없겠는가? 단지 알려지지 않았을 뿐이다. 도목 정사(都目政事)가 머지 않았으니 널리 인재를 찾을 방법을 생각해야 한다. 문벌의 높고 낮음과 색목(色目)의 동서를 따지지 말고 오직 인망으로 뽑아 녹봉을 받게 한다면, 석씨(石氏)와 두씨(竇氏) 안에서 관직을 나눠주는 정사보다 훨씬 낫지 않겠는가?[59] 이 이조판서[金載瓚]는 필시 견문이 고루할 것이니, 경과 같은 사람으로서는 그가 제멋대로 망쳐놓게 내버려 두어서는 안 된다. 어떻게 요량하고 있는지 모르겠다.

甘霈遍洽是企, 此時安重, 而室中亦向勝否. 目今要道, 無出於收攬人心. 湖儒中李東九, 畿儒之如洪履猷者, 向來亦有所酬酢, 而外於此豈無十室之忠信. 特未之聞耳. 大政不遠, 須思廣採之方, 卽無論地閥之高庳, 色目之東西, 惟人望是取, 使之霑祿, 則豈不大勝於石竇內分排靑黃之政耶. 此吏判聞見必固矣. 如卿者不可任其塗抹, 未知有何料量耶.

三淸洞門
丁巳七月初六夕

59 석씨(石氏)와 두씨(竇氏)……낫지 않겠는가 : 석씨와 두씨는 중국 남북조 시대의 명문가이다. 여기서는 몇몇 집안이 관직을 독차지하는 것을 비유하였다.

정사년1797 7월 7일에 받은 편지

146

마침 편지를 보내려 하였는데 보내준 편지가 먼저 왔다. 늦더위에 잘 지내고 있다니 기쁘고, 부인도 나아지고 있다 하니 더욱 축하한다.

이조 판서[金載瓚]의 정사(政事)는 경이 서(徐)[徐龍輔]에게 모두 맡겨 성과를 이루도록 요구하는 것이 어떠한가? 경은 일하는 것이 맹렬하지 않아 성과를 이루도록 요구하는 것이 분명치 않으니 어찌 답답하지 않겠는가? 이조 판서로 말하더라도 그가 이미 백기를 들었으니 무슨 일인들 그로 하여금 명령을 따르게 하지 못하겠는가? 이러한 일들은 비록 서[서용보]와 이조 판서 사이라도 의리로써 말한다면 그가 어찌 따르지 않겠는가? 이렇게 하지 않으므로 세도가 날로 떨어지고 체면이 날로 낮아지니, 말하려고 할 때마다 너무도 분하다. 앞으로는 '용(勇)' 자의 공부에 조금 더 유의하는 것이 어떠한가? 껄껄 웃을 일이다.

지금 경의 꼴은 참으로 이른바 '장(杖) 80대' 에 해당한다 하겠다. 경이 전혀 맹렬하지 않으므로 나 또한 경을 지주(砥柱)로 삼을 수가 없으니, 어찌 답답하지 않겠는가? 소심할 때는 소심하더라도 용기를 내야 할 곳에서는 용기를 내야 할 것이니, 나서서 일을 하게 해야 할 터인데 도리어 머뭇거리고 두려워한다면 자신의 마음에 부끄럽지 않겠는가?

편지로 알려준 여러 가지 조목은 모두 잘 알겠다. 김가(金哥) 산림(山林)[金亮行]에 대한 일은 내가 평소 그의 축적한 바를 보았고, 윤행임(尹行恁) 역시 이 일을 강력히 말하였으며, 이미 [경과] 편지를 주고받았다. 하지만 이러한 것들이 참으로 소심해야 할 것에 해당한다. 비록 옛사람이 이런 일을 당하더라도 이렇게 하였을 것이다. 신하로서 아뢴다면 지금의 시끄러운 풍속으로는 틈을 엿보는 무리들에게서 무슨 말이 나올지 알 수 없으니, 내가 조만간 처치하고자 한다. 또한 서용보 등과도 편지를 주고받았다.

한해옥(韓海玉)에 대한 일은 서[서용보]와 이조 판서가 반드시 스스로 맡지는 않겠지만, 이미 경의 말을 들었으니 내가 어찌 잊겠는가? 나중에 다시 나에게 일깨워주도록 하고, 이번 도목 정사에서는 발자국 소리를 내지 말아서 듣는 사람들로 하여금 경이 사사로이 부탁하였다고 여기지 않도록 하는 것이 어떠한가? 이조 판서가 어찌 의심하고 두려워할 일이 있겠는가? 이는 덕을 굳게 지키지 않은 소치이다. 경은 남을 믿는 것이 지나치다. 사람들이 유인하는 말로 무어라고 하면 경도 믿고서 무어라고 하니, 어찌 이렇게 일을 요량한단 말인가? 껄껄 웃을 일이다.

선공감의 이회상(李晦祥)은 과연 좋다. 내가 헤아리기에 지금 경에게 마음을 두고 있는 자로서 유건(儒巾)을 쓰고 있는 사람은 이 선비 한 사람 뿐이다. 내가 지금 경을 등용하고서 정말로 어찌 경에게 마음을 둔 사람을 유의하지 않겠는가? 말망(末望)으로 의망되더라도 반드시 낙점할 것이니, 이렇게 알아 두는 것이 어떠한가? 껄껄.

이명부(李明孚)의 일[60]은 이루 다 말할 수 있겠는가? 너무나 수치스럽다. 일제학[鄭民始] 이하가 누군들 그렇게 말하지 않겠는가? 내 생각으로는 대략

• • •

60 이명부(李明孚)의 일 : 지평 이명부가 평안도 관찰사 홍양호를 유배보내야 한다고 상소하여 논란을 일으킨 일을 말한다. 상소의 내용은 세조조(世祖朝)에 장말손(張末孫)이 평양 벽지도(碧只島)의 땅을 하사받았는데, 그의 후손이 영락하자 도민(島民)들이 함부로 차지하였으므로 해당 관찰사를 처벌해야 한다는 것이었다.(『승정원일기』 1797년 7월 1일)

주의를 주고, 벽패(僻牌) 쪽의 삼사(三司)[61] 중에 지각이 있고 분명히 호패를 찬 사람에게 이야기하여 여러 가지 조목을 열거하며 논할 때 한 조목을 삽입하도록 하면 되지 않겠는가? 훈련도감의 장관(將官)에 관한 일은 전한 사람의 착오인 듯하다.

이 편지를 보고 나면 즉시 찢어버리든지 세초(洗草)하든지 하라. 늘 한 가지 염려가 떠나지 않는 것은 집안에서라도 혹시 조심하지 않을까 해서이다. 경이 각별히 치밀하게 한다면 이런 염려가 어디서 나오겠는가? 듣자하니 경의 아들이 자못 비범하여 제 형보다 낫다고 하는데, 늘상 경을 위해 다행이라 여긴다. 이러한 서찰은 경이 스스로 세초하는가 아니면 경의 아들을 시켜 세초하는가? 처리하는 방법을 듣고 싶으니, 나중의 편지에 반드시 한번 알려주어 이 의심을 풀어주기 바란다. 이만 줄인다.

61 삼사(三司) : 사헌부, 사간원, 홍문관.

政欲送伻，來書先至，喜審晩炎起止之安重，而况室中向勝云，尤爲之賀賀．吏判之政，卿則一委之徐也，責其成效，如何如何．卿之做事不猛，故責效不明，豈不切悶耶．雖以吏判言之，渠旣竪降幡，何事不可使之從令耶．此等處，雖於徐與吏判間，以義理言之，渠何敢不從耶．不如是也，故世道日下，貌樣日卑，每欲提及，則憤甚憤甚．此後少加留意於勇字工夫如何．還可呵也．今卿貌樣，眞所謂杖八十．且卿太不猛，故吾亦不能以卿作爲砥柱，豈不可悶．小心自小心，武氣自武氣，做之使爲，乃反逡巡懼㤼，豈不見笑於屋漏耶．所示諸條並悉，而金哥山林事，卽吾素所蓄積亦見，尹行恁亦力言此事，已有所酬酢，而此等處政合小心處．雖使古人當之，亦當如此．自下提奏，以今囂俗，不知做出何許說於伺釁者流，吾欲從近處置矣．【亦有往復於徐龍輔諸人耳．】韓海玉事，徐與吏判，未必自當，而旣聞卿言，吾何忘之耶．從後更爲提醒於吾，而今都政，則勿爲脚下聲，【無】使聽之者看作卿之私囑如何．吏判豈有疑㤼耶．政由於執德不固之致．卿則信人太過，人以推誘之說曰有云云，則卿亦信之亦曰云云，寧有如許料事耶．還覺一呵．將作之李晦祥，果好果好，以吾拳籌，目今有情於卿者，儒巾下只有此儒一人云耳．予今用卿，寧不留意於眞箇有情於卿之人耶．雖末擬當點下，以此知之如何．呵呵．李明孚事，可勝言哉．羞恥羞恥．一提學以下，孰不云然耶．吾意則略有規警言之，語於僻邊三司中，有知覺而分明佩號牌者，諸條論列之際，揷入一條則爲可耶．訓局將官事，似是傳者錯耶．此紙覽卽扯去或洗去，而每每一念常在，於雖於家間，恐或不愼，卿若一分縝密，則此念何從而出耶．聞卿胤子人頗非常，又勝於乃兄云，每爲卿喜幸．此等書札，卿自洗去耶．抑使卿子洗之耶．願聞區處之方，後便必一示之，以破此疑也．姑此．

三淸洞門
丁巳七月初七日

정사년1797 7월 8일 저녁에 받은 편지

147

간밤에 잘 지냈는가? 나는 밤에 더워서 잠시도 눈을 붙이지 못하였다. 새벽이 되자마자 빗질하고 세수한 뒤 지금까지 수응(酬應)하고 있으니 얼마나 피곤한지 알 것이다. 껄껄 웃을 일이다.

여기 적어놓은 사람들은 이전부터 들어서 알고 있었지만 이제야 다시 살펴보고 적어 보낸다. 경의 생각이라고 하면서 이조 판서와 상의하는 것이 어떠한가? 이것은 지극히 공정한 마음으로 하는 일이니, 코가 붙은 곳이야 내가 어찌 알겠는가?[62] 껄껄. 이만 줄인다.

이동구(李東九)는 이기익(李箕翊)의 손자이다. 덕산(德山)에 있다. 70년 동안 독서하며 세상에 알려지기를 구하지 않았다고 한다.

김정주(金鼎柱)는 봉조하 김유경(金有慶)의 손자이며 유 충문(俞忠文)[俞彦鎬]의 외사촌이다. 60년 동안 지조를 지키며 독서하였기에 온 고을 사람들에게 존경받고 있다. 충문공이 경연에서 아뢰어 등용하고자 하였으나 미처 하지 못하였다고 한다. 해미(海美)에 살고 있다.

이유문(李儒聞)은 전임 결성 군수 이영운(李榮運)의 가까운 친척이다. 요사이 의리가 매우 엄격하다. 향천(鄉薦)한 지 10여 년이 넘었다고 한다.

이 세 사람을 함께 천거하고 싶으면 함께 천거하고, 그렇지 않으면 취사선택하는 것이 좋겠다.

62 코가 붙은……어찌 알겠는가 : '코가 어디 붙은지 모른다'는 속담을 인용한 것이다. 전혀 모르는 사람이라는 뜻이다.

夜候安勝. 此夜熱不接一目, 曉卽梳洗, 酬應至今, 其憊可知, 還可呵也. 右錄諸人, 卽曾所聞知者, 而今始更考錄送, 以卿意往復於吏判如何. 此乃至公之心, 而付鼻處吾何知之耶. 呵呵. 姑此.
李東九. 李箕翊之孫, 在於德山, 七十年讀書不求聞達云. 金鼎柱. 奉朝賀有慶之孫, 俞忠文之外四寸, 六十年固窮讀書, 一鄕所服, 忠文公欲爲筵白收用, 而未及爲之云, 居海美. 李儒聞. 前結城郡守李榮運之至親, 近日義理甚嚴, 鄕薦亦過十餘年云.
此三人欲並擧則並擧, 否則取舍爲可.

三淸洞門
丁巳七月初八夕

아침 연석에서 사람들이 많은 가운데 잠시 만났지만 역시 위안이 되었다. 이제 정사(政事)를 하겠다고 명을 내렸는데, 수령의 빈자리가 많으니 작은 도목 정사와 다름이 없다. 근래에 수령을 가려 뽑지 않아 백성들이 곤란을 당하고 있다. 게다가 새로 임명된 이조 참의가 처음 출사하는 자리이니 어찌 소홀히 할 수 있겠는가? 이 말을 전하려고 두 번째 보내온 하예(下隸)를 잡아 두고 먼저 이렇게 사람을 보낸다. 각별히 엄하게 신칙하는 것이 어떠한가? 십 년 동안 행공(行公)[63]하였더라도 지금처럼 적당한 자리에 이조 참의가 어찌 감히 손을 쓰겠는가? 그에게 좋은 일을 하게 해주려고 판당(判堂)[이조 판서]이 출사하기 전에 이렇게 정사를 하겠다고 명을 내렸으니, 이러한 것들은 참으로 묘한 이치가 있다고 하겠다. 벽패(僻牌)가 탈락하지 않으리라는 것도 미루어 알 수 있으리라. 껄껄. 이만 줄인다.

朝筵之稠中暫面, 亦可慰也. 今有政命, 而守令多窠, 無異小都目. 近來守令不擇而生民受困, 况新三銓初出仕, 尤豈可忽諸. 爲傳此語, 再隷姑留, 先此送伻. 各別嚴飭如何. 雖十年行公, 如今當窠, 三銓其敢用手耶. 特以爲渠好事, 判堂出仕之前, 有此政命, 此等處, 眞所謂玅理也. 僻牌之不見落, 亦可推知耶. 呵呵. 姑此.

三淸洞門

63 행공(行公): 출근하여 공무를 행함.

正祖御札帖

二帖

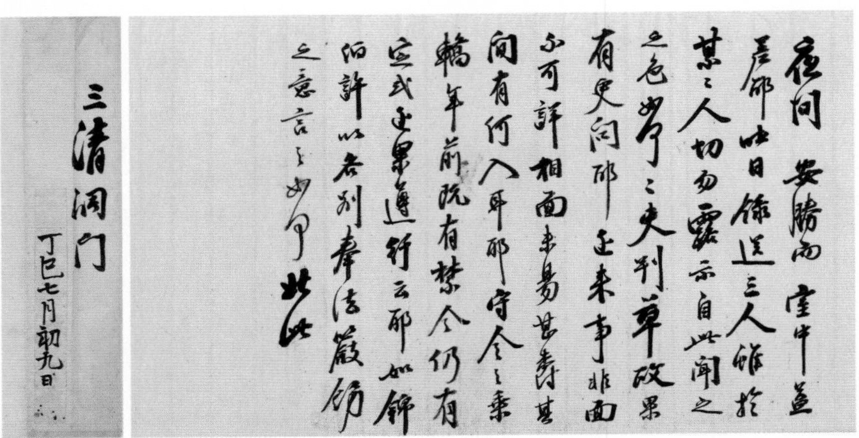

간밤에 잘 있었는가? 그리고 부인은 더욱 나아졌는가? 어제 적어 보낸 세 사람에 대해서는 누구에게든 나에게서 들었다는 기색을 절대 드러내지 않는 것이 어떠한가? 이조 판서[金載瓚]의 정사(政事) 초본(草本)[64]에 대해서는 과연 다시 물은 적이 있는가? 근래의 일은 만나지 않으면 자세히 이야기할 수 없는데, 만나기가 쉽지 않으니 매우 답답하다. 그동안 무슨 들은 것이 있는가?

수령이 교자(轎子)[65]를 타는 일에 대해서는 몇 년 전에 이미 금령을 내리고 그대로 정식(定式)으로 삼았는데, 요즘은 과연 준수하고 있다 하는가? 충청

• • •

64 정사(政事) 초본(草本) : 도목 정사(都目政事)의 초본을 말하는 듯하다.

65 교자(轎子) : 종일품 이상 및 기로소(耆老所)의 당상관이 타던 가마. 앞뒤로 두 사람씩 네 사람이 낮게 어깨에 메고 천천히 다녔다.(『표준국어대사전』)

도 관찰사[韓用和]에게는 각별히 법을 받들어 엄히 신칙하라고 말하는 것이 어떠한가? 이만 줄인다.

夜間安勝, 而室中益差耶. 昨日錄送三人, 雖於某某人, 切勿露示自此聞之之色, 如何如何. 吏判草政, 果有更問耶. 近來事, 非面不可詳, 相面未易, 甚鬱. 其間有何入耳耶. 守令之乘轎, 年前旣有禁令, 仍有定式, 近果遵行云耶. 如錦伯許, 以各別奉法嚴飭之意, 言之如何. 姑此.

三淸洞門
丁巳七月初九日

이조 판서[金載瓚]의 꼴은 상사(上寺)인가 하사(下寺)인가, 벽패(僻牌)인가 시패(時牌)인가? 덕을 굳게 지키지 못하는 모습이 어찌 그리도 농단하는 천한 장부와 같은가? 발을 굳게 붙이지 못하여 바람에 나부끼는 뱃머리의 깃발과 다름이 없으니, 정목(政目)[66]이 나온다 하더라도 조정의 기상에 도움이 되지 않으리라는 것을 미루어 알 수 있다. 스스로 국사에 힘쓰려는 뜻으로 친정(親政)을 하려고 했지만 너무나도 무의미하다. 만약 그렇지 않다면, 눈보라가 뜰에 가득한 가운데 장전(帳殿)[67]에서 밤을 새며 일하면서도 피로한 줄도 모르고 즐거워하던 마음이 어찌하여 이다지도 싫증을 낸단 말인가?

마침 경상도의 폄목(貶目)에 대한 [이조의] 회계(回啓)가 너무 부드럽고 약하기에, 겸사겸사 이조 판서를 잘 보내고 일제조[鄭民始]를 그 후임으로 삼았다. 그렇지만 겉으로 나타난 일을 본 사람들이 세상의 떠들썩한 소문이 맞다고【벽패환국(僻牌換局)】 단정지을까 염려되어 권유(權裕)를 참판으로 삼았다. 대저 행동이 분명하고 과감하니 조금 낫다고 할 수 있을 것이다. 이 말을 하려고 먼저 이렇게 이야기한 것이다. 그리고 간밤에 잘 지냈으며 부인도 쾌차하였는가? 이만 줄인다.

···

66 정목(政目) : 관원들의 임명, 해임, 그밖의 중요한 사실을 기록한 문서.

67 장전(帳殿) : 임금이 임시로 앉도록 꾸민 자리. 구름차일을 치고 사방을 휘장으로 둘러막고 바닥을 높인 다음, 자리를 펴고 그 가운데에 좌석을 마련하였다.(『표준국어대사전』)

東銓長貌樣, 上寺耶, 下寺耶, 僻牌耶, 時牌耶. 執德不固, 何似龍斷之賤夫, 着脚不牢, 無異鷁首之風旌, 政眼之出, 無裨於朝象, 可推而知. 雖以自强之意, 欲行親政, 無意味莫甚. 苟非然者, 滿苑風雪, 達夜於帳殿而樂此不知疲之心, 何如彼厭倦耶. 際有嶺南貶目回啓之異軟. 此兼彼兼, 好好奉送, 以一提爲其代, 猶慮涉獵於粗迹者之認爲囂說之有中【僻牌換局】以自劃之, 權裕爲其亞. 大抵擧措近於振耀, 雖謂之差强, 亦可耶. 爲申此語, 先此掛一, 而仍問夜間安重, 室中亦快勝耶. 都留.

三淸洞門
丁巳七月初十夜

정사년1797 7월 13일에 받은 편지

203

간밤에 잘 지냈는가? 충청도 관찰사[韓用和]에 관한 일은 들었는가? 지난 밤 다른 사람을 통해 서(徐)[徐龍輔]에게 부탁하여 즉시 경에게 적어 보내도록 하였는데, 급히 충청도 관찰사에게 편지를 보내어 이른바 윤관(輪關)[68]이라는 것을 추환(推還)[69]하게 하였는가? 관문(關文)의 초본(草本)은 소한(小韓)[韓用龜]의 집에 있으니, 어디서 들었는지 의심받을 혐의가 없다면 즉시 가져다 보는 것이 어떠한가?

어찌 이와 같은 인사(人事)가 있단 말인가? 충청도의 노론, 소론, 남인을 금수의 지경에 몰아넣었다. 지금 충청도는 사리의 당연함으로 진정시켰으나, 어리석은 백성들은 곧바로 알아듣게 하기가 어렵다. 그런데 이처럼 천부당만부당한 일을 하고서 풀을 헤쳐 뱀을 놀라게 하거나 끓는 물을 퍼냈다 다시 부어 물이 끓는 것을 막는 것처럼 어리석은 짓을 당연한 일로 여기고 있다. 그 지각과 요량은 입이 있어도 할 말이 없다고 하겠다. 게다가 자기 동생[70]에게 알리지도 않고 경들과 의논하지도 않고서 단지 매(邁)[徐邁修] 등의 말도 안 되는 소리를 믿고 이런 일을 하였다고 한다. 명색이 벽패(僻牌) 쪽이라는 자가 하는 짓이 이처럼 종잡을 수 없으니, 지난 편지에 내가 '일을 억지로 하지 않고 순리적으로 한다.' 고 한 말은 과연 지나친 칭찬이었던가? 답답한 노릇이다. 윤관은 7일쯤 행회(行會)[71]했다고 들었다. 매우 늦었지만 그냥

・・・

68 윤관(輪關) : 상관(上官)이 하관(下官)에게 내려 차례로 돌려보게 하는 공문.

69 추환(推還) : 본디 되찾아 온다는 말이나 여기서는 어떠한 의미인지 명확하지 않다.

70 자기 동생 : 한용귀를 가리키는 것으로 보인다. 한용화와 한용귀는 형제간이다.

두는 것보다는 낫다. 모쪼록 급히 도모하는 것이 어떠한가?

엊그제 도목 정사(都目政事)를 한 뒤로 걱정이 끊이지 않는다. 추기(樞機)를 삼가라고 지난번에도 말하였는데, 그 사이 다시 들려줄 만한 일이 있는가?

꿩을 폐백으로 바쳤다는 이야기는 껄껄 웃을 일이다. 이처럼 뒷귀가 먹었으니 무슨 일을 할 수 있겠는가? 나는 당사자에게 직접 들은 지가 이미 오래이다. 대저 여름에 접어든 이후로 오랫동안 꿩을 맛보지 못했는데, 받은 꿩 몇 마리를 나누어주어 식사 때 반찬으로 삼을 수 있기를 간절히 바라니, 소홀히 여기지 말라. 이만 줄인다.

夜間安重耶. 錦伯事, 聞之耶. 昨夜轉托於徐許, 使卽錄送於卿所, 亦卽星火寄書錦伯推還所謂輪關耶. 關草在於小韓家, 如無從何聞之嫌, 卽爲取見, 如何如何. 寧有如許人事耶. 驅湖中老少午於禽獸之科, 此時湖中, 雖定鎭以事理之當然, 頑俗猶難卽曉, 爲此千不當萬不可之擧, 打草驚蛇, 揚湯止沸, 而認以爲當然之事者, 其知覺料量, 可謂用口無言. 况不示於乃弟, 不議於卿輩, 只信邁也輩不成說之說, 乃爲此擧云. 名以僻邊者所爲之叵測若此, 昨書所謂莫之爲而爲者, 果過語耶. 悶事悶事. 輪關聞於初七間行會云, 雖甚後時, 猶賢仍置, 某條星火圖之如何. 再昨大政以後, 隱憂濵洞, 而樞機之愼, 昨有云云, 而其間更有可聞耶. 贄雉之說, 好呵, 後耳之聾如此, 何事可做耶. 吾則直聞於當者已久. 大抵入夏以後, 久不喫雉味, 所捧之贄雉, 幸分數首, 以爲飯時佐味, 專恃專恃, 勿泛勿泛. 姑此.

三清洞
丁巳七月十三日

71 행회(行會) : 공문을 보내 알림.

정사년1797 7월 14일에 받은 편지

204

밤 공기가 맑고 상쾌한데 경은 어떻게 지내는가? 부인의 병은 점차 나아질 기미가 있는가?

충청도 관찰사[韓用和]에 관한 일은 그저 경솔하였다고 말할 수만은 없다. 이미 방방곡곡에 게시하였더라도 추환(推還)하는 일은 잠시도 늦춰서는 안 된다. 귀(龜)[韓用龜]에게 다시 엄히 신칙하고, 어(魚)[魚用謙]에게도 즉각 자세히 알려주도록 하라. 보령 현감[宋文述]과 서산 군수[金義淳]의 경우에는 애초에 하유(下諭)를 반포하지 않도록 하였으니, 그래도 손써볼 수 있을 것이다. 이렇게 도모하는 것이 어떠한가?

어제 정사에서 새로 사헌부에 임명된 사람[72]에게 혹시 말한 것과 같은 뜻이 있다 하더라도 경거망동하지 못하게 하는 것이 좋겠다. 경은 필시 이 뜻을 알 터이지만 다시 말해 둔다. 요사이 들려줄 만한 소식이 있는가? 알려주기 바란다. 이만 줄인다.

소식을 찾아 전하는 일은 어[어용겸]에게 각별히 엄하게 당부하여 중단되는 폐단이 없도록 하라. 만약 일제조[鄭民始]를 만났는데 심(沈)[沈魯崇]의 초사(初仕)[73]하는 일에 대해 묻거든 경은 무어라 답할 것인가? 이러한 일은 미

72 어제 정사에서……임명된 사람 : 1797년 7월 13일 정사에서 사헌부에 임명된 사람은 지평(持平) 심반(沈鎜) 뿐이다.(『政事冊』 1797년 7월 13일)

73 초사(初仕) : 처음으로 관직에 나아감. 심노숭은 12일 초사인(初仕人)을 입시하게 하라는 명에 따라, 영희전 참봉(永禧殿參奉)으로서 입시하였다.(『승정원일기』 1797년 7월 12일)

리 생각해 두는 것이 좋겠다. 저쪽에서 물어보지도 않았는데 이쪽에서 먼저 말을 꺼내는 것은 적절하지 않다.

夜氣清爽, 卿之啓居何如. 畫紙之憂, 漸有勝意否. 錦伯事, 不可但以輕率言, 雖已揭示坊曲, 其所推還, 不容蹔緩, 龜也更爲嚴飭, 魚許亦卽詳報, 如保寧瑞山倅, 使之初不布諭, 則差可及之, 以此圖之如何. 昨政新除臺垣人, 或有云然之意, 俾勿輕動爲好. 卿必知此箇意, 第此申之, 近日有何可聞. 示破爲可. 姑此.
討聞之道, 魚也許各別嚴飭, 俾無間斷之弊. 一提如相逢, 而以沈也初仕事問之, 則卿何以爲答. 此等處預加商度爲好. 彼若不問而自我先發, 則不緊矣.

三清洞門
丁巳七月十四日

정사년1797 7월 15일에 받은 편지

205

간밤에는 어떻게 지냈는가? 부인은 더욱 나아졌는가? 아침에 사진(仕進)할 때 일제조[鄭民始]를 만났는가? 일전에 도목 정사를 하고 다음날 숙배(肅拜)할 때 회양 부사[李羽晉]와 무슨 이야기를 나누었는가?

새로 제수된 이조 판서[閔鍾顯]의 첫 정사는 탕평(蕩平)의 정사를 하고자 했던 것 같지만, 그의 사람됨이 유약하여 원칙을 지키지 못하고 이치에 맞지 않는 일을 하는 것을 어렵게 여기지 않으니, 정도(正道)로 돌이켰다고 할 수 있겠는가? 별지(別紙)는 소홀히 여기지 않는 것이 어떠한가? 이만 줄인다.

夜間何如. 室中益勝耶. 朝於仕進時, 見一提耶. 日前都政, 翌日肅拜也, 對淮陽倅, 有何酬酢耶. 新吏判初政, 似欲爲蕩平之政, 而其人也荏弱, 決東決西, 無難於或纇或山, 能歸正有道云耶. 別紙勿泛, 如何如何, 姑此.

三淸洞門
丁巳七月十五日

정사년1797 7월 15일 밤에 받은 편지

답장을 받고 위안이 되었다. 전판(全判)[74]의 일은 말이 되겠는가? 지금의 계책은 조용히 예기(銳氣)를 축적하는 것이 제일이다. 모쪼록 금지하도록 하라.

충청도의 몇몇 수령은 누구인가? 백성을 위해 폐해를 제거하는 것이 지당하다. 만일 그저 남인인지 소론인지만 따진다면 이 역시 말이 되겠는가? 전판의 일을 전하고자 다시 이렇게 사람을 보낸다.

回便承慰. 全判事, 豈成說耶. 目今計策, 無過於靜以蓄銳, 某條禁止也. 湖西數倅, 卽誰某. 而爲民除害甚當, 而萬一只論午少, 亦豈成說耶. 爲申全判事, 復此專伻.

三清洞門
丁巳七月十五夜
[印]謹封

74 전판(全判) : 전주 판관(全州判官) 조용진(趙用鎭)을 가리키는 듯하나 미상.

정사년1797 7월 16일 저녁에 받은 편지

207

간밤에 잘 있었는가? 어제 말한 것은 어떻게 결정하였는가? 만약 백성을 위해 폐해를 제거하고자 하면서 다른 수령들까지 아울러 논죄하지 않는다면 의미가 없다. 헤아려 처결하는 것이 어떠한가?

어영청(御營廳) 향색종사관(餉色從事官) 조제민(趙濟民)이 금년 보미(保米)[75]를 받아들일 때 그 아랫것들이 침학(侵虐)하도록 내버려 두고, 심지어는 하예(下隸)들의 말을 기꺼이 듣고서 읍리(邑吏)들에게 마구 거두어 들였기에 이 일을 전해들은 사람들이 놀라고 있다. 어영대장을 문비(問備)[76]하고 어영청 낭관을 중감(重勘)[77]하는 일을 결코 그만둘 수 없다. 하지만 근래에 대간(臺諫)들이 어물어물하는 것이 날로 심해져서 이러한 일들을 모두 따지지 않으니, 말이 되겠는가? 남포 현감[尹愭]의 치적에 대해서는 인근 고을의 수령과 충청도 관찰사[韓用和]에게 묻는 것이 어떠한가? 이만 줄인다.

어영청 낭관의 일은 나중에 비변사의 회좌(會坐)[78]에서 곧장 대신에게 말해 초기(草記)를 올려 죄를 청하도록 한다면 듣는 사람들이 지당하게 여길 것이다.

75 보미(保米) : 군보(軍保)로부터 거두어들인 쌀.
76 문비(問備) : 죄를 저지른 관원을 조사 신문하는 일.
77 중감(重勘) : 중형으로 다스림.
78 회좌(會坐) : 관원들이 중요한 일을 논의할 때 한 곳에 모여 앉는 일.

夜間安重耶，昨所云云者，何以決之耶．苟欲爲民除害，則並與他倅而勿論，無意味，諒處如何．御營廳餉色從事官趙濟民，今年保米捧上時，任其下輩之侵虐，甚至甘聽下屬之言，而椎剝邑吏，聽聞可駭．該帥問備，該郎之重勘，決不可已，而近來言地媕婀日甚，而此等事，皆置勿論中，亦豈成說耶．藍浦倅治蹟，問于隣倅及錦伯如何，姑此．

三淸洞門
丁巳七月十六夕

御郎事，日後備坐，直言於大臣，以爲草記請罪之地，則聽聞所及甚當耳．

정사년1797 7월 17일에 받은 편지

208

간밤에 잘 있었는가? 오늘 감전(監煎)[79]에는 사진(仕進)할 것인가? 매일 출근하는 일을 억지로 하기 어렵다면 면직시켜 주겠다.

어제 이조 판서[閔鍾顯]를 만나 여러 가지 이야기를 하였는데, 그의 뜻은 순전히 개과천선하는 것이었다. 다시 권하지 않더라도 반드시 정주(政注)[80]에 흔적을 남길 것이다. 부디 이러한 뜻을 알고서 마음을 써서 잘 대하여, 자기를 보살펴 주기를 바라는 그의 마음을 저버리지 않는 것이 좋겠다. 내가 보기에는 튼튼하게 발을 붙이는 것이 우의정[李秉模]보다는 나은 듯하다. 우의정은 서(徐)[徐龍輔]를 거정주인(居停主人)[81]으로 삼는데, 서용보는 경에게 늘 상 길 빌려준 괵(虢)[82]이 되는 것을 면치 못한다. 또한 이익모(李翊模)가 있다고는 하나, 사다리 노릇을 면치 못한다. 이조 판서에게는 저 두 사람 같은 자들이 없으니, 다른 걱정이 없을 듯하다. 그러므로 서로 속마음을 전할 방법을 찾을 길이 있을 듯하다.

내가 자꾸 이조 판서에게 마음을 두는 것은 그 사람 때문이 아니라 그가 명문가 출신이라 아깝기 때문이다. 이적(夷狄)으로써 중화(中華)를 변화시키는 것과 병주고 약주고는 물론이요, 백이(伯夷)처럼 지난날의 잘못을 염두에 두지 않는 것[83]도 안 될 게 없지 않겠는가? 바깥 사람들이나 이조 판서와 절

• • •

79 감전(監煎) : 국왕의 약을 감독하는 일.

80 정주(政注) : 인물을 심사하여 관원의 임면과 출척을 결정하는 일.

81 거정주인(居停主人) : 밖에만 나가면 찾아가는 사람.

82 길 빌려준 괵(虢) : 중국 춘추 시대에 진(晉)나라가 괵(虢)나라를 친다는 핑계로 우(虞)나라에 길을 빌려서는 괵나라를 멸망시키고, 돌아오는 길에 우나라까지 멸망시켰다. 여기서는 심환지를 우나라에, 서용보를 괵나라에 비겼다.

친한 인척조차도 모두 시패(時牌)로 알고 있으니, 정사를 행할 때도 이렇게 말해야 할 것이다. 그가 이러한 때 정도(正道)로 돌아온 것은 참으로 다행이다. 작년에 그와 이야기할 때 이미 마음을 돌이킬 조짐을 보았기 때문에 어제 과연 전에 했던 말을 다시 하였을 뿐이다. 이만 줄인다.

어(魚)[魚用謙]에게는 어찌하여 근래의 소식을 적어 보이지 않는지 엄하게 신칙하라. 어떻게 하면 매(邁)[徐邁修]의 생사당(生祠堂)[84]을 세우는 일을 금지하여 한 고을의 수치를 면하게 할 수 있겠는가?

夜間安未. 今日監煎仕進耶. 逐日赴公, 如難强制, 則欲令卸免耳. 昨見吏判, 有許多酬酢, 而其意純是遷善也向善也. 不待更勸, 必當立跡於政注, 須知此意, 加意待之, 無孤來蘇之望爲可耳. 以吾所見, 着脚之堅實, 似勝於右相. 右相則徐也爲居停主人, 在卿每未免假道號. 且李翊模雖有之, 亦未免作梯, 此吏判則無彼二者, 尤似無他慮, 所以聲氣相通之方, 抑有其路耶. 吾所眷眷於此吏判, 非爲其人, 卽惜其名家也. 無論用夷變夏與先病後瘳, 不念舊惡, 無所不可耶. 外人與吏判切姻, 亦皆以時輩知之, 行政亦當如是云云. 其所歸正於此際, 甚幸. 昨年與之酬酢, 已見回心之微意. 故昨果更申前說耳. 姑此.
魚也許近耗, 何不錄示. 嚴飭也. 邁也生祠, 何以則禁止, 俾免一方之羞耶.

三淸洞門
丁巳七月十七日

・・・

83 백이(伯夷)……것 : 『논어』 「공야장(公冶長)」에 "백이와 숙제는 지난날의 잘못을 염두에 두지 않았으므로 원망하는 사람이 드물었다." 하였다.

84 생사당(生祠堂) : 지방관의 선정(善政)을 기리고자 그가 살아 있을 때부터 백성들이 제사지내는 사당.

정사년1797 7월 21일에 받은 편지

209

간밤에 잘 있었는가? 방금 들으니, 조흘소(照訖所)[85]에서 정경순(鄭景淳)의 손자가 시강(試講)에 응강(應講)하였는데, 시관(試官)은 이익모(李翊模) 등이었다고 한다. 봉강(捧講)[86]은 과연 잘 하였으나, 뒤에 다른 의론이 있어 봉강하였더라도 불합격시켜야 한다는 말이 나왔다고 하니, 말이 되겠는가? 즉시 익(翊)[이익모]에게 비밀리에 편지를 보내 그로 하여금 처음 의견을 고수하여 물망을 얻도록 하는 것이 어떠한가? 앞으로는 이러한 경우가 있더라도 그 사람이 일단 들어왔으면 그 사람이 연좌되어야 할 무리가 아님을 알 수 있을 것이다. 어찌 법을 넘어서 합격시키거나 불합격시킬 수 있겠는가? 부디 익[이익모]으로 하여금 준론(峻論)을 주장하게 하는 것이 어떠한가?

화성 유수[徐有隣]를 새로 임명한 데 대해 여론은 어떠한가? 이만 줄인다.

이익모에게는 즉시 알려주는 것이 어떠한가?

• • •

85 조흘소(照訖所) : 조흘을 행하는 장소. 과거에 응시하는 유생이 시험장에 나오기 전에 호적 등을 대조하는 것을 조흘이라고 한다. 대개 성균관에서 한다.

86 봉강(捧講) : 강을 받음. 여기서는 조흘강(照訖講)을 받은 것을 말한다. 조흘을 마친 뒤에 『소학(小學)』을 외게 하는 것을 조흘강이라 한다.

夜間安勝耶. 卽聞照訖所, 鄭景淳孫應講試講, 而試官則李翊模等云. 捧講果善矣, 後有別議, 雖捧講, 當拔去, 有所言端云, 豈成說耶. 卽爲密密錄送翊也許, 使之膠守前見, 以爲得物望之地, 如何如何. 此後雖有若此之類, 渠旣入見, 則渠之非應坐之類可知,【則】何可法外存拔耶. 須令翊也, 主峻論如何. 華留新除, 物議何如耶. 姑此.
翊也許, 卽卽吹耳如何.

三淸洞門
丁巳七月念一日

정사년1797 7월 21일 저녁에 받은 편지

210

방금 성균관 대사성의 말을 들었는데, 익(翊)[李翊模]이 경의 편지를 대사성[尹得孚]에게 보이며 말하기를, "그 사이 시간이 얼마 지나지 않았는데 이미 들었다니 신통하다고 하겠습니다. 이 양반이 근래에 이처럼 귀가 밝습니다." 하였다고 한다. 이 말을 들으니 웃음이 난다. 앞으로 만나는 일이 있거든 과거시험장에 들어간 유생에게 들었다고 말하는 것이 어떻겠는가?

시험관들 중에 신귀조(申龜朝)와 윤함(尹涵)의 무리에게는 지난 편지에서 말한대로 각별히 약속하고, 연좌되는 경우를 제외하고는 절대 법을 벗어나 합격시키거나 불합격시켜서 도리어 과거시험을 구차하게 만들지 않도록 익[이익모]에게 신신당부하는 것이 어떠한가? 이러한 일들은 사람들의 마음을 감복시키는 단서이니 헤아리도록 하라.

卽聞泮長言, 翊也示卿書於泮長曰, 其間未移晷, 已爲得聞, 可謂神通, 此丈近來耳長有如此云, 聞來令人葫蘆. 此後如相對, 須以聞於入場儒生爲說, 如何如何. 試官中, 如申龜朝尹涵輩, 亦依俄書云云, 各別約束, 除非應坐, 切勿以法外之事 有所存拔, 反歸屑越之科事, 申托於翊也如何. 此等處, 卽厭服人心之端, 諒之耶.

三清洞門
丁巳七月念一夕
[印]謹封

정사년1797 7월 22일 아침에 받은 편지

어제 보내준 편지는 잘 받았다. 근래 대신의 권한이 가볍고 조정이 날로 낮아져 간혹 대간의 말이 나오면 대신을 침척(侵斥)하는 경우가 많은데, 아름다운 풍속이 아니다. 광주 유수[洪檍]의 경우는 80세의 나이로 분사(分司)에서 소요하고 있으니 선행을 쌓았다고 하겠는데 어찌 탄핵할 수 있단 말인가? 모두 즉시 만류하여 그만두게 하는 것이 어떠한가? 이밖에 어찌 말할 것이 없겠는가마는 이것만 언급한다. 이른바 시권(試券)을 거두는 일도 날마다 점점 드물어지니 이 또한 서로 주의를 주지 않으면 안 된다. 이만 줄인다.

昨幅領悉. 近來大臣權輕, 朝廷日卑, 間或有臺言之出, 侵斥大臣者居多也, 非美風. 至於廣留, 以八十之年, 翺翔分司, 可謂積善, 豈可彈抨耶. 並卽挽止, 如何如何. 外此豈無可言者耶. 以此言及, 而所謂收券, 日漸罕濶, 此亦不可不交警處耳. 姑此.

三清洞門
丁巳七月念二朝

정사년1797 8월 9일 밤에 받은 편지

212

요즘은 잘 지내는가? 그간 소식이 없어 아쉬웠다. 향관(享官)으로 특별히 임명한 것은 의도가 있다. 김포(金浦)에서 밤에 머물게 한 것은 경이 일하기 힘들 것 같아 그리하였다. 지금 서(徐)[徐龍輔]에게 보낸 편지를 보았는데 사정이 이와 같으니 향관의 일은 변통할 수 있을 것이다. 반열에 참석하는 일은 걱정하지 않아도 되겠는가?

귀에 들어오는 시사(時事)가 있는가? 어찌하여 어(魚)[魚用謙]에게 엄하게 신칙하지 않는가? 겸임한 내의원 제조의 직임을 면하고자 하는가? 역시 알려주는 것이 어떠한가? 이만 줄인다.

近日安重否. 稍阻可悵. 享官特差, 蓋有意焉. 金浦夜次, 爲卿周旋之難而然也. 今見抵徐書, 情理旣如此, 則享役自可變通, 而參班果無慮耶. 時耗有何入耳者. 魚許何不嚴飭也. 藥院兼帶, 欲卸免耶. 亦示如何. 姑此.

三淸洞門
丁巳八月初九夜

간밤에 잘 있었는가? 우의정[李秉模]의 일에 대해서는 어제 서(徐)[徐龍輔]가 다녀와서 해준 말을 들었는데, 병든 기색은 전혀 없고 단지 모든 사람들이 보았던 고삐 잡은 일을 완강하게 변명하며 그런 일이 없었다고 말했다 한다. 이것은 취중의 일이라 술에서 깬 뒤에는 기억할 수 없어서 그런 것이란 말인가? 아무리 생각해도 대계(臺啓)가 나와도 귀착될 곳이 없으니, 한 번 상소를 올려 공사간이 모두 편해지고 자신의 도리도 지키며 조정의 체면도 펴는 것이 낫다. 이외에는 제갈량(諸葛亮)에게 계책을 내라고 하더라도 앞에서 말한 것보다 나은 방법이 없을 것이다. 그리 알고 도모하도록 하라.

말을 만들 때에는 십분 살펴 신중히 하지 않으면 안 된다. 반드시 자세하고 확실하게 초본(草本)을 짓고 나서 하는 것이 어떠한가? 그 기미를 늦추고자 대간들의 후임자는 일단 임명하지 않았다. 조금 지체되더라도 우선 어(魚)[魚用謙]가 나오기를 기다리는 것이 좋겠다. 이만 줄인다.

夜間安勝耶. 右相事, 昨聞徐也往還之說, 則瞭然無病氣, 但於萬目所覩之執鞚一事, 浼浼發明曰, 以無是云. 此則醉中之事, 醒後不能記有而然耶. 百爾思之, 發啓而無着落, 不若一疏之公私俱便, 自家之處義一伸, 朝廷之事面亦一伸. 此外雖使諸葛亮劃策, 無出於右所云云. 知此圖之. 下語亦不可不十分審愼, 必須出草詳確, 然後爲之如何. 欲緩其機, 諸臺姑不差代耳. 雖差遲, 姑待魚也之出來爲可耶. 姑此.

三淸洞門
丁巳八月念一日

정사년1797 8월 21일 밤에 받은 편지

214

내일 여러 사람이 모일 때 우의정[李秉模]의 일이 입밖에 나오게 된다면 대화하는 사이에 심히 난처할 것이다. 집에 있으면서 사진(仕進)하지 않는 것이 좋겠다. 이만 줄인다.

明日稠人之會, 右相事出言端, 則酬酢之際, 適中甚爲難處, 在家勿爲仕進爲可. 姑此.

三淸洞門
丁巳八月念一夜
[印]謹封

요사이 잘 있었는가? 어(魚)[魚用謙]에 관한 일은 그 사이에 불러다가 엄히 따졌는가?

올해 충청도의 농사는 척장(滌場)[87]한 뒤에 보니 그 전에 생각했던 것과는 전혀 달랐다. 하지만 연읍(沿邑) 일대가 그러하다면 구제하는 데 힘쓰기 어려운 지경에 이르지는 않았을 듯하다. 편지를 보내어 전심전력을 다하라고 독촉하는 것이 어떠한가?

부여(扶餘) 고란사(皐蘭寺)는 천 년 고찰이다. 옛 사람의 제영(題詠)을 보면 평범한 절과 다르다는 것을 더욱 잘 알 수 있다. 하지만 연전에 퇴락한 뒤 불상이 개울가에 거꾸러져 있었기에 지나가는 사람들이 탄식하였다고 한다. 지난번에도 이에 대해 말하였는데, 아직도 수리하는 일에 손을 쓰지 않고 있다 한다. 이 또한 충청도 관찰사[韓用和]에게 말하여 해당 수령을 도와 속히 완공하도록 하는 것이 어떠한가? 요사이 소식은 들려줄 만한 것이 또 있는가? 이만 줄인다.

87 척장(滌場) : 가을걷이가 끝난 후 마당을 소제하는 것.

日間安勝耶. 魚也事, 其間招來嚴詰耶. 今年湖西穡事, 滌場後, 判異於其前所料, 然而沿邑一帶如許, 則其所接濟, 似不至於難用力, 須以書責其盡心力, 如何如何. 扶餘皐蘭寺, 卽千年古刹, 觀於古人之題詠, 尤可知異於等閒梵宇, 而年前頹圮之後, 佛軀倒在溪澗, 行者咨嗟云. 向亦以此言之, 而尙不下手於修葺之節云. 此亦言于道伯, 以爲扶助該倅, 期於速就, 如何如何. 近耗更有可聞耶. 姑此.

三淸洞門
丁巳十月初二日

君安寧耶 [illegible]事云
[illegible]
請事[illegible]
而料 [illegible]一番如何
[illegible]
須[illegible]責[illegible]心力如何
扶[illegible]蘭若 [illegible]千年古刹
[illegible]古今[illegible]
[illegible]宗[illegible]
之[illegible]佛[illegible]
[illegible]下

手[illegible]修葺之節云[illegible]
[illegible]扶助[illegible]
[illegible]
[illegible]

[illegible]洞門

丁巳十月初二日

정사년1797 10월 5일에 받은 편지

216

바람 불어 날씨가 찬데 요사이 잘 있었는가? 나는 낮에는 활을 쏘고 밤에는 책을 읽으며 해마다 삼여(三餘)[88]에 하기로 정해놓은 일과를 금년에도 예전처럼 하고 있으니, 껄껄 웃을 일이다. 어수(魚帥)[魚用謙]가 전하는 말이 있을 터이니, 각별히 도모하라. 이야말로 가려내어 밝힐 중요한 관건이 아니겠는가? 또 별폭(別幅)이 있으니 보면 알 것이다.

개성부 경력을 수망(首望)으로 의망한 것[89]은 소인(小人)이 곤궁한 나머지 본분을 잃고 과욕을 부린 것이니[90], 초본(草本)을 보고 경악했다. 남의 입을 막는 데 급급한 나머지 이렇게 달랠 계책을 낼 수밖에 없었다고 한다. 하지만 이전에는 대동 찰방으로 보내어 빈자리가 나기를 기다리게 하고는 흔적 없이 쫓아냈다. 두 사람 가운데 이지형(李之珩)을 먼저 처리하라. 그 자가 이번에 처음 하는 사람이라면 어찌 모르는 사람들이 시끄럽게 떠들 일이 없으리라는 보장이 있는가? 이 일의 곡절을 알고서 잘 수습하기 바란다. 이만 줄인다.

• • •

88 삼여(三餘) : 한 해의 나머지인 겨울과 하루의 나머지인 밤과 때[時]의 나머지인 흐리고 비오는 시간.

89 개성부 경력을……의망한 것 : 이때 개성부 경력의 삼망(三望)은 이진택(李鎭宅), 유현장(俞鉉章), 이상우(李尙友)였다.(『政事冊』 1797년 10월 4일)

90 소인(小人)이 곤궁한……부린 것이니 : 공자가 말하기를, "군자는 본디 곤궁하나, 소인은 곤궁하면 본분을 잃는다.[君子固窮 小人窮斯濫矣]" 하였다.(『論語』「衛靈公」)

風寒戒律, 日間安勝耶. 此晝而射, 夜而讀, 年年三餘課習之工, 今年亦依例, 好呵. 魚帥當有所傳, 另圖也, 此豈非卞明之大關棙乎. 又有別幅, 覽可詳之. 松經之首擬, 以其窮斯濫之計, 囊草可愕, 急於防口, 不得不爲此緩頰之計云, 而前此以就大同驛丞, 使之待窠, 無痕逐之矣. 兩人中, 李之珩則先爲區處, 厥者今始爲之者, 安知無不知者別有嘵嘵. 知此委折, 彌綸如何. 姑此.

三淸洞門
丁巳十月初五日

정사년1797 10월 5일에 받은 편지

217

근래에 온갖 일에 대해 전혀 생각지도 못한 이야기가 있다지만, 차마 정리곡(整理穀)[91]처럼 백성을 위해 만든 일에 대해서도 이렇게 잡다한 말이 많고 간사한 폐단이 생겨날 줄 어찌 생각이나 했겠는가?

요사이 듣자하니 각 도에서 정리곡이라고 하면서 두세 전씩 돈을 주고는 일곱 말의 쌀을 거두어 들이거나, 또는 몇 전의 돈을 주면서 가을에 두세 냥의 돈을 받아들인다고 한다. 올해는 작년보다 더욱 심하여, 지금 민간에서는 모두 떠들썩하게 '조정의 사재(私財)' 라고 말한다고들 한다. 시행 초기에 돈을 주고 곡식으로 환산한 것은 당연하지만, 곡식으로 환산한 뒤에도 이렇게 돈으로 돌려받는 것은 어째서인가?

정리곡은 피곡(皮穀)이다. 봄에 한 알을 나눠주어 가을에 만 알이 익도록 하겠다는 지극하고 성대한 뜻은 미물도 감동시킬 만하다. 그런데 어떤 놈의 관리가 이처럼 공적인 일을 빙자하여 사사로운 이익을 챙기는 짓을 하는가? 자애로운 은혜를 널리 펴기 위해 마련한 본뜻이 도리어 원망을 부르는 단서가 되었으니, 여기에 생각이 미치면 분통이 터지지 않을 수 있겠는가?

91 정리곡(整理穀) : 정조가 1795년 혜경궁 홍씨를 모시고 화성 행궁에 행차하고 나서 남은 비용을 각 도에 나누어 백성을 구휼하도록 하였다. 『승정원일기』 1797년 10월 7일에 정리곡 문제에 대해 심환지가 논한 기사가 보여, 이 어찰과 호응한다.

近來百事, 雖有萬番情外之談, 而忍於整理穀爲民設置之事, 喫雜談, 生奸弊, 豈料其如許耶. 近聞諸道稱以整理穀, 給錢二三戔, 勒徵七斗大米, 又或給數戔錢, 秋捧二三兩錢, 今年甚於前年, 卽今民間之譁然, 皆曰朝家私財云云. 設施之初, 則給錢作穀固也, 而作穀之後, 又此錢還, 何也. 整理穀則皮穀也, 春散一粒, 秋熟萬顆之至意盛念, 可感豚魚, 則何物官吏, 有此憑公營私之擧. 慈惠之遍敷, 設施之本意, 新反反爲招怨之端, 思之及此, 豈不憤痛之甚耶.

丁巳十月初五日

정사년1797 10월 6일에 받은 편지

218

간밤에 잘 있었는가? 그 일[92]은 스스로 맡는 것이 가장 낫다. 조만간 차대(次對)를 행할 생각이니, 경이 곧바로 거조(擧條)[93]를 내도록 하는 것이 어떠한가? 그 일은 비록 그렇게 처리하더라도 그밖에 당장 똑똑한 대간(臺諫)을 얻는다면 좋겠지만 역시 쉽지 않으니 안타까운 일이다. 어(魚)[魚用謙]에게 경이 스스로 맡겠다는 뜻을 즉시 전하는 것이 어떠한가?

夜何啓居. 厥事莫如自將. 今明欲行次對爲計, 卿須直爲出擧條如何. 厥事雖如彼區處, 其外目下如得瞭然之臺則固可, 亦甚未易, 悶事. 魚也許以卿欲自將之意卽傳, 如何如何.

三淸洞門
丁巳十月初六日

92 그 일 : 정리곡의 폐단에 대해 아뢰는 일을 가리킨다.
93 거조(擧條) : 국왕에게 아뢰는 조항.

내일 차대(次對)를 할 것이니 정리곡(整理穀)에 관한 일은 경이 곧바로 연석에서 아뢰는 것이 어떠한가? 오늘 서용보(徐龍輔)를 만났다. "내가 이미 이제학[沈煥之]에게 말하였으니 다른 사람을 시키거나 스스로 하거나 좋을대로 하라."고 서[서용보]에게 말하였다. 만약 내일 만나거든 경도 이렇게 말하는 것이 어떠한가? 거조(擧條)의 초본은 가령(假令)으로 써서 어 장군(魚將軍)[魚用謙]에게 주고, 서로 서신으로 주고받으며 윤색하게 할 양으로 서[서용보]에게도 말하였다. 이것도 알아두는 것이 어떠한가? 어[어용겸]는 그사이 과연 만나보았는가?

明日當爲次對, 整理穀事, 卿直爲筵奏如何. 今日見徐龍輔, 以吾已言於二提學, 使他人或自爲間從長爲之之意, 言於徐也, 明若相逢, 卿亦依此說道如何. 擧條草則以假令書給魚將軍, 使之往復潤色樣, 亦言於徐也, 此亦知之如何. 魚也其間果見之耶.

三淸洞門
丁巳十月初六夜

정사년1797 10월 15일에 받은 편지

220

요사이 잘 있었는가? 정리곡(整理穀)에 관한 일은 다시 들려줄 것이 있는가? 서산 군수[金羲淳]에게 각 고을을 자세히 조사해 오라고 하였더니, 수성 정리곡(修城整理穀)이라는 명색 중에 또 미변(米邊)[94]이 있다고 한다. 이 미곡은 필경 섞이게 될 터인데, 돈으로 나누어 주고 쌀로 받아들인다면 요판(料販)[95]이 아니고 무엇이란 말인가? 다시 각별히 엄하게 신칙하고 실정을 알아내어 보고하라. 이만 줄인다.

日間更勝. 整理穀事, 更有入聞者否. 瑞倅許, 使之詳探各邑以來, 而修城整理穀名色有米邊云. 此穀必致相混, 而錢分米捧, 則非料販而何. 更須各別嚴飭, 期於得實以報爲可. 姑此.

三淸洞門
丁巳十月十五日

94 미변(米邊) : 쌀로 분류된 쪽, 또는 꾸어 주고 늘려 받는 쌀의 변리.
95 요판(料販) : 매매 행위를 통해 이득을 취함.

편지를 받고 위안이 되었다. 정(鄭)[鄭宙成]의 상소에 관한 일로 말하자면, 【대신이 올린 차자의 말이】 어찌 눈에 거슬리지 않았겠는가? 하지만 내 생각으로는 말을 꺼내면 도리어 가짜를 진짜로 만들 것 같아, 거친 입에서 나온 노망한 소리로 치부하고 말을 주고받지 않으려고 한다. 그가 기왕 [상소]하고자 했다면 한 번 말한들 무슨 문제될 것이 있겠는가? 하지만 만약 말을 전하는 사이에 오해가 생기고 자구(字句)에 돌출하는 말이 있으면 또다른 풍파를 일으키게 될 터이니, 어찌 조용할 때가 있겠는가? 이 초본에서 말거(抹去)[96] 한 부분은 이대로 빼는 것이 어떠한가? 또 생각해보니, 수많은 눈을 굳이 내가 스스로 감당할 필요가 없으므로 일단 침묵하더라도 세도에 크게 관계되지는 않을 것이다. 김달순(金達淳)이 이미 문(文)[文躍淵]의 상소[97]에 대해 들었다면 절친한 서용보도 들었다고 하던가? 이만 줄인다.

承慰. 鄭疏事, 【大臣箚語】 豈不碍眼. 而吾意則提說反涉於弄假成眞, 付之鹿吻中老誖, 不欲說去說來矣. 彼既欲爲, 則一言何妨. 而若其轉語之際生戞, 而字句之間突兀, 則勢將別出風波, 豈有寧靜之時耶. 此草中抹去處, 依此拔去如何. 且思之, 奇奇之目, 不必我自當之, 姑爲含嘿, 亦不至於大關世道耳. 金達淳既與聞文疏, 則切親之徐龍輔, 亦云與聞耶. 姑此.

三淸洞門
丁巳十月十六日

96 말거(抹去) : 지워 없애거나 뭉개 버림.

97 문(文)[文躍淵]의 상소 : 문약연의 상소는 『승정원일기』 1797년 10월 9일에 실려 있다.

정사년1797 10월 18일에 받은 편지

222

보내준 편지를 받고 근황이 좋다는 것을 알았으니 매우 기쁘다. 정 대간(鄭臺諫)[鄭宖成]에게는 추고(推考)[98]만 하라는 명을 내렸으니 알아서 써서 들일 것이다. 이런 글을 올리는 것은 한 번으로 족하니, 또다시 내어서는 안 된다. 그리 알도록 하라. 그 차자는 매우 놀라우니, 이런데도 말하지 않는다면 어찌 벽패(僻牌)라 하겠는가? 칭찬하는 자는 식성(食性)을 알지 못하겠다. 이만 줄인다.

來幅承悉近勝, 可喜可喜. 鄭臺有只推之命, 自可書納, 而一夔足矣, 迭出不可, 以此知悉, 而厥劄甚覺瞠然, 此而不言, 則豈曰僻牌乎. 譽之者食性未可知也. 姑此.

三淸洞門
丁巳十月十八日

98 추고(推考) : 죄를 저지른 관원을 신문하여 그 죄상을 고찰함.

정사년1797 10월 19일에 받은 편지

일간에 잘 지냈는가? 어제 조수민(趙秀民)이 선편을 잡았는데 어디서 나온 것이라고 하는가? 지금 정(鄭)[鄭宖成]의 상소는 뒷북을 치는 격이라 하겠다. 조[조수민]의 곡절은 모쪼록 조사하여 알려주는 것이 어떠한가? 요사이 들려줄 만한 것이 있는가? 이만 줄인다.

日間安未. 昨日趙秀民先着便, 未知出於何處云耶. 到今鄭疏, 可謂懲後缶. 趙也委折, 某條探示如何. 近日有何可聞耶. 姑此.

三淸洞門
丁巳十月十九日

정사년1797 10월 20일에 받은 편지

224

편지를 받고 위안이 되었다. 내일 강연(講筵)에는 들어올 것인가? 좌의정[蔡濟恭]의 차자에 대한 비답은 보았는가?[99] 비록 후한 비답이었지만 본래는 옳다고 여기지 않는다. 보는 사람들이 내 뜻을 알 수 있겠는가? 껄껄 웃음이 나온다.

承慰. 明日講筵, 欲爲入來耶. 左相箚批, 見之耶. 雖是優批, 本事不以爲是, 覽者可領會耶. 還呵也.

三淸洞門
丁巳十月二十日

99 좌의정[蔡濟恭]의 차자에……비답은 보았는가 : 채제공이 올린 차자에 대한 비답은 『정조실록』 1797년 10월 20일에 보인다.

두 장의 편지가 아침에 왔기에 읽어보고서 요사이 잘 지낸다는 것을 알았으니 매우 기쁘다.

대각(臺閣) 운운한 것은 최이형(崔履亨)을 가리키는 것인가? 이런 글을 올리는 것은 한 번이면 족하다. 다시 내어서는 안 된다. 하물며 이랬다저랬다 하면 도리어 속습(俗習)이 되고 말 터이니, 이후로는 각별히 엄히 신칙하여 소란을 일으키는 폐단이 없도록 하는 것이 어떠한가? 이만 줄인다.

차자의 말에 '노망(老妄)'과 그밖에 운운한 것[100]은 그의 본래 말투이고, 전체적인 의미는 거듭 사죄하는 데서 나온 것이다. 저들이 바야흐로 유순한 자세로 있는데 떼지어 일어나 이렇게 말하며 공격하니, 항복을 애걸하는 사람에게 어찌 무례하다고 책망할 수 있겠는가? 이것은 사리로 보면 당연한 일이다. 이만 줄인다.

兩幅早至, 披悉日間之安, 甚喜. 臺閣云云, 指崔履亨耶. 一其足矣, 更發不可. 況左之右之, 反歸於俗習, 此後各別嚴飭, 俾無紛聒之弊, 如何如何. 姑此.
箚語中老妄與其他云云, 卽其自來口氣, 全篇命意, 則出於僕僕之謝罪. 彼輩方以巽軟, 群起功斥云然, 則乞降之人, 何可責以無禮耶. 此則事理但當. 姑此.

三淸洞門
丁巳十月二十二日

・・・

100 차자의 말에……운운한 것 : 채제공이 올린 차자에, "신은 비록 노망하다고 스스로를 비웃지만, 남들도 노망하다고 용서해주기를 바라기는 어려운 일입니다.[臣雖以老妄自笑, 人亦以老妄見恕, 此不可望之事也]"라는 말이 보인다.(『승정원일기』 1797년 10월 20일)

정사년1797 10월 23일에 받은 편지

226

낮에 연석에서 조용히 이야기하려고 했으나 인소(印所)의 이목이 번다하고 이직학[李晩秀]과 함께 들어왔기에 그냥 포기할 수 밖에 없었으니 한탄스럽다.

병조 판서의 빈자리가 날 텐데, 지금 훈련대장[李敬懋]의 인물과 명망이 모두 합당하다. 하지만 우의정[李秉模]에게 기별할 길이 없으니 어찌하면 좋겠는가? 또 서(徐)[徐龍輔]와는 사이가 좋지 않으니 이 때문에 한탄하고 있다. 게다가 그의 조카(李光益)가 여기 있으니, 나에게서 말이 나오면 반드시 공정하다고는 못할 것이다. 부디 좋은 방도를 생각하는 것이 어떠한가? 오늘 빈자리가 날 것인데 이 때문에 일단 기다린다.

정초지(正草紙) 3장
날꿩 1마리
곶감 1접
담뱃대 1개

새로 인출한 『팔자백선(八子百選)』 1건을 보낸다.

午筵擬欲從容討穩, 而印所眼煩, 與二直學同入, 未免虛抛, 可歎. 兵判當出窠, 而時元戎人與望俱可合, 而無路通奇於端揆, 何以則好耶. 與徐不與之相能, 此所以咨且. 且其侄在此, 言出於吾, 亦未必爲公, 須思好道理如何. 今日當出窠, 而爲此姑且俟之耳.
正草紙三張 生雉一首 乾柿一貼 烟竹一箇

三淸洞門
丁巳十月二十三日

新印八子百選一件送之.

정사년1797 10월 24일에 받은 편지

227

보내준 편지는 잘 받았다. 날씨는 춥지만 마음은 맑고 탁 트이니, 하찮은 체증이 구름 걷히고 안개 사라지듯 하지 않을 수 있겠는가? 껄껄 웃을 일이다.

우의정[李秉模]이 이미 박(朴)이 이와 같은 것을 부탁하였다는 뜻을 서(徐)[徐龍輔]에게 재빨리 전하였으니, 우의정은 서[서용보]와 아무런 간격이 없는 사이라고 하겠다. 경처럼 헐후(歇後)한 사람은 이런 사람들의 수중에 떨어지기가 지극히 쉬울 것이니, 도리어 웃음이 난다. 경상도에서 온 편지도 서[서용보]의 편지를 통해 이미 우의정에게 전해졌을 테니, 이 편지도 마찬가지일 것이다. 하지만 그의 필획이 새 발자국 같아 나처럼 화기(火氣)가 많은 사람은 번거로움을 참아가며 볼 수가 없다. 한 번 대충 보고 이렇게 돌려준다.

나는 삼여(三餘)의 일과인 독서에 골몰하느라 창밖의 일은 전혀 모른다. 다만 잊지 못하고 마음 속에 남아 있는 것은 백성의 일이다. 바라건대 공들은 가는 곳마다 내 뜻을 선양하고 만나는 일마다 자세히 조사하도록 하라. 책을 보느라 다른 사람의 손을 빌려 쓴다.

강원도의 삼아(蔘椏)를 받았기에 2냥을 편지와 함께 보낸다.

來紙承悉耳. 寒事涉緊, 心界淸豁, 么麼痰滯, 豈不雲如捲而霧如收耶. 可呵. 右相已以朴也囑如此之意, 飛報徐許, 右相之於徐, 可謂無間之甚者. 如卿歇後者, 墜落此等人袖中, 當至易, 還覺一笑. 嶺札亦從徐書已見抵右相者, 此札似當一般, 而其筆劃如鳥足, 如吾火多之漢, 不能耐煩看, 一番涉獵後, 玆還之耳. 此中三餘之課工汨汨, 窓外事都不知之. 所耿耿在中者, 民事也. 惟望諸公之隨處宣揚, 隨事採探耳. 對卷倩草.
關東蔘稛取捧, 以二兩, 伴簡耳.

三淸洞門
丁巳十月二十四日

정사년1797 11월 1일에 받은 편지

228

그동안 잘 지냈는가? 요사이 듣자니 좌의정[蔡濟恭]에게 내린 비답의 ‘404가지 병통’[101]이라는 구절이 벽패(僻牌)에 해당한다고 하는데, 이 어찌 매우 우스운 일이 아니겠는가? ‘문구(文具)’라는 말에 주석을 달자면 바로 성실하지 않은 것이다. 이 죄는 시배(時輩)에 해당하겠는가, 벽패에 해당하겠는가? 이것은 두말할 것도 없이 분명하다. 그러나 근래의 일은 알 수 없는 점이 있다. 와전이 와전되고 가짜가 진짜가 되니 답답한 노릇이다. 그러므로 경을 이조 판서에 제수한 것이니, 다 생각이 있어서였다. 관직에 나온 뒤에 특별히 눈을 번쩍 뜨게 하는 새로운 일이 없으면 도리어 민망하겠지만, 머뭇거리며 뒤로 물러나는 것도 속태(俗態)에 가까우니, 한 번 비답을 받은 뒤에는 나와서 숙배하는 것이 좋겠다. 오늘은 형세상 미처 그렇게 하지 못한 것인가? 김달순(金達淳)이 서용보(徐龍輔)에게 고변(告變)하였으나 그 일이 아직 분명하지 않으니, 아직 들어오지 말라. 이 뜻은 몰라서는 안 된다. 바빠서 우선 이것만 말한다.

• • •

101 404가지 병통 : 채제공의 차자에 대한 정조의 비답에 보이는 말이다. “무릇 오늘날 세상의 404가지 병통은 어느 것이나 경이 전에 이른바 문구(文具)라는 것과 지금 이른바 색책(塞責)이라는 것에서 재앙이 되고 빌미가 되지 않는 것이 없다.[凡今四百四病, 無一不爲孽爲崇於卿之前所謂文具, 今所謂塞責]”(『정조실록』 1797년 10월 20일)

日間安重耶. 近聞左批中四百四病之句, 屬之僻牌云, 豈不可笑之甚耶. 文具之註脚, 卽不誠也, 此罪時輩當之耶. 僻牌當之耶. 此則不待兩言而決之. 然近來事有未可知, 以訛傳訛, 弄假成眞, 可悶乙仍于卿之除吏判, 蓋有意焉, 而雖於出脚之後, 別無新新開眼之事, 還爲之悶然. 然逡巡亦近於俗態, 一番承批後, 出肅爲可耳. 今日則勢未及爲之耶. 金達淳告變於徐龍輔, 以厥事之姑不分明, 姑勿入來, 此意不可不知. 劇擾掛一.

三淸洞門
丁巳十一月初一日

정사년1797 11월 6일 저녁에 받은 편지

229

이 편지를 쓰고 있을 때 편지가 왔으니 얼마나 기뻤겠는가? 한(韓)의 경우는 경이 이조 판서를 맡고 있을 때를 기다려 하는 것이 좋을 듯하다. 이미 서(徐)[徐龍輔]에게 이야기한 것이 있는데 들었는가? 어제 서[서용보]와 주고받은 이야기는 무슨 일이었는가? 아직 듣지 못하여 매우 답답하다. 정복환(鄭復煥)은 참으로 좋다. 박(朴)은 긴요하지 않으니 만류하여 그만두게 하는 것이 어떠한가?

書此際, 有來幅, 豈勝欣瀉. 韓也待卿掌銓時爲之似好, 已有言於徐者, 果關聽否耶. 昨日往復於徐者, 卽何事耶. 姑未聞之, 甚菀. 鄭復煥固好矣, 朴則不緊, 使之挽止如何.

丁巳十一月初六夕

230

어제 서료(徐僚)[徐龍輔]가 하는 말을 들었는가? 서[서용보]가 전한 말은 분명치 않은 듯한데, 어떻게 할 생각인가? 가서 우의정[李秉模]을 만나야 한다고 운운한 것은 서[서용보]의 말이 틀리니, 경이 들어주지 않은 것이 매우 옳다. 굳이 합석하고자 한다면 공무 시간을 이용해도 괜찮을 것인데, 어찌 까닭 없이 경 스스로 체신을 굽힌단 말인가?

하루 이틀 사이에도 두서가 안정될 날이 없는데 사설(邪說)이 유행하고 사학(邪學)이 창궐하니, 이 어찌 계속 수수방관할 때이겠는가? 김건순(金建淳)의 일을 문안(文案)에 기록하지 않은 것은 일을 모호하게 처리한 것이 아니다. 이치와 사세(事勢)가 이와 같았을 뿐이다. 김건순과 같은 자가 다시 나오지 않게 하는 것은 김건순의 죄를 다스리는 데 달려 있는 것이 아니라 바로 정기(正氣)가 충실한지 여부에 달려 있을 따름이다. 이번 일 이후 만일 한쪽편 사람들이 드문 기회라 여겨 떼지어 비난하거나 몰래 의논하여 다른 한쪽편 사람을 갑절로 위태하게 한다면, 국사를 돌보는 자가 나라를 위하는 뜻이 전혀 아니다. 이 뜻을 깊이 유념하도록 하라.

오늘 오한원(吳翰源)이 대청(臺廳)에 나왔는데, 장차 무슨 일을 하려는 것인가? 계사(啓辭)의 내용이 마땅하지 않다면 그저 한층 더 수모를 당하게 될 뿐이다. 또한 앞으로 있을 말하기 어려운 염려에 대해서 서료[서용보]에게 말한 것이 있는데, 과연 들어서 알고 있는가? 반드시 내 말대로 하는 것이 어떠한가? 내일 모레 사이에 모쪼록 만나서 이야기할 생각이다.

昨聞徐僚之說耶. 徐也傳道似未瑩, 未知何以爲計耶. 至於往見右相云云, 徐說非矣, 卿之不聽甚當. 苟欲合席, 或於因公時則爲可, 豈至於無端自屈耶. 一日二日, 頭緖無可定【之】時, 而邪說流行, 邪學猖獗, 是豈一味袖手觀時耶. 金建淳事, 不錄於文案, 非漫漶也, 義理也事勢也如此. 建淳不更出, 未必在於治建淳, 政在於正氣之充實而已. 今番事後, 萬一一邊之人, 看作奇觀, 群譏而竊議, 以致一邊之一倍危懼, 尤非謀國者國耳之意, 此意猛加着念也. 今日吳翰源之詣臺, 將欲有爲耶. 啓語若不得宜, 則徒致一層輕侮, 且有來頭難言之念慮, 言於徐僚者, 果已聞知耶. 必須依此如何. 明再明間, 某條得見面討爲計.

丁巳十一月十七日

정사년1797 12월 1일 오후에 받은 편지

아침 편지는 시험장에 있느라 이목이 번거로워 빠뜨린 내용이 많았다.

이번 정리곡(整理穀)에 관한 각도의 장계가 흙탕물처럼 흐리멍덩하다는 것은 참으로 그렇다. 당초에 거조(擧條)를 낸 것이 망언에 가까웠고, 게다가 결코 이러한 이치가 없음에랴? 보리가 익기 전까지는 봉해두더라도 등보(謄報)[102]는 반드시 회공(回公)[103]하도록 하고, 이것을 가지고 문제를 삼아서 차후의 사직하는 상소에 인용하여 체직될 단서로 삼는다면 일의 체면이 매우 좋을 것이다. 필경에는 엄명에 쫓겨 출사하더라도 처음에는 이렇게 하지 않으면 안 된다. 염려가 여기까지 미쳤는가? 경을 위해 허둥대는 것이 마치 신부(新婦)의 수모(手母)[104] 꼴이니, 배를 잡고 웃을 일이다. 이만 줄인다.

朝便, 在試場眼煩, 未免以赫蹄漏萬耳. 今番整理穀事, 諸道狀啓, 無異於和泥, 眞箇然矣. 當初出擧條者, 近於妄言, 又况決無是理乎. 麥秋前, 雖令封置, 而謄報則必回公, 執此爲說, 此後辭疏, 引以爲正遞之端, 事面恰好. 畢竟則設或迫於嚴命而出仕, 初頭不可不如是爲可. 能念到於此耶. 爲卿周章, 卽一新婦之手母, 還覺捧腹. 姑此.

三淸洞門
丁巳十二月初一午後

102 등보(謄報) : 원본의 내용을 그대로 베껴서 보고하는 것.

103 회공(回公) : 의정부(議政府)에 도착한 공문을 의정 이하 모든 관원에게 회람시키는 일.

104 수모(手母) : 신부(新婦)의 단장 및 그밖의 일을 곁에서 거들어 주던 여자.

정사년1797 12월 3일 저녁에 받은 편지

232

보내준 편지들은 너무 바빠서 아직 자세히 보지 못하였다. 내일 편지를 보내겠다.

諸紙煩甚姑未詳見. 明當有往復耳.

丁巳十二月初三夕
[印]敬

정사년1797 12월 9일에 받은 편지

233

아침에는 마침 심부름할 하인이 없어서 서료(徐僚)[徐龍輔]를 통해 전하였다. 경패(庚牌)[105]가 이미 나갔으니, 오늘은 '호망(呼望)[106]하지 말라' 고 신칙하는 하교를 기다렸다가 나와서 응해야 할 터이니 이대로 하는 것이 어떠한가?

정사(政事)할 날이 가까워 오는데, 눈을 번쩍 뜨게 할 만한 일을 미리 생각해 두지 않으면 안 된다. 과연 요량한 바가 있어 맡겨준 뜻을 저버리지 않을 수 있겠는가? 수령은 몇 자리이며 초사(初仕)는 몇 자리인가? 충청도 사람을 거두어 쓰는 일을 등한히 해서는 안 될 것이니, 이것도 깊이 생각해 두는 것이 어떠한가?

어수(魚帥)[魚用謙]가 요사이 승정원에 들어오기는 하였으나 승정원의 이목이 번다하여 아직 만나지 못하였다. 그에게 이러한 뜻을 알려주는 것이 어떠한가?

朝因伻隸之適乏, 從徐僚轉申, 而庚牌已出, 今日則待勿爲呼望之飭敎, 勢當出膺, 依此爲之如何. 政期在邇, 其所開眼之擧, 不可不預先入量, 未知果有料量, 能不負委畀之意耶. 守令幾窠, 初仕亦幾窠, 而湖中不可等閒收拾, 亦須深量如何. 魚帥近雖入院, 院中眼煩, 姑未見之, 使渠知此意如何.

三淸洞門
丁巳十二月初九日

105 경패(庚牌) : 호부(虎符), 병부(兵符).

106 호망(呼望) : 호패망(呼牌望). 패초(牌招)에 나올지 여부를 정원의 하예(下隷)가 알리는 것.

정사년1797 12월 16일에 받은 편지

요사이 어떻게 지냈는가? 도목 정사(都目政事)가 다가왔는데 아직 한 번도 만나지 못하였으니 어떻게 계획하고 있는지 모르겠다. 진작하고 수습하는 방도가 이 일에 달려 있다. 하물며 망통(望筒)[107] 하나, 취사(取捨) 하나까지도 명분과 의리를 중시한 뒤에야 말루하장의(抹樓下長衣)[108]라 하겠다. 과연 기대하는 바를 벗어나지 않을 수 있겠는가? 어찌하여 한 글자 편지도 없는가?

지난번 소한(小韓)[韓用龜]의 혼사에 대해 누누이 말한 것은 숨기지 않으려는 뜻에서 나온 것이며, 또한 애석히 여기는 마음에서 나온 것이기도 하다. 그런데 듣자하니 이미 내가 말한 것을 소한[한용귀]에게 말했다는 듯하다. 이처럼 입조심을 하지 않는 것은 생각이 부족한 점이 아니겠는가? 추기(樞機)를 조심하지 않는다고 이전부터 주의를 주느라 혀가 닳을 지경이다. 그런데도 고칠 줄을 모르니, 그 이유를 찾으려 해도 찾을 수 없다고 하겠다. 이것은 시속의 무리들도 하지 않는 짓이니, 혀를 차며 탄식할 뿐이다. 이만 줄인다.

107 망통(望筒) : 망단자(望單子). 관직에 임명할 후보자들의 성명을 기록한 문서.

108 말루하장의(抹樓下長衣) : 미상. 말루하는 마님, 마누라와 같은 말이다. 처음에는 노부인을 지칭하는 말로 쓰이다가 남녀 모두의 존칭으로 쓰였다. 세손 시절의 정조도 말루하로 불렸다.

近候如何. 大政當前, 而尙未得一奉, 未知經綸何居. 其所激揚與收拾之方, 在此擧措, 況一望筒一取捨, 須以名義爲重, 然後可謂抹樓下長衣. 其果不外於所期耶. 何無一言所示耶. 向以小韓婚事, 縷縷爲說者, 出於無隱, 亦出於愛惜之意, 而似聞已以吾所云云, 言於小韓云, 不愼口若此者, 豈非意思不到處【耶. 以】樞機之不密, 前此鍼砭, 舌幾弊矣, 猶且不知改圖, 可謂求其說而不得. 此乃時輩俗類之所不爲, 咄歎咄歎. 姑此.

三淸洞門
丁巳十二月十六日

정사년1797 12월 19일에 받은 편지

235

어제 만났을 때는 총총히 헤어지느라 속마음을 다 터놓지 못하였으니 한탄스럽다. 간밤에 어떻게 지냈는가? 도목 정사가 내일인데 그 때문에 마음이 쓰인다. 초사인(初仕人)[109]은 어떻게 처리하였으며, 네 개의 빈자리는 과연 외방(外方)에 분배하였는가? 경상도의 경우는 한강(寒岡)[鄭逑], 여헌(旅軒)[張顯光], 남명(南溟)[曺植] 집안의 남인을 거두어 쓰는 것이 어떠한가? 초사인을 의망할 때에는 시패(時牌)와 벽패(僻牌)를 섞어 쓰고, 그밖에도 이렇게 하는 것이 어떠한가? 경을 위해 마음을 놓지 못하고 있다.

진도 만호(珍島萬戶)는 임기가 찼다고는 하지만 형세상 우심읍(尤甚邑)[110]이라는 이유로 보리가 익을 때까지 자리를 옮기지 말도록 하교할 것이다. 그리고 고성(固城)도 사진읍(私賑邑)[111]이라 하는데, 그렇다면 수령 두 자리는 줄어들 것이니 안타깝다. 이번 정사에서는 나와서 복직할 것인가? 이만 줄인다.

• • •

109 초사인(初仕人) : 처음으로 관직에 오른 사람.

110 우심읍(尤甚邑) : 재해가 가장 심한 읍.

111 사진읍(私賑邑) : 흉년에 수령이 사사로이 곡식을 준비하여 굶주리는 백성을 진휼하는 고을.

昨奉怱怱未罄蘊, 可歎. 夜何啓居. 大政在明, 爲之關心. 初仕何以停當, 而四窠果分排於外方耶. 嶺南則寒岡旅軒南溟【家】中午人收用如何. 初仕望, 時僻亦爲參用, 而其他亦皆依此爲之, 如何如何. 爲卿不勝熲熲. 珍島雖滿瓜, 勢將以尤甚邑, 限麥秋勿遷事, 當爲下敎, 而固城亦云私賑邑, 然則守令二窠, 當縮, 可悶. 今政當出復職耶. 姑此.

三淸洞門
丁巳十二月十九日

정사년1797 12월 19일 밤에 받은 편지

236

시사(試事)로 바빠서 보내온 초본에 대해 이제야 의견을 적어 보낸다. 초사인(初仕人)과 그 관직은 각별히 유의하는 것이 어떠한가? 이번 정사는 오직 두루 인재를 등용하고 탕평(蕩平)을 하여 내 뜻을 널리 알리는 단서로 삼는 것이 좋겠다.

이기헌(李基憲)에 관한 일은 내가 가부를 말하고 싶지 않다. 그리고 김기서(金基胥)로 하고자 한다면 헌[이기헌]을 부망(副望)으로 삼는 것이 좋겠는가, 아니면 수망(首望)으로 삼고자 하는가?[112] 편한 대로 하라.

동문(洞門)에 회답하여 전할 것

試事役役, 來草今始錄送意見耳. 初仕與職, 亦須各別留意如何. 今政惟以周便平蕩, 爲對揚之端爲可. 李基憲事, 於此吾不欲可否. 且金基胥如欲爲之, 則憲也爲副望爲可耶. 抑欲爲首擬耶. 惟在從便爲之耳.

洞門回傳
丁巳十二月十九夜

112 이기헌(李基憲)에 관한……삼고자 하는가 : 심환지는 이 어찰을 받은 다음날 행한 도목 정사에서 돈녕부 참봉(敦寧府參奉)의 삼망(三望)에 김기서(金基胥), 이재헌(李在憲), 서릉수(徐陵修)를 올렸다.(『政事冊』 1797년 12월 20일)

정사년1797 12월 21일 저녁에 받은 편지

237

도목 정사(都目政事)가 잘 되었다고 하니 무척 다행이다. 퇴근하고서 잘 있었는가? 여론을 대략 들어보니 시패(時牌)와 소론(少論)은 그다지 잘못되었다고 여기지 않고, 간혹 칭찬하는 사람도 있다고 한다. 심지어 무관(武官)들조차도 놀랍다고 하며 입을 모아 칭찬하지 않는 사람이 없다고 한다. 너무나 다행이다.

남인들은 초사(初仕)를 얻지 못한 것을 자못 불만스러워 한다는데, 차후에 김성일(金誠一)의 자손을 거두어 써서 크나큰 비난을 막는 것이 어떠한가? 감역(監役)을 소론에게 주지 않으면 또 무슨 욕을 먹겠는가? 껄껄. 이만 줄인다.

동문(洞門)에 즉시 전할 것

大政順成，甚幸，而公退安勝耶．略聞物情，時與少頗不以爲非之，或有稱道者，而甚至武弁，無不叫奇，一辭譽之云，何幸何幸．午人初仕之不得爲頗憤菀云，此後金誠一子孫收用，以塞如屋之謗，如何如何．監役如不歸之少論，又將喫得如何辱說耶．呵呵．姑此．

洞門卽傳
丁巳十二月念一夕

정사년1797 12월 22일에 받은 편지

238

편지를 받고 위안이 되었다. 돈녕부 참봉과 선공감 가감역의 일[113]을 듣고서 배를 잡고 웃었다. 지금 이미 패초하였다면 다시 불러들이기를 기다리도록 하고, 내일 패초한다면 상소하여 사실을 밝히는 것이 어떠한가?

정동익(鄭東翼)에 관한 일[114]로 말하자면, 이러한 일에 대해 어찌 임기응변을 하지 못하여 공연히 악담을 얻어먹는가? 이만 줄인다.

承慰. 敦參將作事, 聞來令人捧腹. 今已出牌, 待更召, 或明日出牌, 上疏首實如何. 鄭東翼事, 此等處何不臨機潤狹, 空然喫得惡談耶, 姑此.

三淸洞門
丁巳十二月念二日

113 돈녕부 참봉과 선공감 가감역의 일 : 1797년 12월 20일 정사(政事)에서 김기서(金基敍)가 돈녕부 참봉에, 윤두진(尹斗鎭)이 선공감 가감역에 임명되었다. 그러나 망단자에 김기서의 '기(基)'를 '기(箕)'로 잘못 썼으므로 김기서는 감히 관직을 받지 못하였다. 또한 선공감의 아전이 임명장을 전하기 위해 윤두진(尹斗鎭)을 찾았으나 아무도 응하는 사람이 없었다. 윤두진이 아직 입사(入仕)할 나이가 되지 않았기 때문이었다. 이로 인해 심환지는 이조 판서로서 책임을 지고자 23일 상소를 올려 이 사실을 밝히고 죄를 청하였다.(『승정원일기』 1797년 12월 23일)

114 정동익(鄭東翼)에 관한 일 : 정동익은 1797년 12월 20일 영릉 참봉(英陵參奉)에 임명되었다. 그러나 그는 이때 경상도 성주(星州)에 있었기에 제향(祭享)을 올리는 설날까지 임지에 도착할 길이 없었다. 정조는 26일 정식으로 예조의 보고를 받고 그의 관직을 바꾸도록 하였다.(『승정원일기』 1797년 12월 26일)

承慰教示將心事叩來
令人捧腹々已出俾待
東右我的出保上緣首當
也可勸東翼事此來變
何不作襟闊積書此會
得慧緣可也

三清同門

丁巳十二月念二日

무오년1798 1월 9일에 받은 편지

239

설이 지난 뒤로 매일 바빠서 붓을 들 겨를이 없었다. 만나서 이야기하고 싶은 것도 산처럼 쌓였으니 매우 답답하다. 연일 출근하는 와중에 잘 지내는가?

지금 당장의 막중하고 막대한 급선무는 요속(僚屬)을 선발하는 것보다 더한 것이 없다. 그렇지만 아직 공론을 잘 모르겠다. 무엇보다 향촌에 은거한 이들 중에 존경받는 사람을 찾아낸 뒤에야 인재를 얻었다고 할 수 있을 것이다. 이 점을 과연 유의하고 있는가? 어제도 만나 의논하려 하였으나 바빠서 그렇게 하지 못하였기에 또 이렇게 대신 전한다.

정일환(鄭日煥)에 관한 일은 다른 쪽 사람들이 잡다하게 떠들 뿐만 아니라, 근래에 일을 같이 하는 사람들도 입을 다물지 모르겠다. 나에게 한 가지 계책이 있지만 만나지 않으면 자세히 말할 수 없다. 박화문(朴和文)의 경우에는 경과 몽상(夢相)[金鍾秀]이 언급한 바가 있다고 하는데 정말 그러한가? 그 사람의 성품은 내가 잘 알고 있지만 그 집안에 경박한 민(民)이 있으니 어찌 흠이 아니겠는가? 역시 만나서 이야기할 일이다. 이밖에 명문세가 출신으로 혹 들어서 아는 사람이 있는가? 알려주는 것이 어떠한가? 오늘이라도 조용한 겨를이 있으면 한 번 나와 만나서 이야기해보자.

승보시(陞補試)[115]가 예로부터 얼마나 시끄러웠는가마는 이번에 대사성이 모욕을 받은 일은 어찌 수치스러운 일이 아니겠는가? 그 주당(周堂)[116]은 다

115 승보시(陞補試) : 소과(小科) 초시(初試)에 해당하는 시험으로, 성균관 대사성이 사학(四學)의 유생을 대상으로 시행한다. 합격자에게는 생원, 진사과에 응시할 자격이 주어진다.

른 곳이 아니라 참으로 이른바 사복천(司僕川)[117] 곁이라 하겠다. 껄껄 웃을 일이다. 어수(魚帥)[魚用謙]는 요사이 어찌 그리 조용한가? 바빠서 이만 줄인다.

동문(洞門)에 즉시 전할 것

歲後日日役役, 未暇把筆, 而所欲面譚者, 亦山積, 何菀如之. 連日赴公餘安勝耶. 目下莫重莫大之先務, 豈有過於選揀僚屬, 而公論尙未知之. 且況鄕外林下之人人所矜式者, 覓來然後, 始可謂得人, 此果有留意者耶. 昨亦欲面議, 煩未能焉, 又此替申耳. 鄭日煥事, 不惟異趣之雜喙, 近日同事者, 亦未知其沕然. 此有一計, 匪面不可詳. 至於朴和文, 卿與夢相有所云云云, 信否. 其人之所存, 吾所稔知, 而其家有輕佻之民也, 豈非欠事. 亦待面敍, 而外此故家世族中, 或有聞知者耶. 示之如何. 雖今日, 如有從容之便, 當圖一穩計. 陞試事, 從古囂囂何限. 而如今泮長之取侮, 豈非貽羞之端. 而其周堂不歸於別處, 眞所謂司僕川邊, 爲之一呵. 魚帥近何寂然耶. 撥擾姑此.

洞門卽傳
戊午正月初九日

116 주당(周堂) : 이사, 신행(新行), 결혼, 안장(安葬)할 때에 꺼리는 살(煞). 큰 달과 작은 달에 따라 여덟 방향에 해당되는 것이 달라진다.

117 사복천(司僕川) : 한양 중부 수진방(壽進坊 현재 수송동 일대)에 있던 사복시(司僕寺) 앞의 개천이다.

무오년1798 1월 11일 밤에 받은 편지

240

퇴근하고서 잘 있었는가? 자성(慈聖)[貞純王后]께서 국모(國母)가 되신 지 40년이 되었으니 경하하겠다고 청하였는데, 이는 막대한 경사이니 얼마나 기쁘겠는가마는 올해 경하할 일을 을묘년(1795)에 미리 행하였다. 선조(先朝)[英祖]께서 신유년(1741)에 경하할 일을 경신년(1740)에 미리 행한 것과 같다. 한 가지 일을 두 번 거행하는 것은 자성께서 사양하실 뿐만 아니라 선조의 성의(聖意)를 본받는 길이 아니다. 이 때문에 마음이 쓰이는 것이다.

요속(僚屬)을 천거하는 일이 잘 되었다고 하니 매우 다행이다. 경의 본직(本職)은 함께 물러난다는 의리[118]로 사퇴의 명분을 삼는 것이 좋겠다. 내일 안으로 사직하여 비답받기를 기다리고, 또 여러 사람이 서용되어 유임되기를 기다렸다가 다시 관직에 나오는 것이 어떠한가? 이만 줄인다.

公退安勝耶. 慈聖母臨四十年, 稱慶之請, 卽莫大之慶, 何等欣祝. 然而今年稱慶之先行於乙卯, 卽先朝辛酉稱慶之先行於庚申也, 一事再擧, 不但慈心之謙挹, 亦非仰體先朝聖意之道. 以是還以爲耿耿耳. 僚屬之薦順成, 甚幸甚幸. 卿之本職, 以同其退之義, 引義爲可. 明日內辭職, 待承批, 又待諸人敘仍後出脚, 如何如何. 姑此.

三淸洞門
戊午正月十一夜

118 함께 물러난다는 의리 : 송(宋)나라 범중엄(范仲淹)이 황제에게 직언하다가 좌천되었는데, 구양수(歐陽脩)가 그를 구하려다가 함께 좌천당하였다. 그 뒤 범중엄이 섬서(陝西)로 나가면서 구양수를 종사관으로 임명하자, 구양수가 "함께 물러나는 것은 괜찮아도 함께 진출하지는 말아야 한다."라고 하며 사양하였다.(『宋史』 卷319 「歐陽脩傳」)

무오년1798 1월 11일 밤에 받은 편지

241

아침에 잠시 만난 일은 요사이 처음이었으니, 매우 위안이 되었다. 이번에 산림(山林)[李城輔]이 말이 안 되는 거취를 한 것은 전적으로 시(始)[鄭民始] 형제들이 한 일 때문이다. 그리고 산림은 시[정민시]에게 속아 일마다 모두 임금이 시킨 일로 알고 있다고 한다. 어찌 이렇게 분통 터지는 일이 있단 말인가? 하지만 그대로 내버려두는 것이 좋겠다.

듣자하니 성 밖에 머무른 지가 이미 여러 날이 지났는데 조정 관원이나 유생 가운데 한 사람도 가서 만나본 자가 없다고 한다. 그가 가볍게 처신하기는 하였지만 그의 직분이 다름아닌 산림이니, 이 어찌 조정의 수치가 아니겠는가? 지금 만약 날이 저물었다면 아침이 되기를 기다렸다가 경이 먼저 잠시 가보는 것이 어떠한가? 그리고 여러 사람들에게도 한 번 만나도록 권하는 것이 어떨지 모르겠다. 이 말을 전하고자 일부러 사람을 보낸다. 이만 줄인다.

朝者蹔晤, 卽亦近來初有, 慰滿何言. 今番山林去就之不成說, 專由始也兄弟之所爲, 而山林則爲見欺於始也, 事事皆以上敎之指揮知之云, 寧有如許切憤事耶. 然任之爲可. 而聞來住城外, 已至多日, 而朝官儒生, 無一人往見者云, 彼固自輕, 顧其職山林也, 豈非朝廷之羞恥耶. 今如日暮則待朝, 卿須先登暫往, 如何如何. 勸令諸人, 亦令一見, 未知如何耶. 爲申此語專伻. 姑此.

戊午正月十一日夜付

무오년1798 1월 19일 저녁에 받은 편지

242

아침에 연석에서 잠시 이야기를 나누어 위안이 되었다. 낮사이 퇴근한 뒤로 잘 있었는가?

조정의 체모와 일의 체면, 아울러 형정(刑政)을 위하여 어쩔 수 없이 말하겠다. 모든 일은 경중이 마땅하게 된 뒤라야 말이 시행될 수 있고 일이 잘 될 수 있는 것이다. 만약 그 일을 바로잡고자 한다면, 젊은 대간이 한 번 아뢰어 가볍게 말하는 것으로 족하다. 지금 서료(徐僚)[徐龍輔]가 전해준 편지를 보았는데, 경이 스스로 하는 것은 절대로 안 된다. 병조 판서를 의망하는 일에 대해서는 서[서용보]의 말이 더욱 불가하다. 정관(政官)[119]이 베껴 들였더라도 대신의 집에서 받아왔으니, 이러한 팽두이숙(烹頭耳熟)[120]의 행동을 하는 것은 대신을 공경하고 국체를 존중하는 방법이 아니다. 게다가 한 대신은 미운 파리라고 할 만하나, 다른 대신은 고운 파리인데도[121] 함께 죄를 입는다면 어찌 이러한 일이 있겠는가? 서(徐)[서용보]의 일처리가 이처럼 더디고 둔하니, 껄껄 웃을 일이다. 이만 줄인다.

119 정관(政官) : 인사 임면을 담당하는 관원.

120 팽두이숙(烹頭耳熟) : 머리를 삶으면 귀까지 익는다는 뜻으로, 한 가지 일이 잘되면 다른 일도 저절로 이루어짐을 비유적으로 이르는 말.

121 한 대신은……고운 파리인데도 : "미운 파리 치려다 고운 파리 상한다"라는 속담을 인용한 것이다. 나쁜 사람을 벌하려다가 좋은 사람이 화를 입게 만드는 것을 말한다.

朝筵暫話, 亦云慰喜. 午間公退安勝耶. 爲朝體, 爲事面, 兼爲刑政, 不得已言之. 凡事須使輕重得宜, 然後言可行而事可諧. 厥事如欲較正, 則年少一臺一啓之輕輕說去足矣. 今見徐僚轉示之語, 卿以自爲, 萬萬不可. 至於兵判望事, 徐說尤不可. 政官雖謄入, 而受來於大臣家, 則試此烹頭耳熟之擧者, 有非敬大臣尊國體之道, 而且況一大臣, 固可謂憎蠅, 一大臣以愛蠅混被, 亦豈有如許事耶. 徐之見事, 遲鈍如此, 令人可發一呵. 姑此.

三淸洞門
戊午正月十九夕

무오년1798 2월 16일에 받은 편지

243

보내온 심부름꾼에게 편지를 받으니 그간 소식이 없던 차에 매우 위안이 되었다. 게다가 간밤에 잘 지냈다는 것을 알았음에랴?

강원도 관찰사[李書九]가 비변사 당상으로 유임해 달라고 청한 일[122]은 과연 서료(徐僚)[徐龍輔]를 시켜 우의정에게 전하도록 하고, 경에게 알려주어 함께 그 후임자에 대해 상의하라 하였는데, 아직 말하지 않았는가? 어 장군[魚用謙]을 어찌 꼭 이같이 긴요하지 않은 자리에 두어야겠는가? 충청도가 좋겠다. 그 전에는 절대로 거론하지 않는 것이 어떠한가?

권유(權裕)에 관한 일은 들은 지 오래인데, 머리가 쭈뼛 선다. 지금 속된 사대부들이 염치를 무너뜨린 것은 막론하고, 경 같은 사람들조차도 무리지어 일어나 두둔하지 않는 바람에 권유를 개에 물린 꿩 신세로 만들었으니 참으로 분하다.

시호(諡號)를 내리는 일은 다섯 사람[123] 외에 송재경(宋載經), 민진주(閔鎮周), 윤봉오(尹鳳五)에게도 어찌 하지 않을 수 있겠는가? 그리고 정실(鄭宲)처럼 문형을 맡았던 사람과 신응현(申應顯)처럼 절개를 세운 사람도 빼기 어려우니, 몽상(夢相)[金鍾秀]에게 의논하도록 하는 것이 어떠한가?

몽상[김종수]이 교외에 있은 지 이미 여러 날이 지났는데 아직도 불러 보지

122 강원도 관찰사[李書九]가……청한 일 : 이서구는 2월 10일 강원도 관찰사에 임명되었다. 이때 그는 비변사 유사당상으로서 수교정식(受教定式)을 『대전통편(大典通編)』에 첨부하는 일을 맡고 있었다. 그는 이 일을 마칠 수 있도록 강원도 관찰사를 사직하고 비변사 유사당상으로 유임해 달라고 청하였다.(『승정원일기』 1798년 2월 19일)

123 다섯 사람 : 정운(鄭運: 忠壯), 김이주(金頤柱: 靖憲), 김치인(金致仁: 憲肅), 이문원(李文源: 翼憲), 김주(金澍: 忠貞)를 가리키는 것으로 보인다.(『승정원일기』 1798년 2월 29일)

않아 말들이 매우 많다. 경이 내의원에 있으니 그가 아직 낫지 않았는지 알 것이다. 어찌 즉시 모합(某閤)에게 말을 전하지 않아 이렇게 점점 말이 많아지게 하는가? 이만 줄인다.

來書得於來伻, 間濶餘, 何慰如之. 况審夜候之安耶. 東伯請仍備堂事, 果使徐僚言送右揆, 而使卿知之, 並與其代相議, 尙未言之耶. 魚將何必爲此不緊之窠耶. 湖西爲可, 其前切勿擧論如何. 權裕事, 聞之久矣, 令人髮竪. 今俗士夫之放倒廉恥, 固無論, 如卿等輩, 亦不群起右袒, 使權也爲犬嚙之雉, 可憤可憤. 諡號事, 五人外宋載經閔鎭周尹鳳五, 豈可不爲. 而鄭寀之文衡申應顯之樹立, 亦難拔, 須令議于夢相如何. 夢相之在郊亭, 已多日, 尙不召見, 辭說甚多. 卿在藥院, 明知其姑不差可, 則何乃不卽送言于某閤, 以致轉轉成說耶. 姑此.

三淸洞門
戊午二月十六日

무오년1798 2월 23일에 받은 편지

244

서료(徐僚)[徐龍輔]를 통해 보낸 편지는 받아 보았는가? 윤제동(尹悌東)은 지금 이미 허락을 받지 않고 지레 나갔으니[124], 그의 장관(長官)이 되는 사람[125]도 인의(引義)[126]하지 않으면 안 될 것이다. 일단 다시 의망한 일로 함께 인의하고, "옥당(玉堂) 등의 불찰은 너무나도 황송합니다. 승지가 죄를 청하지 않고 곧바로 다시 의망하도록 한 것은 훗날의 폐단에 관계된 일이니, 옥당의 규정이 이로 인해 무너질 것입니다."[127]라고 말하라. 승지를 침척(侵斥)하는 경우에는 재계하는 날이라도 아뢸 수 있는 법이니, 이대로 도모하는 것이 어떠한가? 오늘은 신시(申時)가 이미 지났으니 청좌(廳坐)하기를 기다렸다가 바치는 것이 좋겠다. 혹시라도 또다시 늦는 일이 없도록 하는 것이 어떠한가?

從徐僚所示覽至耶. 尹也今旣徑出, 則爲其長僚者, 不可不引義矣. 且以改望一款, 兼爲引義, 而玉堂等之不察, 萬萬悚惶. 承宣之不爲請罪, 直使改望, 亦有關於後弊, 館規從此壞却爲說. 侵斥承宣, 則雖値齋日, 自可登聞, 依此圖之如何. 今則申時已過, 待廳坐呈納爲可. 無或更又愆期, 如何如何.

三淸洞門
戊午二月念三日

124 윤제동(尹悌東)은……나갔으니 : 윤제동은 상소를 올려 모친의 병이 위독하다는 이유로 수찬의 직임을 사직하고 외방의 수령에 임명해 달라고 청하였다. 그는 상소를 올린 뒤 사정이 있다는 이유로 곧바로 나갔는데, 그가 상소를 올린 날이 국기일(國忌日)을 앞두고 재계하는 날이었던 까닭에 상소는 받아들여지지 않았다.(『승정원일기』 1798년 2월 11일)

125 그의 장관(長官)이 되는 사람 : 심환지가 당시 홍문관 이제학(二提學)이었으므로 이렇게 말한 것이다.

126 인의(引義) : 의리를 좇아서 스스로 관직을 내놓음.

127 옥당(玉堂) 등의……무너질 것입니다 : 『정조실록』 1798년 2월 24일 기사 참조.

무오년1798 2월 27일에 받은 편지

245

일간에 잘 지냈는가? 서료(徐僚)[徐龍輔]를 통해 보내준 편지를 보았다. 두 가지 일을 만류한 것은 매우 좋다. 하지만 선공감 감역에 관한 일은 아직까지 하지 않고 있으니 심히 답답하다. 초사(初仕)가 가까운 친척에게서 나온 지 얼마 되지도 않아 선공감 감역이 당내(堂內)[128]의 친척에게로 돌아간다면, 지금처럼 억지로 남의 결점을 캐려 하는 때 어떻게 되겠는가? 비록 차함(借銜)[129]이라고는 하지만, 일단 다음에 빈자리가 나기를 기다리는 것이 신중하고 치밀하여 나은 방법이다. 반드시 이대로 하는 것이 어떠한가? 할 말은 산처럼 쌓여 있는데 언제쯤 속마음을 터놓고 이야기할 수 있겠는가? 이만 줄인다.

日間安重耶. 從徐僚見所示紙, 兩件事之挽留, 甚好矣. 至於將作事, 至今不爲, 甚是沈屈, 而初仕才出於至親, 將作又歸於堂內, 則以今吹覓之時, 豈不如何耶. 雖曰借銜, 莫若姑待後窠之爲愼重縝密, 必須依此爲之如何. 多少山積, 何時可攄. 姑此.

三淸洞門
戊午二月念七日

128 당내(堂內) : 같은 성을 가진 팔촌 안에 드는 일가.

129 차함(借銜) : 실지 직무는 집행하지 않고 그 관직의 명목만 가짐.

무오년1798 3월 1일에 받은 편지

246

보내준 편지는 잘 받았다. 듣자하니 이미 내의원에 사진(仕進)하였다는데, 퇴근하기를 기다렸다가 심부름꾼을 보낼 것이니 여기서는 우선 간단히 말하겠다. 심능간(沈能簡)이 의(儀)[沈儀之]의 조카라는 것은 일전에 다른 사람을 통해 처음 듣고 알게 되었다. 사람은 매우 똑똑해 보이는데 문예는 과연 어떠한가?

성균관의 일은 본래 선조(先朝)[英祖]의 병자년(1756) 처분이 지극히 엄중하니, 조정에서는 형세상 이 일에 대해 감히 입을 열 수 없을 것이다. 그렇지만 생소하여 규례를 알지 못하는 유생이 한바탕 소란을 피우는 것이야 무슨 문제가 되겠는가? 하지만 만일 조정까지 밀고 올라온다면 조정에서 아는 바는 법금(法禁) 뿐이다. 게다가 선조께서 그때 내리신 처분과 후세에 남기신 허다한 하교가 국사(國史)와 당후일기(堂後日記)[승정원일기]에 분명히 실려 있으니, 처리하기가 너무나도 난처하지 않겠는가? 명색이 유생이라도 일이 선조의 법금에 관계된다면 변통하기 어려울 듯하다. 이것이 이 일을 조정까지 올라오지 않게 하는 것만 못한 까닭이다. 이렇게 알고 잘 처리하라.

동재(東齋)에서 남인 유생을 두둔하고, 남인 유생이 번갈아 노론 유생을 벌한 일은 성균관의 규칙에 크게 어긋난다. 도기과(到記科)[130]를 하루 앞두고 만약 그전까지 서로 다투고 있다면 도기과를 행할 때에는 반드시 위에 알려지

• • •

130 도기과(到記科) : 성균관 유생으로서 도기(到記, 식당에 들어간 횟수. 아침, 저녁 두 끼를 1점으로 간주한다)의 원점(圓點)이 50점 이상 되는 사람에 한하여 응시하게 하는 시험. 성적이 우수한 자는 전시(殿試)에 바로 응시할 수 있는 자격을 주었다.

게 될 것이다. 사론(士論)이 준엄히 들고 일어나 정말 분란의 단서가 되더라도 흔적 없이 처리할 방법을 생각하는 것이 어떠한가? 재숙(齋宿)하는 기간이 지난 뒤 만약 재임(齋任)이 있거든 한 번 벌을 주면서, "성균관의 고사를 무너뜨렸기 때문이다."라고 한다면 어찌 법금을 범하는 데까지 이르겠는가? 그리고 공론도 조금 풀어지지 않겠는가? 이만 줄인다.

來紙承慰. 聞已仕進藥院, 待公退, 當送伻人, 此姑略之. 而沈能簡之爲儀也之侄, 日前因人始聞知矣. 人也極瞭然, 文藝果何如耶. 泮中事, 本事先朝丙子年處分至嚴, 朝廷之間, 勢將不敢發口, 而如儒生之梗生不識法例者, 一番烝鬧也, 亦何妨. 而萬一推上朝廷, 則朝廷所知者法禁. 况先朝伊時處分, 與許多垂後之下敎, 昭載國乘與堂后記注. 其所處置, 豈不萬萬難處. 而名雖儒生, 事關先朝法禁, 恐難潤狹. 此所以莫如不爲推上矣, 知此彌綸. 而東齋之右禅午儒, 午儒之互罰老儒, 此則大違泮中規例, 而到記隔日, 若於其前互相爭詰, 則到記時, 必當上徹, 士論則雖崢嶸爲之, 眞箇作爲鬧端處, 須思無痕方便之道, 如何. 過齋後, 如有齋任, 則一番施罰曰, 以打壞館中故事, 則豈至爲犯禁, 而公議亦可少伸耶. 姑此.

三淸洞門
戊午三月初一日

무오년1798 3월 14일에 받은 편지

247

하루가 한 해처럼 길어 그리운 마음 더욱 간절하였는데 마침 보내준 편지를 받으니 직접 얼굴을 보는 듯하다. 나는 근래 과연 조금 나아졌다. 그렇지만 조정이 염려되고 세도가 신경쓰여 병이 없어도 피로하니 답답한 일이다.

내가 보건대 근래의 세태는 마치 종기가 안에서는 곪았지만 밖으로는 아직 터지지 않은 것과 같다. 터지기 전에는 보약을 쓰기 어렵겠지만, 만약 안의 기운이 충실하다면 터진 뒤라고 해서 굳이 보약을 쓸 필요가 있겠는가? 그러나 이른바 아무개 등은 꼭두각시처럼 남의 호위 노릇을 하느라 한갓 지목만 받으며 점차 의취(意趣)가 없어지고 있으니, 혈기를 가진 사람이라면 누군들 분노하고 한탄하지 않겠는가?

대개 남을 탓할 수는 없다. 사람은 필시 스스로를 업신여긴 뒤에야 남에게 업신여김을 받기 마련이다. 경과 몽상(夢相)[金鍾秀]은 늙었고, 매(邁)[徐邁修]는 날이 갈수록 지각이 없어진다. 그의 몸가짐으로 말하자면, 관찰사에서 체직된 이래로 청렴하다는 평판이 전혀 없는 데다 말을 삼가지 않아 난처한 일이 끝이 없다. 그런데도 서료(徐僚)[徐龍輔]는 꽁무니를 빼고 앞에 서지 않으려 하니, 끝내 사류의 본색이 아니다. 또한

[이하 결]

日長如年, 瞻詠愈勤, 際接示紙, 若相照也. 此中近果向差, 而朝象關念, 世道薰心, 不病而憊憊, 悶事. 以吾所見, 近者貌樣, 如癰疽之內欲濃而外未潰, 潰前雖難用純補之劑, 若使中氣實, 則潰後亦安用補劑爲哉. 然而所謂某某人, 作一攔衛之傀儡漢子, 徒被指點, 漸沒意趣. 凡有血性者, 孰不憤歎耶. 大抵不可尤人, 人必自侮, 然後受侮. 卿與夢閣老矣, 邁也之無知覺日甚, 所謂行身也, 遞藩以來, 廉聲太乏, 其他言語之不愼密, 有無限難處之端, 而徐僚拔尻, 不欲當頭, 終非士流本色. 又

三淸洞門
戊午三月十四日

무오년1798 3월 17일에 받은 편지

248

보내준 편지를 받고 위안이 되었다. 마침 손님이 있어 사람을 시켜 쓴다. 선공감의 빈자리에 한(韓)을 임명하지 못할 이유는 없는데, 여론이 어떠한지 모르겠다. 널리 의견을 듣고 결정하는 것이 어떠한가?

어제 개성 유수[黃昇源]를 처리한 일[131]은 다름이 아니라 내 혈기가 끓어올라 막지 못한 것인데, 그 뒤 생각해보니 화가 난 나머지 말을 너무 많이 하고 말았다. 껄껄 웃을 일이다. 황(黃)[황승원]처럼 겨우 사람 꼴을 갖춘 자가 감히 침을 튀기며 변명하는 것도 부족하여 그가 그 일을 조사한 것은 염치 외에도 기강에 크게 관계된다. 이 또한 근래에 의심하던 중에 생긴 일이기에 대간의 상소가 혹 경들에게서 나왔을까 하여 그러한 것이니, 어찌 한탄스럽지 않겠는가? 어찌하면 조정 안에서도 화목하고 조정 밖에서도 화기애애한 분위기를 잃지 않을 수 있겠는가?

근래 꽃구경 가는 길에 경이 지은 시에, "골짜기는 늘상 그대로인데 누대는 반나마 비었네[林壑長應在, 樓臺半是空]"라는 구절이 있었다고 한다. 전하는 말이 맞다면 반나마 비었다는 뜻이 무엇인지 듣고 싶다. 몽상(夢相)[金鍾秀]이 경상도로 가려는 계획은 절로 깨지게 될 것이다. 그 사이 어떻게 지낸다고 하는가? 나도 물어보려고 한다. 이만 줄인다.

131 어제 개성 유수[黃昇源]를 처리한 일 : 적성 현감(積城縣監) 이언희(李彦熙)가 차사원(差使員)으로 임명되어 가는 도중, 개성의 하리(下吏)에게 모욕을 당한 일이 있었다. 그러나 개성 유수 황승원은 하리의 말만 듣고 처벌하지 않았다. 그리고 사직소를 올려 변명하였는데, 자못 성내는 기색이 있었다. 그러자 정조는 분개하며 황승원을 영불서용(永不敍用)에 처하였다.(『정조실록』 1798년 3월 16일)

동문(洞門)에 회답하여 전할 것

來便承慰. 適對客都留倩草. 將作之窠, 韓無不可爲之理, 未知物議如何. 須博採決定如何. 昨日松留處置, 卽此漢血性潑火中掩不得處, 伊後思之, 自覺太費辭氣, 好呵. 如黃也之菫具人形者, 乃敢噴嚇對卞之不足, 渠查渠事, 廉防之外, 大關紀綱. 此亦近來疑阻中出來, 以臺疏之或出於卿輩而然者, 寧不可歎. 何以則朝著寅協, 下殿不失和氣耶. 近於看花之行, 卿之所作, 有林壑長應在, 樓臺半是空之句云, 誠如所傳, 則半是空之意, 欲聞之耳. 夢相嶺行, 自當破計, 其間動靜如何云耶. 自此亦欲問訊耳. 姑此.

洞門回傳
戊午三月十七日

무오년1798 3월 18일에 받은 편지

249

손님이 많아 나중에 편지를 보내려 하였는데, 보내준 편지를 받고 위안이 되었다. 한가(韓哥)의 일에 관해 서(徐)[徐龍輔]가 난색을 표한 것도 생각이 없지 않으니, 다시 생각해서 나중에 하는 것도 좋겠다. 조수민(趙秀民)은 세작(細作)[간첩]에 불과한데 요사이 듣자하니 지난번 상소한 일을 가는 곳마다 해명한다고 한다. 그 사람을 어찌 믿을 수 있겠는가? 부디 속마음을 보이지 않도록 어수(魚帥)[魚用謙]에게 말하는 것이 어떠한가? 이만 줄인다.

동문(洞門)에 회답하여 전할 것

客煩. 都留後便, 而來紙承慰. 韓哥事, 徐議【之難慎】, 亦不無意見, 更思從後亦可耶. 趙秀民, 卽不過細作, 近聞【以】向來疏事, 到處發明云, 其人何足信耶. 須以勿見拔中之意, 言於魚帥如何. 姑此.

洞門回傳
戊午三月十八日

무오년1798 3월 27일에 받은 편지

보내준 편지를 보았으나 마침 너무 바빠 즉시 답장을 쓰지 못하였다. 조금 나중에 써 보내겠다. 나는 열기가 갑자기 얼굴에 치솟는데 약효가 있는지 모르겠으니 답답하다.

충청 감영의 일[132]은 앉아서 다시 신칙하기를 기다려서야 되겠는가? 다시 한 번 신칙하는 하교를 기다리는 것은 요즘 늘상 하는 작태에 가까울 것이다. 기왕 난처한 처지에 놓였다면 면전의 도리로 대처해야 한다. 일을 더 복잡하게 만들어서야 되겠는가? 즉시 결말을 내어 저절로 체직되도록 하는 것이 좋겠다. 김가(金哥)의 일은 무슨 병 때문이라고 하던가? 뒤의 편지에 상세히 답해주는 것이 어떠한가?

동문(洞門)에 즉시 전할 것

來紙見之, 而適煩甚, 不卽作答, 稍晩當爲之耳. 此中熱氣忽熾於頭面, 藥力不知有效, 悶事. 錦營事, 豈可坐待更飭耶. 更待一番飭教, 亦近於時羕, 旣當難處之處, 當以面前道理爲之, 豈可更作層節耶. 須卽出場, 期於順遞爲可. 金哥事, 因何病云耶. 後便詳答如何.

洞門卽傳
戊午三月念七日

132 충청 감영의 일 : 충청도 관찰사 한용화(韓用和)가 감영에서 사용하는 잡물(雜物)을 분정(分定: 할당)할 때의 폐단에 관해 장계를 올렸다. 정조는 이에 대해 정례로 정해 놓은 것 외에 추가로 걷어들이는 일이 없도록 하라고 엄히 신칙하였다.(『승정원일기』 1798년 3월 16일)

날짜 미상의 편지 3

251

편지를 받고 위안이 되었다. 편지 내용으로 보아 확고하게 고집한다는 것을 잘 알겠다. 오직 내일 일 처리를 마땅하게 하는 데 달려 있을 뿐이다. 향후의 거취는 다시 그때그때 상의하라. 이만 줄인다.

청동(淸洞)에 회답하여 들일 것

承慰. 來喩可知秉執之牢確, 惟在明日處事得宜耳. 向後去就, 更當隨時有以商議. 姑此.

淸洞回納

보내준 편지는 잘 받았다. 요즘은 아무런 소문도 듣지 못하고 어둠 속에서 헤매이며 그저 조정의 기상이 존중받지 못하고 선비의 기운이 더욱 약해진다고 탄식할 뿐이다. 몽상(夢相)[金鍾秀]은 도리어 시론(時論) 중에서 완론(緩論)에 속한 사람이 되었는데, 경은 자기 편에서도 경시당할 뿐만 아니라 소론에게 거슬리고 남인에게 미움받고 있다. 이렇게 하기를 그치지 않는다면 위아래로 모두 어찌할 수 없게 될 것이다. 늘상 한밤중에 생각하노라면 나도 모르게 답답해진다. 어찌 우의정[李秉模]을 일으켜 용기를 내어 인재를 잘 등용함으로써 임금을 섬기도록 하지 않는가? 다만 서매수(徐邁修)를 정경(正卿)으로 삼는 것은 지나친 듯하고 이경일(李敬一)을 함께 천거한 것은 더욱 외람되다. 하나는 너무 빠르고 하나는 의리에 맞지 않으니, 우의정이 이를 알도록 하는 것이 어떠한가? 한용귀(韓用龜)와 한만유(韓晩裕)는 좋다.[133] 그밖에 박재순(朴載淳), 이익모(李翊模) 또한 차차 쓸 만한 사람이 아니겠는가? 이밖에 벽벽파(碧碧派) 중에도 그럭저럭 괜찮은 사람이 있다면 얼마나 다행이겠는가?

이조 판서의 일에 대해서 경의 눈과 귀가 이처럼 장님이나 귀머거리 같을 줄은 헤아리지 못하였다. 이조 판서가 벌여놓은 해괴한 짓이 한두 가지가 아니다. 모두 조정을 욕보이는 단서가 되는 일들인데, 아직 듣지 못하였는가? 대신이 아전을 가둔 일은 그것이 옳지 않은 것인지 모르겠다. 대간의 상소로

133 한용귀(韓用龜)와 한만유(韓晩裕)는 좋다 : 한용귀와 한만유를 가선대부로 승진시키는 것을 말하는 듯하다.(『승정원일기』 1798년 6월 20일)

말하자면 잘 한다면 좋겠지만 그렇지 않으면 우의정의 뒤만 따르게 될 것이다. 이밖에 어찌 쟁집(爭執)할 사건이 없겠는가? 그렇다면 풍속을 가다듬고 염치를 진작시키는 도리에 있어서 굳이 우의정이 아전을 가둔 일만 거론할 필요는 없을 것이다. 그 상소를 보면 이전에도 의망한 사람이 많다고 하였는데, 이 또한 그가 해명할 증거가 되기에 충분할 것이다.

외방 수령이 다스리는 바에 대해 요사이 간관(諫官)들은 어찌 한 마디 말도 없는가? 구중궁궐 깊은 곳에 있는 나도 귀에 들어오는 말이 있는데, 어찌 듣지 못하여 말하지 않는 것이겠는가? 설사 듣지 못하였더라도 들으려고 한다면 어찌 듣지 못할 리가 있겠는가? 이것은 이조 판서가 수령을 임명하여 보낸 데 대해 대신이 단지 그 단서만 꺼냈기 때문이다. 게다가 거조(擧條)도 연석에서 아뢴 것만 못하니, 곤욕을 당하는 것은 오직 백성 뿐이다. 어찌 분하지 않겠는가? 이만 줄인다.

벽패(僻牌)는 다른 장점이 없고 남의 옳지 않은 점을 보면 힘껏 말하고 통렬히 배척하는 것 뿐인데, 지금은 그렇지 않다. 이후로는 옳지 않은 일에 대해서는 의논하기를 기다리지 말고 그때마다 곧장 말하도록 어(魚)[魚用謙]와 상의하여 하나의 규범으로 삼는 것이 어떠한가? 어(魚)[어용겸]로 하여금 자주 사동(社洞)으로 가보도록 하는 것이 좋겠다. 이 편지는 즉시 태워버리도록 하라.

來便承悉. 近來則不聞半箇所聞, 而模索於皮熏膜外, 徒有朝象不尊士氣益萎之歎者, 夢相反爲時論中緩論之人, 而卿則不暴見輕於自中一邊, 忤於少, 嫉於午. 若此不已, 竊恐上下寺不及, 每中夜以思, 不覺爲之悶然. 何不打起右相, 別出武氣, 使之以人事君耶. 但徐邁修之正卿, 似過矣, 李敬一之並擧, 尤猥矣, 一則太驟, 一則無義, 須令右相知此如何. 韓用龜韓晩裕固好, 而其外朴載淳李翊模, 亦豈非次第可用之人. 而此外碧碧中, 如有堇可者, 何幸何幸耶. 吏判事, 卿之耳目不料其若是聾瞶. 當銓所爲, 萬萬駭悖, 不一而足. 凡爲辱朝廷之端, 未之得聞耶. 大臣之囚吏, 未知其不可. 至於臺疏, 則善爲之則可, 不然只爲右相之後殿而已. 其外豈無可執之條件. 則其在勵俗長廉之道, 不必單提右相囚吏事耶. 觀於其疏, 前此多有擬望之人云, 則亦足爲渠發明之證耳. 外方守令之所治者, 近日言地, 何無一言耶. 吾之深居而猶有入耳者, 豈或不聞而不言耶. 藉使不聞, 以聞爲意, 則亦豈有不聞之理. 此吏判之守令差送, 大臣只發其端, 且擧條又不若筵奏, 受其困者, 惟小民. 豈不切憤耶. 姑此.

僻牌無他長, 見人不是處, 輒力言痛斥, 而今則不然. 此後凡於不是處, 不待往復, 隨卽言之事, 魚許亦爲相議, 以爲一副當規模如何. 魚也使之頻往社洞爲可. 此紙卽卽丙之.

三淸洞門

丁巳四月十一日

正祖御札帖

三帖

무오년1798 4월 5일에 받은 편지

301

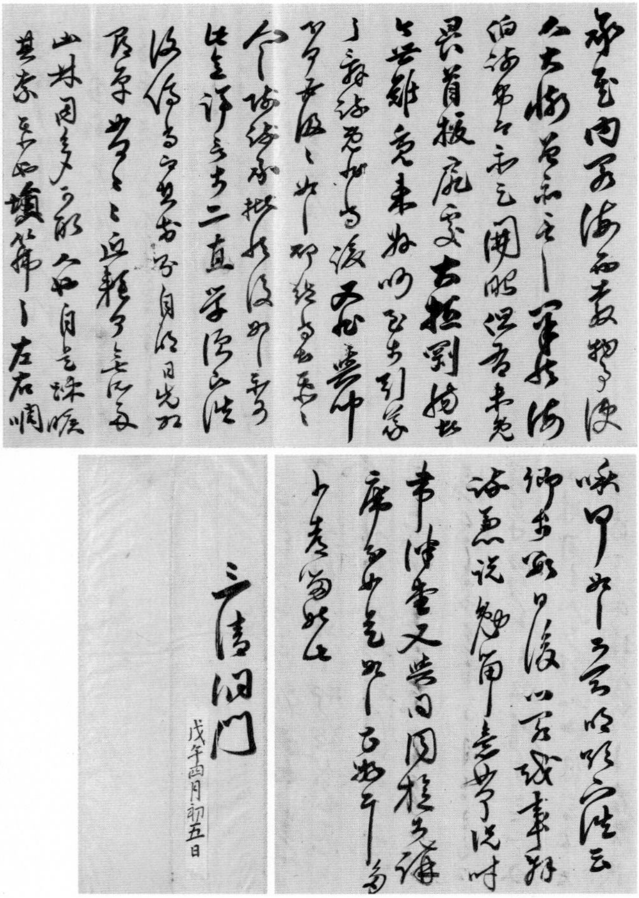

편지를 받고 위안이 되었다. 규장각이 황해도의 곡물로 농간을 부린 일은 너무나도 부끄럽다.[134] 일찍이 언급한 적이 있었는데 과연 황해도 관찰사[李義駿]의 상소가 나왔으니 역시 눈을 뜨게 할 만하다. 다만 두려워 고개를 숙이고 꽁무니를 빼는 곳이 있음을 면치 못하였다. 대저 강직한 마음을 가진 사람을 요즘 세상에서 찾아보기 어려우니, 껄껄 웃을 일이다.

134 규장각이……부끄럽다 : 황해도 관찰사 이의준(李義駿)이 상소하여 규장각이 황해도 일대에서 지역간의 곡가(穀價) 차이를 이용하여 이익을 다투는 일을 문제삼았다.(『승정원일기』 1798년 4월 5일)

인의(引義)하는 내용의 사직 상소는, 해당자도 아니고 들은 적도 없으니 어찌 서둘러 올릴 필요가 있겠는가? 해당자인 아무아무가 상소를 올려 비답을 받은 뒤에 올려도 좋을 것이다. 이러한 뜻을 이직학[李晩秀]에게 자세히 말하고 즉시 의논하여 정하라. 하지만 그 전에 하려면 내일 먼저 사직 상소를 올리는 것이 어떠한가?

요즘 소식은 어째서 전하지 않는가? 산림(山林)[李城輔]은 취할 만한 점이 많으나 사람됨이 본디 허술하다. 아무개 형제가 좌우에서 시끄럽게 구는데 어찌하겠는가? 이 때문에 답답하다. 내일 내려가겠다고 하는데, 경이 며칠 뒤에 규장각의 직임에 관한 일로 사직 상소를 올리면서 만류하라고 말하는 것이 어떠한가? [경은] 지금 성균관 당상을 맡고 있는데다 함께 강석(講席)에서 주선하고 있으니, 이렇게 하는 것이 매우 좋을 것이다. 할 말은 많으나 이만 줄인다.

承慰. 內閣海西穀物事, 使人大慚, 曾亦言之, 果然海伯疏出, 而亦足開眼, 但有未免畏首拔尻處. 大抵剛腸者, 今世難覓來, 好呵. 至於引義之辭疏, 旣非當該, 又非與聞, 則何必汲汲爲之耶. 待當者某某人之陳疏承批, 然後爲之亦可. 此意詳言於二直學, 須卽往復停當, 而其前則自明日先爲尋單, 如何如何. 近耗何無所示. 山林固多可取, 人也自是踈曠, 其奈某也塤篪之左右啁啾何. 爲之可悶. 明欲下往云, 卿於數日後, 以閣職事辭疏, 兼說勉留之意如何. 況時帶泮堂, 又與同周旋於講席, 則如是爲之甚好耳. 多少都留. 姑此.

三淸洞門
戊午四月初五日

무오년1798 4월 6일에 받은 편지

302

간밤에 잘 있었는가? 전의감의 시험을 감독하는 일은 패초(牌招)하기를 기다리되, 계속해서 소명(召命)을 어기도록 하라.[135] 사직 상소는 초고를 지은 뒤 반드시 먼저 보여주는 것이 어떠한가? 말을 만들 때에는, "도리어 '이 말이 어쩌다 나오게 되었는가' 라고 꾸짖어서는 결코 안 됩니다."라고 하고, "말하자니 더러워질 것 같고, 듣자니 오염될 것 같습니다. 명색이 당당한 규장각이 이러한 수치를 입었으니 실로 할 말이 없습니다."라고 하라.

을묘년(1795) 이후로 상소에서 '성상의 덕을 드러내겠다', '조정을 해나 달보다 높인다'[136]는 등의 말을 한 사람을 시패(時牌)나 소론(少論)에서 본 적이 있는가? 그렇다면 그[李義駿]의 상소를 극구 칭찬하고 북돋은 뒤에야 경들에게 할 말이 있다고 하겠다. 그 사람이 어떠한가보다는 바른말을 했다는 것이 더욱 중요하지 않겠는가? 상소에 대략 이러한 뜻을 포함하는 것이 좋겠다. 다른 사람들에게도 반드시 칭찬하는 것이 어떠한가? 상소의 초고를 지어내면 즉시 보여주는 것이 어떠한가? 이만 줄인다.

동문(洞門)에 즉시 전할 것

• • •

135 전의감의……어기도록 하라 : 심환지는 전의감 제조의 직임을 맡고 있었기에 잡과(雜科) 복시(覆試)에 참석해야 하나 병을 핑계로 불참하였으며, 이후 4차에 걸쳐 패초하였으나 나가지 않았다.(『승정원일기』 1798년 4월 6일, 13일)

136 성상의……높인다 : 모두 이의준의 상소에 보인다.

夜間安未. 醫監試役待牌, 一直違召. 辭疏則草出後, 必爲先示如何. 措語則決不可反詈以此言奚爲而至及言之若浼, 聽之若汚, 名以堂堂內閣, 得此羞恥, 實欲無言爲言, 而乙卯以後, 以闡揚聖德及尊朝廷於日月之上等語, 發於章奏者, 何嘗見之於時輩與少論耶. 然則其疏當極意嘉奬扶植, 然後卿等可謂有辭. 辭直者, 豈不勝人耶. 疏中略帶似此意思爲可, 對人亦必稱謝, 如何如何. 疏草待構得, 卽示之如何. 姑此.

洞門卽傳
戊午四月初六日

무오년1798 4월 14일 저녁에 받은 편지

303

요즘은 날이 따스하여 보리 농사에 알맞으니 기쁜 일이다. 요사이 계속 잘 지냈는가? 나는 글을 읽고 쓰느라 바쁘니, 그밖의 일은 내가 알 바 아니다. 다만 규장각의 신료들이 인의(引義)한 일 때문에 공연히 수응(酬應)할 일만 하나 늘어났으니, 신료들이 나를 후하게 대접한다고 하겠다. 껄껄 웃을 일이다.

일제학[鄭民始]이 두 차례 상소를 올린 것은 바로 그의 수법이다. 경이 다른 사람들을 따라하지 않은 일은 지금 생각해보면 도리어 다행이다. 어제 올리지 않은 상소에, '성상의 조정을 위해 경하드립니다.' 라는 말이 있었다고 하는데, 과연 그러한가? 다른 사람을 만나거든 반드시 이렇게 말하는 것이 어떠한가?

개성 유수[韓用龜]가 나간 것은 비단 경들만 아쉬워하는 일이 아니다. 당사자는 무어라 여길지 모르겠다. 조만간 불러들이는 것이 어떨지 모르겠다.

근래 소식은 들을 만한 것이 있는가? 산림(山林)[李城輔]이 내려간 뒤로 만류하라고 하건 불러들이라고 하건 간에 성균관에서는 아직 한 마디 말도 없는데, 어찌 유생들에게 일어나라고 권하지 않는가? 그 산림의 상소 중에 사설(邪說)을 물리쳐야 한다는 주장은 매우 공경할 만하다.[137] 다른 사람을 만나거든 극구 칭찬하는 것이 어떠한가? 저물녘이 되었기에 모두 남겨두고 이만 줄인다.

137 그 산림의……공경할 만하다 : 이성보의 상소는 『승정원일기』 1798년 4월 6일에 보인다.

近日暘燠, 甚宜於麥農, 可喜可喜. 日間連勝耶. 此中役役於咿唔佔嗶, 其外事莫我知者. 但爲內閣諸賢引義事, 公然添一酬應之端, 諸賢之餉我大矣, 好呵. 一提兩疏, 卽自家伎倆, 而卿之不爲隨衆, 到今還覺多幸. 昨於未徹疏中, 有【爲】聖朝賀之語云, 果是否. 如對人, 必亦依此說去如何. 松留之出去, 不但卿等惜之, 當之者亦未知以爲如何. 從近召入, 未知如何. 近秏有何可入耳耶. 山林下去之後, 勸留與召還間, 尙無泮中之一言, 何無勸起諸生耶. 其山林疏中斥邪之說, 甚可敬, 須獎詡之, 如何如何. 迫暮都留. 姑此.

三淸洞門
戊午四月十四夕

무오년1798 4월 16일[138]에 받은 편지

304

요사이 잘 있었는가? 경상도 관찰사[李亨元]의 일[139]은 암행어사가 출두하기를 기다리지 않더라도 수치를 끼친 지 오래이다. 게다가 이미 남행 선천(南行宣薦)[140]을 거친 사람을 『하서집(河西集)』의 유사(有司)로 삼았으니, 사람들이 입을 가리고 웃을 일이 아니겠는가? 그 숙부가 수치를 끼친 일은 말할 것도 없거니와, 그 조카를 유사로 임명한 이른바 선비라는 자들은 수치스러운 일을 기꺼이 하고도 수치스러운 줄 몰랐으니, 어찌 대단히 수치스러운 일이 아니겠는가? 설령 유사가 된 사람의 문학과 명망이 다른 사람보다 백 배나 낫다고 하더라도 한번 철릭(貼裏)[141]을 입었다면 선비의 본색이 아니다. 이는 그의 숙부가 있는 경상 감영의 재물을 탐내어 이렇게 예외적으로 발탁한 것이니, 하서 선정(河西先正)[金麟厚]에게 큰 수치를 끼쳤다. 경들은 어찌 이를 용인하였는가? 한 가지 일, 두 가지 일에 대해 명분과 의리를 고려하지 않으니, 사류(士流)들의 처신이 이렇게 어긋날 줄 어찌 생각이나 했겠는가? 그 이유를 듣고 싶으니 분명히 답하는 것이 어떠한가?

일전에 전임 대사간[金翰東]이 올린 상소는 쟁쟁하다 하겠다.[142] 사설(邪說)

• • •

138 무오년(1798) 4월 16일 : 이 어찰에는 '戊午四月念九日'이라고 씌어진 첨지가 하나 더 있다.

139 경상도 관찰사[李亨元]의 일 : 이때 영남암행어사(嶺南暗行御史) 여준영(呂駿永)이 경상도 관찰사 이형원의 여러 죄상을 보고한 일이 있었다.(『승정원일기』 1798년 4월 27일)

140 남행 선천(南行宣薦) : 남행은 음직. 선천은 무과에 급제한 사람 중에서 신분이 좋은 사람으로 선전관(宣傳官)이 될 만한 자를 후보자로 추천하는 것.

141 철릭(貼裏) : 무관 공복(公服)의 한 가지. 직령(直領)으로서 허리에 주름이 잡히고 큰 소매가 달렸는데, 당상관은 남색이고 당하관은 홍색이다.

142 일전에……하겠다 : 김한동의 상소는 『승정원일기』 1798년 4월 13일에 보인다.

을 따르는 무리를 배척하고 청나라 사신의 잘못을 말하였으니, 황해도 관찰사[李義駿]의 상소와 백중(伯仲)을 다툰다고 하겠으며, 도리어 더 나은 것 같기도 하다. 경처럼 사론(士論)에 뜻을 둔 사람은 이러한 일을 공공연히 장려하여 북돋는 데 일조해야 한다. 이후로는 관직 또한 남보다 먼저 주어서 그 수고에 보답하는 것이 좋겠다. 소견이 어떠한지 모르겠다.

집으로 찾아오는 남포(藍浦)의 유생[143]은 어떻게 접대할 것인가? 그 일은 또 어떻게 끝맺을 것인가? 이만 줄인다.

동문(洞門)에 즉시 전할 것

日間安重耶. 嶺伯事, 不待直指之出道, 貽羞久矣. 况南行宣薦已越之人爲河西集有司者, 豈非使人掩口處耶. 其叔之貽羞, 姑無論, 以其姪差定有司之所謂搢紳章甫, 甘爲貽羞之事, 而不知爲羞者,【亦】豈非大羞恥耶. 設令爲有司者, 文學聲望百倍有兼人過人之可取, 一着貼裏, 便非本色, 則貪於乃叔之嶺營錢物, 而乃爲此拔例之擧者, 貽羞於河西先正大矣. 卿等寧忍爲此. 一事二事, 不恤名義, 豈料士流處事乃若是逕庭耶. 願聞其由, 幸須明答, 如何如何. 日前前諫長疏, 可謂錚錚. 旣斥邪說之徒, 能言北使之非, 與海伯疏, 足謂伯仲, 而較似反勝焉. 如卿意在士論者, 須於此等處, 公加奬詡, 以爲扶植之一助. 此後官職, 亦宜先於人, 酬勞爲可, 未知所見如何. 藍浦生之踵門者, 何以接待. 厥事亦何以出場云耶. 姑此.

洞門卽傳
戊午四月十六日

143 남포(藍浦)의 유생 : 미상.

무오년1798 4월 28일 밤에 받은 편지

305

편지를 받고 위안이 되었다. 소론 중에 신현(申絢)과 오태증(吳泰曾) 두 사람은 그럭저럭 괜찮겠는가? 이상황(李相璜) 같은 경우는 소품문(小品文)의 괴수이니 어찌 의망할 수 있겠는가?

김용선(金用善)의 일은 과연 시(始)[鄭民始]가 그런 말을 하기는 했지만, 김용선이 자기 숙부를 몽상(夢相)[金鍾秀]의 일에 얽었다는 이야기는 아직 듣지 못했다. 김기서(金基叙)의 일은 시[정민시]에게서만 들은 것이 아니다. 【시패(時牌)와 가까운 사람이라면 말하지 않는 이가 없다.】

경상도 관찰사를 어수(魚帥)[魚用謙]가 어찌 맡을 수 있겠는가? 게다가 웅번(雄藩)[144]은 경험없는 사람이 다스릴 수 있는 곳이 아니니, 여기에는 일단 침 흘리지 말라고 하는 것이 어떠한가?

承慰. 少輩中申絢吳泰曾兩人, 或可近似耶. 至於李相璜, 卽小品之魁, 何可擬論耶. 金用善事, 果有始也之云然, 而用也之構其叔於夢相事, 未之聞耳. 金基叙事, 非【但】聞於始也而已. 【近於時者, 無不言之.】 嶺伯事, 魚帥豈可捧審也. 况雄藩有非生手所可爲者. 此則姑勿流涎之意, 言之如何.

三淸洞門
戊午四月念八夜

144 웅번(雄藩) : 중요한 번방(藩邦), 번진(藩鎭).

무오년1798 5월 1일 밤에 받은 편지

306

사람 많은 곳에서 만났지만 역시 위안이 되었다. 저녁에는 잘 있었는가?

오늘 정(鄭)[鄭日煥]을 만나 옥관자(玉冠子)[145]를 씌워주고 싶어한다는 뜻을 전하였는가? 듣자니 유한녕(兪漢寧)이라는 자가 정[정일환]이 편지에서 유상(兪相)[146]을 침척(侵斥)한 내용을 윤로(尹老)[147]에게 편지로 알려주었다는데, 그 편지의 내용이 꽤나 무엄하였다고 한다. 어떻게 하면 구해 보내줄 수 있겠는가? 일단 도모해보는 것이 어떠한가?

새로 만든 부채를 따로 보내니 잘 받기 바란다. 이만 줄인다.

부사과(副司果)에 송수연(宋守淵)을 수망(首望)으로 임명하였는데, 들어 아는가? 어수(魚帥)[魚用謙]에게도 즉시 부채를 전하도록 하라.

稠面亦慰, 晩候更勝. 今日對鄭也, 傳欲加玉圈之意耶. 似聞俞漢寧者, 以鄭也書中侵及俞相事, 移書於尹老, 其書頗無嚴云, 何以則覓送耶. 第圖之, 如何如何. 新箑別封, 依領爲可. 姑此.
壯從之以宋守淵首擬得除, 聞知耶. 魚帥許扇封亦卽傳之也.

三淸洞門
戊午五月初一夜

145 옥관자(玉冠子) : 옥으로 만든 망건(網巾) 관자. 종1품 이상의 관원은 환옥(環玉) 관자이고, 당상(堂上) 정3품 관원은 조각을 한 옥관자임.

146 유상(兪相) : 유언호(兪彦鎬)를 가리키는 듯하다.

147 윤로(尹老) : 윤득부(尹得孚)를 가리키는 듯하다.

무오년1798 5월 2일에 받은 편지

307

보낸 편지를 받으니 기쁘고 위안이 되었다. 유(兪)의 편지를 한번 보았더니 나도 모르게 웃음이 나왔다. 예전에 유(兪)가 승정원에 숙직하던 중 동료 관원에게 말하기를,

"내가 어찌 벽패(僻牌)이겠는가? 나는 벽(僻)이다."

하였다. 그 사람이 묻기를,

"벽패와 벽이 뭐가 다른가?"

하니, 유(兪)가 대답하기를,

"벽패의 패(牌) 자는 세상에 아부하고 이익을 좇는 잡된 무리에 가깝다. 벽 한 글자만 써야 진정한 벽이라 할 수 있다. 어찌 나를 벽패로 치부할 수 있는가? 이는 나를 무척 천대하는 것이다."

라고 말하였다 한다. 이 사람 같은 진짜 벽이 이처럼 벽같은 말투로 거리낌없이 몇 장이나 계속하여 장황하게 말하였으니, 이른바 '못하는 짓이 없는 사람' 이란 말은 바로 유(兪)를 두고 한 말이다. 이만 줄인다.

날씨가 계속 쨍쨍하여 비가 내리기를 아침저녁으로 간절히 바라고 있다. 충청도 관찰사[韓用和]가 장계를 올려 4,5일 정도 보고 나서 기우제를 지내겠다고 하였으니, 이 때문에 더욱 신경이 쓰인다.

來翰忻慰. 俞書一覽, 令人不覺葫蘆. 俞也嘗於銀臺直中, 與僚員語曰, 吾豈僻牌乎. 乃僻也. 人問曰, 僻牌與僻, 豈異乎. 俞答云, 僻牌之牌字, 近於雜類之附世趨利, 單擧僻一字, 然後是乃眞僻, 豈可以吾歸之僻牌乎. 可謂賤待之甚云云. 如許眞僻, 乃爲此做僻之口氣, 聯紙累牘, 不嫌其爲說張皇, 所謂無不爲者, 俞也之謂也. 姑此.
亢暘一直杲杲, 油然沛然之望, 蚤夜憢憢. 錦伯狀啓以欲觀四五日設行祈雨爲辭, 尤用耿耿.

三淸洞門
戊午五月初二日

무오년1798 5월 4일 오후에 받은 편지

308

지금 내리는 비는 감로(甘露)와 같다. 이를 보자 너무나도 기뻐 나도 모르게 손과 발이 덩실덩실 춤을 춘다. 낮사이 잘 지냈는가?

총융사(摠戎使)에게 보낼 편지의 초고를 베껴둔 것을 보낸다. 아마 읽어보면 반드시 폭소를 터뜨릴 것이다.

갑인년(1794)에 경서(經書)를 새로 인출(印出)한 일은 영묘(英廟)[世宗] 갑인년(1434)에 처음 인출한 일과 정확히 부합하고, 병진년(1796)에 『좌전(左傳)』을 새로 인출한 일은 또 영묘께서 『강목(綱目)』을 간행한 연도와 부합한다. 앞뒤로 갑인년과 병진년이 마치 나를 기다린 듯하니, 어찌 영광스러운 일이 아니겠는가?

더구나 주부자(朱夫子)는 삼경(三經)을 간행하고, 또 『춘추(春秋)』에서 『좌전(左傳)』만 취하여 『역경(易經)』, 『시경(詩經)』, 『서경(書經)』과 합하여 사경(四經)으로 삼았다. 그리고 간행을 마치자 문묘(文廟)에 고하였다. 내가 『춘추』에서 『좌전』을 내세우는 것도 의미가 없지 않다. 그리고 『오경백편(五經百篇)』은 통서(統緖)를 잇는다는 은미한 뜻을 담은 것인데 지금 다행히 간행을 마쳤다. 그리하여 주자(朱子)가 장주(漳州)를 다스렸을 때의 고사를 따라 성균관 대사성에게 명하여 그 경위를 문묘에 삼가 고하도록 하였다. 이 일은 사문(斯文)을 분식(賁飾)하고 정학(正學)을 천명(闡明)하는 데 만분의 일이나마 도움이 될 것이다. 아무아무 친구들에게 본뜻을 자세히 설명하고, 우부승지[鄭日煥]에게도 말을 전하여 [이 책들을] 내려보내 충청도의 선비들에게 널리 배포하도록 하는 것이 어떠한가? 이만 줄인다.

동문(洞門)에 즉시 전할 것

此雨甘露, 對此欣登, 不覺手之舞足之蹈, 午間更勝. 摠帥許書草謄置者送, 似覽必噴飯. 經書之甲寅新印, 適符英廟朝甲寅始印, 丙辰年左傳新印, 又符英廟印行綱目之年紀, 前後甲寅丙辰, 有若有待於吾身, 豈勝榮幸. 且況朱夫子印出三經, 又於春秋, 只取左氏傳, 與易詩書合爲四經, 及印役成, 告于聖廟. 吾之春秋表章左史, 亦似不泛, 而五經百篇之書, 竊自附於紹統之微意, 而今幸印役告成, 乃述紫陽漳州故事, 命泮長祗告厥由於聖廟. 此事可賁斯文, 亦將爲闡明正學之萬一助耶. 須對某某知舊, 備說本意, 仍寄語於右副, 下送以爲傳宣湖中人士之地如何. 姑此.

洞門卽傳
戊午五月初四日午後

무오년1798 5월 10일 오전에 받은 편지

309

퇴근하고 잘 있었는가? 부인이 편찮다고 들은 듯한데, 병세는 어떠하며 무슨 약을 썼는가? 나는 가뭄 걱정 때문에 마음이 타는 듯하다. 성의가 부족하여 '말이 끝나기도 전에 비가 흠뻑 내리는 일'[148]이 일어나게 하지 못하니 어쩌겠는가? 비가 흠뻑 내린다면 그래도 때를 놓치지는 않을 것이다. 그저 목 빼고 발 돋우며 기다릴 뿐이다.

근래 소식은 들려줄 만한 것이 있는가? 충청도 관찰사[韓用和]는 사론(士論)을 크게 거스른데다 정사를 보느라 노쇠하였으니 답답하다. 개성 유수[韓用龜]의 일[149]은 더욱 분발하게 하려는 의도였으니, 껄껄 웃을 일이다. 나로 말하자면 헤아릴 것이 못된다고 생각한다. 요즘 소문에 신기(申耆)가 무어라 한 말이 있다는데, 경도 들었는가? 부인의 병세를 알아보고자 편지를 보냈다. 이만 줄인다.

동문(洞門)에 즉시 전할 것

• • •

148 말이 끝나기도……내리는 일 : 제 경공(齊景公) 때 3년 동안 가뭄이 계속되어 점을 쳐보니 사람을 제물로 바쳐야 비가 내린다고 하였다. 그러자 경공이 "내가 비를 바라는 까닭은 백성을 위해서이니, 사람을 제물로 바쳐야 비가 내린다면 과인이 스스로 감당하겠다." 하였다. 말이 끝나기도 전에 사방 천 리에 비가 흠뻑 내렸다.(『晏子春秋』)

149 개성 유수[韓用龜]의 일 : 정조는 이날 개성 유수 한용귀를 추고하였다. 가뭄이 심한데도 불구하고 유수에 임명된 뒤 병을 핑계로 차대에 참석하지 않았다는 이유 때문이었다.(『승정원일기』 1798년 5월 10일)

公退安未, 似聞有室憂云, 加減何如, 見用何藥耶. 此中悶旱一念, 如焚如灼, 其奈誠意不能致言未已方數千之澤何哉. 此雨若得浹洽, 尙且及時, 惟有矯首跂足. 近耗有何可聞耶. 錦伯大拂士論, 兼以爲治衰憒, 爲之悶然. 松留事, 意在加鞭, 還堪一呵. 吾則以謂無足數. 近聞以申耆頗有云云云, 卿亦聞之耶. 爲探室中加減節. 姑此.

洞門卽傳
戊午五月初十日午前

무오년1798 5월 11일에 받은 편지

310

아침에 잠시 만나 위안이 되었다. 부인의 병은 밤사이 어떠한가? 삼료(蔘料) 두 냥을 보낸다. 서(徐)[徐龍輔]와 어(魚)[魚用謙] 두 사람에게 과연 어제 부탁한대로 말을 전하였는가? 이만 줄인다.

동문(洞門)에 즉시 전할 것

朝者暫面, 亦云慰喜. 室憂夜間奚似. 蔘料二兩送之耳. 徐魚兩處, 果依昨托言送耶. 姑此.

洞門卽傳
戊午五月十一日

낮사이 퇴근하고 잘 있었는가? 아침 연석에서 잠시 만나보니 어수(魚帥)[魚用謙]는 아직도 꿈에서 깨어나지 못하고 있었다. 어찌하여 미혹에서 깨어나게 해주지 않는가? 게다가 그가 스스로 청한 것도 아니고 내전(內殿)의 언교(諺敎)였으니, 우의정[李秉模]이 한 번 아뢴 것도 해괴한 일이다. 만일 이번에 구언(求言)[150]하는 기회를 틈타 그 일을 언급하는 일이 있다면 경의 무리를 두었다가 어디에 쓰겠는가? 먼저 힘써 도모하는 것이 어떠한가? 한창 문서를 보느라 이만 줄인다. 다른 사람을 시켜서 쓴다.

午間公退安勝. 朝筵暫見, 魚帥尙未解夢, 何乃不爲曉惑耶. 况旣非其家自請, 又是內殿之諺敎, 則右相一奏已可駭, 萬一藉此求言之會, 有言及厥事, 則置卿輩何用. 爲先力圖如何. 方看閱文案, 萇此倩草.

洞門
戊午五月十二夕
[印] ■

150 구언(求言) : 국왕이 신하의 의견을 구하는 것. 재이(災異)를 당한 상황에서 시사의 폐단이 거론되는 경우가 많다.

무오년1798 5월 26일에 받은 편지

312

여전히 비가 내릴 것 같으니 두루 적셔주기를 기대한다. 며칠 밤사이 계속 잘 지냈는가? 나는 마치 베를 씌운 것처럼 눈이 어둡고 안화(眼花)[151]가 생기는 바람에 책을 보는 일은 감히 엄두를 내지 못한다. 대개 주서(朱書)는 100권에 가까운데 밤낮으로 비점(批點)과 권점(圈點)을 찍는 데다 가뭄 걱정까지 겹치고, 또 재계하는 중에 온갖 문서를 보느라 심혈이 모두 메마른 소치이니, 답답한 일이다.

유(兪)[兪漢寧]가 경상도 관찰사에 수망(首望)으로 의망된 일과, 권(權)[權坪]이 동래 부사가 된 일은 조정을 욕보이는 처사라 하겠다. 유한녕의 일은 더욱 놀랍다. 유[유한녕]는 정목(政目)에 나오지 않은 것 같고, 권[권평]은 임명되어 내려갈 날이 되었다. 서료(徐僚)[徐龍輔]의 이야기는 과연 들었는가? 하지만 가볍게 말해야 할 것인데, 어떻게 말하려 하는가?

좌의정[蔡濟恭]의 차자는 보았는가? 지금은 그도 죄를 알아 누울 자리를 보려고 하니, 그의 말대로 장차 형세를 보아야 하겠다. 때문에 비답의 말에 언외의 뜻을 보인 것이니, 사람에 따라 달리 보는 점이 없을 수 있겠는가? 권[권평]의 일을 말하더라도 결코 대신까지 끌여들여서는 안 된다. 만약 침척(侵斥)하는 말이 있다면 도리어 누울 자리를 보려는 사람을 자리에서 벌떡 일어나게 만드는 단서가 될 것이니, 이러한 사리를 깊이 생각하고 행여 후배들의 준론에 흔들리지 않도록 하는 것이 어떠한가?

151 안화(眼花) : 눈이 어지러워 마치 꽃이 날리는 것처럼 보이는 증상.

조덕윤(趙德潤)의 일은 그가 그렇게 말했다고는 하지만 일단 경솔하게 시험하지 않는 것이 좋겠다. 이만 줄인다. 다른 사람을 시켜서 쓴다.

동문(洞門)에 즉시 전할 것

雨意尙濃, 周洽是望, 數宿來連勝. 此中眼昡瞀花如遮紵, 看書亦不敢生意. 蓋於朱書近百卷, 晝夜批圈之餘, 仍値悶旱, 又閱百一度案於齋居之中, 心血俱竭所致, 悶事悶事. 嶺伯首擬之俞也, 萊伯之權也得爲, 可謂有辱朝廷, 而俞漢寧事, 尤可駭然. 俞則政目似不出, 而權則任之, 當下去時日, 徐僚之說, 果聞之耶. 然當輕輕說去而已, 未知何以爲之耶. 左箚見之耶. 今則彼亦知罪, 欲占臥處, 勢將觀勢如其說, 所以批語之亦示微意於言外之間. 看者能無仁智之殊云耶. 權事雖言之, 決不可拖及大臣, 若語侵, 則反爲占臥之人勸使起坐之端, 深量此箇事理, 無或爲後覺者峻論所見搖, 如何如何. 趙德潤事, 彼雖云然, 姑勿輕試爲可. 姑此倩草.

洞門卽傳
戊午五月念六日

무오년1798 5월 26일에 받은 편지

313

방금 편지를 보냈는데 [경이] 보낸 인편이 마침 도착하였다. 요사이 계속 잘 있었다 하니 이루 말할 수 없이 기쁘고 마음이 놓인다. 여러 가지 할 이야기는 앞서 보낸 편지에 썼다.

조가(趙哥)[趙德潤]의 일은 방금(防禁)에 관계된 것이니 엄하게 하지 않을 수 없다. 몇 해 전에 조치하겠다는 하교를 내렸으니, 아래에서 거행하는 데 소홀히 하거나 해이해서는 안 된다. 하지만 이미 특교(特教)를 내린 데다 정리상 용서할 수도 있을 듯하다. 아래에서 잘 처리하겠다는 뜻으로 답장을 보내는 것이 어떠한가? 이만 줄인다.

동문(洞門)에 회답하여 전할 것

書方發【而】來伻際至, 承諗日間一安節, 慰喜何喩. 多少在前幅, 而趙哥事, 在防禁, 不可不嚴, 年前亦有濶狹之敎, 自下擧行, 雖不可放忽解弛, 旣有特敎, 且其情理, 容有可恕, 自下善處之意, 答送如何. 姑此.

洞門回傳
戊午五月念六日

무오년1798 5월 27일에 받은 편지

편지를 받고 위안이 되었다. 홍산(鴻山)의 일[152]은 일단 감영의 감옥에 가두도록 한 뒤, 한편으로는 해당 수령에게 전말을 자세히 적어 보내게 하라. 그리고 관찰사의 뜻이라고 하며 우의정[李秉模]에게 보내라. 장계는 밀계(密啓)로 하지 말라는 금령이 있으니, 요컨대 【느닷없이 하기도 어렵고, 하지 않는 것도 사리에 맞지 않는다.】 대신에게 전해 들었다고 말하는 것이 좋겠다. 어찌 일각이라도 소홀히 여길 일이겠는가? 개성 유수[韓用龜]를 즉시 불러들여 말해주는 것이 어떠한가? 서료(徐僚)[徐龍輔]에게는 밤을 틈타 오라고 하여 개성 유수에게 들은 말을 비밀리에 전해주고, 어떻게 처리할지 그의 의견을 물은 뒤 다시 [나에게] 알려주는 것이 어떠한가? 서료[서용보]는 필시 경이 이전에 적어 들였다는 것을 알아냈을 것이니, 이야기할 적에 경솔하게 적어 들일 방법이 없다는 등의 말을 할 필요는 없다. 다만 경황이 없어서 자세히 상의하지 못하였다고 하라. 아뢴다고 하더라도 주상이 즉시 분명하게 처분을 내릴지 알 수 없고, 인심과 세도가 이러하니 어찌하면 좋겠느냐고 상의하라. 그리고 먼저 우의정에게 귀띔해주라고 말하는 것이 어떠한가?

이 편지는 즉시 찢어버리라.

개성 유수가 주좌(籌坐)에 있더라도 모쪼록 흔적 없이 급히 불러와 상의하

152 홍산(鴻山)의 일 : 홍산현의 족친위(族親衛) 이한복(李漢福)이 은언군을 위해 신원하려 한 사건을 가리키는 것으로 보인다.(『정조실록』 1798년 6월 12일)

라. 그리고 서료[서용보]를 굳이 밤에 만날 필요가 있겠는가? 낮인들 무슨 상관이겠는가?

동문(洞門)에 회답하여 전할 것

承慰. 鴻山事, 第使捉囚營獄, 然後一邊使該倅詳錄顚末, 以道臣意送于右相許, 而狀啓則密啓有禁令,要令【遽然爲之爲難, 不爲亦不成事理】大臣轉聞之意爲說爲可耳. 豈可一刻泛看事耶. 松留卽爲招致, 言之如何. 徐僚許使之乘夜來見, 以聞於松留者密傳, 以何以處之之方, 問其意見後, 更示如何. 徐僚必當撕得卿之先已錄入矣, 酬酢之際, 不必邁邁以無路錄入等語爲之. 只以驚遑之中, 有此邈議, 雖上聞, 自上卽爲明賜處分未可知, 人心世道如此, 當何如爲可相議, 仍令先爲吹耳於右相之意, 言之如何.
此紙卽扯之.
松留雖在籌坐, 某條無痕星火招來相議, 而徐僚何必卜夜, 晝亦何妨耶.

洞門回傳
戊午五月念七日

무오년1798 5월 27일에 받은 편지

315

인사는 생략한다. 다시 이 일을 생각해보니, 혐의를 고려할 일이 아니다. 이미 '이제학[沈煥之]에게 들었다.' 고 서용보(徐龍輔)에게 말하였으니, 계책을 가르쳐 주겠다. 즉시 개성 유수[韓用龜]를 불러 들이고, 이어서 서료(徐僚)[서용보]를 데려와 밤을 틈타 자세히 의논하라. 남료(南僚)[南公轍]가 합석하는 것이 좋겠다. 필시 동서도 분간하지 못하는 개성 유수보다 나을 것이다. 즉시 도모하는 것이 어떠한가?

아뢰는 문제는 일단 말하지 말라. 생각이 있다. 일단 서료[서용보]가 오기를 기다리는 것이 어떠한가?

동문(洞門)에 즉시 전할 것

除煩. 更思此, 非顧嫌之事, 已以聞於二提學, 言於徐龍輔, 當敎其計策. 卽爲招致松留, 仍邀徐僚乘夜詳議, 而南僚合席爲好, 必勝於松留之不識東西矣. 卽圖之如何.
登聞一款, 姑勿言之, 第有計, 第待徐僚之往如何.

洞門卽傳
戊午五月念七日
[印]緘

서료(徐僚)[徐龍輔]가 자세히 적어 보낼 것인데, '남료(南僚)[南公轍]와 일시에 함께 가면 이목을 번거롭게 할 것이다.' 라고 하니, 서료[서용보]에게는 연석에서 하교한 내용을 간략히 적어 보내라. '남료[남공철]와 개성 유수[韓用龜]는 아우와 사위이니[153], 적어보낸 내용에 따라 이대로 거행하는 것이 좋겠다.' 라고 하는 것이 어떠한가? 충청도 관찰사[韓用和]는 어찌하여 남료[남공철]와 의논하지 않았다고 하는가? 이 일은 한(韓)[한용귀]과 남(南)[남공철]이 협력하여 의논한 다음에야 크게 잘못되는 폐단이 없을 것이다. 이대로 하는 것이 어떠한가?

동문(洞門)에 즉시 전할 것

徐僚當詳詳錄送, 而與南僚之一時並往, 謂煩耳目, 而徐則錄送筵教方略, 南與松留, 旣是弟與婿, 以錄送者, 依此擧行爲可云耳, 依此爲之如何. 南僚許, 錦伯何乃不議云耶. 此事則韓與南協力往復, 然後可無大做錯之弊矣, 依此爲之如何.

洞門卽傳
戊午五月念七夕
[印]緘

153 남료[남공철]와 개성 유수[韓用龜]는 아우와 사위이니 : 남공철은 한용귀의 형 한용화의 사위이다.

무오년1798 5월 28일에 받은 편지

편지를 읽어보니 부인이 아직도 편찮다고 하였는데, 약처방은 제대로 하였는가?

어제의 일은 한 마디로 말하자면 경들이 반성해야 할 일이다. 내수외양(內修外攘)하고 와신상담(臥薪嘗膽)한다면 저 시골의 천한 사람까지도 반드시 불공대천(不共戴天)의 원수를 조금이라도 가까이하면 수치가 된다는 것을 알 것이다. 저 지조없는 자들이 어찌 감히 엄두를 내겠는가?

이른바 어제 함께 의논한 한두 사람의 근신(近臣)들은 행동이 단정하고 언론이 엄숙하여 창으로 찌르거나 소매를 떨치고 일어날 뜻은 전혀 찾아볼 수 없다. 도리어 경처럼 의리의 주인 노릇을 하는 사람이 속된 풍습에 오염될까 두렵다. 바라건대 각고의 노력을 기울이는 것이 어떠한가? 바빠서 이만 줄인다.

동문(洞門)에 즉시 전할 것

承審室憂尙苦, 藥或得其方耶. 昨日事, 一言而蔽之曰, 卿輩自反處. 內修外攘, 臥薪嘗膽, 則雖彼鄕曲之賤, 必當知若浼之恥於不共之義矣, 似彼隻詬, 安敢生意. 所謂昨所與謀之一二近班諸人, 擧措整暇, 言論雍容, 殊乏授戈投袂之意, 還恐卿之爲義理主人者, 染汚俗習, 望須刻苦用力如何. 撥擾姑此.

洞門卽傳
戊午五月二十八日

무오년1798 6월 7일 오시에 받은 편지

318

답장은 보았는가? 일제학[鄭民始]은 이미 몸을 빼어 규장각에 사진(仕進)하였다. 만일 소홀히 하다가 일제학보다 늦는다면 말이 되겠는가? 이미 개성유수[韓用龜]가 있는데 경이 어찌 모른다고 말할 수 있겠는가? 한편으로는 서료(徐僚)[徐龍輔]에게 묻고, 한편으로는 규장각에 사람을 보내어 바로바로 일에 따라 처리하라. 한결같이 준론을 견지하여 트집잡힐 단서를 만들지 않는 것이 어떠한가?

이 편지는 즉시 찢어버리라.

答書覽未. 一提學已爲挺身仕進內閣, 萬一踈忽, 不及於一提, 則豈成說. 旣有松留, 則卿豈可曰不知耶. 須一邊問于徐僚, 一邊送人閣中, 卽卽隨事隨處. 一直極峻論爲之, 無爲吹覓之端, 如何如何. 此紙卽扯.

洞門
戊午六月初七午
[印] ■

인사는 생략한다. 몽상(夢相)[金鍾秀]의 상소는 누가 지어낼 것인가? 상소의 말투는 엄정하지 않으면 안 된다. 대신은 비록 물러났으나 외방에 있는 늙은 재상이 뒤늦게 한들 무슨 문제가 되겠는가? 서둘러 완성하라고 권하여 절대 지체되지 않도록 하는 것이 어떠한가?

동문(洞門)에 즉시 전할 것

除煩. 夢相上疏, 誰當構出耶. 辭語不可不嚴正, 大臣雖退去, 在外老相後時何妨. 卽卽勸成, 切勿遲滯, 如何如何.

洞門卽傳
戊午六月初八夕

무오년1798 6월 8일 밤에 받은 편지

320

몽상(夢相)[金鍾秀]의 상소문 초고를 모료(某僚)와 상의하였다는 말이 어찌 우습지 않겠는가? 모료(某僚)가 어찌 이러한 문자에 익숙하겠는가? 게다가 느리고 둔하기까지 하니 그가 의리를 부연할 수 있겠는가? 차라리 어용겸(魚用謙), 이익모(李翊模), 이노춘(李魯春) 중에서 초고를 쓰는 것이 나았을 것이다. 성수(聖垂)[權裕]도 분명 잘 지을 것이니, 즉시 도모하라. 김용선(金用善)을 불러다 한편으로는 의논하고, 한편으로는 곧바로 올리는 것이 좋겠다. 대신 겸 각신이 규장각으로 보내어 곧바로 올리게 하는 것이 어찌 안 되겠는가? 이미 서료(徐僚)[徐龍輔]와 상의하였으니 까닭없이 하지 않을 수는 없다. 한편으로는 모(某)와 상의하고, 한편으로는 여러 사람들과 상의하여 행여 지체되지 않도록 하는 것이 어떠한가? 이만 줄인다.

동문(洞門)에 즉시 전할 것

夢相疏草, 與某僚相議云者, 豈不可呵. 某僚豈閑於此等文字耶. 兼以遲鈍, 其能敷衍義理耶. 還不若魚用謙李翊模李魯春中構草, 聖垂亦必善做, 卽卽圖之. 招來金用善, 一邊往復, 一邊直呈爲可. 大臣兼閣臣送于內閣直呈, 有何不可耶. 旣於徐僚相議, 則亦不可無端不爲矣. 一邊與某相議, 一邊與諸人相議, 無或遲滯如何. 姑此.

洞門卽傳
戊午六月初八夜

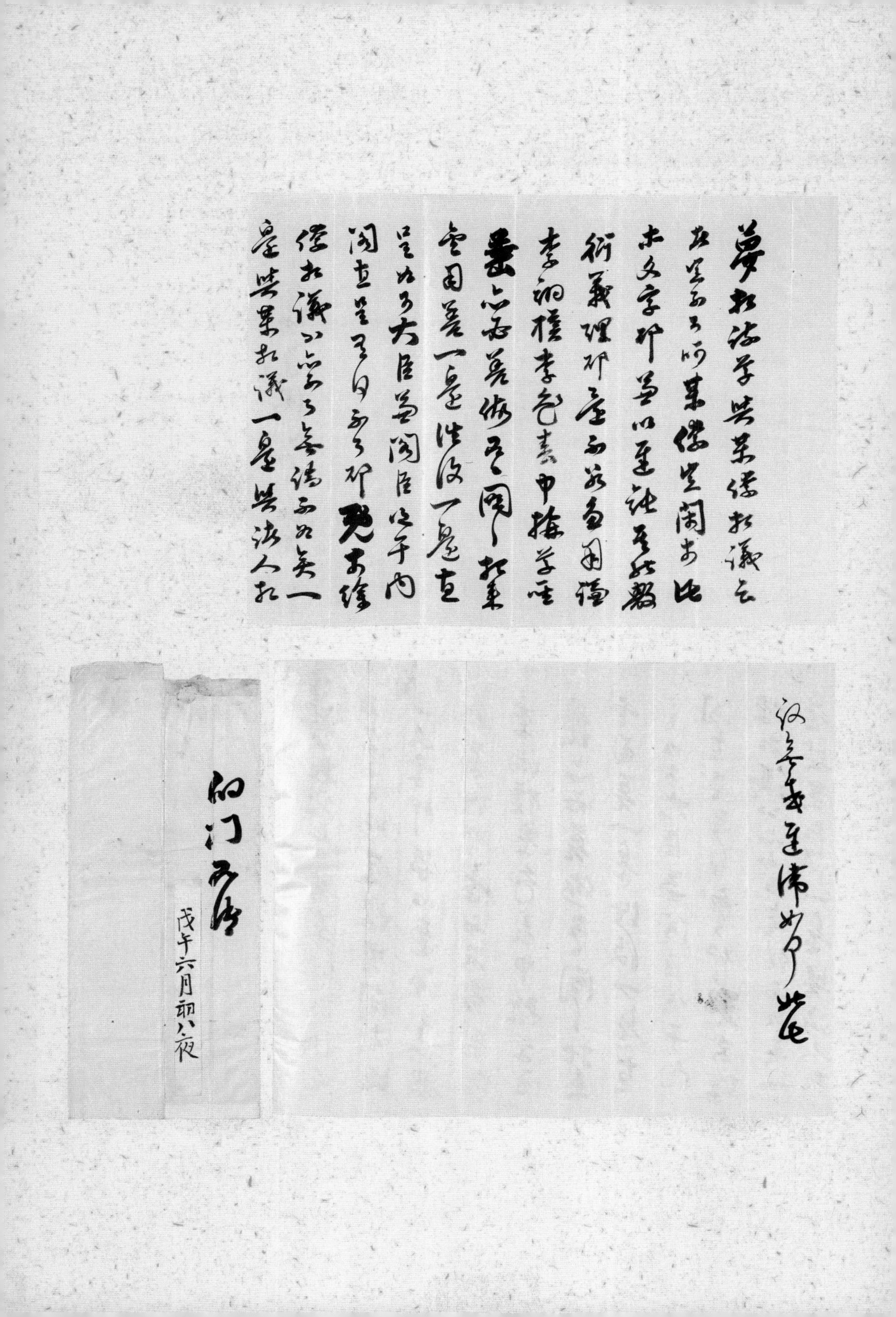

戊午六月初八夜

무오년1798 6월 13일 밤에 받은 편지

321

인사는 생략한다. 충청도 관찰사[韓用和]가 장계를 올려 직산 현감을 파직하겠다고 한 일은 말이 되지 않는다. 이미 개성 유수[韓用龜]를 불러다 일러준 말이 있으니 당연히 들어서 알 것이다. 이 건은 일단 그대로 두라.

방금 또 서료(徐僚)[徐龍輔]가 적어 보낸 것을 보니, 충청 감영의 장교가 선전관(宣傳官)의 뒤를 따라가서 [선전관이] 풀어준 죄수를 도로 잡아가고, 충청도 관찰사는 다시 가두고서 사유를 갖추어 장계를 올렸는데, 개성 유수가 장계의 초고를 서료[서용보]에게 보여주었다고 한다. 이것이 무슨 일인가? 그 죄수를 풀어준 것은 표신(標信)을 지니고 왕명을 받은 선전관이 한 일이니, 세 죄수보다 백 배나 죄가 무거운 자라 하더라도 결코 감히 도로 잡아갈 엄두를 내지 못할 것이다. 게다가 선전관이 세 명의 죄수를 앞에 줄지어 놓고 전교(傳教)를 일일이 일러주고 풀어주었는데, 명색이 감영의 장교라는 자가 감히 도로 잡아간단 말인가? 뒤따라가서 도망가지 못하도록 할 수는 있겠지만, 어찌 도로 잡아갈 수 있으며 어찌 도로 가둘 수 있으며 어찌 사유를 갖추어 장계를 올릴 수 있단 말인가?

이제 다른 말은 필요없다. 장계를 입계하거든 하교를 낭비할 것도 없이 해당 장교를 효수(梟首)[154]하게 하는 수밖에 없다. 난들 어찌 이처럼 어질지 못한 일을 하고 싶겠는가? 하지만 나라의 체모와 일의 체면에 관계된 일이니, 한때의 어질지 못함은 사소하지만 만세토록 전해질 법도는 중요하기 때문이

154 효수(梟首) : 죄인의 목을 베어 높은 곳에 매달아 놓는 형벌.

다. 들은지 반나절이 지나도록 아무 말도 없다가 이렇게 급히 알려왔는데, 해당 장교를 법대로 처형한다면 해당 관찰사에 대한 처벌은 적어도 형배(刑配)[155] 이하는 아니다. 하지만 해당 관찰사를 형배하는 것은 장교를 법대로 처형하는 것에 비하면 작은 일에 속한다.

사람의 목숨은 지극히 중요하다. 해당 장교에게 무슨 책임이 있겠는가? 하지만 이러한 일들은 소홀히 할 수 없다. 내 마음은 이미 정해졌으니, 누차 헤아린 일이다. 세 명의 죄수는 뭇사람들의 청에 따라 법대로 처형한다 하더라도, 해당 장교도 마찬가지로 법대로 해야 한다. 이 또한 하교할 수는 없지만 신하들이 청할 수 있는 일이다. 사람을 살릴 일을 생각하여 장계는 아무쪼록 입계하지 않는 것이 어떠한가? 한시바삐 도모하도록 하라.

즉각 도모하여 사람을 살리고 선을 쌓도록 하는 것이 어떠한가?

155 형배(刑配) : 죄인을 때려 귀양 보냄.

除煩. 錦伯狀啓之稷倅罷黜事, 事之不成說, 已有招諭於松留者, 從當聞知, 此則姑置之. 卽又見徐僚所錄送者, 錦校追蹤宣傳官, 及其放送也, 還爲捉去, 錦伯還囚, 具由狀聞, 松留以狀草示徐僚云. 此何事也. 其所放送, 卽持標信奉命宣傳官之所爲, 則雖百倍浮於三囚者, 決不敢生意, 况列置三囚於宣傳官之前, 宣傳官以傳敎一一曉諭放送, 則萬古名以營校, 其敢還爲押去乎. 雖或追蹤, 俾勿逃躱, 豈可還押, 亦豈可還囚乎, 又豈可具由狀聞乎. 到今不容他說, 狀啓若入啓, 則勢將不費辭敎, 使之該校懸首之外, 無他道. 吾豈欲爲此不仁之事, 而國體與事面也, 一時之不仁小, 萬世之大權重. 聞來半晌無語, 第此飛報, 而該校用律則該伯少不下刑配, 而該伯之刑配, 比之用法, 猶屬餘事. 人命至重, 該校何責. 然而此等處, 不可放忽, 吾心已定, 屢回斟量者也. 三囚從羣請, 雖正法, 該校亦當一體用法, 亦是不能下敎, 自下可請之事也. 須思活人之意, 狀啓某條不爲入啓如何. 卽卽卽卽圖之也.

卽卽圖之, 以爲活人積善之地, 如何如何.
戊午六月十三夜
[印]報安

무오년1798 6월 23일에 받은 편지

322

며칠 동안 편히 쉬며 잘 지냈는가? 그 일은 다시 제기할 것 없다. 서료(徐僚)[徐龍輔]가 일을 분명하게 보지 못한 소치이니, 그는 늘상 의리 쪽에 대해서는 사이비를 명확히 가려내지 못하는 병통이 있다. 이번 일도 그러하다. 경은 이러한 일들에 소활하지만, 옳고 그름을 깊이 헤아려 초야에 있는 안목 갖춘 사람들에게 비웃음을 사지 않도록 하는 것이 어떠한가?

얼마 전 서료[서용보]의 말을 들으니, 정일환(鄭日煥)의 장문 편지에 그러한 이야기가 많다고 한다. 이번 도목 정사는 어떻다고 하던가? 한해옥(韓海玉)의 일은 비록 어쩔 수 없이 경에게 대충 허락하였지만, 그 속에 어찌 정도(正道)를 해치면서까지 하라는 이치가 있었겠는가? 또 서료[서용보]는 나에게 물어서 나의 말을 가지고 이조 판서[金載瓚]에게 무게를 실어주려고 하였는데, 차라리 나를 끌어들이지 않는 것이 나았을 것이다. 마침 진찬(進饌)[156]하는 날과 겹쳐서 한편으로는 힘써 의망(擬望)하도록 권하고 한편으로는 모르는 척 자궁(慈宮)을 뵈었으니, 마음과 입이 상응하지 않는 점이 있다. 이 때문에 한 사람에게 승전(承傳)[157]을 낸 것이다. 만약 그에게 정말로 의망하고자 하는 뜻이 있었다면 하필 다시 급하게 나를 찾았겠는가? 경은 비위가 좋아서 이러한 것을 참고 볼 수 있으니 껄껄 웃을 일이다. 정정(鄭正)[鄭日煥]에게는 절대로 주상의 뜻이 반대라는 이야기를 하지 않는 것이 어떠한가?

어수(魚帥)[魚用謙]에게는 과연 이전에 적어 보낸 것을 하나하나 일러 주었

156 진찬(進饌) : 궁중 잔치의 한 가지. 진연(進宴)보다 규모가 작고 의식이 간단함.

157 승전(承傳) : 국왕의 뜻을 전함.

는가? 일언반구라도 내 말과 어긋난다면 기회를 노리는 사람들이 반드시 틈을 엿볼 것이니, 이 문제에 대해서는 거듭 조심하게 하라.

표신(標信)에 관한 일은 내 말을 따르더라도 역적을 토벌하는 일이야 어찌 터럭만큼이라도 이로 인해 헐후(歇後)해서야 되겠는가? 각별히 힘을 다하라고 거듭 엄하게 신칙하는 것이 어떠한가?

이 편지는 즉시 세초하거나 돌려주는 것이 어떠한가?

동문(洞門)에 즉시 전할 것

數日穩休, 凡百益勝. 厥事不須更提, 而徐僚見事不明之致. 每於義理邊, 有不能剖析於似是而非之病. 今番事亦然. 卿雖諫濶此等處, 深存涇渭, 勿爲草野具眼者所竊笑如何. 向聞徐僚言, 以鄭日煥長書多有云然之說耳. 今番都政如何云耶. 韓海玉事, 雖迫不得已, 依俙面諾於卿, 而其中則豈有侵正而爲之之理. 且徐僚【要】問於吾, 欲以吾言爲【爲吏判】藉重之意, 不但不如不爲以吾言之, 適値進饌之日, 一邊力勸擬望, 一邊以不知樣, 入謁慈宮, 有非心口相應之意, 所以出承傳一人者也. 彼若眞有欲擬之意, 則何必更爲迫向於吾耶. 卿則脾胃好, 故【此等處】能堪見, 好呵. 鄭正許, 切勿以上意之反是爲說如何. 魚帥許, 果以向令錄送者, 一一曉論耶. 雖一言半辭, 與吾言相左, 則世之覬覦輩, 必當窺覘, 此一款, 使之愼之愼之. 標信事, 雖從吾言, 至於討逆事, 豈可一毫因此歇後耶. 各別竭力之意, 申申嚴飭如何. 此紙卽洗之, 或還送如何.

洞門卽傳
戊午六月念三日

무오년1798 6월 28일 아침에 받은 편지

인예(仁隸) 편이 교묘하게 어긋났으니, 매우 답답하다는 것을 알 만하다. 첫 번째 상소는 십분 유의하지 않을 수 없다. 어느 곳에서 잠시 머물며 상소를 올리고자 하는가? 동교(東郊)도 좋지만 강 너머의 옛집도 좋다. 이 뜻은 이전 편지에 언급하였는데 아직 읽어보지 못한 듯하다. 그리고 이전의 직함을 쓰는 것은 근래의 잘못된 규례이다. 옛 대신들은 반드시 '새로 임명된'이라고 썼다. 이 역시 잘못된 규례를 버리고 전례를 회복하는 것이 좋겠다.

정최성(鄭㝡成)의 일도 각별히 유의하였다가 첫 연석에서 공척(攻斥)하여야만 한다. 이것도 생각해 볼 점이 있다. 임(任)[任長源]이 기왕 성역(城役)에 관한 문제를 언급하였으니, 이쪽을 편들고 저쪽을 억누르는 사이에 각별히 주의하여 말을 만드는 것이 좋겠다.

정승에 임명된 뒤 누가 경하하는 편지를 보냈는가? 그리고 관찰사의 대접은 과연 어떠하던가?

仁隸之便巧違, 可知泄菀甚矣. 初疏不可不十分留意, 而欲於何處姑留封章耶. 東郊雖可, 江外舊廬亦好. 此意前書及之, 似未及覽, 至職啣之書以前啣, 卽近來謬規, 古大臣則必以新授云云書之, 亦當祛謬規復舊例爲可. 鄭㝡成事, 亦不可不各別留意, 以爲初筵攻斥之地, 而此亦有合商量處. 任之爲言, 旣逼城役一款, 則扶此抑彼之際, 措語各別審愼好矣. 大拜後, 誰某致賀書, 而方伯接待, 亦果如何耶.

洄門
戊午六月念八朝

무오년1798 7월 8일에 받은 편지

324

며칠 동안 소식이 없다가 편지를 받으니 매우 기쁘고 마음이 놓인다.

나는 시사(時事)가 눈에 들어오지 않는다. 일마다 그저 마음 속에 불길이 치솟게 만들 뿐이다. 불은 심장에 속하니, 이 때문에 안화(眼花)가 나을 기미가 없어 너무나도 답답하다.

대저 심히 통탄스러운 것은 이조 판서[金載瓚]이다. 앞뒤가 각기 다르고 말과 행동이 맞지 않으니, 이러고서 세도(世道)와 인심(人心)을 어느 세월에 안정시킬 수 있겠는가? 그 가운데서 서료(徐僚)[徐龍輔]는 관망하자는 주장을 고집하면서 성실치 못한 일을 가르치고 있다. 그리하여 그저 그의 입만 쳐다보면서 태산처럼 믿고 있으니, 기질을 고치기란 이처럼 어렵기 그지 없는 일이다.

정취선(鄭取善)에 대한 말은 이제야 들었는가? 이처럼 귀가 어두우니 참으로 걱정이다. 가만히 엿보니 온갖 비방이 어수(魚帥)[魚用謙]에게 쏟아지는데, 이는 어[어용겸]가 아직도 시속에 물들지 않아 그러한 것이다.【여기의 시자(時字)와 위의 시자는 시배(時輩)의 시자가 아니라 지금의 때라는 뜻이다.】 소한(小韓)[韓用龜]과 비교하자면 사람과 개만큼이나 다르다고 하겠다. 하지만 소한[한용귀]은 심하게 책망할 것도 없는 사람이니 어찌 깊이 걱정할 필요가 있겠는가? 다만 너무 식견이 없고 너무 기개가 없으니 무슨 일을 할 수 있겠는가? 지금 세상에서는 이조 참판 권 아무개의 성명 세 글자를 말하는 것을 꺼린다고 한다. 경과 함께 공을 세운 사람이니, 구해주고 싶다면 어찌 방법이 없을까 걱정하겠는가? 경이 이러한 일에 대해 핑계대고 뒤로 물러나므로 세도가 날로 낮아지니, 전처럼 해서는 안 될 것이다.

우의정[李秉模]의 꼴도 마치 이조 판서가 서료[서용보]의 의붓자식 노릇을 하는 것과 같다. 행동이 바뀐 진상을 모르겠다. 예로부터 지금까지 나라의 운명을 잡고 있는 사람 중에서 자기 편으로부터 주자(周字)를 받은 사람[158]이 경 말고 누가 있겠는가? 비유하자면 한갓 빈 자리만 지키며 권신(權臣)에게 제재를 받는 경우와 같다. 경이 등창이 나지 않은 것[159]을 보면 도량이 크다고 하겠으니, 남들이 미치기 어려운 점이다. 이만 줄인다.

알려준 여러 가지 조목에 대해서는 마침 너무 바빠서 일단 다음의 편지로 미루겠다.

• • •

158 주자(周字)를 받은 사람 : 효주(爻周)를 말하는 듯하다. 효주는 문서에서 글을 지워버린다는 뜻이다.

159 등창이 나지 않은 것 : 범증(范增)이 항우(項羽)로부터 한(漢)나라와 내통한다는 의심을 받자 관직을 버리고 낙향하다가 도중에 등창이 나서 죽은 고사를 인용한 것으로 보인다.

數日阻信之餘, 承慰萬萬. 此中時樣不入眼, 事事徒令人心火自發. 火屬心, 從以眼花苦無差意, 切悶. 大抵所切痛者, 吏判也. 背面各異, 言行未孚, 如是而世道人志, 何時可靖耶. 中有徐僚者, 執首鼠之論, 敎之以不誠. 於是乎徒仰厥口, 如恃泰山. 甚矣, 氣質之難矯有如許矣. 鄭取善之說, 今始聞之耶. 聾聵若此, 爲之悶甚. 竊覵衆鎖都萃魚帥, 盖魚猶不染於時向,【此時字與上時字, 非時輩之時, 卽卽今之時】比之小韓, 可謂人與狗. 然小韓不足深責之人, 何必深慮. 但太無識太無氣, 何事可做耶. 今之世諱言權亞銓姓名三字, 而以卿同功之人, 苟欲濟拔, 何患無其說, 自卿退托於此等處, 所以世道之日卑, 須勿如前之爲也. 右相貌樣, 亦若吏判爲徐僚之假子, 未知爲換腸之眞贓, 往古來今, 名以執國命, 自其中受其周字者,【卿外】豈有其人. 譬若徒擁虛器, 受制權臣, 卿不疽發, 可謂洪量, 人所難及. 姑此.
諸條所示, 適煩甚, 姑留後便.

洞門
戊午七月初八日

325

날이 가물고 서늘하여 농사를 망칠까 마음 졸이고 있는데다 자전(慈殿)의 마음을 위로할 길이 없어서 걱정으로 날을 보낼 뿐이다.[160] 요사이 잘 지내는가?

호조 판서[趙鎭寬]의 일[161]은 서용보(徐龍輔)와 꼭 맞는 짝이라고 하겠다. 그는 연석에서 전교를 보고 나서 연석에서 물러난 뒤 홀연 청대(請對)[162]하였다. 만약 음관(蔭官)이라서 전례가 없다고 한다면 김구연(金九衍) 집안의 여러 전례를 보면 알 수 있을 것이다.[163] 또 자기 집안 사람이기 때문에 안 된다고 한다면 정유년[1777]과 병진년[1796]의 일이 또한 전례가 될 것이다. 필시 이서구(李書九)가 종용하였을 것이니, 요즘 사람들이 의리에 밝지 못하기가 대저 이와 같다. 이러한 일들에 대해서는 지조 없이 날뛰는 자들의 말을 지나치게 믿어서는 안 된다. 바빠서 이것만 적어 보낸다.

평양 서윤의 삼망(三望)[164]은 한탄스럽다. 수망(首望)은 재물에 청렴하고 여색을 멀리하는 사람이 아니고, 부망(副望)은 채상(蔡相)[蔡濟恭]과 조윤형(曹允

· · ·

160 자전(慈殿)의……보낼 뿐이다 : 이때 혜경궁의 친정 조카 홍수영(洪守榮)이 죽었기 때문에 이렇게 말한 것이다.

161 호조 판서[趙鎭寬]의 일 : 정조가 홍수영이 죽었다는 소식을 듣고 부의(賻儀)를 내리려 하였으나, 조진관은 그가 음관 출신이라는 이유로 반대하였다.(『승정원일기』 1798년 7월 20일)

162 청대(請對) : 긴밀하거나 긴급한 사유가 있을 때 국왕에게 뵙기를 청함.

163 김구연(金九衍) 집안의……있을 것이다 : 김구연 역시 홍수영과 같이 척리(戚里)이자 음관 출신이었기에 이렇게 말한 것이다.

164 평양 서윤의 삼망(三望) : 수망(首望)은 윤후동(尹厚東), 부망(副望)은 박좌원(朴左源), 말망(末望)은 조후진(趙厚鎭)이다.(『政事冊』1798년 7월 14일)

亨) 무리의 앞잡이로서 임자년[1792]의 상소에 참여한 사람이다. 심하게 책망하는 것이 어떠한가?

동문(洞門)에 즉시 전할 것

旱氣涼意, 無非惱心於痒稼之際, 又以慈心之無以仰譬, 憂迫度日耳. 日間安未. 戶判事, 可謂徐龍輔之的對. 渠旣見傳敎於筵中, 忽於筵退後請對, 而若以蔭官爲無例, 則金九衍家諸例可按而知, 又以其家人爲不可, 則丁酉丙辰之事, 又可爲例. 必是李書九之慫恿, 近來人不明於義理, 大抵若此. 此等處, 不可傾信於㬚詬劻勷之說. 第此撥擾錄送耳. 箕尹望可歎. 首望非廉財遠色之人, 副是蔡相曹允亨輩爪牙, 與聞於壬子疏論者, 須切責之如何.

洞門卽傳
戊午七月十五夕

옛말에, "천하에 가소로운 것이 홍귀달(洪貴達)이 문장에 능하다는 것이다."[165]라고 하였는데, 오늘 호조 판서[趙鎭寬]의 일은 거기에 꼭 맞는 짝이라고 하겠다. 홀연 부조를 주지 말라는 일로 청대(請對)하였으니 어찌 이처럼 속좁은 행태가 있단 말인가? 사알(司謁)[166]을 시켜 구전(口傳)으로 이렇게 전교하였기에 아래에 적어 보낸다. 보면 한바탕 웃을 것이다. 처음에는 경이나 선경(先卿)의 서자(庶子)를 거론하고자 하였으나, 박절한 것 같아 일단 마음속으로 참았으니, 매우 답답하다. 껄껄.

"모든 일에는 의리(義理)가 있으니, 의(義)라는 것은 마땅함이다. 이(理)에 마땅한 일에는 의도 깃드는 법이다. 모르겠다만 호조 판서는 하늘에서 떨어졌는가, 땅에서 솟았는가? 아니면 기생(氣生)하거나 화생(化生)한 부류[167]인가? 인정(人情)은 성왕(聖王)의 터전이다. 오늘의 전교는 인정에서 나온 것일 뿐만 아니라, 자전(慈殿)의 마음을 조금이나마 위로하고자 한 것이다. 그런데 청대하여 한 이야기는 과연 무슨 말인가? 그리고 그대의 선친[趙曮]은 정유년[1777]에, 그대의 숙부[趙晸]는 병진년[1796]에 모두 은졸(隱卒)[168]의 은전을 내려 호조에서 일일이 거행하였다. 전혀 무관한 사람이 해조의 당상이 되었

• • •

165 천하에 가소로운……능하다는 것이다 : 김시습(金時習)이 한 말이다. 신흠(申欽)의 「청창연담(晴窓軟談)」에 보인다.

166 사알(司謁) : 국왕의 명령을 전달하는 일을 맡아보던 정6품의 잡직.

167 기생(氣生)하거나 화생(化生)한 부류 : 천지 자연의 기운이 감응하여 태어나게 된 것을 말한다.

168 은졸(隱卒) : 국왕이 죽은 신하에게 애도의 뜻을 표하는 일.

더라도 오히려 다른 말이 없었을 터인데, 이 호조 판서가 이 사람에게 감히 이런 짓을 하니, 상도(常道)를 심하게 거스른 일이라 하겠다. 요사이 안화(眼花)가 매우 심한데, 차마 똑바로 볼 수 없는 시속의 행태와 무관하지 않을 것이다. 이러한 때 곁에서 모시는 자가 위로하여 마음을 풀어줄 방법은 전혀 생각하지 않고, 난데없이 가소롭기 그지없는 행동으로 거리낌없이 번거롭게 하니, 호조 판서의 대부인[169]은 유독 대부인 본가의 가까운 친척이 아니란 말인가? 그런데도 이렇게 한 것은 바로 '인정이 아니니 가까이 할 수 없다'는 속담과 같다. 이것이 과연 군자로서 할 일이겠는가? 의리란 가장 엄중한 것이다. 의리는 마치 물이 땅에 있지만 그 근원을 찾으면 하늘에서 나온 것과 같다."

169 호조 판서의 대부인 : 조진관의 모친 풍산홍씨(豊山洪氏)를 가리킨다. 홍현보(洪鉉輔)의 딸이며, 혜경궁의 고모이다.

昔云, 可笑事, 貴達能文章. 今日戶判事, 亦可謂的對. 忽以賻物不爲擧行事請對, 豈有如許宵小之態. 司謁口傳下敎日云云, 錄在左方, 覽可一笑. 初則卿或先卿之庶子, 欲爲言之, 而近於迫切, 姑忍之心中, 甚爲傀儡, 呵呵.

凡事莫不有義理, 義也者宜也, 宜於理處, 義亦寓焉. 未知戶判從天降從地出乎, 抑氣生化生者類乎. 人情者聖王之田也. 今日之敎, 不但由於人情, 政爲一分仰譬慈心, 則請對云云, 果何說也. 且於乃先之於丁酉, 乃叔之於丙辰, 俱有隱卒之典, 而該曹一一擧行, 以路上人之爲該堂者, 猶且無他言, 此戶判之乃敢爲此於此人者, 可謂反常之甚. 近日眼花之熾甚, 卽不槪於俗態時樣之不堪正視, 則此時侍傍, 苦無慰釋之道, 忽以可笑可可笑之擧措, 無難煩凂, 戶判之大夫人, 獨非大夫人本家之至親. 然而爲此者, 卽諺所謂非人情不可近, 此果君子人所可爲乎. 莫嚴者義理, 義理如水在地, 求其大原, 出於天云耳.

戊午七月十五夕

무오년1798 7월 19일 저녁에 받은 편지

327

편지를 받고 위안이 되었다. 어수(魚帥)[魚用謙]의 병이 심해져 마음이 쓰인다. 404가지 병 가운데 이질(痢疾)을 치료하는 것은 어려운 듯하지만 매우 쉽다. 기력이 가물가물한 팔십 노인이라도 처음 치료할 때 터럭만큼이라도 머뭇거려서는 안 된다. 그 처방은 씻어내고 차갑게 하는 데 불과하다. 만일 위(胃)의 기운이 손상되었다고 판단해 용렬한 의원의 말을 믿고 원기를 보양하는 약을 쓴다면 생사가 위태롭게 된다. 모르겠다만, 인진원(茵蔯元)으로 더러운 찌꺼기를 씻어내고 아울러 덥고 습한 데 마땅한 약제를 썼다고 하는가? 의원은 지금 세속의 이른바 조종협(趙宗協)의 무리를 말하는 것인가? 그동안 편지를 전할 사람이 없었던 데다 오랫동안 도와주지도 못하여 병세가 어떠한지 자세히 알 수 없었으니 너무나도 답답하다. 조만간 가서 만나보고 이 뜻을 전하는 것이 어떠한가?

도승지가 궁핍하게 된 것은 경들의 책임이 아니겠는가? 소문나게 해서는 안 될 일이다. 게다가 제거(提擧)처럼 미포(米包)를 실컷 먹을 수 있는 자리에도 조사하여 의망하지 않았으니, 이제부터 누가 선행을 하려고 나서겠는가? 이러한 일들은 출노입주(出奴入主)[170]의 정사도 없는데 전관(銓官)은 도리어 의망하는 것을 부끄러운 일로 여긴다. 세도(世道)가 이 지경에 이르렀으니, 나는 말하고 싶지 않다.

• • •

170 출노입주(出奴入主) : 자기 무리만 편든다는 뜻. 한유(韓愈)의 〈원도(原道)〉에, "도덕 인의를 말하는 자들이 양주(楊朱)에 빠지지 않으면 묵적(墨翟)에 빠지고 노자에 빠지지 않으면 불(佛)에 빠져, 저것에 빠지면 반드시 이것에서 나가는데, 들어간 데를 주인으로 여기고 나온 데는 종으로 여긴다.[言道德仁義者不入於楊 則入於墨 不入於老 則入於佛 入於彼 必出於此 入者主之 出者奴之]" 하였다.

일전에 선혜청 하속의 빈 자리 두 곳에 대해 우의정[李秉模]이 모두 일제학[鄭民始]의 부탁을 따랐다 한다. 그 사람이 두렵기는 하지만 의정부의 고사는 이제부터 자취도 없이 사라질 것이다. 혹시 이미 들어서 알고 있는가?

황필(黃泌)이라는 놈을 잡아 가두었다는 소문이 사실인가? 그렇다면 경에게도 이처럼 호탕한 기운이 있었다니 신기한 일이다. 이만 줄인다.

동문(洞門)에 회답하여 전할 것

承慰. 魚帥之添病, 爲之關心, 四百四病之中, 惟治痢症, 似難而至易. 雖八十老人之氣力奄奄者, 初頭治法, 不可一毫依違假借, 其方不過日蕩滌與凉冷而已. 萬一謂以胃氣之積敗, 妄信庸醫之說, 用扶補之劑, 死生可慮. 未知能用茵蔯元, 以滌穢惡, 兼試暑濕當劑云耶. 醫人見俗所謂趙宗協輩云耶. 間因往來人之不在, 并與周給而久闕, 病之加減, 亦無以詳知, 甚鬱甚鬱. 須從近往見傳此意, 如何如何. 知申之頷顣, 獨非卿輩之責耶. 不可使聞. 并與提擧之喫得米包窠, 亦不檢擬, 從此孰有向善而挺身者耶. 此等處, 旣無出奴入主之政, 銓官反以擬望看作恥事, 世道至此, 吾欲無言. 日前惠廳下屬兩窠, 右相並從一提之囑云. 其人雖可畏, 相府故事, 亦未免自此掃地, 或已得聞否耶. 黃泌稱名漢之捉囚傳說, 信否. 然則卿亦有似此豪氣, 爲之叫奇. 姑此.

洞門回傳
戊午七月十九夕

일찍 편지를 받고 매우 기뻤다. 밤 더위가 삼복 더위 같아 겨우 잠드는 꼴이 생각하면 우스울 뿐이다.

여러 가지 조목은 잘 알겠다. 조덕윤(趙德潤) 같은 무리를 어찌 가까이 할 수 있겠는가? 이른바 병 주고 약 준다는 말은 조덕윤 무리와 비슷하지도 않다. 대저 많은 것을 탐내고 얻는데 힘쓰는 것은 성인의 공부에서 절대 금하는 것일 뿐만 아니라 덕을 이룬 사람이 할 짓이 아니다. 당상(堂上)의 감관(監官)을 어찌 '구수병축(俱收並蓄)'[171]하자고 경솔하게 말할 수 있겠는가? 이른바 '구수병축'이란 크고 작은 것, 곱고 거친 것을 모두 거두어 함께 쌓는 것을 말하는데, 중화(中華)와 이적(夷狄)을 섞어놓고 사람과 짐승을 합쳐놓는다는 말은 들어보지도 못하였고, 모호하여 두서가 없다. 게다가 경들이 분수를 가다듬도록 한 사람임에랴?

하는 소행을 보고 말미암는 바를 관찰하는 것 외에도 편안히 여기는 바를 다시 자세히 살피라고 하신 공자(孔子)의 말씀[172]이 어찌 후학을 속인 것이겠는가? 온 세상의 비웃음을 당하는 것이야 말할 것도 없거니와, 경들에게 아첨하는 사람들이 보더라도 결코 그들이 마음으로 기뻐하며 진실로 복종하지 않을 것임을 분명히 알겠다. 허다한 사람들 가운데 뛰어난 사람을 취하자면

• • •

171 구수병축(俱收並蓄) : 가리지 않고 모아두는 것을 말한다. 한유(韓愈)의 〈진학해(進學解)〉에 "옥찰(玉札)과 단사(丹砂), 적전(赤箭)과 청지(青芝), 쇠오줌과 말똥, 망가진 북의 가죽을 모두 거두어 함께 쌓아두고[俱收並蓄] 사용할 때를 대비하여 버리지 않는 사람은 훌륭한 의원이다."라는 말이 보인다.

172 하는 소행……공자(孔子)의 말씀 : 공자가 말하기를, "하는 바를 보고 말미암는 바를 관찰하고 편안히 여기는 바를 자세히 살피면 사람들이 어찌 숨길 수 있겠는가, 사람들이 어찌 숨길 수 있겠는가?[子曰 視其所以, 觀其所由, 察其所安, 人焉廋哉, 人焉廋哉]" 하였다.(『論語』「爲政」)

조덕윤 보다 만 배나 나은 사람이 어찌 없겠는가?

조덕윤과 신(信)[洪樂信]은 처남 매부 사이이다.[173] 조덕윤의 친형은 또 임(任)[洪樂任]과 처남 매부 사이이며, 신[홍낙신]과 임[홍낙임]의 며느리는 또 그의 가까운 친척이다. 게다가 그들의 교분이 팔뚝 자르듯이 할 수 있는 사이가 아니니, '찾아왔기에 만나보았다'는 말은 도대체 무슨 의리인가? 이만 줄인다.

동문(洞門)에 회답하여 전할 것

早承甚慰. 夜熱如伏暑, 僅僅着眠之狀, 覺來一呵. 諸條詳悉, 而如趙德潤輩, 何可近之耶. 所謂先病後瘳之說, 非近似於潤輩. 大抵貪多務得, 不但聖工之大禁, 自非成德之人. 堂上之監, 豈可輕議於俱收並蓄耶. 所謂收蓄云者, 卽謂收蓄鉅細精粗, 而未聞混華夷, 合人獸, 鶻突無頭緒. 況卿輩又令精鍊之分數者耶. 聖門所以視觀之外, 更察所安者, 豈欺後學耶. 見笑於一世, 固無論, 雖使阿好於卿輩者觀之, 決知不心悅誠服. 許多人中, 取其所長, 則豈無萬倍於潤也【者】耶. 潤也與信也爲娚妹, 潤之生兄, 又與任也爲娚妹, 信任之婦, 又其至親. 且其交道非可斷腕之間, 則曰以來歸而接之, 果何義理. 姑此.

洞門回傳
戊午七月二十五朝

173 조덕윤과 신(信)[洪樂信]은……사이이다 : 조덕윤의 부친 조명정(趙明鼎)은 광주(廣州) 이관하(李觀夏)의 딸을 재취로 맞아들여 딸 하나를 두었다. 그녀가 홍낙신과 혼인하였으므로 조덕윤과 홍낙신은 처남 매부 사이가 된다.

무오년1798 7월 25일 저녁에 받은 편지

329

아침 편지에는 바빠서 이야기를 다 하지 못하였으니 한탄스럽다. 그 사이에 이미 퇴근하였는가?

금년의 농사에 대한 각 도의 장계는 너무 신중하여 모두들 재앙을 감춘다고 입을 모아 비난한다. 다른 작물로 대신 파종한 전답의 세금을 감면해주라는 조정의 명령이 있었지만, 늦게 이앙(移秧)한 경우 역시 재결(災結)로 잡는 것[174]이 합당하다. 그런데 관찰사는 재결의 총수가 전에 없던 정도라고 걱정하여 억지로 세금을 거둬들이려 하였다. 경처럼 사무에 어두운 사람은 그저 백성들에게 보태주어야 한다고 힘껏 주장하는 것이 조금이라도 보답하는 길이 될 것이다. 이러한 뜻을 알고 지금부터 말을 할 때는 반드시 이렇게 하고, 대신이나 유사(有司)에게도 반드시 굽히지 말라. 빈대(賓對)할 때에 말이 나오거든 아뢰는 것도 좋겠다.

경들이 호령할 수 있는 것은 근묵자흑(近墨者黑)이라는 비난을 면할 수 있었기 때문이다. 그런데 갑자기 평양 서윤의 집과 경의 집을 바꾸었다는 말을 들었다. 바꾸었다는 말은 경의 집값이 무언중에 경에게 돌아갔다는 것을 말한다. 집을 바치고서 그 관직에 임명되기를 도모하였다면 경은 과연 어떻게 되겠는가? 이러한 비난을 듣게 된 것은 모두 자초한 일이다. 이미 귀에 들어왔으니 차마 말하지 않을 수 없다. 사양하고 받고 하는 사이에 단칼로 자르듯 하는 것을 소홀히 하여 그런 것인가? 이만 줄인다.

174 재결(災結)로 잡는 것 : 재해를 입은 전지(田地)를 조사하여 그 결수(結數)를 기록하는 일. 재결은 조세를 감면해주는 것이 일반적이다.

동문(洞門)에 즉시 전할 것

朝襪悤悤, 話不盡, 可歎可歎. 間已退食耶. 今年之事, 諸道狀語, 持重太過, 諱災之譏, 萬口同然. 代播之蠲稅, 雖有朝令, 晩移之不掛, 亦合執災, 而道臣悶其災摠之無前, 必欲勒稅. 如卿之踈於事務者, 但當力立益下之論, 實爲一分報效之端. 須知此意, 自今言論, 必也如彼, 對大臣有司, 亦必不挫. 如賓對時, 因言端敷奏亦可. 大抵卿輩之行號令, 所以能免近墨之誚, 而忽聞箕尹之家與卿舍換入云, 而換之爲言者, 卿舍本價不言中歸於卿之謂也. 納其家而圖除其任, 在卿果何如. 得此梁楚, 莫非滄浪. 既有入耳, 不忍不言. 未知辭受之際, 或忽於一刀割斷而然耶. 姑此.

洞門卽傳
戊午七月二十五夕

무오년1798 8월 6일에 받은 편지

330

퇴근하고서 잘 있었는가? 강(康)[175]의 말을 들어보니 어수(魚帥)[魚用謙]의 병에 삼계(蔘桂)를 썼다가 통증이 심해졌다고 하는데, 말이 되는가? 이전에 경을 통해 당부한 말이 있었는데, 어째서 전혀 반대로 약을 썼는가? 사소한 일 같지만 왜 이렇게 내 말을 믿지 않는가? 약처방이 크게 잘못 되었으니 편작(扁鵲)[176]인들 손쓸 방법이 있겠는가? 이태만(李泰萬)이라는 자는 도대체 누가 권하여 보냈는가? 이런 무리들을 어찌 가까이 할 수 있겠는가? 이만 줄인다.

동문(洞門)에 즉시 전할 것

公退安未. 聞康也言, 魚帥之病, 用蔘桂添苦云, 豈成說耶. 向因卿所有當付之語矣. 其所用藥, 一切相反, 何也. 雖【似】微事, 何乃不信吾言乃爾耶. 藥路旣大錯, 扁鵲何以措手耶. 所謂李泰萬者, 誰果勸送, 而如許之類, 何可近之耶. 姑此.

洞門卽傳
戊午八月初六日

175 강(康) : 의관(醫官) 강명길(康命吉)을 가리키는 듯하나 미상.
176 편작(扁鵲) : 중국 고대의 명의(名醫).

퇴근하고 잘 있었는가? 대사간[韓用龜]의 피혐 계사(避嫌啓辭)는 단지 조정을 욕보인 정도에 그치지 않았다. 신약추(申若樞)는 봉선(封禪)하기를 청하였을 뿐만 아니라 청나라 황제가 고금에 없는 훌륭한 덕을 지녔다고 칭송하는 패악한 상소를 올려 큰소리로 떠들었으니[177], 너무나 부끄러워 할 말을 잃게 만든다.

차대(次對)가 주좌(籌坐)하는 날과 가까우면 반드시 기일을 앞당겨 함께 행하는 까닭은, 내 수고는 줄어들지 않지만 다른 사람들의 수고를 덜어주기 위해서이다. 해야만 하는 일도 아니고 정해진 법식과도 다른 일인데, 아래에서 어찌 감히 제멋대로 헤아리고 번번이 이렇게 하는가? 대신(大臣)과 재신(宰臣)들도 오히려 그러하거늘, 명색이 대간(臺諫)인데다 장관(長官)이라면 얼마나 더욱 자중해야 하겠는가? 처음에는 비변사의 신하들과 함께 연석에 올랐기에 마음 속으로 의아하게 여겨 묻기를,

"경[한용귀]은 혹시 대청(臺廳)에 나아갔는가?"

하니,

"오늘은 주좌하는 날이기에 반드시 차대하겠다는 명이 있을 것이므로 조방(朝房)[178]에서 대령하다가 그대로 따라 들어왔습니다."

하였다. 또 묻기를,

"그렇다면 어찌 대청에 나아가지 않았는가?"

177 신약추(申若樞)가……떠들었으니 : 신약추의 상소는 『승정원일기』 1798년 8월 8일에 보인다.

178 조방(朝房) : 조정의 관원들이 조회(朝會) 시각을 기다리는 곳.

하니,

"합계(合啓)는 으레 성상소(城上所)[179]에서 합니다. 이는 대간(臺諫)의 직무이므로 대사간은 합계에 참여하지 않습니다."

하였다. 또 묻기를,

"대령한 일은 제멋대로 헤아린 것이며, 합계를 어찌 아랫 사람에게 맡기는가? 필시 이것은 대청에 나아가려 하였으나 대궐문이 잠기기 전에 도착하지 못하여 대궐 밖에서 방황하고 있다가 마침 차대를 앞당겨 행하겠다고 명하였기 때문에 함께 들어온 것이 아닌가?"[180]

하였으니, 이는 완곡하게 말하여 대각에 수치를 끼치는 것을 면하게 하려는 것이었다. 그런데 듣고도 못 들은 척하고 도리어 주좌가 있다는 말을 듣고서 대궐 밖에서 기다렸다고 피혐 계사를 지었다. 급기야 대신이 연석에서 지적하여 문제삼은 뒤에야 비로소 거조(擧條)를 써서 들였는데 자기가 말한 내용은 빼버렸으니, 고금에 어찌 이런 대사간이 있었단 말인가? 이는 몰지각한 소치이지만 또한 기회를 엿보는 데서 나온 일이기도 하니, 통탄스럽다. 이런 일들은 옆에서 보는 사람들이 입을 가리고 웃을 것이다. 대각의 체모가 흔적도 없이 사라졌으니, 어찌 심히 답답한 일이 아니겠는가?

연석에서 물러난 뒤 서료(徐僚)[徐龍輔]와 규장각에서 조용히 이야기하였을 때 무슨 말을 주고받았는가? 정(鄭)[鄭日煥]의 장문 편지에 관한 일은 서

• • •

179 성상소(城上所) : 사간원과 사헌부의 관원이 대궐문 위에서 드나드는 백관(百官)을 살피던 곳.

180 대령한 일은……것이 아닌가 : 이상의 정황에 관해서는 『승정원일기』 1798년 8월 8일을 참조.

(徐)[서용보]가 대략 말해주었다고 하는데, 과연 내가 경에게 말한 것과 같은가? 어수(魚帥)[魚用謙]의 병은 그동안 살아나게 할 방법을 찾았는가? 이만 줄인다.

동문(洞門)에 즉시 전할 것

公退安勝耶. 諫長避辭, 可謂辱朝廷不翅, 申若樞【之】請封禪, 又向淸皇道古今譽盛德之悖疏胡叫, 使人大慚, 直欲無語. 次對之近於籌坐日, 必也進期兼行者, 我勞雖無減, 群勞欲除却. 旣非應行之擧, 又異定式之事, 則自下豈敢妄度以番番當如此. 大臣諸宰猶然, 名以臺諫, 況是長官, 其所自重, 尤當如何. 初與在籌司諸臣同爲登筵, 心甚訝之, 問以卿或詣臺耶. 對云, 今日籌坐來會, 必然有次對之命, 而待令於朝房, 仍爲隨入. 又問以然則何乃不爲詣臺. 對云, 合啓例是城上所, 臺諫職掌, 故長官則不入參啓. 又問以待令近於妄度, 合啓豈諉下僚. 必是欲詣臺廳而未及趦錀, 彷徨闕外, 適因次對進定之命, 而同爲入來耶云者, 曲爲之地, 俾免臺閣之貽羞, 而聽若不聞, 反以得聞籌坐之會, 來待闕外, 爲避嫌措語. 及其大臣筵斥之後, 始於擧條書入, 拔其所道之語, 古往今來, 寧有如許諫長. 此雖沒覺所致, 亦出於窺覘中一事, 痛歎痛歎. 此等處, 傍觀之掩口, 臺體之掃地, 豈非悶然之甚耶. 筵退後, 與徐僚穩話閣中, 有何酬酢. 而鄭也長書事, 徐有略言者云, 果如吾之所言於卿者耶. 魚帥之病, 間尋生路云耶. 姑此.

洞門卽傳
戊午八月初八夕

무오년1798 8월 10일 저녁에 받은 편지

332

인예(仁隸)에게 편지를 부치려는 때 마침 보내준 편지를 받아 몹시 기뻤다. 동풍이 불고 나서 보슬비가 내리니, 농사를 위해서 더욱 다행이다.

만 이천 봉을 유람하는 일이 얼마나 통쾌한 일이며 대단한 구경거리인가? 공명을 실컷 누린 사람이 또 산수의 즐거움까지 누리니, 과연 치우친 것인지 온전한 것인지 모르겠다. 조만간 다시 편지를 보낼 것이다.

별지(別紙)를 보니 더욱 기이한 재주임을 알겠다. 우선 조사하여 살펴볼 생각이다. 이만 줄인다.

동문(洞門)에 회답하여 전할 것

仁隸付褫際, 又承來示, 其喜可知. 東風餘霏微, 爲穡事, 尤可幸也. 萬二千峯之遊, 何等快事壯觀, 而飽功名者, 又飽山水之樂, 未知果偏全耶. 從近更當有所示耳. 別紙益覺奇才, 第當探察爲計. 姑此.

洞門回傳
戊午八月初十夕

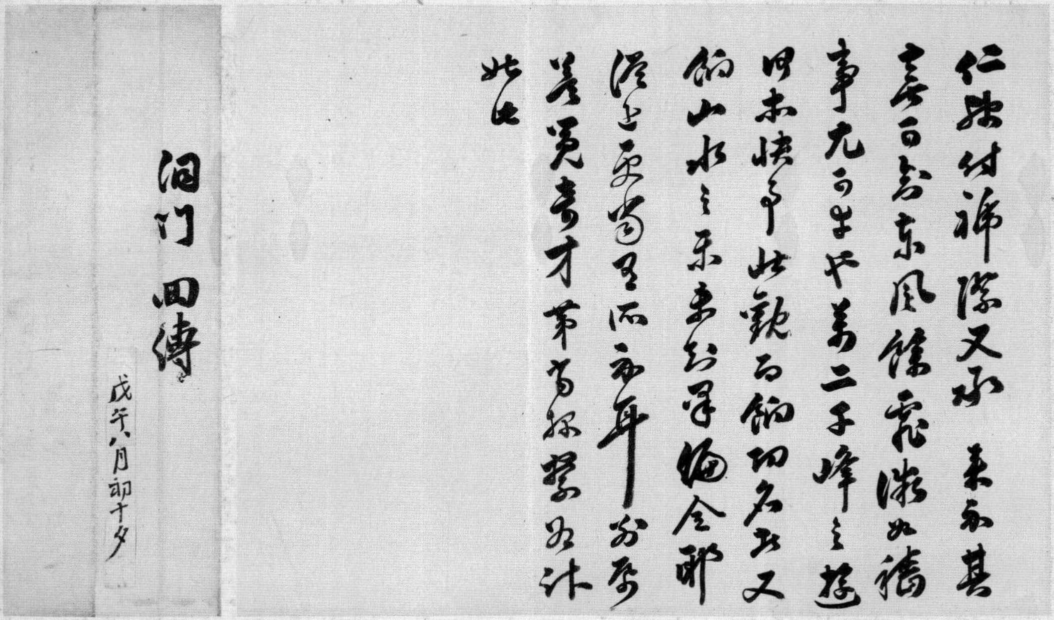

仁兄付梓際又承 惠示其
春白舍東風餘霞散如綺
事尤可出也萬二千峰之遊
目未快乎此錄百餘幅名勝又
餉山水之樂素公寫偏全耶
從此安當至而來年兮勞
差覓青才第篇採擇又沐
姑此

洞門 回傳

戊午八月初十夕

무오년1798 8월 11일에 받은 편지

333

아침에 보낸 편지를 이보다 먼저 보았을 것으로 생각한다. 비가 조금 내리다가 제때 개었으니 참으로 다행이다. 낮동안 어떻게 지냈는가?

금강산 여행은 목욕하러 간다는 명분을 내세운다면 흉년이라도 안 될 것이 없을 듯하다. 모쪼록 하루 이틀 안에 단자(單子)를 올리고 출발하는 것이 어떠한가?

예전에 황 익성공(黃翼成公)[黃喜]이 강원도에 갔다가 흡곡(歙谷)에 이르러 바닷가의 대(臺)에 올라 바다를 바라보고 시를 지으며 머물러 있을 때 교지(敎旨)가 내렸다. 이 때문에 고을 사람들이 그 대를 시중대(侍中臺)라고 이름하였다. 지금 사람이 선배에 미치지 못하기는 하나, 자처하는 바가 낮아서야 되겠는가? 하지만 강원도는 삼남 지방과 다르니, 남들에게는 금강산을 유람하러 간다고 말할 필요는 없다. 단지 양양(襄陽)에서 약수를 마시고 이천(伊川)에서 목욕한다고만 하는 것이 좋겠다. 이만 줄인다.

언제쯤 출발할 것인지 자세히 알려주도록 하라.

동문(洞門)에 즉시 전할 것

朝褫想先此照至. 雨不過寸, 晴亦知時, 萬幸萬幸. 午間何履. 金剛之行, 名以沐浴, 雖値歲儉, 似無不可, 須於一兩日內呈單發程如何. 昔黃翼成公往關東, 至歙谷, 登海上之臺, 以眺滄溟, 駐節吟賞之際, 敎旨下去, 邑人名其臺曰侍中臺. 今人無能爲役於先輩, 而所以自處, 亦豈汙下耶. 然爲關東雖異於三南, 對人未必以遊賞楓嶽爲說, 只當云飮泉於襄陽, 浴水於伊川爲可耳. 姑此.
何當登程, 詳示之.

洞門卽傳
戊午八月十一日

무오년1798 8월 13일 저녁에 받은 편지

334

밤에 자다가 처마에서 물이 떨어지는 소리를 듣고서 농사를 망치게 될까 걱정하느라 닭이 세 번 울 때까지 잠을 이루지 못하였다. 늦게서야 비로소 비가 그쳤으니 기뻐 날뛸 지경이다. 간밤에 잘 잤는가?

명산을 한 번 유람하는 것은 신선의 인연이 있는 사람이라야 할 수 있는 일이다. 내가 한가한 틈을 타서 엊그제 휴가를 청하였다면 어찌 이처럼 지체되었겠는가? 껄껄.

박(朴)[朴長卨]을 특별히 승지로 낙점한 것은 호위배들의 사기를 조금 북돋우는 단서가 되겠는가?

전임 강원도 관찰사[李秉鼎]에게 아직까지 병문안을 하지 않았으니, 결코 원로의 법도가 아니다. 조만간 사람을 시켜 문안하라. 이만 줄인다.

동문(洞門)에 즉시 전할 것

夜枕聞簷溜, 恐或痒稼, 便不能成眠, 直到鷄三唱時. 晩乃放晴, 令人喜聳. 宿來更勝. 名山一遊, 有仙分者可爲, 若用此漢之寧手, 再昨請暇, 則豈若是淹滯. 爲之呵呵. 朴也之承宣特點, 亦足爲衛隷輩差强之端耶. 舊東伯之病, 尙不一問, 殊非老成之規模, 須從近伻訊也. 姑此.

洞門卽傳
戊午八月十三夕

무오년1798 8월 15일 저녁에 받은 편지

335

가을 기운이 날로 맑아지니 백로(白露)가 한로(寒露)로 바뀔 조짐인 듯하다. 대엿새 조금 늦어지기를 바란다. 퇴근하고 잘 있는가?

휴가를 청하는 단자(單子)를 뒤늦게 들였는데 이미 휴가를 주었으니 내일이라도 하직 인사를 하는 것이 좋겠다.

전(典)의 계서(季徐)[181]는 참으로 측은하다. 어찌 양호(羊祜)가 짐독(鴆毒)으로 남을 독살하는 일이 있겠는가?[182] 즉시 그의 형에게 사람을 보내 위로하여, 남들에게 마음이 넓다는 것을 보여주는 것이 어떠한가? 어수(魚帥)[魚用謙]는 더욱 나아질 기미가 있는가? 이만 줄인다.

동문(洞門)에 즉시 전할 것

秋氣日益清, 恐是白露爲寒露之候. 差退五六日, 是望是望. 公退更勝. 由單推入, 已爲給由. 雖明日辭陛爲可, 典之季徐甚惻, 豈有鴆人羊祜者哉. 須卽伻慰於厥伯, 無示人不廣之歎如何. 魚帥有益勝之漸云耶. 姑此.

洞門卽傳
戊午八月十五夕

181 전(典)의 계서(季徐) : 이때 죽은 서유방(徐有防)을 말한다. 서유방은 서유린(徐有隣)의 아우이다. 전(典)은 전동(典洞)을 가리키는 듯하나 미상.

182 어찌 양호(羊祜)가……독살하는 일이 있겠는가 : 진(晉)나라의 양호(羊祜)가 군사를 이끌고 오(吳)나라의 군대와 대치하고 있었는데, 마침 오나라의 장수 육항(陸抗)이 병에 걸렸다. 그 말을 들은 양호가 육항에게 약을 보냈다. 수하의 장수들은 짐독이 들어 있을 것이라 하였으나, 육항은 '어찌 양호가 짐독으로 사람을 죽이겠는가?' 하고 의심없이 약을 마시고 나았다.(『晉書』 卷34 「羊祜列傳」)

무오년1798 8월 16일에 받은 편지

336

금강산으로 떠나느라 헤어진 지 하룻밤이 지났다. 참으로 운치있는 일이기는 하지만, 머물고 떠나고 하는 사이에 그리운 마음을 금할 수 없다. 인정이 이러한 것인가?

자세한 이야기는 별지에 있다. 약 꾸러미는 추후에 처리할 것이고, 시통(詩筒)도 각리(閣吏) 편에 보낼 것이다. 아침에 서료(徐僚)[徐龍輔]의 편지를 받아보니, 경의 이번 여행은 전혀 긴요하지 않은 일이라면서 심지어 장차 사설(辭說)이 많아질 것이라고 하였다. 이른바 사설이라는 것은 어떤 사설을 말하는지 모르겠으나 떨어진다는 말인 듯하다. 내면이 충실하다면 외면을 어찌 따지겠는가? 이 사람은 그저 염량세태만 볼 뿐이다. 참으로 호로자식이라 하겠으니, 답답한 노릇이다. 근래의 꼴은 본색을 점점 가리지 못하고 있으니 어찌하겠는가? 이번 여행은 행장(行狀)에서 처음으로 손꼽을 일이다.

[이하 결]

동문(洞門)에 즉시 전할 것

楓嶽之行, 分袂隔夜, 固是韻事騷致, 去留之際, 不禁依然, 人情乃如是耶. 其詳另在別紙, 而藥裹追當區處, 詩筒又當在閣吏便耳. 朝見徐僚所示, 以卿此行, 屬之極不緊, 甚至謂將添辭說. 所謂辭說, 未知何許辭說, 似謂見落. 而其中充實, 則外面何論, 而此人之徒看炎凉, 可謂眞胡種子, 爲之悶然. 近來貌樣, 本色漸漸掩不得, 爲之奈何. 此行卽行狀初屈指處.

洞門卽傳
戊午八月十六日

무오년1798 8월 16일 저녁에 받은 편지

337

인삼(人蔘) 1냥

양위탕(養胃湯) 5첩【인삼을 넣었다.】

육군자탕(六君子湯) 5첩【인삼을 넣었다.】

반총산(蟠葱散) 5첩

귤인음(橘茵飮) 5첩

청심원(淸心元) 10환

안신환(安神丸) 10환

소합원(蘇合元) 20환

제중단(濟衆丹) 100전【별제(別製) 50환】

광제환(廣濟丸) 50환

자금단(紫金丹) 3정

용뇌고(龍腦膏) 2환

구미청심원(九味淸心元) 6환

사탕환(砂糖丸) 20환

계자환(桂子丸) 20환

人蔘一兩 養胃湯五貼【入人蔘】六君子湯五貼【入人蔘】蟠葱散五貼 橘茵飮五貼 淸心元十丸 安神丸十丸 蘇合元二十丸 濟衆丹一百錢【別製五十丸】廣濟丸五十丸 紫金丹三錠 龍腦膏二丸 九味淸心元六丸 砂糖丸二十丸 桂子丸二十丸

戊午八月十六夕

무오년1798 8월 16일 밤에 받은 편지

338

편지를 받고 위안이 되었다. 나는 시사(試事)를 처리하느라 해가 진 뒤에야 비로소 돌아와 매우 피곤하다.

금강산 만 이천 봉을 두루 보고 필시 많은 경치를 감상하게 될 것이니, 돌아올 때쯤이면 좋은 시를 잔뜩 지었을 것이다. 미리부터 부러워한다. 삼(蔘) 한 봉(封)을 나의 말과 함께 즉시 어수(魚帥)[魚用謙]에게 전해주는 것이 어떠한가? 여행 잘 다녀오기 바란다.

동문(洞門)에 회답하여 전할 것

來紙承慰, 此中酬應試事, 晩後始還, 憊甚憊甚. 遍觀萬二千峯, 必多領略風光, 歸橐之鏗璐, 預用歆羨. 蔘一封以吾言卽傳魚帥如何. 惟冀行李珍重.

洞門回傳
戊午八月十六夜

편지를 받고 무척 위안이 되었다. 김가(金家)의 혼사[183]는 내간(內間)의 일이니, 어찌 외간의 조정에서 간섭할 수 있겠는가? 이러한 것은 충분히 감싸 줄만한 일이니, 매(邁)[徐邁修]와 어수(魚帥)[魚用謙]를 엄하게 신칙하여 다른 사람에게 굳이 조정의 일처럼 설왕설래하지 않도록 하는 것이 좋겠다. 사류(士類)의 처사는 이러해야 하는 법이니, 소홀히 여기지 않는 것이 어떠한가?

아침에 들으니 우의정의 말이 나왔다고 한다. 김기서(金基敍)와 김기상(金基常) 등을 총융사의 집에서 잡아들인 일을 크게 비난하였는데, 사람을 보내어 알아보니 우의정의 초고를 써서 올린 일은 김기서의 소행이라고 한다. 두 사람에게 모두 지만(遲晩)[184]이라는 다짐[185]을 받아내었으니, 폭소를 터뜨릴 일이다.

이병정(李秉鼎)의 일은 절대 관여하지 말라. 그리고 서로서로 주의하라고 알리는 것이 어떠한가?

송수연(宋守淵)의 일과 일제학[鄭民始]의 일은 놀랍다. 김씨(金氏)들이 이태준(李台峻)에게 보낸 편지의 내용은 모쪼록 베껴 보내는 것이 어떠한가?

몽상(夢相)[金鍾秀]의 병은 낫기 어렵다고 하겠다. 어찌 걱정이라고만 하는가? 이만 줄인다.

・・・

183 김가(金家)의 혼사 : 김조순(金祖淳)의 딸을 세자빈으로 맞이하는 일을 가리키는 듯하다.

184 지만(遲晩) : 죄인이 자백을 하면서 '너무 오래 속여서 미안하다'는 뜻으로 이르는 말.

185 다짐 : 죄인에 대한 심문을 통해 확실한 대답을 받는 일.

모료(某僚)가 입좌(入坐)하였는데 상(喪)을 당했다기에 마음이 슬펐다. 그런데 상례를 지키는 자세가 너무 지나쳐 장차 몸이 견디지 못할 우려가 있다. 대저 가법(家法)이 남다르다 하겠으니 탄복하지 않을 수 없다. 또 식솔을 데리고 시묘살이하러 간다고 하는데, 가서 위문하는 일은 천천히 하는 것이 좋겠다. 그 사람이 어찌 한 숟가락에 배부르고 한 숟가락에 굶주리는 사람이겠는가? 그런데 인정이 박하다고 말한다면 경도 근래의 잡다한 이야기에 동요되어 그런 것인가? 어찌 그리도 내 말을 믿지 못하는가? 경은 반드시 7월 이후에 가서 위문하는 것이 좋겠다.

이 편지는 보고 나서 즉시 찢어버리고 절대 잠시도 남겨두지 말라.

承慰萬萬. 金家婚事, 卽內間事, 豈外廷之所可干涉耶. 此等處, 亦足爲牢籠之端, 邁也魚帥許嚴飭, 雖對人不必如朝廷事而使之說去說來爲可. 士類處事, 自當如此, 須勿泛, 如何如何. 朝聞右相言出, 大非捉致金基叙基常輩於摠帥家, 送人頭面, 則呈書右相之草, 卽基叙之所爲云, 而兩人皆捧遲晩侤音以來, 令人噴飯. 李秉鼎事, 切勿干預, 亦須轉相告戒如何. 宋守淵事, 一提事, 駭然矣. 諸金貽書李台峻事, 某條謄送如何. 夢相之病, 可謂難矣, 何可日爲慮耶. 姑此. 某僚之入坐, 爲之慘惻, 而執牢太過, 將有不勝之慮, 大抵家法, 可謂異常, 令人嘆服. 又欲挈往廬墓云耳, 往唁之遲遲, 固好固好. 其人豈一匙飽一匙饑者耶. 認以爲情薄云云, 卿亦動於近來雜喙而然耶. 何乃不信吾言耶. 卿則必於七月後往問爲可. 此紙覽後卽扯之, 切勿暫留.

戊午九月十五日

어제 하예(下隸) 편에 보내준 편지는 보았으나 바빠서 그냥 보내고 말았으니 한탄스럽다. 길을 떠나 피로할 터인데 잘 있는가? 강가의 옛집은 황폐해지지 않았으며 거처하기에 적당한가?

첫 번째 상소는 언제 올릴 것인가? 지금 머물러 있는 곳은 과천(果川) 경계이니, 필시 오가는 사람이 많아 편히 있기 어려울 것이다. 서(書)[李書九]에게는 힘을 합쳐 첫 번째 상소를 윤색하라고 말하였는데, 그 역시 서울 안이 아니면 만나서 의논하기 어렵다고 말하였으니, 그 말도 그럴 듯하다. 그렇다면 한 번 전유(傳諭)[186]하기를 기다렸다가 성 밖으로 가까이 와서 머무르는 것이 편하겠는가? 하지만 그대로 그곳에 머물러 있다가 천천히 나와서 응하는 것이 실로 일의 체면에 부합한다. 과연 어떻게 할 생각인가? 그 사이에 찾아온 사람이 있는가?

어(魚)[魚用謙]가 죽었는데 후임자를 구하기가 어렵다. 이익모(李翊模)는 자급을 올렸지만 너무 생소하여 논할 수 없고, 한용귀(韓用龜)는 더욱 적임자가 아니다. 오직 서산 군수[金羲淳]가 적당하니, 그를 불러올 방법을 깊이 생각하여 자세히 답하는 것이 어떠한가? 그의 가솔이 서울에 있다면 어버이를 뵈러 간다는 핑계로 휴가를 받아 올라오는 것도 한 가지 방법일 것이다. 절대로 소홀히 하지 않는 것이 어떠한가? 이만 줄인다.

186 전유(傳諭) : 국왕의 유지(諭旨)를 대신(大臣) 또는 유현(儒賢)에게 전하는 것.

우의정이 열어볼 것

무오년 9월 18일 삼가 강가 집에서 받다.

昨見來隷便示幅, 而撓甚未免空送, 可歎. 撼頓餘, 日間凡百衛勝, 而江干舊廬, 能不荒廢, 起居適宜否耶. 初疏政在那間. 顧今所住卽果川境, 人客之往來必多難便. 對書也已言分力潤色於初疏, 而渠亦以爲非部字內難於面議云云, 其說亦然. 然則待一番傳論, 進住城外爲便耶. 莫若仍住那中, 徐徐出膺, 實合於事面, 果何以爲計耶. 其間有往訪之人耶. 魚也已矣, 其代苦難, 李翊模雖陞資, 太生踈, 不可議到, 韓用龜尤非其人, 惟有瑞倅近之, 其所招來之方, 幸須細量詳答如何. 渠之家眷若在京, 則託以歸覲得由上來, 亦或一道. 切勿泛忽, 如何如何. 姑此.

端揆開坼
戊午九月十八日祗受于江舍

간밤에 교외의 거처에서 잘 지냈는가? 명을 받들고 충청도로 갔던 승지가 돌아왔는데, 농사일과 백성들의 사정에 대해서 듣지 못하던 것을 들었다고 하겠다. 앞으로 구제할 일이 너무나도 마음에 걸린다. 상소는 과연 오늘 올릴 것인가? 이를 알아보고자 편지를 보냈다. 이만 줄인다.

윤비(綸扉)[187] 라는 말은 한유(韓愈)의 글에 있다. 옛사람들도 많이 썼고, 요즘 시속에서도 으레 쓴다.

노호(鷺湖)의 녹사(錄事)에게
무오년 9월 21일 아침 강려(江廬)에서 삼가 받다.

夜間郊居, 凡節增重耶. 湖西奉命承宣往還, 穡事民情, 可謂益聞不聞, 來頭接濟, 極用關心耳. 拜章果在今日耶. 爲探姑此.
綸扉在於韓文, 古人多用之, 近俗亦例用者.

鷺湖錄事
戊午九月念一朝江廬祗受

187 윤비(綸扉) : 의정부(議政府)의 이칭.

무오년1798 9월 21일 오후에 받은 편지

342

보내준 편지를 받고 간밤에 잘 있었다는 것을 알았으니 매우 마음이 놓인다. 상소의 초본은 급하게 써서 그런지 여기저기서 따오느라 손질한 흔적이 많다. 경이 지은 초고에 두 조목의 이야기를 보태 넣고 두 이씨가 지은 글을 두 번째 상소와 세 번째 상소로 나눈 것은 과연 좋다. 이대로 하는 것이 어떠한가? 사흘 뒤 상소를 올리는 것도 무방하다. 그동안 보태 넣은 초본은 다시 보여주는 것이 어떠한가? 이만 줄인다.

우의정이 열어볼 것
무오년 9월 21일 오후 강려

示幅, 備悉夜候, 慰釋良多. 疏本以其臨急也, 故東攟西那, 果多斧鑿痕. 就卿之所構, 添入二條說, 兩李之作, 分作再三疏, 果好, 依此爲之如何. 三明呈徹亦無妨. 其間添入之本, 更示之如何. 姑此.

端揆開坼
戊午九月念一午後 江廬

답장을 받고 무척 위안이 되었다. 구름이 잔뜩 끼어 비를 빚으려는 낌새가 있다가도 바람따라 흩어지니 혹시라도 곧 걷힐까 두렵다. 며칠 내로 다시 비가 쏟아지기를 간절히 바라는 마음이다.

필(弼)을 좌참찬이나 우참찬으로 삼는다면 걸맞는 자리라고 하겠다. 어찌하여 이조 판서[金文淳]에게 말하지 않았는가? 민(閔)[閔台爀]은 마침 승지 자리가 비어 있기에 즉시 임명하였다. 그밖에는 입에 맞는 떡을 어찌 쉽게 얻을 수 있겠는가? 껄껄.

전주 판관[沈養之]과 병조 참의[柳師模]에 관한 일은 경의 말이 정론이라 하겠다. 형(瀅)[徐瀅修]은 멀지 않은 친척이기 때문에 의망하지 않기가 어려워 그렇게 한 것이다. 연석에서 하교한 말은 두둔하는 것을 면치 못하였다.

인(仁)은 듣자하니 이조 판서의 사촌 동서라고 한다. 이 점은 그가 혐의쩍다고 여기겠지만 그 사람의 광망(狂妄)한 점이 취할 만하다고 생각되어 과연 괜찮다고 이조 판서의 질문에 답하였다.

강가 백성의 송사에 관한 일은, 만약 시행하지 않는다면 얼마나 다행이겠는가? 기로소의 재정은 채우기 어렵지 않고, 1천 결(結)을 면세해주는 일은 각사(各司)에 없는 바이니, 단지 유정(惟正)[188]의 세금만 받아들인다 하더라도 어찌 요즘처럼 고갈되겠는가? 이 문제는 어찌하여 생략하였는가? 이만 줄인다.

• • •

188 유정(惟正) : 해마다 정례(定例)로 궁중 및 서울의 고관에게 바치는 공물.

노호장명자

무오년 9월 22일 강려

承答多慰. 密雲雖有釀雨之意, 隨風解駁, 或恐卽霽. 數日中更獲霈注, 心切企切企. 弼也之三四宰, 可謂當窠, 何乃不言於吏判耶. 閔也適因承宣窠卽除, 而其外適口之餠, 豈易得來耶. 呵呵. 完判騎參事, 卿言可謂正論, 而瀅也以其不遠之親, 難於不擬而然. 筵教云云, 未免藉重耳. 仁也則聞是吏判之四寸同婿云, 此則渠以爲嫌之, 而其人之狂妄, 認謂有可取, 果以可矣, 答於吏判之問耳. 江民訟事, 若勿施則何等多幸耶. 耆所之財, 不難充牣, 一千結免稅, 卽各司之所無, 則雖只捧惟正之稅, 豈若近來之蕩然耶. 此一款, 何略之耶. 姑此.

鷺湖將命者
戊午九月二十二日 江廬

무오년1798 9월 23일에 받은 편지

344

밤이 깊어가는데 잘 있는가? 부본(副本)은 대체로 쓸만하다. 그러나 글자가 겹치거나 뜻이 중복되는 부분은 대략 첨지를 붙여 고쳤으니, 보면 알 것이다.

나라를 한몸처럼 생각하는 대신의 마음은 조수를 틈타 배를 띄우거나 구름을 헤치고 대궐에 호소하는 자와는 같지 않다. 하지만 임금을 존중하고 백성을 감싸주며, 시대를 걱정하고 세상을 개탄하는 간절한 마음은 저절로 가릴 수 없는 법이다. 두 번째와 세 번째 상소는 반드시 더욱 주의하여 짓는 것이 어떠한가? 등불 아래에서 다른 사람을 시켜 쓴다.

우의정이 열어볼 것
무오년 9월 23일 강려

夜回鼎茵加重, 副本差可合用, 而字疊意稠處, 略有籤改, 覽可領悉. 大官體國, 雖與乘潮放船, 排雲叫閤者不同. 若其尊君庇民, 憂時慨世之惓惓衷款, 則自有掩不得者, 再三疏, 必須加意綴緝如何. 燈下呼草.

端揆開坼
戊午九月念三日 江廬

무오년1798 9월 28일에 받은 편지

345

요사이 강가에 거처하면서 만사형통하며 몸은 더욱 좋아졌는가?

좌의정[李秉模]은 새로 임명된 대신이 명을 따르도록 하기 위해 빈대(賓對)와 주좌(籌坐)를 지금껏 하지 않았다. 그러므로 오늘은 특명으로 참석하라고 하였는데, 연석에 올라와서 한 말에는 별달리 백성들의 고통에 대해 언급한 것이 없었다. 그러다가 상소문의 비답에 대해 묻자, '우의정[沈煥之]이 어찌 이러한 뜻에 부응할 수 있겠습니까.' 라고 하였을 뿐이다.

두 번째 상소는 언제쯤 올릴 것인가? 부본(副本)은 이미 완성하였는가? 이만 줄인다.

사람들이 모두 첫 번째 상소가 너무 늦었다고들 하지만, 이러한 말에 흔들리지 말고 세 번째 상소와 출사(出仕)는 다음 달 10일 전후에 하는 것이 좋겠다.

우의정이 열어볼 것

무오년 9월 28일 강려

日間江居, 凡百得不齟唔, 體中益有勝節耶. 左揆爲其新拜大臣之勉膺, 賓對籌坐一味不爲, 故今日則特命來會, 而登筵說話, 別無及於民隱, 語到問疏批旨, 只云端揆何以稱塞此意耳. 再疏欲於何間爲之, 而副本已完耶. 姑此.

人皆以初疏之太遲爲言, 而不可以此撓奪, 三疏與出仕, 在來月旬前後爲可耳.

端揆開坼

戊午九月念八日 江廬

무오년1798 10월 3일에 받은 편지

346

보내준 편지를 받아보고 요즘 어떻게 지내는지 알았으니 이루 말할 수 없이 마음이 놓인다. 밤이 길어 마치 한 해와 같은데, 억지로 반나마 책을 보고 있다. 경은 상소의 초고를 짓는 여가에 금강산 시축(詩軸)을 손볼 시간이 있는가?

부본(副本)은 대체로 좋다. 내가 옛 사람의 글을 보니, 두세 번째 사직소에서는 간청하였으나 윤허받지 못하였다는 내용을 먼저 아뢰었다. 의논한 뜻은 어쩔 수 없지만 일의 체면이 첫 번째 사직소와 전혀 다르기 때문에 그러한 것이다. 조금 고쳐서 돌려줄테니, 보고 나서 취사선택하는 것이 어떠한가?

서산 군수[金義淳]의 일은 내직으로 옮기는 것이 편하다는 사실을 모르는 것은 아니지만 겉으로 나타날 혐의가 있다. 이 뜻을 전해주는 것이 좋겠다. 이만 줄인다.

노강서제소
무오년 10월 3일 아침 강려

來幅備悉日候, 何慰如之. 長夜如年, 强半付之書册中. 卿則琅函起草之暇, 料理楓山詩軸, 或有時耶. 副本大略固好, 竊見古人文字, 辭職第二三疏, 首陳陳懇未允之意, 蓋往復之義, 不得不然, 而事體殊異於初疏而然也. 稍施牽補以還, 覽而取舍之如何. 瑞山倅事, 非不知內移之爲便, 而形迹有嫌, 此意傳及爲可. 姑此.

鷺江書題所
戊午十月初三朝 江廬

무오년1798 10월 3일 오시에 받은 편지

347

인편이 돌아와 매우 기쁘다. 두 번째 상소는 내일 아침 일찍 올리고, 세 번째 상소는 두 번째 상소보다 하루 이틀 뒤에 올리는 것이 좋겠다.

첫 연석에 관한 일은 어떻게 유념하고 있는가? 대간(臺諫)의 거조(擧條)처럼 여러 거조를 두루 열거하는 것은 의정부의 고사(故事)와 전혀 맞지 않는다. 이만 줄인다.

노량(露梁)에 회답하여 전할 것
무오년 10월 3일 오시(午時) 강려

便回欣甚. 再疏則明日早呈, 三疏則比再疏稍進一兩日爲可耳. 初筵事, 何以留意. 而如臺諫擧條樣, 諸條歷擧, 甚非中書故事也. 姑此.

露梁回傳
戊午十月初三午 江廬

무오년1798 10월 7일에 받은 편지

348

헤어진 뒤로 어느덧 달이 세 번 바뀌고 날짜로는 50일이 지났는데, 그리운 마음에 잊지 못하고 있다. 요사이 강가의 집에서 잘 지내고 있는가? 나는 일이 바빠 잠깐의 틈도 내기 어렵다. 닭 우는 소리를 들으며 잠들었다가 오시(午時)가 지나서야 비로소 밥을 먹으니, 피로하고 노둔해진 정력이 날이 갈수록 소모될 뿐이다.

세 번째 상소는 과연 언제쯤 올릴 것인가? 그동안 탈고하였는가? 이전에 보낸 편지에는 바빠서 미처 말하지 못하였는데, 근래 승보시(陞補試)에 관한 일은 아마도 자세히 들었을 것이다. 한 마디로 말하자면 성균관 대사성이 경솔한 소치이다. 하지만 유생들이 날뛰는 것도 지나치게 패악한 행동이 아닌가? 이렇든 저렇든 간에, 위에까지 파급되지 않도록 하는 것이 좋겠다. 혐의를 무릅쓰고 육초(六抄)와 칠초(七抄)를 설행(設行)한 까닭은 힘써 그들을 움직여 들여보내려고 하였기 때문이다.

성균관의 소란은 예전부터 있었지만 갑절이나 심하게 분열되었으니, 노숙한 사람이 그때그때 진정시키지 않는다면 분란을 잠재우고 소란을 다스릴 사람이 있더라도 그저 끓는 물을 퍼내어 끓기를 그치게 하는 임시방편과 비슷하게 될 뿐이다. 어떻게 할 생각인지 모르겠다.

요즘은 누가 찾아왔는가? 귀에 들어오는 시사(時事)가 있는가? 첫 연석에서 이야기할 좋은 재료를 찾기가 참으로 어렵다. 또 의정부의 고사에 대해 들으니, 나와서 숙배하는 날 거조(擧條)를 낸 이례는 없었다고 한다. 그렇다면 한 마디도 반복하지 않고 새롭게 할 수 있겠는가? 몽상(夢相)[金鍾秀]이 처음 임명되었을 때와 보는 눈이 전혀 다르니, 속습에 젖은 자들에게 비웃음을 당하지 않을 수 있겠는가? 이 문제에 대해서는 어째서 전혀 알려주지 않았는가?

정 대간(鄭臺諫)[鄭最成]의 상소는 일찌감치 엄하게 배척하여 소란을 막는 것이 어떠한지 모르겠다. 이만 줄인다.

우의정이 열어볼 것
무오년 10월 7일 강려

分張居然月爲三, 而旬匝五, 依依者, 徒勞我思. 日來江居, 凡百神相增重. 此中酬接之煩, 片隙難偷, 聽鷄而眠, 過午始飯, 疲鈍之精力, 日益銷耗而已. 三疏定在何間, 間亦脫藁耶. 前便悤悤, 未及提申, 而近來陞試事, 想必詳聞. 蔽一言曰泮長輕率所致, 而跳踉之諸儒, 不亦悖甚耶. 無論如此如彼, 莫若不爲推上之爲竗. 六七抄之冒嫌仍設, 盖由力動入送. 大抵自有泮閙, 分裂倍甚, 倘非老成之隨處坐鎭, 則雖有息紛制嚚之人, 徒近於揚湯而止沸, 未知何以爲計. 近日有何委訪者, 而時耗亦或入耳耶. 初筵語默固難得箇好滓料, 且聞相府故事, 亦無出肅日出擧條之異例. 然則無一言反復新新耶. 比之夢相初拜時, 眼目亦已判異, 則能不見笑於流俗. 此一款, 何無槩示耶. 鄭臺之疏, 早卽嚴斥, 以塞嘵嘵, 亦未知如何. 姑此.

端揆開坼
戊午十月初七日 江廬

보내준 편지의 내용은 잘 알겠다. 부본(副本)은 대략 윤색하였는데, 그중에 의리를 서술한 부분은 조금 은미한 뜻을 남겨둔 다음에야 반하(頒下)할 수 있을 것이다. 경이 기왕 말하고자 하므로 산삭하거나 고친 부분이 있다. 책면(策免)[189] 해달라는 청은 아직 숙배하러 나오지도 않은 대신이 할 일이 아닌 듯하니, 생략해도 무방할 것이다. 이만 줄인다.

성균관 대사성의 일을 근래 표방(標榜)한 일 가운데 물결을 보태어 파란을 일으킨 일의 하나라고 한다면 어찌 말이 되겠는가? 힘써 완론(緩論)을 주장하여 소문이 나도록 하는 것이 어떠한가? 어찌 한갓 사람들에게 그렇다는 것을 알리는 데 그치겠는가? 자신의 마음 속에서 이렇게 생각한다면 마음의 덕이 되지 않겠는가?

노호에 회답하여 전할 것
무오년 10월 9일 강려

189 책면(策免) : 명령을 받고 관직에서 해임되는 것.

示幅領悉. 副本略加東里, 而其中義理鋪叙處, 稍存微婉之意, 然後可以頒下. 卿旣欲言, 故亦有所刪改處耳. 策免之請, 恐非未出肅大官之事, 略之果不妨耳. 姑此.
泮長事, 爲近日標榜中一端添波益浪云, 是豈成說. 務主緩論, 期於出所聞, 如何如何.
何但使人知其然. 自吾心中如是念得, 豈不爲心德耶.

鷺湖回傳
戊午十月初九日 江廬

첫 번째 상주에 대해서는 원폭(原幅)[190]에 대략 말하였으나 잘 하기 어려울까 걱정이다.

1. 권유(權裕)가 상의원 제조가 된 뒤에 벌인 해괴한 거조에 대해 서료(徐僚)[徐龍輔]가 답답해 하며 그를 보내려 한다. 나의 이 말이 매우 우활하기는 하나, 수립하는 바가 과연 어떠하겠는가? 경은 함께 공을 세운 사람으로서 첫 연석에서 그를 발탁하는 것은 그만둘 수 없는 일인데, 지금 시사가 어떠한지 모르겠다.

1. 임위(任瑋)에게 2품을 증직하는 일은 다시 의논할 여지가 없다. 이렇게 한 뒤에야 의리가 견고해질 것이다. 어찌 소북(小北)이라고 소홀히 여기겠는가? 그의 가세와 처지도 매우 좋다.

1. 향약을 반포하였으나 경외(京外)에 시행되지 않고 있다. 우선 성균관에서 어제(御製)를 읽은 뒤 이어서 향약을 읽고, 향음주례(鄕飮酒禮)를 행하여 팔도의 앞장을 서도록 하라.

1. 감시(監試)에서 다시 『소학(小學)』을 강하는 일에 대해 혹시 말할 것이

190 원폭(原幅) : 편지에 못다한 내용을 별도의 용지에 적어 동봉한 경우, 별도의 용지를 별지(別紙) 또는 별폭(別幅)이라 하고, 원래의 편지를 원폭이라 한다.

있는가?

이밖에 진부한 이야기 중에 풍교(風敎)에 관계되는 것으로 생각나는 것이 있는가?

별지(別紙)

第一奏, 原幅略言之, 恐難諧矣.
一. 權裕之爲尙方後駭擧, 徐僚悶之, 欲爲奉送, 吾之此言, 雖甚迂闊, 其樹立則果何如也. 以卿同功一體之人, 初筵陞擢, 在所不已, 今之時様, 未知如何.
一. 任瑋贈二品職, 無容更議, 如是然後義理堅固, 豈可以小北忽之. 其家勢坐地, 亦好亦好耳.
一. 鄕約頒降, 而京外不行, 先自泮水之堂讀御製, 仍又讀約, 行鄕飮禮, 爲八道倡事.
一. 監試復小學講, 抑或可言之端耶.
外此陳談之中, 有關風敎者, 或有思得者耶.

別紙
戊午十月初九夜

正祖御札帖

四帖

무오년1798 10월 11일 저녁에 받은 편지

401

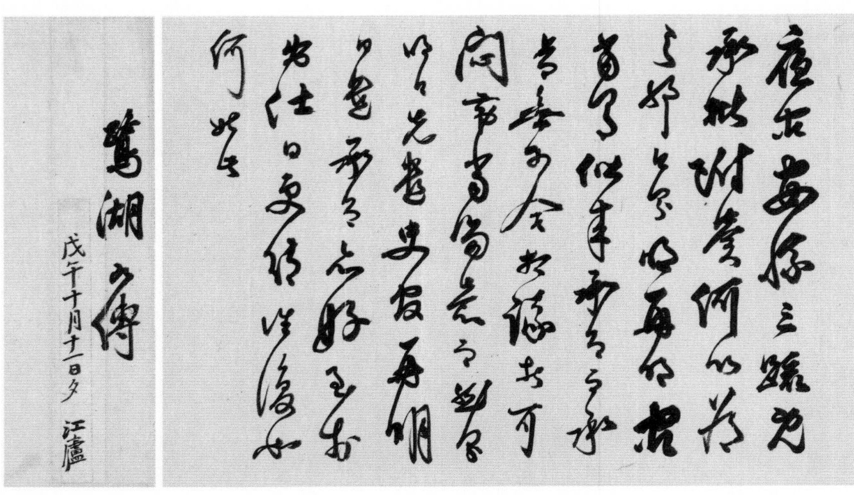
鷺湖 卽傳
戊午十月十一日夕 江廬

간밤에 잘 있었는가? 세 번째 상소는 이미 비답을 받았을 것이니 부주(附奏)는 어떻게 하려는가? 이제 내일이나 모레에는 해래승지(偕來承旨)를 보낼 것인데, 상의할 만한 승지가 없어 걱정이다. 유념해야 할 것이다. 그렇다면 내일 사관(史官)을 먼저 보내고, 모레 승지를 보내는 것도 좋겠다. 출사하는 날에 대해서는 다시 편지를 주고받은 뒤 결정하는 것이 어떻겠는가? 이만 줄인다.

노호에 즉시 전할 것

무오년 10월 11일 저녁 강려

夜間安勝. 三疏旣承批, 附奏何以爲之耶. 今則明再明間, 當有偕來承旨, 而承旨無可合相議者, 可悶. 第當留意, 而然則明日先遣史官, 再明日遣承旨亦好. 至於出仕日, 更待往復如何. 姑此.

鷺湖卽傳
戊午十月十一日夕 江廬

무오년1798 10월 11일 새벽에 받은 편지

402

보내준 편지의 내용은 잘 알겠다. 돈유(敦諭)한 뒤에 부주(附奏)를 지을 때에는 사양하는 것이 가장 중요하고 병을 핑계대는 것이 그 다음이다. 그리고 세 번째 상소에서 논할 내용은 찾아볼 수가 없는데, 두렵고 근심스럽다는 뜻만 대략 아뢰는 것이 좋겠다. 나와서 숙배하는 때는 15일과 20일 사이가 적당할 것이다. 첫 연석(筵席)에서 아뢸 말은 반드시 미리 구상해두어 그때 가서 군색해지는 일이 없도록 하는 것이 어떠한가? 촛불 아래에서 이 편지를 쓴다.

내일 아침에 사관을 보내 돈유할 것이니 부계(附啓)[191]를 먼저 유의하라. 그리고 모레 다시 돈유할 것인데 우선은 줄곧 사양하도록 하라. 듣자하니 이유성(李維城)의 아우[李紀城]가 성균관 대사성[李始源]을 직접 거론하면서 통문(通文)을 내었다 하는데, 전하는 말이 정말인가?[192] 과연 그렇다면 말이 되겠는가?

노호에 회답함
무오년 10월 11일 새벽 강려

• • •

191 부계(附啓) : 부주와 같음.

192 이유성(李惟城)의 아우……정말인가 : 이기성은 형 이유성을 신구(伸救)한다며 대사성 이시원을 비난하는 글을 성균관 유생들에게 돌려 보였다.(『승정원일기』 1798년 10월 16일)

來幅諦悉. 敦論後附奏措語, 辭巽爲第一義, 引疾爲第二義, 而三疏中所論不能見概, 略陳惶愧憂慨之意爲可. 出肅則念前望後爲適中耳. 初筵奏語, 必須預爲締搆, 俾免臨時窘束, 如何如何. 燭下書此.
來朝當遣史官敦論, 附啓先爲留意, 再明又當敦論, 姑以一直辭巽爲計也. 聞李維城之弟, 直擧泮長發通, 傳說信否. 果然則豈成說耶.

鷺湖回敬
戊午十月十一曉 江廬

무오년1798 10월 14일 동튼 뒤에 받은 편지

403

답장을 받으니 기쁘고 마음이 놓인다. 간밤에 잘 있었는가? 조정에 나올 날이 점점 가까워지는데 연독(筵牘)이 아직 정돈되지 않았으니 매우 답답하다.

고(故) 승지(承旨) 임위(任瑋)의 전말은 다른 종이에 적어두었으니, 참으로 이른바 '조용히 의리에 나아가는 것이 강개하여 죽는 것보다 낫다'[193]는 것이라 하겠다. 지금처럼 의리가 밝지 않은 때 첫 연석에서의 한 마디 말은 대려(大呂)나 황종(黃鐘)[194]처럼 무거우니, 이대로 유의하는 것이 어떠한가?

유생들의 통문(通文)이 번갈아 나오니, 이른바 '같은 소리끼리는 서로 호응한다'[195]는 것이라 하겠다. 한쪽 편에서만 나오는 것은 아니다. 그러나 적지 않은 의심을 받게 될 터이니, 도리어 우스운 일이다. 등불 아래에서 대충 쓴다.

노호에 회답함

무오년 10월 14일 동튼 뒤 강려

193 조용히 의리에……죽는 것보다 낫다 : 『중용연의(中庸衍義)』 등에 보인다.

194 대려(大呂)나 황종(黃鐘) : 모두 주(周)나라 종묘에 사용하던 악기로 큰 종이다. 십이율(十二律)에서 황종(黃鐘)은 양(陽)의 음률인 육률(六律)의 첫째이고, 대려(大呂)는 음(陰)의 육려(六呂)의 첫째인데, 말이나 글이 장엄하고 정대함을 뜻한다.

195 같은……호응한다 : 『주역(周易)』 「건괘(乾卦)」 문언전(文言傳)에, "같은 소리끼리는 서로 호응하고 같은 기운끼리는 서로 찾는다.[同聲相應, 同氣相求]" 한 데서 온 말이다.

來復忻釋. 夜候更勝. 篴朝之期漸近, 筵牘尙未整頓, 甚爲泄菀. 故承宣任瑋本末, 錄在他紙, 眞所謂從容就義勝於慷慨殺身. 及今義理不明之時, 初筵一言, 其重可當大呂黃鐘, 依此留意如何. 儒通迭發, 可謂同聲相應. 非專出於一邊, 而受疑則必不些, 還可一笑. 燭下潦草.

鷺湖回敬
戊午十月十四日開東後 江廬

"고(故) 승지 임위(任瑋)는 지난날 동궁의 관원으로서 [사도세자가] 온천에 행차할 때 예가(睿駕)[196]를 모시고 가는 승지가 되어 남다른 은총을 받았으니, 이에 대해서는 신이 이루 다 아뢸 수 없습니다. 그리고 2년 뒤에 홍주 목사로 부임하였는데, 5월 24일부터 음식을 먹지 않고 통곡하다가 열흘도 안 되어 죽고 말았습니다. 그 훌륭한 충성과 절개는 어두운 하늘의 별과 같다고 하겠습니다. 천 년이 지나도록 뜻있는 선비들로 하여금 눈물을 흘리게 할 것이니, 융숭하게 보답하는 도리에 따라 증직(贈職)하는 은전(恩典)을 베풀어야 합니다."[197]라는 등의 말을 부연하여 글을 짓는 것이 좋겠다.

별지

故承旨任瑋, 以昔年宮官當溫幸時, 爲隨駕承旨, 偏承異渥, 臣不敢畢陳. 而及其再明年, 出宰洪州, 自五月二十四日不食痛哭, 仍爲滅性於旬日之內, 其孤忠特節, 可謂昏衢之一星. 千載之下, 志士灑泣, 其在崇報之道, 宜施褒贈之典等語, 敷衍措辭爲可.

別紙
戊午十月十四日

196 예가(睿駕) : 왕자가 타는 수레.

197 고(故) 승지 임위(任瑋)는……베풀어야 합니다 : 이 내용은 『정조실록』 1798년 11월 1일에 보인다.

서계(書啓)의 비답은 아침에 써서 내릴 것이다. 부계(附啓)에는, 그 일[198]에 대해 윤허를 받지 못하였다는 점과 병이 아직 낫지 않았다는 점을 쓰는 것이 좋겠다. 어제의 부주(附奏)는 지나치게 장황하였으니, 오늘은 간략하게 말하는 것이 어떠한가?

별지

書啓批答, 朝當書下. 附啓則以厥事之未獲允可與愼節未差措語爲可耳. 昨日附奏大張皇, 今日則略略說去, 如何如何.

別紙
戊午十月十四日

198 그 일 : 우의정에 임명한다는 명을 거두어달라고 청한 일을 말한다.

일간에 잘 있었는가? 나는 요사이 성균관의 일을 수응(酬應)할 거리로 삼고 있다. 지금 선비들이 옛날 선비만 못하기는 하지만, 선비라는 자들이 반드시 따지고 다투려 하다가 점점 위로 올라온 것은 대사성[李始源]이 고심하며 화해시키려고만 힘써 일마다 이렇게 했기 때문에 생긴 결과이다. 그런데도 그가 불만스러워하니, 도리어 우스운 일이다. 명색이 사석(師席)[대사성]이고 보면, 유생들이 그에게 나쁜 말을 함부로 하는 것은 엄히 처벌하지 않을 수 없다. 그러나 그 본래 목적을 물으면 주자(朱子)를 높이는 것이라 하니, 구호는 크다고 하겠다. 그 사람과 그 뜻이 어떠한지를 막론하고, 쥐를 잡으려다 그릇을 깨뜨린다는 혐의를 고려하지 않을 수 없다. 그래서 엊그제의 처분이 적당히 얼버무린 미봉책에 가까웠던 것인데, 여론이 어떠한지 모르겠다. 또 나쁜 버릇은 억눌러야 하니, 육초(六抄)[199]를 치르고 방(榜)을 낸 것도 스승과 학생의 분수를 조절하려는 것이었다. 나의 요량이 과연 어떠한가?

더구나 대사성의 사직소 내용은 선비를 대우하는 의리를 전혀 모르는 것이다.[200] 과연 지금 또 권당(捲堂)하였다 하니, 아직도 유생의 사기(士氣)가 남아 있는 것이다. 듣자니 김종화(金鍾和)가 논의를 주도하였다는데 김종화 뿐만 아니라 김팔천(金八千)조차도 이런 일을 하였으니 체모를 얻었다고 하겠다. 경은 계속해서 완론(緩論)을 주장하며, 절대로 편들거나 억누르는 기미를

• • •

199 육초(六抄) : 승보시(陞補試)는 일초(一抄)부터 십이초(十二抄)까지 열두 번으로 나누어 치르는데, 그중 여섯 번째를 말한다.

200 더구나……것이다 : 이시원의 사직소는 『승정원일기』 1798년 10월 14일에 보인다.

보이지 않는 것이 어떠한가?

첫 연석의 연본(筵本) 초고는 보고 돌려준다. 좌의정[李秉模]은 동료 정승이자 우위에 있는 사람이다. 그가 이미 지어 보냈은즉 서로 공경하는 조정의 체모로 보아 그의 초본을 쓰지 않을 수 없다. 그 아래의 몇 조목에서 각 거조에 유의하라는 것은 한(韓)[韓鑰]과 임(任)[任瑋]을 가리키는 것이다. 이만 줄인다.

내일이나 모레 사이에 다시 사람을 보내 돈유(敦諭)할 것이니, 일단은 "아직 병이 낫지 않았습니다."라고 대답하는 것이 어떠한가?

노호에 회답하여 드릴 것
무오년 10월 16일 저녁 강려

日間增衛. 此中近以泮中事爲酬應之端. 今儒固不若古儒, 以儒爲名者, 必欲較爭, 轉轉至於推上, 爲泮長之苦心, 務從調解, 事事如是之致. 彼不滿望, 還覺一呵. 名之曰師席, 則無難加之以惡口氣, 不可不嚴處, 而問其本事, 則尊朱子也, 可謂其號則大矣. 無論其人其意之如何, 亦不可不顧忌器之嫌, 所以昨日處分之近於和泥, 未知物情如何. 且悖習宜抑因其六抄之劃出榜者, 亦存弦韋於師生之分也. 吾之權衡, 果如何. 況泮長辭疏, 太不識待士之義, 果然今又捲堂云, 士氣猶有餘者. 聞是金鍾和倡論云, 鍾和不喻, 雖金八千能爲此, 可謂得體得體. 然卿則一味主緩論, 切勿示扶抑之幾微色, 如何如何. 初筵筵本草覽還, 而左相卽僚相也右位也, 彼旣搆送, 其在相敬之朝體, 不可不用其本. 其下數條, 當以各擧條留意, 蓋指韓任也. 餘留姑此.
明再明間, 當更遣敦諭, 姑以姑未少間爲對, 如何如何.

鷺湖回呈
戊午十月十六夕 江廬

무오년1798 10월 17일에 받은 편지

407

간밤에 잘 있었는가? 이제 곧 돈유(敦諭)할 것인데, 이번에는 며칠 내로 다시 상소하지 않으면 안 된다.[201] 그런 다음에야 남들과 달라질 수 있다. 이 말을 전하려고 사관이 떠나기 전에 심부름꾼을 보낸다. 부계(附啓)는 이대로 하는 것이 어떠한가?

노호의 집사(執事)에게
무오년(1798) 10월 17일 강려

夜間安勝耶. 敦諭今當爲之, 而今則不可不更陳一疏於數日內, 然後可以異於人. 爲申此由, 走伻於史官出去之前耳. 附啓依此爲之如何.

鷺湖執事
戊午十月十七日 江廬

201 이번에는……안 된다 : 심환지는 17일 돈유를 받고 19일 상소를 올렸다.

무오년1798 10월 19일 아침에 받은 편지

때 아닌 비가 내리다가 다행히 곧바로 그치더니, 바람이 불고 날씨가 추워져 비로소 겨울이 된 것 같아 이제야 살 것 같다. 간밤에 잘 있었는가?

상소의 초본은 언제쯤 올릴 생각인가? 보내준 연본(筵本)의 초고는 보고 돌려주지만 굳이 첫 연석에서 함께 할 필요는 없다. 게다가 전례로 말하자면, 대간이 품은 생각을 말하는 규례의 경우처럼 첫 연석에서 거조(擧條)를 내는 것은 과연 중서(中書)[議政府]의 본색이 아니다.[202] 하지만 근래의 규례가 모두 그러하니 혼자서 안 할 수도 없는 노릇이다.

대사성[李始源]은 쫓겨날 것을 살려준 은혜도 모르고 계속 불만스러워하니 우스운 일이다. 지촌(芝村)[李喜朝] 집안의 후손인데 안타깝다.[203] 이만 줄인다.

노호에 회답함

무오년 10월 19일 아침 강려

202 게다가……아니다 : 정조는 심환지를 우의정으로 임명한 뒤의 첫 연석에서, "원래 대신이 임명된 뒤 첫 연석에서 대신(臺臣)의 거조와 같은 모양으로 허다하게 아뢰는 것은 중서(中書)의 고사가 아니라 요즘의 잘못된 규례에 불과하다."라고 하였다.(『승정원일기』 1798년 10월 28일)

203 지촌(芝村)[李喜朝]……안타깝다 : 이시원이 이희조의 증손이므로 이렇게 말한 것이다.

非時之雨, 旋幸晴霽, 風寒始行冬令, 令人欲蘇. 夜間增重. 疏本計於何日封呈. 來草筵本覽還, 不必並於初筵爲之. 且以故例言之, 則如臺柬所懷例, 初筵出擧條, 果非中書本色, 近規皆然, 則亦不可獨不爲之耳. 泮長不知恩造, 一味不滿意望, 足堪一呵. 大抵芝村家豚犬, 爲之矜悶. 姑此.

鷺湖回敬
戊午十月十九朝 江廬

일간에 잘 있었는가? 이제는 조정에 나오는 날이 하루 지체되면 보고 듣는 사람들의 의혹을 일으킬 것이다. 가장 좋은 방법은 먼저 해래승지(偕來承旨)를 보내어, 나의 면유(面諭)를 들으라는 등의 말로 간절히 돈유하고[204], 점차 단계를 밟은 다음 명을 거두겠다고 말하는 것이다. 이렇게 하면 면목이 설 듯하다. 게다가 사리로 말하자면, 오늘 백 번 명을 거두더라도 내년에 한 번 다시 임명하면 별달리 식언(食言)한다는 혐의가 없을 것이니, 이렇게 할 생각이다.

전 대사성[李始源]에 대한 소문은 요사이 과연 어떠한가? 경은 그저 좋게 화해시키려고만 하는 것이 좋겠다. 지촌(芝村)[李喜朝]은 선비들 편이었는데 그는 반대편이 되려고 한다. 대개 지촌도 말이 가벼웠다. 그의 문집 중 잡록(雜錄)이 나(羅)[羅良佐]가 지은 잡록과 함께 세상에 돌아다니고 있으니, 그 내용이 상반되는지를 막론하고 이 사실 자체만으로도 나는 늘 온당치 못하다고 여겼다. 이제는 그의 후손이 또 상반되는 일로 온 세상 사람들의 손가락질을 받게 되었으니 우스운 일이다. 아침에 그 사람을 보니, 심능수(沈能秀)[205]가 완론(緩論)을 편들지 않는다는 이유로 자못 무어라 말하였다. 수(秀)[심능수]는 여주 이씨의 생질이니, 매우 난처할 것이다. 어찌하여 완론을 따르라고 권하지 않는가?

• • •

204 나의 면유(面諭)를……돈유하고 : 정조는 심환지에게 사관을 보내어 즉시 조정에 나와 면유를 들으라는 말을 전하도록 하였다.(『승정원일기』 1798년 10월 17일)

205 심능수(沈能秀) : 1763-? 심환지의 아우 찬지(燦之)의 아들이다. 외조부는 이협(李浹)이다. 서일보(徐日輔)의 딸과 혼인하였다.

서산 군수[金義淳]는 언제쯤 올라오는가? 가속들이 먼저 돌아왔다고 들은 듯한데 정말인가? 어용구(魚用九)가 이번 난장판에 뛰어들었다 하니, 참으로 '붕희(棚戲)의 언청이 샌님' 과 같다고 하겠다. 변방 수령이 돈을 요구한다는 말이 또 탄로났으니, 참으로 답답한 노릇이다. 이만 줄인다.

노호에 전하여 들일 것
무오년(1798) 10월 21일 아침 강려

日候增安. 今則簹朝之一日遲滯, 瞻聆致惑, 莫若先遣偕來之行, 以聽我面諭等語敦迫, 又其後轉作層節, 當以反汗之意爲說, 面目似完好. 且以事理言之, 今日雖百番反汗, 來年之一番復爲, 別無食言之嫌, 以此爲計耳. 前泮長所聞近果如何. 卿則一味好好調劑爲可. 芝村爲儒邊, 渠欲爲越邊, 大抵芝村, 亦言輕, 其文集中雜錄與羅之雜錄並行, 卽此無論言論之相反, 每以爲未妥. 今其孫又以相反之事, 爲擧世所指點, 還覽一呵. 朝見其人, 以沈能秀之不爲緩論, 頗有云云. 秀是驪李之甥, 逼仄甚矣, 何乃不勸從緩耶. 瑞倅何當上來. 似聞家眷先還云, 信否. 魚用九投入今番鬧場云, 眞所謂棚戲之缺唇生員, 而邊倅索錢之說又露綻, 誠亦悶事耳. 姑此.

鷺湖傳納
戊午十月二十一朝 江廬

무오년1798 10월 22일에 받은 편지

410

간밤에 잘 있었는가? 달력을 살펴보니 28, 29일이 길한데, 그 전까지 무어라 말하며 넘기겠는가? 매우 답답하다. 내일과 모레 사이에 연달아 돈유(敦諭)하고, 사흘 뒤【25일】에는 곧장 명을 도로 거둔다는 뜻으로 하교하고, 나흘【26일】이나 닷새【27일】쯤 성 밖으로 나온다면, 이는 점차적으로 안배하는 것이라 도리어 처신에 근거가 있게 될 것이다.

대개 임명된 이후의 거조(擧條)가 남다르므로 사람들이 떠드는 것도 남다르니 역시 껄껄 웃을 일이다. 길일이 이러하니 너무 지체되는 것 같기는 하지만 형세상 이대로 해야 할 것이다. 이만 줄인다.

서료(徐僚)[徐龍輔]와는 편지를 주고받지 않을 수 없으니, 거취에 대해 들려주는 것이 좋겠다. 간혹 서료[서용보]를 통해 편지를 보낼 터이니, 그런 줄 알고 이대로 응접하는 것이 어떠한가?

노호에 전하여 들일 것
무오년 10월 22일 강려

夜間安勝耶. 按曆卄八九日爲吉, 其前將何以爲說而度過, 還甚泄菀. 明再明間, 連爲敦諭, 三明間【卄五日】直以反汗之意爲教, 四【卄六日】五【卄七日】明間, 進身城外, 則次次分排, 抑有可據. 大抵除拜後擧條, 異於他人, 人之嘵嘵, 隨以自別, 亦可呵也. 吉日旣如此, 則雖似太遲, 勢將如是耳. 姑此.
徐僚不可不往復, 使之與聞於去就爲可. 時或從徐僚錄送, 此意知之, 依此應接如何.

鷺湖傳納
戊午十月念二日 江廬

무오년1798 10월 27일 아침에 받은 편지

411

추위는 심하지만 때마침 눈이 내렸는데, 이러한 때 잘 지내고 있는가? 내일 돈유(敦論)할 것이니, 모레 아침에 성 밖에 당도하였다가 그날이나 그 다음날 출사하는 것이 좋겠다. 서료(徐僚)[徐龍輔]에게도 편지를 보내 이 사실을 알려줄 것이다. 서[서용보]는 연석에서 아뢸 때 민사(民事)에 관한 몇 조목을 덧붙여야 한다는데, 그의 말이 어떠한가? 이만 줄인다.

노저(鷺渚)에 즉시 드릴 것
무오년 10월 27일 아침 강려

時寒若而瑞雪知時, 此時凡百萬勝. 明當敦諭, 再明早到城外, 伊日與翌日, 出仕爲可. 徐僚亦當有錄報耳. 徐議則筵奏當添民事數條爲言, 其說如何. 姑此都留.

鷺渚卽呈
戊午十月念七朝 江廬

무오년1798 10월 27일 저녁에 받은 편지

412

편지를 받고 위안이 되었다. 내일 나오게 되었으니, 조야(朝野)를 위하여 기뻐하고 경하한다. 다른 일은 제쳐놓고, 사관이 돌아올 때 따라 들어오지 않는다면 승지를 보낼 것이다.[206] 승지를 기다렸다가 출발하여 강을 건너는 것이 어떠한가?

증직(贈職)과 탁용(擢用)에 관한 두 가지 일[207]은 어찌 숨길 필요가 있겠는가? 반드시 인정 있는 미담으로 여길 터이니, 오늘 저녁과 내일 아침 사이에 양쪽에 편지를 보내 의논하는 것이 어떠한가? 이만 줄인다.

노호(鷺湖)에 회답하여 드릴 것
무오년 10월 27일 저녁 강려

承慰. 明將進身, 爲朝野欣賀. 多少都留, 而史官之回, 如不隨入, 當遣承宣, 待承宣, 始爲出脚渡津, 如何如何. 贈擢兩件, 何必秘之耶. 必以爲情談, 今夕明朝間, 書議兩處, 如何如何. 姑此.

鷺湖回呈
戊午十月念七日夕 江廬

206 사관이……보낼 것이다 : 정조는 행 도승지 한만유(韓晩裕)를 보내어 심환지와 함께 들어오도록 하였다.(『승정원일기』 1798년 10월 27일)

207 증직(贈職)과 탁용(擢用)에 관한 두 가지 일 : 심환지는 11월 1일 연석에서 고 승지 임위(任瑋)와 유생 한유(韓鍮)의 증직 및 자손의 녹용(錄用)을 청하였다.(『승정원일기』 1798년 11월 1일)

무오년1798 10월 29일 저녁에 받은 편지

간밤에는 잘 잤는가? 연석(筵席)에서 아뢰는 일은 미루었다가 다음의 연석을 기다리는 것도 한 가지 방법이다. 서료(徐僚)[徐龍輔]는 민사(民事)에 관한 조목을 덧붙이지 않을 수 없다고 했는데, 처음에는 나도 굳이 그럴 필요가 없다고 사실이라고는 생각하였다. 하지만 다시 그런 말이 나오지 않는다는 보장이 어디 있겠는가? 특히 칙미(勅米)[208]를 대는 일은 경기의 백성들이 지탱하기 힘든 폐단이니, 이 문제를 융통해 잘 조처한다면 크나큰 은혜가 될 것이다. 이 일에 대한 초본 한 통을 지어 보낼 것이다. 다음의 연석에서 아뢰고자 하였던 여러 조목의 초본을 이 인편에 들여보내는 것이 어떠한가? 세초(洗草)하여 보내주겠다. 어제 연석에서 물러간 뒤 축하객이 몇이나 되던가? 이만 줄인다.

우의정이 열어볼 것

宿來何候. 筵奏之退待後筵, 抑亦一道, 蓋徐僚於民事, 不可不添入云, 而初則吾亦以爲不必然, 安知【更】無如許之說耶. 第有勅米一事爲圻民難支之端, 此若濶狹, 將爲大惠. 當搆送一草, 後筵欲爲筵奏之諸條初本, 此便入送如何. 當淘洗送之耳. 昨日筵退以後, 賀客幾許耶. 姑此.

端揆開坼
戊午十月念九夕

208 칙미(勅米) : 칙사(勅使)를 대접하는 데 쓰이는 비용을 마련하기 위해 거두는 쌀.

무오년1798 11월 4일에 받은 편지

414

일간 잘 지냈는가? 빈연(賓筵)에 참석한 사람들은 모두들 어제 할 줄 알았는데 하지 않을 줄은 생각지도 못했을 것이니, 이런 것들은 변화불측(變化不測)한 한 가지 일이라 할 만하다. 껄껄.

신임 서산 군수[金履永]는 전임 서산 군수[金羲淳]의 전례에 따라 대하고, 그로 하여금 전임 서산 군수가 하던 일을 본받아 하라는 뜻을 만난 자리에서 각별히 부탁하는 것이 어떠한가? 방금 [김이영이] 경을 만나러 가려고 출발하였는데, 연석이 매우 번잡하여 이 뜻을 자세히 말하지 못했다. 그에게 알려주는 것이 좋겠다. 이만 줄인다.

청합(淸閤)이 열어볼 것

日間安重耶. 賓筵之人, 皆謂爲於昨日而不爲之非所料. 此等處, 可謂變化不測之一端, 呵呵. 新瑞倅, 一依舊瑞倅例待之, 使渠亦法舊倅所爲之事爲之之意, 各別面托如何. 今方往謁卿所發程, 但筵中甚煩, 無以詳言此意, 使渠知之爲可. 姑此.

淸閤開坼
戊午十一月初四日

낮사이 잘 있었는가? 새로 나온 달력을 보낸다. 동짓날은 재계하는 날이니, 아침에 편지로 이야기한 대로 그 다음 길일에 들어와 청대(請對)하는 것이 좋겠다.[209] 이만 줄인다.

황장력(黃粧曆) 1건
백력(白曆) 2건
중력(中曆) 2건
단력(單曆) 2건
상력(常曆) 3건

우의정이 열어볼 것

午間何候. 新黃付呈耳. 冬至日卽坐齋之時, 依朝者所示, 其後吉日入來請對爲好. 餘留.
黃粧曆一件, 白曆二件, 中曆二件, 單曆二件, 常曆三件

端揆開坼
戊午十一月十一夜初鼓

209 그 다음……좋겠다 : 『승정원일기』 1798년 11월 17일에, 영부사 홍낙성(洪樂性), 판부사 채제공, 좌의정 이병모, 우의정 심환지가 예조 당상들을 거느리고 청대하였다는 기록이 보인다.

무오년1798 11월 11일 밤 삼경에 받은 편지

416

이른바 '더러운 일'은 소가 헐떡거리는 이유를 물었다는 의리[210]에 비추어 보면, [그 일을 금지할 경우] 지금과 같은 흉년의 한겨울에 백성들을 추위에 떨게 만들 터이니, 이것을 가지고 문제를 삼아서는 절대로 안 된다. 한성부(漢城府)의 아전을 수감하고, "법을 집행하는 관원이 금지하고자 한다면 어느 때인들 못하겠는가마는 이 같은 흉년과 이 같은 겨울철에 공연히 백성들을 소란케 하는가?"라고 말한다면, 그 말이 매우 옳을 것이다. 날이 밝기를 기다렸다가 반드시 이대로 하는 것이 어떠한가? 그 본래의 일을 조사하였더니, 병조 판서[李時秀]가 일전에 판윤[具廙]에게 편지를 보냈는데, 판윤이 지레 그 말을 믿고서 오부(五部)에 분부하여 그 문제를 기록한 책을 만들어 바치게 하였다고 한다. 그러니 어찌 아전을 수감하지 않을 수 있겠는가?

전라도에서 도적이 발생한 일에 대해서는 이후의 빈대(賓對)나 주좌(籌坐)에서 포도대장(捕盜大將)을 면칙(面飭)하라. 그리고 내일이라도 구관 당상(句管堂上)[211]으로 하여금 감사(監司)와 병사(兵使)에게 편지를 보내어 직분을 다하지 못하였다고 꾸짖고, 이후로도 소홀히 한다면 연석에서 아뢰어 감죄(勘

• • •

210 소가……의리 : 한 무제(漢武帝) 때 재상 병길(丙吉)의 고사. 병길이 정승으로 있을 때 길을 가는데 서로 싸우다가 죽은 백성의 시체가 있어도 까닭을 묻지 않더니, 소가 헐떡거리며 지나가는 것을 보자, "소가 몇 리나 걸었느냐?"고 물었다. 동행하던 관리가 이상하게 여겨 묻자, 병길은 "싸우다 죽은 시체는 장안령(長安令)이나 경조윤(京兆尹)의 소관이다. 아직 때가 더울 때도 아닌데 소가 숨을 헐떡거리니 이는 기후가 조화를 잃은 것이다. 재상은 음양을 조화해야 하는 직임인데 어찌 걱정하지 않겠느냐?" 했다. 여기서는 심환지가 정승이므로 큰 일을 해야지 '더러운 일'과 같은 작은 문제에 매달려서는 안 되는 입장에 있다는 뜻으로 말했다. 문맥으로 보아 더러운 일이란 백성들이 법을 어기고 부정한 짓을 하는 것을 말하는 듯하다.

211 구관 당상(句管堂上) : 비변사에 소속되어 각 도를 담당하는 당상관.

罪)[212]하겠다고 말하도록 하는 것이 어떠한가?

태안군(泰安郡)의 세금 납부에 관한 폐단은 호조의 아전을 불러다 물은 뒤 다시 희(羲)[金羲淳]를 시켜 자세히 조사하게 하라. 만약 그래도 그만둘 줄 모르면 반드시 연석에서 아뢰어 추고(推考)하도록 청하는 것이 어떠한가?

청합(淸閤)에게 회답함

所謂汚穢之物事, 其在問牛喘之義, 使小民呵凍晞寒於如今荒歲窮冬, 萬萬不可執此爲說. 囚京兆吏曰, 執法之官, 苟欲禁之, 何時不可. 如此荒歲,【如今】冬節, 公然擾民乎云爾, 則其說甚正, 必須待曉, 依此爲之, 如何如何. 査其本事, 兵判日前往復判尹, 判尹徑信其說, 分付五部, 至於捧成册云, 則囚吏焉可已乎. 湖南竊發事, 此後賓對, 或籌坐,【面飭捕將, 雖明日】使句管堂上書責監兵使以不能擧職, 若後汎忽, 以筵稟勘罪爲言, 如何如何. 泰安稅納之弊, 招問曹吏後, 更令羲也詳探, 如無知戢之事, 必也筵奏請推, 如何如何.

淸閤回敬
戊午十一月十一夜三鼓

212 감죄(勘罪) : 죄상을 심의하여 법에 따라 조처함.

무오년1798 11월 18일 밤에 받은 편지

417

요사이 오랫동안 소식이 없었는데, 어찌하여 정승에 임명하기 전보다도 더 소원한가? 이곳의 하예(下隷)는 사람들의 이목을 번거롭게 할 것 같아 낮에는 과연 보내기 어렵다. 이후로는 이러한 사정을 알고 그대의 겸인(傔人)을 자주 보내도록 하라. 그런데 겸인 중에 잡류(雜流)가 많다 하니, 그런 자들을 가려낼 방도를 생각하고 더욱 일을 꼼꼼하게 하도록 노력하는 것이 어떠한가?

오늘은 추위가 조금 풀렸는데 몸은 편안한가? 모레쯤 차대(次對)할 것이다. 아침에 서료(徐僚)[徐龍輔]를 통해 언급한 것이 있었고, 경의 답서도 이미 보았다. 사진(私賑)[213]에 관한 일은 서료[서용보]가 맡아서 처리하는 일이니, 조만간 그의 말을 따라도 무방할 것이다. 표재(俵災)[214]에 관한 일은 이전부터 충청도 관찰사가 제대로 하지 못하였으니, 이제 말이 나온 김에 현재 전라도 관찰사와 함께 문비(問備)하기를 청한다면 마땅한 조치라고 할 수 있겠다.

통매(通賣)[215]에 관한 일은 백성들이 기대하고 있는 이때 말하지 않는 것도 어렵지만, 말하고서도 시행하지 않는다면 차라리 말하지 않는 편이 낫다. 다시 알려줄 것이니, 이후의 연석에서는 일단 말을 꺼내지 않는 것이 어떠한가?

• • •

213 사진(私賑) : 흉년에 수령이 자기의 곡식을 내어서 굶주리는 백성들을 진휼하는 일.

214 표재(俵災) : 흉년에 조세를 감면해주는 일.

215 통매(通賣) : 통공발매(通共發賣). 육의전(六矣廛)을 제외한 일반시전이 소유하고 있던 금난전권(禁亂廛權 : 일반 시전상인들만의 상행위 활동을 배타적으로 제한한 권한)을 폐지하여 비시전계(非市廛系) 상인들의 활동을 용인한 상업정책. 심환지는 이 정책이 물가를 오르게 할 뿐 효과가 없으며, 시전상인들의 폐단이 되고 있다고 주장하였다.(『승정원일기』 1798년 11월 17일)

지난번 연석은 대신으로서의 첫 연석이었기에 예전에 없던 쓸데없는 말로 거조(擧條)를 내지 말게 하였으니, 이전의 초본은 쓸 수 없을 듯하다. 아니면 다른 방법이 있다. 그 초본은 이 인편에 들여 보내고, 성학(聖學)에 관한 조목은 '연대(筵對)하는 외에도 유신(儒臣)을 소견해야 한다'는 말로 실제(實題)의 결어(結語)로 삼고, 나머지 조목도 차차 이렇게 고친다면 모두 쓸 수 있을 것이다. 고쳐 보내기 전까지는 절대 입 밖에 내지 말고 동료들에게도 기미를 보이지 않는 것이 어떠한가?

이번에 민사선(閔師宣)이 도당록(都堂錄)[216]에 오른 일은 사람들이 모두 비웃는다. 민사선은 이름난 아버지의 아들이라 들었는데, 알고 있는가?[217]

요속(僚屬)으로 희(羲)[金羲淳]와 치(穉)[宋穉圭]를 주청한 것은 과연 잘 하였으나[218] 이들 말고도 산림(山林)에 어찌 인물이 없겠는가? 다시 생각해보기 바란다.

앞으로 연석에 오를 때에는 말이 일일이 시행될지 여부를 고려하지 말고 즉석에서 생각해 낸 의견을 말해야 한다. 그래야 이렇게 편지를 주고받는 듯하다고 의심받는 일을 면할 터이니, 노력하기 바란다. 이만 줄인다.

우의정이 열어볼 것

• • •

216 도당록(都堂錄) : 관원들이 의정부에 모여 권점(圈點)을 찍어 홍문관 교리, 수찬의 후보자를 선정하는 것.

217 민사선은……알고 있는가 : 민사선은 승지를 지낸 민돈(閔墩)의 아들이다.

218 요속(僚屬)으로……잘 하였으나 : 심환지는 이때 원자의 강학을 담당할 요속으로 김희순과 송치규를 추천하였다.(『승정원일기』 1798년 11월 17일)

近久阻便, 何乃踈濶有甚於枚卜前耶. 此中下隷, 恐煩耳目, 晝則果難, 後必知此, 頻送貴傔, 而聞傔屬多雜類云, 須思澄汰之方, 益存縝密之工, 如何如何. 今日則寒事稍解, 起居康勝. 再明間當爲次對, 朝從徐僚有言及者, 而卿之答書, 亦已見之. 私賑事, 徐僚經綸也, 早晩從其言無妨, 而俵灾事, 自前錦伯已不善爲, 今因言端, 與時完伯並請問備, 則可謂擧措得宜矣. 通賣事, 衆民顒望之時, 不言亦難, 言不見施, 不若不言. 更當有奉聞, 後筵姑勿發端, 如何如何. 昨筵旣以大臣初筵, 無於古之冗語出擧條, 勿令爲之, 則前草似不可用. 抑有一計, 厥草此便入送, 則聖學條當以筵對之外, 召見儒臣爲實題之結語, 餘條次次如是改之, 足可並用矣. 改送之前, 切勿出口外, 而對僚亦勿示幾微色如何. 今番閔師宣之堂錄, 人皆笑之, 閔也聞是名父之子云, 知之耶. 僚屬之羲與稚也, 果善奏, 而外此林下豈無其人. 更須思之也. 來頭登筵時, 無論言之一一施行與否, 須於卽其地有猝辦之意思, 然後可免致疑於似此往復, 亦望努力. 姑此.

端揆開坼
戊午十一月十八日夜

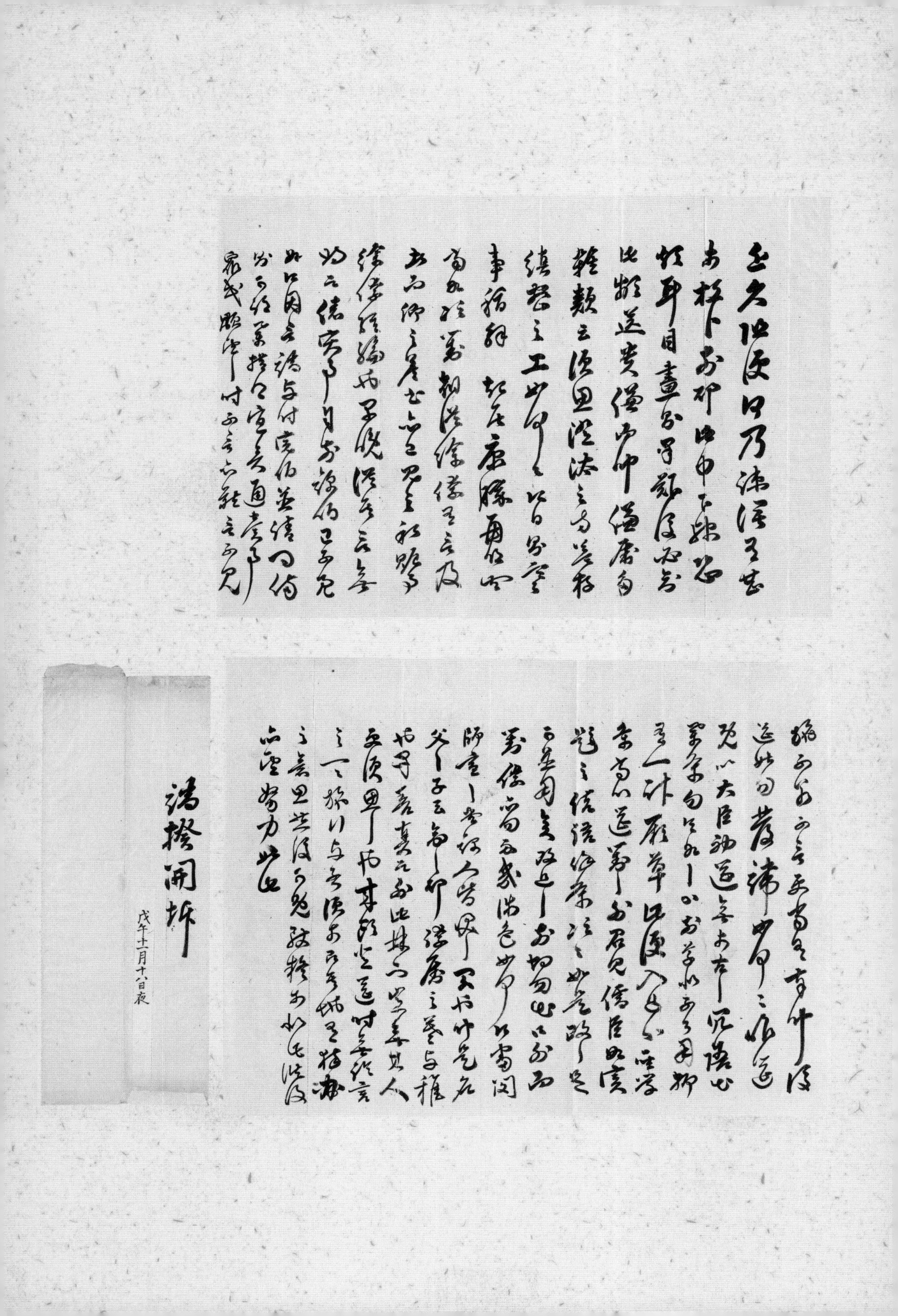

請撥開坼

戊午十二月十八日夜

무오년1798 11월 19일 밤 초경에 받은 편지

418

이제 몸은 좋아졌는가? 주초(奏草)를 굳이 한 번에 다 올릴 필요는 없다. 주자(朱子)가 처음 전대(殿對)에 올랐을 때에도 불과 세 가지 일만 상주하였을 뿐이니, 새로 지은 두 가지 조목과 이전의 주초에서 바로잡은 한 조목을 먼저 내일 빈대(賓對)에서 아뢰는 것이 좋겠다. 향례(鄕禮)와 승탁(陞擢)에 관한 일은 남겨두었다가 다음번을 기다려도 늦지 않을 것이다. 이만 줄인다.

몽(夢)[金鍾秀]의 발문(跋文)에는 고쳐야 할 부분이 있다. 바로잡아 고친 대목에서도 여전히 "역대의 추숭(推崇)한 일이 예에 어긋났다."[219] 하였는데, 말은 비록 직절(直截)하나 동궁에 있을 때 주고받은 말은 즉위한 뒤 연석에서 한 말과 다르니, 이 구절은 빼라. 그중 「중훼지고(仲虺之誥)」 강의(講義)는 중요한 부분이다. 나의 이런 뜻을 적어 보내는 것이 어떠한가?

발문(跋文)은 뒤의 인편에 보낼 것이니 그대의 하예(下隸)를 내일 들여보내라.

우의정이 열어볼 것

219 역대의……어긋났다 : 김종수는 1768년(영조 44) 세손시강원(世孫侍講院) 겸사서(兼司書)로 재직 중 세손이었던 정조의 질문에 답하여 역대의 추숭한 일이 모두 예에 어긋났다고 말한 바 있다. 이에 대한 기록은 『몽오집(夢梧集)』 연보(年譜) 및 춘궁시강일기(春宮侍講日記) 등에 실려 있다.

卽候益勝. 奏草不必於一時並擧. 朱子初登殿對, 不過三奏, 以兩條新締者及前草一條釐正者, 先陳於明日賓對爲可. 鄕禮事, 陞擢事, 留竢後次, 亦未晩也. 都留.
夢之跋文中, 可改者有之. 加匡處仍論歷代追崇之非禮云云, 語雖直截, 而在春邸時酬酢, 異於御極後筵敎, 此句拔之, 其中仲虺之誥講義, 卽大關節, 此意錄送如何.
跋文後便當送之, 貴隷明日入送也.

端揆開坼
戊午十一月十九夜初

무오년1798 11월 20일 아침에 받은 편지

419

편지를 받고 위안이 되었다. 조진정(趙鎭井)의 일은 과연 그러하다. 그러나 차대(次對)한 뒤, 세초(歲抄)[220]하기 전에 한 번 아뢰면 될 것이니, 첫 연석에서 아뢰지 않은들 무슨 문제가 되겠는가? 대저 정(井)[조진정]은 이안묵(李安默)이나 박장설(朴長卨)의 무리와는 다르다. 여론을 수습하는 일을 꼭 그대만이 맡을 필요는 없으니, 좌의정[李秉模]으로 하여금 아뢰도록 하는 것이 어떠한가? 좌의정을 독촉한 다음 그가 어떻게 하는지 보고 즉시 자세히 알려 달라.

소 도살 금지에 관한 일은 다시 생각해보고 답하겠다. 이만 줄인다.

우의정이 열어볼 것

承慰. 趙鎭井事, 亦果然矣, 而次對後歲抄前, 一番提奏爲可. 初筵雖不爲何妨耶. 大抵井也, 異於李安默朴長卨輩. 收拾物情之道, 不必獨爲着保, 須使左相提奏如何. 督責左相, 以觀其所爲, 亦卽詳示也. 牛禁事, 更當有所量答耳. 姑此.

端揆開坼
戊午十一月二十日朝

220 세초(歲抄) : 6월과 12월 삭일(朔日)에 조관(朝官) 중에서 허물이 있는 자의 이름을 적어서 왕에게 올리던 문서. 왕이 이를 보고 이름에 점을 쳐서 내린 자는 좌천 또는 강등하였음.

무오년1798 11월 21일 밤에 받은 편지

420

사람을 보내 편지를 전하고자 하였으나 연일 도목 정사로 눈코 뜰새 없이 바빠서 생각만 하고 실행하지 못하였다. 한참 답답하던 차에 먼저 보내준 편지를 받으니 몹시 기뻤다. 나는 바삐 지내고 있다. 주사(籌司)[비변사]의 회계(回啓)에 대한 판부(判付)가 경과 무슨 상관이 있겠는가? 껄껄.

도목 정사 이후 여론은 어떠한가? 강행(江行)[221]은 편한 대로 다녀오는 것이 좋겠다. 이후로도 늘 그렇게 하라. 윤문동(尹文東)의 일은 알려준 말이 과연 옳다. 다음 연석에서 반드시 아뢰는 것이 어떠한가? 음관(蔭官)의 천거는 소과(小科)에 합격한 이들 중에서 하라. 내 뜻은 바로 그와 같이 헛되이 늙어가는 이를 거두어 쓰고자 하는 데 있다. 다시 널리 여론을 알아보는 것이 어떠한가?

할 말이 많고 많으니, 만나지 않고는 다 말할 수 없다. 언제쯤 조용히 이야기할 수 있겠는가? 좋은 승지를 얻기가 어렵다. 이만 줄인다.

납제(臘劑)[222]를 동봉한다.

우의정이 열어볼 것

221 강행(江行) : 심환지가 노량진에 있는 별장에 다녀오는 일을 말하는 듯하다.

222 납제(臘劑) : 납일(臘日)에 즈음하여 국왕이 근신(近臣)에게 하사하는 약. 곧 12월에 내의원(內醫院)에서 만든 소합원(蘇合元), 안신원(安神元), 청심원(清心元) 같은 것.

政欲討便委伻，而連日大政，眼鼻莫開，有意未果，紆菀方深，際接先示之翰，其喜可知．此中役役而已．籌司回啓判付，在卿何干．呵呵．大政後，物論如何耶．江行從便往來爲可，此後亦皆如是也．尹文東事，所示果然，後筵必須陳白如何．蔭官薦與科中爲之，吾意政在於似彼空老之欲爲收用，更須廣探物情，如何如何．萬萬山積，匪面不可說道．何時可得從容，而難得者承宣耳．餘留姑此．
臘劑伴簡耳．

端揆開坼
戊午十一月二十一夜

무오년1798 11월 25일에 받은 편지

일간에 어떻게 지냈는가? 측간에 자주 가는 증세가 있다고 들은 듯하다. 이질(痢疾) 증세는 과연 전하는 말과 같은가? 난데없이 이질에 걸렸다니 너무도 걱정스럽다. 어찌하여 전혀 말하지 않았는가? 이는 아픔을 함께하는 의리가 아니니, 한탄스럽다. 의원은 누구이며 약은 무슨 약을 쓰는지 알려 달라.

감제(柑製)[223]의 방(榜)이 나온 뒤 과연 흡족했다고 하니 매우 다행이다. 다만 강응일(姜應一)은 왈패(曰牌)의 행수(行首)라 하니 너무도 우습다. 하지만 월당(月塘)[姜碩期]의 6대손에 와서 비로소 과거 급제자가 나왔으니, 이는 그의 선조가 쌓은 음덕에 대한 보답이 아니겠는가? 나는 그의 집에 이전에 베푼 것[224]으로 유감이 없다고 여겼는데, 그의 집에서 또 장원이 나왔으니 기이한 일이다. 이만 줄인다.

청합(淸閤)이 열어볼 것

223 감제(柑製) : 황감제(黃柑製). 제주도에서 그 곳의 특산물인 황감을 진상하면 이를 성균관과 사학(四學)의 유생에게 나누어 주고 보이는 시험이다. 『정조실록』 1798년 11월 21일에, "인정전(仁政殿)에 나아가 감제(柑製)를 행하였다. 이 시험에서 수석을 차지한 유학(幼學) 강응일(姜應一)을 전시(殿試)에 곧장 나아가게 하였다."라는 기사가 있다.

224 이전에 베푼 것 : 정조는 1786년 민회묘(愍懷墓)를 보수하면서 그 인근에 위치한 강석기의 묘소에 봉분을 수축하도록 한 일이 있다.

日間何候, 似聞有登溷之証云, 痢漸果如傳說耶. 非時之痢, 豈勝憂慮. 何無槩及耶. 殊非痛癢相關之義, 慨慨. 醫者示何人, 而藥則用何藥耶. 柑榜出後, 果然恰然云, 甚幸. 但姜也日牌行首云, 極呵. 然月塘六代始出科甲, 豈非不食之有報耶. 吾於其家前此所施, 自以爲無憾, 科甲又出於其家, 奇哉奇哉. 姑此.

淸閤開坼
戊午十一月念五日

무오년1798 11월 27일에 받은 편지

422

편지를 받고 위안이 되었다. 경은 남다른 지우를 입어 지위가 정승에 이르렀다. 영욕(榮辱)과 화복(禍福)은 외물(外物)과 같은 것이니 경에게 무슨 상관이 있겠는가? 게다가 일흔이 되어 기로소(耆老所)에 이름을 올릴 날이 겨우 수십 일 남았으니 다시 무엇을 두려워하겠으며 남에게 무엇을 바라겠는가? 하지만 이른바 아무아무 친구들은 모두 지난날 사류(士流)의 모습이 아니고, 모두 눈짓을 하며 농단하는 무리들이다. 서료(徐僚)[徐龍輔]와 대사간[韓用龜]이 근래 하는 짓은 죄다 부끄럽기 그지 없는 일이니, 경이 아니면 벌써 내쳤을 것이다. 세도(世道)가 이 지경에 이르렀으니 참으로 한탄스럽다.

내 눈으로 근래 본 바로는 어수(魚帥)[魚用謙]보다 나은 이가 없다. 하지만 이미 세상을 떠났으니 생각할 때마다 그저 탄식할 뿐이다. 희(羲)[金羲淳]는 모습이 볼품없고 그릇이 작기는 하지만 이랬다저랬다 하는 자들보다 낫다. 어수[어용겸]가 자신의 후임자로 천거하였으니 그의 말이 착했다고 하겠다.[225] 하지만 당상관이 되기 전에는 큰 일을 맡기기 어려우니, 그래서 답답해 하는 것이다. 조만간 불러다 신칙하고, 요사이 이른바 자중인(自中人)이라는 자들과 절대로 어울리지 말라고 신신당부하라. 그리고 이후 연석에 오르거든 명을 내리겠다는 뜻으로 말하라.

성덕우(成德雨)의 일은 그러할 뿐만이 아니다. 이밖에도 경우에 따라 공언

• • •

225 어수[어용겸]가……하겠다 : 증자(曾子)가 병이 위독할 때 "새가 죽을 때에는 울음 소리가 슬프고, 사람이 죽을 때에는 말하는 것이 착한 법이다.[鳥之將死, 其鳴也哀, 人之將死, 其言也善]"라고 했다.(『論語』「泰伯」) 어용겸이 죽기 전에 유언으로 김희순을 천거한 듯하다.

(公言)하여 인심을 수습하는 일이 있을 것이다. 내게 좁은 소견이라도 있다면 감히 힘을 다해 돕지 않을 수 있겠는가?

창의궁(彰義宮)에서 이야기한 일은 좌의정[李秉模] 쪽을 통해 들었다. 이후의 연석에서 아뢰는 일은 알려준 대로 하는 것이 좋겠다.

심노숭(沈魯崇)의 일은 결코 안 된다. 모든 일은 할 만한 때가 있는 법이다. 이만 줄인다.

우의정이 열어볼 것

承慰. 卿以無於人之遭逢, 位躋三事, 榮辱禍福, 等是外物, 於卿何與之有. 況耆齡題社, 只隔數十日, 更有何畏. 何求於人. 而所謂某某知舊, 皆非舊日士流貌樣, 率是瞬目龍斷之徒. 徐僚諫長之近來所爲, 莫非使人大慚, 非卿已物久矣. 世道至此, 良覺浩歎. 以吾目中近來所見, 無過於魚帥, 旣作隔世人, 每一思惟, 徒有嗟惜. 但羲也雖貌淺器小, 猶勝於左之右之之輩, 魚帥之自代, 可謂其言也善矣. 然緋玉之前, 難責有爲, 爲之泄泄. 從近招來戒飭, 亦以切勿與近所謂自中人同流合汚, 申申曉諭, 以待此後登筵時指揮【之意言之】爲可. 成德雨事, 不但爲然, 外此自當有隨處公言, 收拾人心之擧, 吾有一斑之窺, 則敢不罄竭相助耶. 彰義宮酬酢事, 從左相邊得聞耳. 後筵筵奏事, 依示爲之爲好. 沈魯崇事, 決不可決不可. 凡事自有可爲之時耳. 姑此.

端揆開坼
戊午十一月二十七日

간밤에 잘 잤는가? 성(成)[成德雨]을 해배(解配)하라는 명을 환수해야 한다는 대계(臺啓)가 나왔는데, 대청(臺廳)에 나아간 이는 심달한(沈達漢)이었다. 충(忠)이니 역(逆)이니 하는 구절은 말이 너무 직절(直截)하고, 당소(堂疏)[226]의 경우는 대신을 침척(侵斥)하였다. 경의 입장에서는 마땅히 차자를 올려 인혐(引嫌)해야 하겠으나, 과연 뒤이어 일어나는 자가 없을지 모르겠다. 더구나 당차(堂箚)[227]의 경우는 근래 삼사(三司)가 함께 올린 차자에도 비답을 내리지 않았으니, [비답을 내릴 수 없다.] 그렇다면 경의 입장에서는 더욱 문제 삼아 인혐할 단서가 없는 것이다. 이후로도 이렇게 침척하는 일이 있을 터이니, 차자의 초고를 미리 준비하는 것이 어떠한가? 껄껄.

지난 연석 이후로 여론은 어떠한가? 차자의 말은 완곡하게 하여 그저 죄를 인정하기에 겨를이 없어야 하고, 아울러 [성덕우를] 용서해 달라고 청한 본뜻을 말하는 것이 좋겠다. 이만 줄인다.

청합(淸閤)이 열어볼 것

226 당소(堂疏) : 홍문관의 상소.
227 당차(堂箚) : 홍문관의 차자.

宿來安重. 臺啓發成謫還收事, 而詣臺者, 卽沈達漢也. 忠逆等說, 語甚直截, 堂疏則侵斥大臣矣. 在卿處義, 卽當引嗣, 而未知果無繼起者否. 况堂嗣近於三司俱發, 不爲賜批, 然則在卿尤無執而爲引之端. 此後必有如許之侵斥矣, 嗣草預爲待令如何. 呵呵. 昨筵後物情如何. 嗣辭善爲宛轉, 只當受謝之不暇, 兼言請宥之本意亦可. 姑此.

淸閤開坼

무오년1798 12월 1일 밤에 받은 편지

424

겨울철답게 추운 날씨에 어떻게 지내는가? 나는 수응하느라 바쁘고 간간이 윤음(綸音)을 짓느라 며칠째 밤을 새고 닭 울음을 듣고 있으니, 고생스럽다.

어제 당소(堂疏)에 침척(侵斥)하는 말이 있었고, 오늘 대소(臺疏)에도 침척하는 말이 있다고 하기에, 거듭 올리는 것을 금지하는 규정을 내세워 돌려보내게 하였다. 하지만 경이 한 마디도 없이 떳떳이 행공(行公)한다면, 비단 일의 체면이 어떠한지에 그치는 문제가 아니다. 내일 주좌(籌坐)에 나아가는 것은 너무 뻔뻔스러우니, 반드시 병을 핑계대는 것이 어떠한가? 만약 차자를 올려 인혐(引嫌)한다면 어디서 들었는지 의심을 받을 것이니 어찌하면 좋겠는가?

내일쯤 우의정[沈煥之]이 주좌에 나오는지 여부를 본사(本司)[비변사]에 묻고, 오지 않는다고 하면 비변사 낭청을 시켜 다음과 같이 전교할 것이다.

"당소(堂疏)와 대소(臺疏)에 침척하는 말이 있기는 하지만 아직 내게 올라오지 않았으니, 굳이 이것 때문에 병을 핑계댈 필요는 없을 듯하다. 어찌하여 오지 않는가?"[228]

부주(附奏)는, "평소 앓던 병이 추위 때문에 더욱 심해져 참석하지 못하였습니다. 침척하는 소가 있었다는 말을 이제야 삼가 들었으니 더욱 황송합니다. 조만간 차자를 올려 견책을 청하겠습니다."라고 하는 것이 어떠한가?

차자의 초고는 어떻게 유의하고 있는가? 마땅히 죄를 인정한다고 대략 말하고, "신의 마음은 비록 임금에게 숨김없이 말하는 신하의 도리에서 나온 것이지만, 사람들이 일마다 부지런히 공척(攻斥)하니, 맑은 조정을 위해 경하합니다."라는 등의 말로 주지(主旨)를 삼는 것이 어떠한가?[229]

농사를 권장하고 농서(農書)를 구하는 윤음(綸音)[230]에 대해서는 듣는 사람들이 반드시 옳다고 여길 것이다. 인본(印本)은 내일 각리(閣吏) 편에 여러 건을 보낼 것이니, 한양의 아무아무 집, 충청도의 여러 사람들, 그밖에 아무아무 수령에게 전하여 널리 유포하게 하는 것이 어떠한가? 이만 줄인다.

우의정이 열어볼 것

• • •

228 당소(堂疏)와 대소(臺疏)에……오지 않는가 : 이때의 정황에 대해서는 『승정원일기』 1798년 12월 2일을 참조.
상이 이르기를, "오늘 주좌(籌坐)에 우의정은 어찌 오지 않았는가?"하니, 이병모(李秉模)가 아뢰기를, "병이 있어서 그렇다 합니다." 하였다. 상이 이르기를, "일전의 빈대(賓對)에서 우의정이 성덕우의 일로 아뢴 것이 있는데, 우상이 주장하는 바와 같은 공론이 있어 풀어주었더니 대간의 계사가 잇달아 나왔다. 그 당시 우의정의 말은 아무런 친분이 없는데서 나왔으나, 이미 대간의 계사가 나왔기에 편안히 있기 어려운 단서가 된 것이다. 어제 또 한두 대간의 상소가 있었는데, 상소의 말은 계사보다 비교적 무거웠다. 하지만 우의정에게 저촉되는 것이 하나도 없었기에 비답을 내리지 않았다. 내 생각에는 우의정이 오늘 본사에 오지 않은 것은 대간의 상소가 올라오지 않은 것 때문에 인의(引義)한 듯하여, 아까 비변사 낭청을 시켜 가서 묻게 하였더니, 그가 회주(回奏)한 내용을 보면 우의정은 애당초 대간의 상소가 들어왔는지 아닌지 알지 못하였다. 그렇다면 아까의 하교로 [대간이 상소한 일이 있었다는 것을] 일깨워 준 것이다. 대저 대간의 일은 말이 되지 않는다. 만약 쟁집할 일이 있다면 쟁집하는 것이 옳으나, 이미 계사를 올리고서 뒤이어 번갈아 소장을 올린다면 어찌 이같은 대간의 체모가 있겠는가?" 하였다.

229 차자(箚子)의 초고는……좋겠다 : 이상의 구절은 심환지의 차자에 대개 반영되어 있다. "다만 마음에 와닿는 것이 있어 감추지 않는다는 의리에 따라 성상의 앞에서 감히 아뢴 것입니다……신은 오늘의 일에 대해 감히 연영문 밖에서 태평만세의 경하를 올리지 않을 수 있겠습니까[只緣中心之如有物觸類而來, 乃以無隱之義, 居然仰陳於聖慈之前者……臣於今日之事, 敢不獻延英門外太平萬歲之賀]."(『승정원일기』 1798년 12월 2일)

230 농사를 권장하고 농서(農書)를 구하는 윤음(綸音) : 『승정원일기』 1798년 11월 30일에 보인다.

栗烈之候，冬令時若，起居更如何．此中役役於酬應，間以綸音搆成，數夜聽鷄，苦哉．昨日堂疏侵斥，而今日臺疏，亦聞有侵斥句語，以疊呈之有禁，使之還送，而卿之無一言揚揚行公，不但事面如何．明日籌坐，則尤太遽然，必須稱病如何．如欲箚引，則又有從何聞之嫌，何以則可耶．明間問右相赴籌坐與否於本司，日以不來，則當令備郞傳之曰，堂疏臺疏，雖有侵斥，係是未徹，似不必以此懸病，而何以不爲來會云云．附奏以實病當寒添感，不得進參矣，今始伏聞有侵斥之疏，尤爲惶悚，日間當陳箚請譴爲說，如何如何．箚草何以留意耶．當以受以爲罪，略略爲說，臣心雖出於無隱，人之【隨事勸攻】爲清朝賀等語爲命意，如何如何．勸農求農書綸音，聽聞必以爲可之，印本明當從閣吏便，多數出送，如京中某某家，湖中諸家，其餘某某守令處傳布，期於廣示，如何如何．姑此．

端揆開坼
戊午十二月初一夜

무오년1798 12월 2일에 받은 편지

425

빈대(賓對)가 늦게서야 끝났는데 보내준 편지가 먼저 도착하여 간밤에 잘 있었다는 것을 알게 되었으니 기쁘다.

차자는 나의 생각에 부합하니 이대로 사용하고, 즉시 써서 올리는 것이 어떠한가? 간간이 지우고 고친 곳이 있는데, 역시 이대로 수정하는 것이 어떠한가?

황해도 관찰사[曺允大]의 일[231]로 말하자면, 홍수나 화재, 도적 때문에 뜻하지 않게 잃어버리는 경우는 밀부(密符)와 병부(兵符)를 막론하고 규례상 죄를 묻지 않는다고 법전에 실려 있다. 근고(近古)의 고상(故相) 이천보(李天輔)의 일이 그 한 가지 예다.

당소(堂疏)와 대장(臺章)을 돌려준 일에 대해 경은 어찌하여 속습을 바로잡으려는 고심을 모르고 이렇게 경우에 맞지 않는 말을 하는가? 사건이 생겼으면 계사를 올리는 것으로 충분하다. 게다가 이미 계사를 올려놓고서 또 상소하는 것은 이전부터 있었던 잘못된 습속이다. 그래서 반드시 한바탕 크게 바꾸고자 한 것이다. 계사는 규례대로 비답하고 상소는 돌려준 것이 모두 근거가 있으니, 이 뜻을 몰라서는 안 된다. 이만 줄인다.

청합(淸閤)에게 회답하여 전할 것

231 황해도 관찰사[曺允大]의 일 : 이때 황해 감영에 화재가 발생하여 관찰사의 밀부와 병부, 교서, 그리고 각 읍진의 왼편 병부가 전소되는 일이 있었다.(『승정원일기』 1798년 12월 1일)

賓對晏罷，來翰先至，忻諗夜候之安. 箚副望好，依此用之，而卽爲書呈如何. 間有淘改處，亦必依此釐正，如何如何. 海伯事，水火盜賊之無妄見失者，無論密兵符，例勿勘罪，載在法典. 近古故相李天輔事，卽其中一例也. 堂疏臺章之還給，卿何不知矯俗之苦心，乃爲此題外之說耶. 本事旣發，啓則足矣. 況旣啓又疏，卽向來乖悖之習. 故必欲丕變，啓則例批，疏則還給者，皆有所據. 此意不可不知矣. 姑此.

淸閤回傳
戊午十二月初二日

무오년1798 12월 4일에 받은 편지

426

편지를 받고 위안이 되었다. 무주(茂朱)의 관부(官府)에 대한 이야기는 필시 낭설일 것이다. 이 편지를 서용보에게 보내 보여주고 그를 시켜 즉시 조사해 오도록 하는 것이 어떠한가?

진영(鎭營)의 관속이 폐단을 일으키는 일에 대해서는 구관 당상을 시켜 즉시 관찰사에게 글을 보내어 신칙하게 하라. 그리고 다시 희(羲)[金羲淳]를 시켜 그의 숙부[232]에게 전라도의 진짜 소문을 자세히 조사하도록 하되, 각별히 엄히 신칙하여 당부하는 것이 어떠한가?

홍 만주(洪晩洲)[洪錫箕]의 일에 대해서 시호를 내리는 것이 조금 지나치다고 한 말은 과연 그러하다. 하지만 그는 춘추대의(春秋大義)의 주인이다. 오삼계(吳三桂)의 토벌을 청한 격문[233]은 어린아이들도 모두 외우니, 신 주촌(申舟村)[申曼]과 같은 부류로 평가받기에 문제될 것이 없다. 관직이 2품에 이른 자에게 한 자급을 더하여 시호를 내리는 것은 지나친 듯하나, 이것은 충청도의 공론이 있는 바이니, 민심을 수습하는 방도에 있어서 소홀히 할 수 없을 듯하다.

우의정이 열어볼 것

232 그의 숙부 : 당시 전라도 용담현령으로 있던 김이례(金履禮)를 말하는 듯하다.

233 오삼계(吳三桂)의 토벌을 청한 격문 : 홍석기의 『만주유고(晩洲遺稿)』 「존주록(尊周錄)」에 실린 〈의고천하격(擬告天下檄)〉을 말한다.

承慰. 茂朱官府之說, 必是浪傳, 此紙送示徐僚, 使之卽爲探來, 如何如何. 鎭營所屬作弊事, 令句管堂上, 卽爲書飭道伯爲可耳. 更令羲也詳探湖南眞的所聞於其叔, 而各別嚴飭當付, 如何如何.
洪晩洲事, 諡則稍過云者果然, 而此是春秋大義主人, 請討三桂之檄, 兒童皆誦, 不害爲申舟村者類. 而官至二品者, 加一階而賜諡, 雖似居越, 此是湖中公論所在, 其在收拾之道, 恐不可恝然耶.

端揆開坼
戊午十二月初四日

무오년1798 12월 5일에 받은 편지

427

편지를 받고 위안이 되었다. 알려준 일은 모두 잘 알겠다. 완지(完紙)는 완(完)에게 돌려주고[234] 구관 당상을 시켜 다시 신칙하도록 하는 것이 어떠한가? 바쁜 일이 많아 할 말은 이만 줄인다.

앞으로 서로 연락할 때는 인편을 소홀히 하지 말고 각별히 조심하는 것이 어떠한가?

우의정이 열어볼 것

承慰. 示事並悉. 完紙還完, 使勾堂申加提飭如何. 多少適擾甚, 姑此.
此後相關之道, 亦勿泛忽人便, 各別小心如何.

端揆開坼
戊午十二月初五日

234 완지(完紙)는 완(完)에게 돌려주고 : 전라도 관찰사 이득신(李得臣)의 편지를 그에게 돌려주라는 뜻으로 추정되나 미상.

무오년1798 12월 30일에 받은 편지

428

오늘 기영관(耆英館)에 들어갈 터인데 인신(印信)은 과연 도착하였는가? 구멍 뚫은 흔적은 한 중서(韓中書)[韓翼謨]가 일흔이 되어 소진(蘇秦)이 6국의 재상인을 찼던 고사에 따라 인끈을 만들어 허리춤에 치렁치렁 찼던 것이다. 선조(先朝: 英祖)께서 연화문(延和門)에 나아가 큰 소리로 신래(新來)를 부르니, 한상(韓相)[한익모]이 대답하며 나왔다. 그러자 가마 앞에 서도록 명하시고는 진퇴주선(進退周旋)하는 예절을 몇백 배나 더하셨으니, 지금까지 미담으로 전해진다. 수역(壽域)[235]을 분식(賁飾)하는 일이 얼마나 성대하였던가? 마침 보내온 인편을 통해 대략 이상과 같이 언급한다. 나는 며칠이 지나야 나갈 수 있을 것 같다. 이만 줄인다.

다시금 새해 복 많이 받기 바란다.

청합(淸閤)에게 회답하여 전할 것

...

235 수역(壽域) : 천수(天壽)를 누리며 사는 태평성대의 나라를 말한다. 『한서(漢書)』 권22 「예악지(禮樂志)」에 "온 세상의 백성들을 몰아서 인수(仁壽)의 영역으로 이끈다면, 풍속이 어찌 성왕·강왕 때와 같지 않겠으며 수명이 어찌 고종 때와 같지 않겠는가?[驅一世之民 濟之仁壽之域 則俗何以不若成康 壽何以不若高宗]"라는 말이 보인다.

今日當入耆英館矣, 印信果來付. 而穿孔舊蹟, 卽韓中書七耋, 用蘇秦佩六國相印故事爲綬, 若若佩在腰間. 先朝御延和門, 大呼新來, 韓相趨應, 仍命立轎前, 進退周旋, 不是幾百倍, 至今傳爲勝事. 壽域賁飾之擧, 豈不盛甚盛甚. 適因來便, 漫及如右. 此中須【費】數日, 可得出頭. 姑此.
更冀餞迎多吉.

淸閤回傳
戊午十二月晦日

기미년1799 1월 18일 아침에 받은 편지

429

편지를 받고 너무도 위안이 되었다.

경은 이미 나라에 몸을 바친 데다 나라를 자기 몸과 같이 여기고 있는데, "구구한 생각이 마음에 걸려 늙고 병든 몸을 생각지 않습니다."라는 것이 말이 되겠는가? 내가 회복되는 것은 짧은 시일 안에 기약하기 어려우니, 너무나 괴롭다. 만약 바깥의 일들이 맑고 깨끗하다면 나의 건강도 구름 걷히듯 좋아질 것이다.

채상(蔡相)[蔡濟恭]이 세상을 떠났으니 사람이 없다고 하겠다. 근래에는 풍속이 야박하여 남인(南人)이 아무 일도 안 하는 것을 가지고서 배꼽 잡는 웃음거리로 삼는다고 한다. 저 대신은 유독 남인이 아니란 말인가? 마치 안개 속에 앉아 있는 것 같아 어떻게 해야 인재를 보충하여 조정을 더욱 튼튼히 할 수 있는지 모르겠다. 어찌 밤마다 방을 맴돌며 근심하지 않을 수 있겠는가?

묵(默)이 죽었으니 사류(士流)가 갑절이나 슬퍼할 것이다. 여러 말 할 것 없이 어(魚)[魚用謙] 한 사람만 하더라도 너무 아까워 실로 잊기 어렵다.

이조 참의에 관한 일은 어찌 익(翊)[李翊模]이 지극히 둔하여 무익하다는 것을 모르겠는가마는 이밖에는 뽑을 사람이 없으니 어찌하겠는가? 근래에 서용보(徐龍輔)와 친하기가 평안도 관찰사[韓用龜]와 같다고 한다. 평안도 관찰사가 내려간 뒤로 소식을 주고받았는가? 그의 조카 사위[南公轍]에게 물으니, 내려가기 전후로 편지 한 장 보지 못하였고, 감영에 도착한 상황도 아직 듣지 못하였다고 한다.

지금 이른바 사류 가운데 남은 자는 나주 목사[任焴] 한 사람 뿐인데, 장차 어떻게 현직에서 빼낼 생각인지 모르겠다. 경은 언제쯤 나와서 행공(行公)하려는가? 이만 줄인다.

여기는 하인이 매우 부족하니, 때때로 서[서용보]의 하예(下隸)를 보내는 것이 어떠한가?

청합(淸閤)에게 즉시 전할 것

承慰萬萬. 卿之身旣許國, 又體國, 則區區情私, 掛在心頭, 不念衰境之疾思, 豈成說乎. 此中蘇旺, 姑難以時日期, 苦甚苦甚. 若使外間淸淨, 吾氣亦當雲捲矣. 蔡相又去, 而可謂虛無人. 近來浮薄之俗, 以午人之無事作爲腹痛之諧談云矣. 彼大臣獨非午人耶. 如坐烟霧中, 不知如何爲充補增固之方, 安得不夜繞壁耶. 默也死, 則士流當一倍悵悵, 除却多少說話, 一魚之惜, 實難忘也. 三銓事, 豈不知翊也之至鈍無益, 而【其奈無着手處何.】近與徐龍輔好之如箕伯云, 而箕伯下去後, 有往復耶. 問于其侄婿, 則下去前後, 未見一書, 並與到營形止, 尙不聞之云耳. 今則所謂士流之餘者, 惟羅牧一人, 未知將何拔用計耶. 卿之凡百, 何間當出而行公耶. 姑此.
此中下人甚乏, 時送徐隸如何.

淸閤卽傳
己未正月十八日朝

편지를 받고 위안이 되었다. 나는 조금 나았고 앞으로 더욱 나아질 것이다. 그러나 백성이 마음에 걸리고 조정이 염려되어 밤마다 침상을 맴도느라 날마다 늙고 지쳐가니 그 괴로움을 어찌 말할 수 있겠는가?

경의 강행(江行)은 정리(情理)를 억누르기 어려워 그랬겠지만 노인이 어찌 추위를 무릅쓰고 혼자 갔단 말인가? 이 때문에 특별히 비변사 낭청을 보내어 전유(傳諭)한 것이다. 이후로는 연석에 올랐을 때 휴가를 청하는 것이 좋겠다.

몽상(夢相)[金鍾秀]이 집안에 유언을 남기기는 하였으나, 시장(諡狀) 없이 시호(諡號)를 내릴 것이며, 비문(碑文)은 직접 지을 생각이다. 반드시 그의 손자에게 알려주도록 하라. 두호(斗湖)로 영구(靈柩)를 옮길 때 보러 간 사람이 한 명도 없었다 하는데, 이른바 사류(士流)라는 것들의 꼴이 어찌하여 이 지경에 이르렀는가? 나도 모르게 팔뚝을 걷어부치고 분개하게 된다.

정복환(鄭復煥)에 관한 일은 참판으로 하여금 직장(直長)이나 봉사(奉事)로 복직하게 한다면 거두어 쓸 방법이 있을 것이다. 임(任)과 송(宋)의 일은 천천히 다시 의논할 생각이다.

이익모(李翊模)를 이조 참의에 임명하는 것은 내 마음에 차지 않는다. 희(羲)[金羲淳]나 춘(春)[李魯春]에 비하면 크게 미치지 못한다. 내 생각은, 두 사람의 자급을 올린 뒤 익(翊)[이익모]은 문학이 뛰어나다는 이유로 성균관 대사성의 빈자리에 중비(中批)하려 하였다. 그렇게 되면 희[김희순]와 춘[이노춘] 중에 한 사람은 저절로 전임(銓任)이 될 것이다. 이는 내가 마음 속으로 생각한 것이니, 절대로 누설하지 않는 것이 어떠한가? 이전부터 늘상 말을 삼가지 않는다고 탄식하였는데, 추기(樞機)를 이처럼 삼가지 않아서야 되겠는가?

정2품과 종2품의 승진은 조용해지기를 기다린 뒤에 가망(加望)[236]하려 한다. 정경(正卿)에 합당한 자 두 사람은 예전에 말했고, 종2품에 대해서는 경의 뜻이 어떠한가? 내 생각에는 먼저 안악 군수[朴載淳]와 안동 부사[朴宗來]로 하는 것이 좋겠다. 안악 군수는 요사이 먹은 귀가 트였다고 하는가? 그렇지 않다면 그는 거론하기 어려울 듯하다. 뒤의 편지에 자세히 답하라. 두 사람 외에 적합한 사람을 생각해 두었으면 역시 자세히 알려주는 것이 어떠한가? 이만 줄인다.

청합(淸閤)에게 회답하여 전할 것

236 가망(加望) : 망통(望筒)에 든 사람이 왕의 마음에 들지 않거나, 달리 첨가할 만한 사람이 있는 경우 또는 대상 인원이 부족하여 삼망(三望)을 갖추기 어려운 경우에 특교(特敎)로 더 의망해 넣도록 하는 것.

承慰. 此中稍勝後愈勝, 而民憂薰心, 朝象關念, 夜夜繞榻, 日覺衰憊, 其苦何可言. 卿之江行, 情理雖難抑, 老人豈可觸冒往來乎. 此所以特遣備郎傳諭者也. 此後登筵時, 請由爲可. 夢相雖有遺寧於家中, 諡不待狀, 碑當親撰爲計, 須使其孫聞知也. 移柩斗湖時, 無一往見者云, 所謂士流貌樣, 胡至如彼. 使人不覺振腕. 鄭復煥事, 令參判復職於直長奉事, 則自當有收用之道矣. 任與宋也事, 徐當更議爲計. 李翊模之三銓, 吾心不愜, 比之羲也春也大不及. 吾意則欲於兩人陞資之後, 翊也以文學之優奬, 欲於泮長窠中批, 然則羲春中自可爲銓任, 此是吾心中商量, 切勿露洩, 如何如何. 前此每有不愼言之歎, 樞機豈可若是不察耶. 【正】從二品升擢, 待清淨後欲爲加望, 正卿可合者二人, 曾所言之, 而從二品則卿意如何. 吾則先以安岳安東爲之爲可. 安岳近果開聾云耶. 否則恐難議到, 後祇詳答. 兩人外可合者, 如有料量, 亦爲詳示, 如何如何. 姑此.

淸閤回傳
己未正月念日

기미년1799 1월 28일 저녁에 받은 편지

431

편지를 받고 위안이 되었다. 강외(江外)로 가는 일은 정리로 보자면 하지 않을 수 없는 것이니, 이달 안으로 다녀온다면 무방하다. 하지만 관례상 연석에서 아뢰거나 차자를 올려야 할 듯한데, 어찌하면 좋을지 모르겠다. 즉시 좌의정[李秉模] 및 서용보(徐龍輔) 등 여러 사람과 널리 의논한 뒤에 다시 적어 보내는 것이 어떠한가?

2품에 가망(加望)하라는 명이 있으면 안악 군수[朴載淳]로 결정하고자 하는가? 그의 귀먹은 증세는 근래 과연 쾌차하였는가? 아니라면 어려울 듯하다.

공조 판서[徐邁修]는 가는 곳마다 생기는 추문(醜聞)과 아랫사람들에게 가혹하게 구는 행동이 갈수록 심해지니 여러 가지로 수치스럽다. 경들의 책임이 아니겠는가? 이만 줄인다.

청합(淸閤)에게 회답함

承慰. 江外之行, 其在情理, 不可不爲, 今朔內往來無妨, 而格例似當筵稟或陳箚, 未知如何爲可. 須卽廣議於左相及徐龍輔諸人, 然後更爲錄送, 如何如何. 二品若有加望之命, 則欲以安岳倅牢定耶. 其聾症, 近果快通云耶. 否則似難矣. 工判之到處醜談與苛於下輩, 愈往愈甚, 貽羞多端, 非卿輩之責耶. 姑此都留.

淸閤回敬
己未正月二十八日夕

기미년1799 1월 28일 밤에 받은 편지

432

경은 시임(時任)인데다 장임(將任)을 겸대하였으니[237], 강외로 나가는 것은 지극한 정 때문이지만 거론하기 어려운 일인 듯하다. 하지만 사류(士流)가 보통 사람들과 다른 까닭은 우의가 돈독하고 인륜을 중히 여기기 때문이다. 비록 전례없는 일이라 하더라도 전례를 떠나 실행하기로 결정할 수 있거늘, 하물며 선정(先正) 문정공(文正公)[宋時烈]의 동기(同氣)가 이러한 일로 차자를 올려 간청한 적이 있으니, 마땅히 본받아야 할 일이 아니겠는가? 다른 의논을 기다릴 것 없이 새벽이 되기를 기다려 차자를 올려 간청하고, 비답 받기를 기다린 뒤에 다녀오는 것이 좋겠다. 그러나 하루 묵는 것은 안 된다. 하루 사이에 충분히 다녀올 수 있겠는가? 이만 줄인다.

청합(淸閤)에게 즉시 들일 것

卿是時任, 且帶將任, 則出往江外, 雖是至情所在, 恐難議到. 然士流之所以異於人者, 以其篤誼重倫, 雖於無於例之例, 猶可拔例決爲, 況有先正文正公同氣之如許事陳箚乞懇, 則豈非當則之端耶. 不待諸議. 待曉箚懇, 待承批後往來【爲可而】經宿【則不可】, 一日內足可往返耶. 姑此.

淸閤卽納
己未正月二十八日夜

237 장임(將任)을 겸대하였으니 : 심환지가 호위대장(扈衛大將)을 맡고 있었기 때문에 이렇게 말한 것이다.

기미년1799 2월 3일 아침에 받은 편지

433

어제는 추위를 무릅쓰고 조정에 나왔다가 정오가 지나서야 퇴근하였는데, 간밤에 몸은 편안하였는가? 강행(江行)은 언제 다녀올 것인가? 요사이 들려줄 만한 이야기가 있는가? 종2품의 승품(陞品)은 안악 군수[朴載淳]로 정하였는가? 형편상 칙사(勅使)가 다녀간 뒤 경에게 물어볼 생각이다.

서산 군수[金履永]는 내려간 뒤로 아직까지 평안도 관찰사[韓用龜]에게 편지 한 장 없는가? 민명혁(閔命爀)과 김이익(金履翼)도 예조 참의[李翊模]를 본받을 생각인데, 도대체 무슨 이치인지 모르겠다. 혹시 이에 대해 들은 것이 있는가?

요사이 들으니 영암 군수 송(宋)[宋文述]이 전라도를 두루 염찰(廉察)하는 것에 대해 사람들이 다들 곡절이 있는 줄로 알고서, 그 사람이 스스로 하는 것이 아니라고들 한다. 어찌하여 그가 추기(樞機)를 삼가지 않는단 말인가? 따로 사람을 보내 엄하게 신칙하는 것이 어떠한가? 이만 줄인다.

청동(淸洞)에 전하여 들일 것

昨於冒寒造朝, 過午退食, 夜間凡百一安耶. 江行當於何間往來耶. 近日有何可聞之說, 而從二品升品, 以安岳爲定耶. 勢將過勅行後詢卿爲計. 瑞倅下去以後, 尙無一書爲箕伯耶. 閔命爀金履翼, 亦爲效禮議之計, 未知其何理, 或者得聞之耶. 近聞靈倅宋也之廉察, 遍湖南皆認之以有委折, 非謂其人之自爲云. 何乃不愼樞機. 專伻嚴飭如何. 姑此.

淸洞傳納
己未二月初三日朝

편지를 받고 위안이 되었다. 모두 우스운 일이다. 애초에 내가 논의를 꺼내지 않았다면 그때 입시한 사람들 중에 복색(服色)과 예제(禮制)가 어떠한지 누가 알았겠는가? 그 뒤 서(書)[李書九]가 먼저 세최(繐衰)의 복제를 주장하였고[238], 서(徐)[徐龍輔]가 사흘간 천담복(淺淡服)을 입어야 한다고 뒤따라 주장하였으며, 익(翊)[李翊模]은 입지 말라는 상소를 올렸으니[239], 이는 모두 내가 그들의 인품에 따라 각각 하교한 것이다.

익[이익모]의 상소는 대이무당(大而無當)[240]이라 할 만하다. 그는 사람됨이 본디 소활하니, 이로 인해 물망을 얻더라도 무방하다. 그러나 상소의 말미에서 등록(謄錄)[成服節目]을 칙사(勅使)에게 적어 보내는 전례를 아뢰어, 무언중에 시행하기 어렵다는 뜻을 밝혔다. 서[서용보]의 주장은 매우 모호하다. 그의 인품으로는 이러한 논의를 해도 무방하므로 가장 무방한 말로 하교하여 말하지 않았다는 비난을 면하도록 한 것이다. 서[이서구]의 주장은 그에게 약간 재주가 있으므로 근거가 있는 논의를 주장하게 한 것이니, 범속한 사람들이 이러한 이야기까지 모두 살펴보지 않은 것보다는 낫다.

대저 입지 말라는 것은 논할 바가 아니고, 천담복은 의의가 없고 매우 성

• • •

238 서(書)[李書九]가……주장하였고 : 세최(繐衰)는 가는 베로 지은 상복이다. 이때 건륭제가 붕어하였는데, 이서구는 "제후와 대부는 천자를 위해 세최를 입는다."는 예경(禮經)의 조문에 근거하여 칙사를 영접할 때 세최를 입어야 한다고 주장하였다.(『정조실록』 1799년 1월 23일)

239 익(翊)[李翊模]은……올렸으니 : 이익모의 상소는 『정조실록』 및 『승정원일기』 1799년 2월 1일에 보인다.

240 대이무당(大而無當) : 『장자(莊子)』 「소요유(逍遙遊)」에 보이는 말로, 말이 크기만 하고 현실에는 맞지 않음을 뜻한다.

의가 없는 것이다. 세최의 복제는 『국조오례의(國朝五禮儀)』의 본뜻을 모르는 소리다. 모포(帽布)를 관상(冠裳)으로 바꾼다면 용하변이(用夏變夷)[241]하였다는 잡소리가 없겠는가? 그렇다면 모두 논하지 않아 아무 일 없는 편이 가장 낫다.

의리라는 것은 하나이다. 어찌 큰 절개에 수치를 품고 있으면서 작은 일에 수치를 면하는 의리가 있겠는가? 근래의 여러 상소는 우리의 기세를 돋우려 한 것일 뿐이다. 경도 여러 주장을 칭찬하며 극구 찬미하는 것이 좋겠다. 만일 고쳐서 예의에 합당한 것이 있다면 내가 어찌 어렵다고 하겠으며, 어찌 그렇게 하라고 권하지 않겠는가? 껄껄. 이만 줄인다.

청합(淸閤)에게 회답함

241 용하변이(用夏變夷) : 중국의 문물 제도를 따라 오랑캐의 풍속을 바꾸는 것을 말한다.

承慰. 都是可笑事也. 初若吾不發論, 其時入侍, 孰知服色與禮制之何如乎. 其後書也之先發總制之論, 徐也之蹤發淺淡服三日之說, 翊也之更呈勿着之疏, 無非此漢之各隨其人品而敎之者. 翊疏則可謂大無當, 渠之人物本踈濶, 因此得物望何妨, 而尾陳謄錄錄送於勅使之例, 以爲不言中發明難施之意, 而徐說儱侗甚矣. 渠之人品, 爲此論也無妨, 以最無妨之說敎之, 俾免不言之誚, 書說畧有才分, 俾主考據之論, 猶勝於俗人之並與此等說話而不看也. 大抵勿着非可論, 淡服無意義而甚不誠, 總制, 不知五禮儀本意之說, 而改帽布爲冠裳, 則能無用夏變夷之雜喙耶. 然則都莫如勿論則都無事. 義理也者一也, 焉有包羞於大節, 免耻於細事之義理耶. 近日諸疏, 欲張吾勢而已. 卿亦稱道諸說, 極口讚美爲可耳. 苟有改爲而合於禮意者, 則吾豈可持難, 亦豈不勸成耶. 呵呵. 姑此.

淸閤回敬
己未二月初三日晚

기미년1799 2월 3일 밤에 받은 편지

435

낮사이 잘 있었는가? 김희순(金羲淳)이 상소를 올리려 한다는 말을 들은 듯한데[242], 그의 사람됨이 익(翊)[李翊模]의 무리와 본래 다를 것이 없으니, 현실과 동떨어진 터무니없는 말을 해서는 안 된다. 그리고 따를 만한 말도 꼭 마음에 맞는 것이 없다. 또 생각해볼 점이 있으니, 서(徐)[徐龍輔]와 서(書)[李書九]에게 내일 적어 보내겠다. 절대로 상소한다는 소문을 미리 내지 않도록 각별히 당부한다.

윤함(尹涵)이라는 자가 또 상소를 올리려 한다는데, 어찌 이렇게 함부로 올리는 일이 있단 말인가? 요동(遼東)의 돼지[243]와 비슷하다. 만류할 수 있다면 하지 못하게 하라. 그리고 이노춘(李魯春)이 상소한다는 소문도 정말인가? 그에게도 굳이 잘못된 짓을 본받지 못하도록 하라. 이만 줄인다.

청합(淸閤)의 집사(執事)에게

242 김희순(金羲淳)이……들은 듯한데 : 김희순의 상소는 『정조실록』 및 『승정원일기』 1799년 2월 10일에 보인다.

243 요동(遼東)의 돼지 : 소견이 좁은 사람을 뜻한다. 『후한서(後漢書)』 권33 「주부전(朱浮傳)」에, 요동 사람이 머리가 흰 돼지를 진귀하게 여겨 그것을 바치고자 하동(河東)에 갔는데, 하동의 돼지는 모조리 머리가 희었으므로 부끄럽게 여기고 돌아갔다는 이야기가 보인다.

午間安重. 似聞金羲淳欲爲疏陳云, 其人也旣不與翊也輩自別, 則無當之說, 不可爲也, 可從之語, 無恰當者, 且有商量之端, 徐與書也間, 明當錄送. 切勿徑先以上疏之意出所聞之意, 各別當付. 尹涵者又欲爲之云, 豈如彼雜呈之事耶. 近於遼東豕. 如可挽止, 期於勿爲. 而李魯春疏聲, 亦果然乎. 此亦不必【使之】效尤耳. 姑此.

淸閤執事
己未二月初三日夜

기미년1799 2월 9일에 받은 편지

436

편지를 받고 위안이 되었다. 게다가 일간에 몸이 나아졌다고 하니 매우 안심이다. 오늘 사람들이 와서 기다렸는데 편하게 쉬도록 하기 위해 좌의정[李秉模]만 입시하라고 하였다. 연석에서는 별로 들려줄 만한 일은 없었고, 희(羲)[金羲淳]의 상소에 찬성하는 사람이 없었으니 한탄스럽다. 자급을 올릴 사람이 합당한지 여부는 뒤의 편지에서 알려주겠다. 이만 줄인다.

청합(淸閤)에게 회답함

承慰萬萬. 況諗日間勝節耶. 今日諸人來待也, 爲便休憩, 只令左相入侍耳. 筵間別無可聞, 而羲也疏, 無人許可, 可歎. 陞資人當否, 惟在後便, 姑此.

淸閤回敬
己未二月初九日

기미년1799 2월 14일 저녁에 받은 편지

437

편지를 받으니 너무도 기쁘고 위안이 되었다. 민(民)[鄭民始]은 불러다가 지시하였는가? 민(閔)은 일전에 상경했다 하고, 정정(鄭正)[鄭日煥]은 내달 초에 올라온다고 하는데 알고 있는가? 매(邁)[徐邁修]는 근래 어떻게 지낸다 하는가? 어(魚)[魚用謙]가 죽은 뒤로 나는 이른바 벽론(僻論)에 아무런 뜻이 없다. 이만 줄인다.

회답

承諗, 慰喜萬萬. 民也招來指揮耶. 閔亦日前上京云耳. 鄭正來初當上來云, 聞知耶. 邁也近作何狀云耶. 一自魚也之去, 吾則無意於所謂僻論耳. 姑此.

回敬
己未二月十四夕

[이상 결]

그밖의 것은 논할 필요도 없다. 또 표문(表文)을 올리지도 않고 칭신(稱臣)하지도 않는다면 장차 무슨 말로 명분을 내세워 착용한 복제를 바꾸겠는가?

대저 사변은 끝이 없는데 대응하는 방법은 하나이니, 하나라는 것은 이치이다. 어찌 둘이 되었다가 셋이 되었다가 하는 이치가 있겠는가? 저들에게 칭신하는 것이 이치에 어긋남은 말할 것도 없거니와, 또 이치에 어긋나는 중에서도 이처럼 이치에 맞지 않는 일을 하고자 하니, 이는 도대체 무슨 뜻인가?

요사이 몇몇 사람들의 준론(峻論)은 비록 받아들일 수는 없으나 피리춘추(皮裏春秋)[244]로 치부한다면 조금이라도 도움이 될 수는 있을 것이다. 이는 내가 애초에 아무아무를 일으켜 그렇게 말하도록 권하고 가르쳐준 것이다. 아무아무는 그들이 하는 대로 내버려 두어 그들의 미덕을 이루게 하고[245], 경들은 일을 참작하고 헤아려 이치에 어긋나는 중에 또다시 이치에 어긋나지 않게 해야 할 것이니, 성인이 다시 나타난다 해도 사변에 대처하는 방법은 여기서 벗어나지 않을 것이다.

권도(權道)는 본디 보통 사람이 쓸 수 있는 것은 아니다. 하지만 일이 변하는 지경에 이르렀다면, 공부가 성인의 경지에 도달하지 못하였다고 해서 사

244 피리춘추(皮裏春秋) : 진(晉)나라의 환이(桓彝)가 저부(褚裒)를 가리켜 한 말이다. 겉으로 가부를 말하지 않고 마음 속으로 시비를 가리는 것을 말한다. (『晉書』 卷93 「褚裒傳」)

245 아무아무는……이루게 하고 : 청나라에 칭신하지 말 것을 주장하여 춘추의리를 지켰다는 좋은 평판을 받게 하라는 뜻이다.

변에 대처하고 권도를 쓰는 방법을 생각하지 않아서는 안 된다. 다시 깊이 생각하는 것이 어떠한가? 이만 줄인다.

경은 차자를 올리고자 하나, 절목(節目)을 계하(啓下)[246]하기 전에도 할 수 있었고, 수의(收議)할 때에도 할 수 있었다. 어찌 이제 와서 때가 지난 뒤에 갑자기 말을 바꾸는가? 고상(故相) 김흥경(金興慶)이 칙사를 맞이할 때 배종하고서 조정의 반열에 참석하지 않은 일에 대해서는 비난한 사람들이 많았다. 게다가 이는 고상이 이미 써먹은 수법이니, 효빈(效顰)[247]에 가깝다. 어찌해야 하겠는가? 까닭없이 동조하는 것은 더욱 어려울 듯하니, 좋은 방도가 없어 매우 근심스럽다. 만약 그 전에 손을 써서 처의(處義)하고 인입(引入)[248]하였다면 이 또한 한 가지 방도가 되었을지도 모르겠다. 하지만 지금 이 때에 대신이 이렇게 해서는 안 된다. 어찌 매우 답답하지 않겠는가?

청동(淸洞)에 회답함

• • •

246 계하(啓下) : 국왕의 결재를 받음.

247 효빈(效顰) : 서시빈목(西施顰目)을 말한다. 월(越)의 미인 서시(西施)가 가슴앓이로 눈살을 찌푸렸던 것을 추녀가 따라하여 웃음거리가 된 일을 비유한 말이다.

248 인입(引入) : 잘못된 일에 대하여 인책(引責)하고 출근하지 않는 것을 말한다.

三

清洞 回函

己未二月十九日

三話上着未改. 則其他不必容議, 【又不】奉表, 不稱臣, 則將以何辭聲言而改其着耶. 大抵事變無窮, 應之者一也, 一也者理也, 焉有或二或三之理乎. 向彼稱臣者, 悖於理, 無可言, 而又於悖理之中, 欲爲此無理之擧, 是誠何義耶. 且況近日某某人峻論, 雖未可採用, 付之皮裹陽秋, 亦或爲一分有助, 此吾自初打起勸敎於某某也. 某某從他某某, 俾成其美, 卿等則亦當參倚酌量, 無至於悖理之中又悖理, 則聖人復起, 其所處變, 恐不外此. 權道固非常人所可用者, 事到變處, 亦不可以工未到聖人地位, 不思處變用權之道. 更須深念, 如何如何. 姑此.
卿雖欲上箚, 在於節目未啓下【時】可也, 在於受議之時亦可也. 尤豈可忽地改說於到今後時之時乎. 至於故相金興慶之陪扈於迎勅, 不參於廷班, 人亦有譏之者多, 且是故相已用之東人, 近於效顰, 何以則爲當耶. 無端爛熳, 亦似重難, 苦無好道理, 悶甚悶甚. 若於其前作爲處義而引入, 則抑或爲一道, 而此時大臣不可如是, 豈不悶然之甚耶.

淸洞回敬
己未二月十九日

기미년1799 2월 20일 식후에 받은 편지

439

아침에 보내준 편지를 받고서 매우 기쁘고 위안이 되었다.

편지에서 말한 일은 과연 그러하다. 하지만 곧장 고상(故相)의 수법을 쓴다면 의리가 없는 데 가깝다. 그렇다고 사람들을 따라 동조하자니 사류(士流)의 본색이 전혀 아니다. 이렇게 하든 저렇게 하든 처신하기가 모두 어렵다. 내가 경을 위해 밤낮으로 생각하였으나 아직도 묘안이 떠오르지 않는다. 이는 제목이 좋지 않기 때문에 글이 나오지 않는 것이다. 그렇지만 만약 생각이 나면 즉시 적어 보낼 터이니 우선 기다리고, 다른 사람들에게는 반드시 지난 편지에 이야기한 의리를 말하도록 하라.

그리고 주목하지 않을 수 없는 한 가지 이야기가 있다. 근일 익(翊)[李翊模]의 무리가 말한 것을 그 말을 반드시 따를 수는 없지만 그 마음은 의리를 밝히려는 데서 나왔으니 칭찬할지언정 억누를 수는 없다. 그렇지만 이것은 아랫사람이 힘껏 주장하는데 윗사람이 굳게 거절하는 일이 아니면, 윗사람이 굳게 거절하는 바람에 공의가 시행되지 못한 것처럼 보이니 말이 되겠는가?

요사이 듣자니 성균관 유생 송도정(宋道鼎)이라는 자가 소장(疏狀)을 지어 논의를 제기했다는데, 그 내용 중에 정녕 '비답을 내리지 않고 버틴다' 라고 말했다 하니, 사리를 모르는 소리라고 하겠다. 송도정은 몇 해 전에 사론이 종향(從享)을 주장할 때[249] 심윤지(沈允之)에게 벌을 받은 자라고 한다. 이것은 기회를 틈타 출세하려는 계책임을 알 수 있다. 그는 말할 가치도 없지만 조정의 본뜻

...

249 송도정은……주장할 때 : 송도정은 성균관 유생이었을 때 김인후(金麟厚), 조헌(趙憲), 김집(金集)을 문묘에 종향해야 한다는 유생들의 상소에 참여한 일이 있다.

을 천명하는 도리로 보자면 터럭 만한 차이가 천 리의 차이가 될 수 있다는 점을 생각해야 한다. 물을 만한 곳에 탐문해 보는 것이 어떠한가? 이만 줄인다.

희(羲)[金羲淳]는 어버이의 병환이 있으니 집으로 보내줄 만하다. 길 떠날 준비는 다 되었다고 하는가? 근래에 형조 참의 윤광안(尹光顔)은 경의 가노(家奴)가 강가의 집에서 고기를 산 일을 가지고 공연히 트집을 잡고, 경은 사헌부의 아전이 샛길로 들어왔다고 아전을 가두었기에 공론이 양쪽을 모두 공척(攻斥)한다고 한다. 정말 이런 일이 있었는가?

청동(淸洞)에 회답함

早承來翰, 慰喜萬萬. 示事果然, 而直用故相東人, 近於無義. 又欲隨衆爛熳, 太無士流本色. 如此如彼之間, 俯仰俱難. 吾之爲卿, 晝夜思度, 尙未會意, 蓋其題不好, 故文不出. 然如有思得, 卽當錄送, 姑且待之. 對人必以昨書云云之義理爲說, 而且有一言不可不明着眼者. 近日翊也輩云云, 其言未必可用, 其心出於明義, 固可奬不可抑. 然此非下則力爭上依牢拒之事, 則有若公議之因牢拒而不見施者然, 豈成說. 近聞館儒宋道鼎者, 發論於治疏, 而其語寧以批答之靳持爲說云, 可謂不識人事. 聞宋是年前從享士論時被罰於沈允之者云, 而因機飜身之計可知, 彼固無足言, 其在闡明朝廷本意之道, 宜念差毫謬千之分. 須探問於可問處, 如何如何. 姑此.
羲也親病, 足可離捨, 行具亦皆整頓云耶. 近聞刑議尹光顔, 於卿家奴之買肉於江舍事, 公然抉摘, 而卿則以禁吏之由挾路入來囚吏, 公論兩斥云, 信有是耶.

淸洞回敬
己未二月二十日食後

기미년1799 2월 20일 오후에 받은 편지

440

편지를 받고 위안이 되었다. 희(羲)[金羲淳]는 조만간 보내줄 생각이다. 재령 군수[宋欽書]의 언행은 한 마디로 말하기 어렵다고 하겠으니, 부끄럽기가 김한동(金翰東)의 상소에 말한 것보다 심하다. 혹시 만류할 수 있겠는가? 아직은 어찌해 볼 수 있을 것이다. 송[송흠서]의 일은 다시 자세히 조사한 뒤 대사성에게 말을 전하는 것이 어떠한가? 이만 줄인다.

청동(淸洞)에 회답하여 전할 것

承慰. 羲也事, 從近當送之計, 而載倅云爲, 可謂一口難說, 其恥甚於金翰東疏云云, 或可挽之耶. 尙可及矣. 宋也事, 更爲詳探後, 言送泮長如何. 姑此.

淸洞回傳
己未二月二十日午後
[印]

기미년1799 2월 22일 저녁에 받은 편지

441

편지를 받고 위안이 되었다. 통문(通文)의 초고는 돌려보내되 아직 베껴 두지는 않았다. 몽합(夢閤)[金鍾秀]의 연시(延諡)[250]는 일단 중지하라. 한 가지 의리를 갖추고서 받는 것이 옳다. 대저 물러나고 사양하는 혐의는 작고 스스로 담당하는 의리는 크다. 만약 백 번 시호를 고치더라도 백 번 충자(忠字)를 얻게 되리라는 것을 알고서도 앉아서 시호 고치기를 기다리고 있다고 한다면, 이는 북촌(北村)이 멀리서 돈유(敦諭)하기를 기다린 체단(體段)이지, 실로 격상(格相)이 자기가 당한 일 때문에 스스로 나서서 청대(請對)한 본색이 아니다. 그러므로 '받지 않는 것은 선조의 뜻에 어긋난다.' 라고 말한 것이다. 받는다고 어찌 의리에 맞지 않다고 하겠는가? 하는 대로 두는 것도 좋겠다. 이만 줄인다.

청동(淸洞)에 회답함

承慰. 通草還送, 而姑未謄置耳. 夢閤延諡事, 姑徐, 足備一義而受之是. 大抵退讓之嫌小, 自當之義大, 若以百番改諡, 百番當得忠字兼知之而坐待改諡云爾, 則此乃北村之遙待敦迫之體段, 實非格相以自家所遭, 挺身請對之本色, 故【曰】不受有違於先志云耳. 受之豈不爲義理乎. 任他亦可耶. 姑此.

淸洞回傳
己未二月念二夕

250 연시(延諡) : 시호(諡號)를 받는 사람의 집에서 신주(神主)를 모시고 나와 선시관(宣諡官)을 맞이하여 행하는 의식.

기미년1799 3월 6일 저녁에 받은 편지

442

인사는 생략한다. 이번 일은 매우 난처하다. 실은 [정치달(鄭致達)의 처를] 도성에 들여놓은 지 이미 여러 해가 지났으니, 조정이 알았건 몰랐건 성실함이 매우 부족하다. 예전 효종조(孝宗朝)에도 이와 비슷한 처분이 있었는데, 노인들이 전하기를, "상궐(上闕)[慶熙宮]의 비변사에 머물게 하였다."[251] 한다. 그때에는 이 일로 상소하거나 차자를 올린 일이 있었다는 말을 듣지 못하였다. 그렇다면 지금의 조정 신료들이 [나를] 꼭 성실하지 않다고 말하지는 않을 것이다.

일전의 처분에 대해서는 알아들을 만큼 이야기하였고, 의리가 지극히 엄중하다. 경의 경우에는 몽합(夢閤)[金鍾秀]이 죽은 뒤로는 경이 주인의 자리를 양보해서는 안 된다. 일이 『명의록(明義錄)』의 의리와 관련되니, 차라리 지나칠지언정 미치지 못해서는 안 된다. 내일 신하들을 소견할 것인데, 반열에서 나와서 강력히 아뢰고 즉시 뜰로 내려가 관을 벗고 견책을 청하라. 그러면 일의 형세를 보아 정승의 직임을 면해주든지 견책하여 파직하든지 처분할 것이다.[252] 그 뒤에 다시 임명하는 방법도 생각해 놓은 것이 있으니, 이렇게 마음먹고 있으라. 그리고 이러한 뜻을 서료(徐僚)[徐龍輔]를 시켜 나의 뜻이라고 전할 것이다. 이 편지는 아마도 서[서용보]의 인편보다 먼저 전하지는 못할 듯하다. 이만 줄인다.

· · ·

251 상궐(上闕)의……하였다 : 효종은 김세룡의 처를 용서하여 절도(絕島)에서 돌아오게 하였으나 완전히 석방하기 어려워 경희궁의 비변사에 두었다. (『정조실록』 1799년 3월 7일)

252 내일 신하들을……처분할 것이다. : 심환지가 정조의 지시를 충실히 이행한 사실은 『정조실록』 1799년 3월 7일의 기사에 보인다.

청동(清洞)의 집사(執事)에게

除煩. 今番事, 極難處, 而其實入置城內已多年所, 朝廷之知若不知, 太欠誠實, 而昔在孝廟朝, 亦有似此處分, 故老傳以謂上闕備邊司許接云, 其時未聞以此上疏陳箚. 然則今日廷臣, 未必謂之不誠耶. 至於日前處分, 言足聽聞, 而義理至嚴. 至於卿則夢閣去後, 卿當不讓主人, 事關於明義錄義理, 寧過無不及爲可. 明日當召見諸臣矣, 出班力陳, 仍卽下庭免冠請譴, 則當觀事勢, 免相與譴罷間區處, 其後復拜之道, 自有料量者, 依此運意, 而當以此意, 使徐僚以吾意傳之耳. 此書想未及傳於徐便之前矣. 姑此.

清洞執事
己未三月初六日夕
[印]

기미년1799 3월 24일에 받은 편지

443

[경이] 오랜만에 도성에 들어왔으니 기쁘다. 퇴근한 뒤로 잘 있었는가?

오늘의 일은 결말을 잘 지었다고 하겠다. 경의 처의(處義)에도 손해될 것이 없는 듯한데, 준론(峻論)이 어떠한지 모르겠다. 하지만 『천의소감(闡義昭鑑)』의 일에 비한다면 그 풍파는 조사(曹司)의 조사(曹司)[253]라고 하겠다. 그때는 대신 이하가 모두 낯빛이 하얗게 질렸으며, 선비들의 상소는 원정(原情)[254]의 지만(遲晩)[255]과 다름이 없었다. 이번에는 의리가 더욱 무거워지고 은미한 아름다움이 드러나면서도 정치달(鄭致達)의 처는 죄가 감해지지 않았고, 조정 신하들이 처신하기 어려운 단서도 없어졌으니 어찌 편하게 된 것이 아니겠는가?

예전에 우옹(尤翁)[宋時烈]과 완남(完南)[李厚源]이 김세룡(金世龍) 처의 일에 대해 신료들이 쟁집(爭執)하자 배척하며 말하기를, "어찌 주상이 지극히 선한 도리를 행하려 하는데 신하들이 낮은 도리를 가지고 쟁집하는 일이 있는가?" 하였다. 정치달 처의 죄는 김세룡 처보다 더하지만, 윤음(綸音)을 반포한 뒤로는 우옹을 비롯한 여러 사람의 논의를 따라도 안될 것은 없을 듯하다.

조지(朝紙)는 본래 잘못 쓰는 곳이 많기 마련이니, 두 건을 써서 보낸다. 널리 배포하도록 하라. 정정(鄭正)[鄭日煥]에게는 내가 말한 대로 알려주는 것이

253 조사(曹司)의 조사(曹司) : 관직, 계급, 재능 따위가 가장 말단이 되는 사람을 일컫는 말이다.
254 원정(原情) : 관아에 억울한 사정을 하소연하는 것. 또는 그러한 내용의 글.
255 지만(遲晩) : 죄인이 벌을 받을 때에 자복(自服)하면서, '너무 오래 속여서 미안하다'는 뜻으로 쓰인다.

어떠한가? 이만 줄인다.

청동(淸洞)에 즉시 전하여 들일 것

久而後入城, 可喜. 公退增勝. 今日之事, 可謂善出場耶. 在卿處義, 似無所損, 未知酸論如何. 然而比之闡義昭鑑事, 風波可謂曹司之曹司, 其時大臣以下, 皆無人色, 縉紳疏, 無異原情遲晩, 今番則義理增重, 微美得闡, 而鄭妻之罪無減, 而除却廷臣難處之端, 豈不便當耶. 昔尤翁與完南於龍妻事, 羣下爭執, 斥之曰, 豈有主上欲行至善之道, 而臣下乃以下層道理爭之耶云云. 鄭妻之罪, 雖浮於龍妻, 綸音以後, 用尤翁諸人之論, 恐無不可耳. 朝紙本必多錯書, 二件謄送, 期於廣布. 鄭正許, 以吾言示之, 如何如何. 姑此.

淸洞卽傳納
己未三月二十四日

곡우(穀雨)가 막 그친 틈을 타서 봄바람이 늦게야 불어오는 이때, 큰 붓으로 성균관 유생들의 시권(試卷)에 비점(批點)하고 있다. 전각(殿閣)에서 주묵(朱墨)[256]으로 채점하노라니 흥취가 적지 않다. 597인이 시권을 바쳤는데, 그 수대로 입격하였으니 만과(萬科)라 하겠다. 껄껄.

마침 보내준 편지를 받으니 얼굴을 마주하는 것 같다. 별지(別紙)에 누누이 말한 내용은 간곡한 정성을 잘 알겠다. 파주목(坡州牧)을 방수(防守)하는 일을 어찌 외읍(外邑)에 책임 지우는가? 온 세상 사람들이 모두 서로 곁눈짓을 하며 마음과 입이 각기 다르니, 비록 대각(臺閣)의 논사(論事)일지라도 굳이 풍파를 일으킬 필요는 없다. 또 이전의 역사에 정확한 비유가 있다.

고제(高帝)[劉邦]가 초패왕(楚覇王)[項羽]을 포위하였을 때 공장군(孔將軍)은 왼편에, 비장군(費將軍)은 오른편에 있었으며 한신(韓信)은 동산(銅山)에 잠복해 있었고, 팽월(彭越)은 고릉(固陵)을 막았으며, 강(絳)[周勃], 관(灌)[灌嬰], 마(馬), 여(呂), 조상국(曹相國)[曹參] 등 여러 사람이 천 겹으로 둘러싸고 있었다. 그러다 한밤중에 오추마(烏騅馬)[257]가 멀리 도망하였는데, 새벽이 되어서야 깨달았다. 하지만 사방을 나누어 맡긴 장수들의 죄를 따지거나 사형에 처한 일이 없었으니, 한(漢) 나라 법이 관대한 까닭은 여기서 비롯되었다. 어떠한가?

강화도의 일은 아직 논할 만한 것이 아니니, 경도 근심을 거두라. 건숙(蹇

• • •

256 주묵(朱墨) : 붉은 먹과 검은 먹으로, 서책에 비점(批點)을 찍거나 글을 첨삭하는 데 사용하는 것이다.

257 오추마(烏騅馬) : 항우(項羽)의 애마. 여기서는 항우를 말한다.

叔)의 중수(中壽)[258]를 이미 넘었으니, 어찌 걱정하지 않아도 될 일 때문에 밤새도록 근심할 필요가 있겠는가?

편지에, '성인의 붓을 빌렸다' 라고 한 말은 폭소를 터뜨리게 한다. 공부자(孔夫子)의 부월(鈇鉞)과 같은 필력(筆力)은 자유(子游), 자하(子夏)조차 감히 보탤 말이 없었는데, 어찌 최서(崔杼)[259]나 진항(陳恒)[260] 같은 자들이 감히 터럭만큼이라도 빌릴 수 있겠는가? 아랫 단락의 일은 아무래도 지나친 생각이다. 다시 입에 담아서는 안 된다. 너무 바빠서 이만 줄인다.

청동(淸洞)에 회답하여 들일 것

• • •

258 건숙(蹇叔)의 중수(中壽) : 춘추시대 진(秦)나라 대부(大夫) 기자(杞子)가 정(鄭)나라에 있으면서 사람을 시켜 진(秦)나라에 고하기를, "정 나라 사람이 나에게 북문(北門)의 열쇠를 맡겼으니, 만일 은밀히 군대를 출동해 오면 정나라를 얻을 수 있다."고 하였다. 진 목공(秦穆公)이 이 일을 건숙(蹇叔)에게 의논하니, 건숙은 안 된다고 하였다. 그러자 목공이 "그대가 무엇을 알겠는가? 중수(中壽)이니, 그대 무덤에 이미 나무가 굵어졌을 나이이다." 하고는 마침내 맹명(孟明), 서걸(西乞), 백을(白乙)로 하여금 정나라를 치게 했다. 진 양공(晉襄公)이 군대를 거느리고 효(殽) 땅에서 진군(秦軍)을 패주시키고 세 장수를 가두니, 목공은 그제야 건숙의 말을 듣지 않은 것을 뉘우쳤다. 중수는 70세이다.(『春秋左氏傳』 僖公 33年)

259 최서(崔杼) : 춘추 시대 제(齊) 나라 대부로 장공(莊公)을 시해한 뒤 경공(景公)을 세우고 스스로 재상이 되었다.

260 진항(陳恒) : 춘추 시대 제(齊) 나라 대부로서 그 임금 간공(簡公)을 시해했다.

乘穀雨之新晴，占花風之晩開，以如松大穎，批閱泮儒諸劵，朱墨殿閣，興自不淺．五百九十七人呈劵，入格如其數，可謂萬科．好呵．際有來幅，如接眉宇，別楮縷縷，可認繾綣之至情，而坡牧防守事，何責乎外邑．擧世眴目，心口各異，則雖臺閣論事，不必惹出風波．且於前史有精切之引喩者，高帝之圍楚覇也，孔將軍在左，費將軍在右，韓信伏於銅山，彭越阻於固陵，絳灌馬呂曹相國諸人，匝之千重，而半夜烏騅之遐擧，及平明乃覺，彼四面分授之諸將，無論罪置辟之擧，漢法寬大之所以基於此者也，如何如何．沁島事，姑非可議者，卿且休慮，蹇叔之中壽已躋，何必恤緯，至於永夜忉忉乎．書中所云，借聖人之筆者，令人噴飯，孔夫子如鈇鉞之筆力，雖游夏不敢贊，安有崔杼陳恒而敢欲借得一毫耶．下款事，亦屬過計，更不可掛諸齒門．極撓漏萬．

淸洞回納
己未三月二十八日

유선(諭善)은 서용보(徐龍輔)와 이만수(李晩秀) 외에 어찌 조금이라도 적당한 자가 있겠는가? 또는 번갈아 정경(正卿)에 천거한다면 일제학[鄭民始]을 어찌 현직에서 빼낼 수 있겠는가? 서[서용보]와 이[이만수] 두 사람을 나누어 각각 의망한다면 하망(下望)을 안배하기도 난처하다. 이번은 처음 나온 빈자리이니 대신이 단망(單望)[261]으로 천거해도 좋겠다. 이것이 편중된다면 정경망(正卿望)은 정민시, 아경망(亞卿望)은 서용보로 하라. 좌의정[李秉模]과 상의하는 것이 어떠한가?

요속(僚屬)을 문신 중에서 시키고자 한다면 김조순(金祖淳)은 각신이자 이조참의이니 현직에서 빼낼 수 없다. 그밖에는 초선(初選)과 조금 다르니, 현재의 문신 중에서 시키는 것이 좋겠다. 음관(蔭官)은 누구를 시키려고 하는가? 유생(儒生) 중에 합당한 자가 있는지 생각하라.

諭善徐龍輔李晩秀外, 豈有依俙近似者乎. 又或與正卿互擧, 則一提豈可拔之耶. 徐李兩人, 分擬各望, 則下望排比, 亦難處. 今番則係是初出之窠, 大臣單擧亦好矣. 此若偏重, 則正卿望鄭民始, 亞卿望徐龍輔爲可. 須與左相議爲如何. 僚屬, 文臣中欲爲之, 則金祖淳閣臣也, 吏議也, 不可拔也. 其外則與初選稍別, 行用文臣中爲之亦可. 蔭官則欲何以爲之, 而儒生可合者思得也.

己未三月二十八日

261 단망(單望) : 관원을 천거할 때 후보자를 한 사람만 천거하는 일.

기미년1799 4월 4일 아침에 받은 편지

446

시험장에 있으므로 인사는 생략한다. 이른바 재임(齋任)은 전혀 말이 되지 않는다. 마음에 둔 사람이 하나도 그럴 듯한 자가 없다. 오늘에야 비로소 거안(擧案)을 보고 깜짝 놀랐다. 그러나 형세상 아무개 등은 걸러낼 것이니, 할 만한 사람을 생각해 두었는가? 모두 걸러낼 때는 대사성도 예외가 아니었으니, 지금은 이렇게 할 것이다. 만약 생각나는 사람이 있거든 이 인편으로 알려주는 것이 어떠한가?

김정근(金定根)은 언제쯤 올라오는가? 강독(講讀)의 일이 있으니 의심받지 않을 수 있겠는가? 이 편지는 즉시 찢어버리는 것이 어떠한가?

보내준 편지를 받고 매우 위안이 되었다. 김관주(金觀柱)의 일은 내가 어찌 정말 난처하여 그러한 것이겠는가? 경이 아직도 나를 알지 못하니 한탄스럽다. 내가 어렵다는 기색을 보인 다음에야 그 사람도 공무를 어렵게 여길 것이니, 우스운 일이다. 김일주(金日柱)의 일은 절대 소홀히 여기지 않는 것이 어떠한가? 나는 김일주의 얼굴을 보지는 못했으나 마음 속으로 늘 그 사람됨을 좋아하여 그러는 것이다. 유악주(兪岳柱)의 일은 신하들이 말하지 않았는데 어찌 임금이 말을 꺼내겠는가?

새로 급제한 사람의 일로 말하자면 경은 어찌하여 13구에 비점(批點)하고는 사제(賜第)[262]한 데 허물을 돌리는가? 13구 지은 사람을 급제시키지 않고

262 사제(賜第) : 국왕의 명령으로 특별히 과거에 급제한 사람과 똑같은 자격을 내려주는 것.

자 하더라도 어찌 할 말이 있겠는가? 껄껄. 그러나 경은 아직도 묘리를 알지 못한다. 처음에 이와 같은 공도(公道)가 있은 뒤에야 사람들이 믿을 수 있는 것이다. 껄껄.

청합(淸閤)에게 즉시 들일 것

在試場, 除煩. 而所謂齋任, 萬不成說. 意中人無一彷彿者, 今日始見擧案駭然. 然勢將沙汰某某, 可爲人思得耶. 一並沙汰之時, 泮長例皆用手, 今欲依此爲之. 如有入思者, 此便示之如何. 金定根何間當上來, 而有講工, 能不見疑耶. 此紙卽扯之如何.
來書承慰承慰. 金觀柱事, 吾豈眞箇難處而然哉. 卿尙不知吾, 可慨. 吾則示持難之色, 然後其人爲難公, 好呵. 金日柱事, 切勿泛忽如何. 吾於日柱, 雖不見面, 心常好其人而然也. 兪岳柱事, 自下不言, 豈可自上提敎耶. 新及第事, 卿何爲而十三句批點, 乃欲歸咎於賜第耶. 十三句, 雖欲不給科擧, 豈有其說乎. 呵呵. 然卿尙不知妙理矣. 初手有此公道, 然後人可信之, 呵呵.

淸閤卽納
己未四月初四日朝

기미년1799 4월 4일 오시에 받은 편지

447

편지를 받고 위안이 되었다. 네 사람 중 위의 두 사람은 내가 정신을 쏟고 있었다. 그래서 경의 뜻을 알고자 한 것이었는데, 지금 과연 내 생각과 같으니 힘을 다해서 하라. 학임(學任)은 이전의 조목처럼 잘 도모하는 것이 좋겠다. 다만 2등을 한 사람은 나이가 많다. 재임(齋任)은 안 될 듯하다.

이 편지는 즉시 찢어버리는 것이 어떠한가?

청동(淸洞)에 즉시 들일 것

承慰. 四人中上二人, 吾所精神都在處, 所以欲知卿意者, 今則果如所料, 當極力爲之. 學任前條圖善爲可. 但第二人年多, 齋任則似不可矣. 此紙卽扯之, 如何如何.

淸洞卽納
己未四月初四日午

기미년1799 4월 10일에 받은 편지

448

일간에 잘 있었는가? 이번 방(榜)은 보았는가? 대저 좌의정[李秉模]의 생각이 다른 사람들과 달라서 감제(柑製)의 방도 이미 보는 사람들을 놀라게 하였는데, 이번 방은 더욱 온당치 못하다. 하물며 지은 글은 마치 술에 취해 지은 것 같은데, 허다한 사람 중에 굳이 저런 글을 뽑았으니, '그 까닭을 찾으려 해도 찾을 수 없다' 하겠다. 여론이 어떠한지 모르겠다.

정(定)[金定根]은 언제 올라오는가? 올라온다 하더라도 거침없이 암송할 수 있겠는가?

근래의 소식은 들려줄 만한 것이 있는가? 정경(正卿) 자리에 두 서씨(徐氏)가 있는데, 앞으로 있을 이조 판서의 천망(薦望)에는 누구를 선택할 것인가? 좌의정은 젊은 사람에게 돌려야 한다는데, 경은 어떻게 할 생각인가? 나도 선택하기가 어려우니 대신에게 맡길 것이다. 하지만 마음 속에 강구하는 바가 없을 수 없으므로 이렇게 상의하는 것이니, 헤아려 대답하는 것이 어떠한가?

이렇게 편지를 주고받는 듯하다는 말이 나온 것은, 경이 낯빛을 조심하지 않아 다른 사람들이 거기서 알아내었기 때문이다. 요사이 얻어들은 이야기가 많으니, 이른바 경과 절친하다는 자에게 경보다 더 절친한 사람이 없겠는가? 이러한 사리와 분수를 어찌 간파하지 못하는가? 이만 줄인다.

청동(淸洞)에 전하여 들일 것

日間■益衛. 今榜見之耶. 大抵左相意思異於人, 柑榜旣駭眼, 今科尤未妥. 况其所作, 如醉中之作, 許多人中, 必取這作, 可謂求說不得, 未知物議如何云耶. 定也何當上來. 雖上來, 能突誦云耶. 近秏有何可聞耶. 正卿有二徐, 來頭吏判之望, 當何以取捨, 而左相當以少者爲歸云耶. 卿則何以爲計. 吾亦難於取捨, 當付之於大臣, 而心中不可無講磨, 有此商議, 量答如何. 似此往復之說, 卿或不愼於眉睫, 使人撕得其際, 近來多有得聞之說, 所謂切親於卿者, 又豈無加於卿之切親處耶. 此箇事理與分數, 何以不能覻看耶. 姑此.

清洞傳納
己未四月初十日

오랫동안 소식을 듣지 못하다가 편지를 받으니 매우 기쁘다. 편지의 내용은 잘 알겠다. 송(宋)과 유(兪)가 속되기는 하지만 송은 현직에서 빼낼 수 없다. 서유교(徐有敎)의 일은 정도를 알 수 없으니 분명히 말하기 어렵다. 박종우(朴宗羽)는 며칠 전에 윤대(輪對)에서 처음 보았는데, 그의 형[朴宗甲]에 비하면 촌학구(村學究)라고 하겠다. 질박하고 진실하다는 점은 좋으니, 우의정도 이 사람을 마음에 두었다고 한다. 이밖에도 향촌에 살면서 독서하는 선비가 반드시 있을 것이니 정성껏 찾는다면 어찌 중요한 인재를 놓치는 일이 있겠는가? 다시 널리 찾아보는 것이 어떠한가?

이조(吏曹)의 통망(通望)[263]은 노서(老徐)와 소서(少徐) 중에 고르면 될 것이다. 황(黃)[黃昇源]은 그의 종형(從兄)[黃景源]이 있을 때에도 즉시 임명하지 않았고, 임명해도 곧 체직하였거늘, 하물며 소황(少黃)[황승원]이 대황(大黃)[황경원]에 미치지 못함에랴. 그러나 정사(政事)와 문학(文學)은 각기 다르니, 이로써 자문의 도움을 받을 수 있을지도 모르겠다.

이조 판서의 복망(復望)[264]에 관한 일은 경이 필시 세작(細作)[간첩]에게 농락당하여 이렇게 말한 것이다. 병(秉)[李秉鼎]이 경에게 악의가 있다는 것은 묻지 않아도 알 수 있다. 이번에 자급을 올린 일도 일제학[鄭民始]이 연석에서 아뢰었기 때문인데, 복망하건 말건 모두 쓸데없이 힘을 쓸 필요가 없다. 게다가 시임(時任)으로 있을 때와는 입장이 다르니, 그저 좋은 말로 사람들의

• • •

263 통망(通望) : 관원를 뽑을 때에 그 후보자로 천거됨.

264 복망(復望) : 통망(通望)을 회복시킴.

물음에 좋게 답하는 것이 좋겠다. 복망한들 무슨 상관이랴마는 경위(涇渭)는 이와 같을 뿐이다.

내일 시관(試官)으로 나아가지 않는 것은 지난 방(榜)의 결과와 요상(僚相)이 한 행동을 보고 너무 조심해 그러는 것인가? 고사에 의하면 대신이 과시(科試)의 시관으로 임명되면 물러난 적이 없었다. 이 때문에 정1품이나 종1품으로 대신하도록 하는 예는 매우 드물었다. 그러나 근래에는 예사로 여기니, 다음에는 반드시 중서(中書)[議政府]의 오랜 규례를 준수하도록 유의하라.

향촌의 독서하는 사람들을 반드시 거두어 쓰려고 마음먹었다면, 마땅히 들은 이름이 있을 것이다. 어찌 꼭 준선(峻選)을 할 필요가 있겠는가? 먼저 일명(一名)[265]으로부터 등용해 보면 그 효과가 어떠하겠는가?

인일제(人日製)에서 부(賦)로 장원을 차지한 이는 심지어 도장(圖章)을 새겨 바치고서야 제목의 뜻을 풀이할 줄 알았다 하니, 이 또한 지난날 못된 무리들의 망발과 같은 수법이다. 그 사람이 어떠한지를 막론하고 조정을 존숭하는 경들의 마음으로는 반드시 밝히고 변별하는 방법이 있어야 할 것이니, 유의하기 바란다.

서산 군수[金履永]는 내려간 뒤로 아직까지 한 마디 말이 없으니 의아한 일이다. 편지를 보내 엄히 꾸짖고 어째서 그러한지 캐묻는 것이 어떠한가? 희(羲)[金羲淳]는 갔다가 언제 돌아오는가? 정(定)[金定根]은 20일 경 분명히 올라

265 일명(一名) : 가장 낮은 관직.

온다고 하던가? 이만 줄인다.

지난번에 말한 충청도의 선비들 중에 지조와 행실이 있는 아무개 등은 아직도 거두어 쓰지 않았으니, 이밖에 있더라도 힘을 다하지 않는다면 어떻게 등용할 수 있겠는가? 남당(南塘)[韓元震]의 손자 중에 노숙한 선비가 있다고 하는데 그 사람은 과연 취할 만한가? 덕산(德山)의 이동윤(李東允)은 전에도 말하였으니 반드시 기억할 것이다. 온양(溫陽)의 맹성순(孟性淳)도 들어 보았는가?

청합(淸閤)에게 회답함

久阻之餘，承示甚慰．多少謹悉，而宋俞雖俗，宋則不可拔矣．徐有敎事，未知淺深，難以質言．朴宗羽則日前輪對始見之，比之乃兄，可謂村學究．質實則可喜，右相亦以此人留意云耳．此外必有鄕居讀書之士，求之以誠，寧或遺珠．更須廣求如何．銓通老徐少徐中取捨，當可．黃也在其從兄時，猶不卽爲，爲亦卽遞，況少黃之不及大黃耶．然而政事文學各異，或可以此爲叩推之資耶．銓長復望事，卿必爲細作所籠絡，而有是言．秉也之向卿有惡意，不問可知．今番升資，亦由於一提學之筵中所奏，其復其否，都不必枉用力處．況與在時任時有間，一味只以順辭好好答於人之來問爲可．雖復望何關，而涇渭則如許耳．明日試官之不赴，豈懲羹於前榜之所取，僚相之所爲而然哉．故事大臣於科試命官，未嘗逡巡，以是正從一品之代行，其例絕罕，而近來則爲例事，後必留意於遵守中書舊規也．鄕外讀書之人，必以收用爲心，則當有得聞之名姓，何必峻選爲也．先自一名而試之，其效當如何耶．人製賦魁，甚至刻納圖章，而知解題云，此亦向來非類妄說中餘套．無論其人之如何，在卿等尊朝廷之心，益【當】講明卞別之方，亦望留意耳．瑞倅下去後，尙今無一言，可惑．須裁書嚴喝，以訊其何爲而然，如何如何．羲也何當往返，而定亦趨念間分明上來云耶．姑此．
向言湖儒操行人某某，尙未收用，外此雖有之，若不宣力，何以試之耶．南塘之孫有老儒云，其人果可取耶．德山李東允，前亦言之，必記，有溫陽孟性淳，亦聞之耶．

淸閤回敬
己未四月十五日

기미년1799 4월 17일에 받은 편지

450

간밤에 잘 있었는가? 날씨가 너무도 맑고 좋기에 뛰어난 선비 몇 사람을 장막 안에 줄지어 놓고 재주를 다투게 하니[266], 마치 연꽃이 맑은 물 밖으로 나오지도 않았는데 십 리 밖에서 그 향기를 맡는 듯하다. 나는 이 일이 너무나 좋아 피로한 줄도 모른다. 껄껄.

더욱 기쁜 일은 경경(庚卿)[金文淳]의 아들을 직접 시권(試卷)으로 가려내어 뽑았다는 것이다. 명성이 장차 널리 퍼질 것이니 이 또한 기이한 일이다. 즉시 그의 아버지를 불러다 '연석에서 치하(致賀)하라는 하교가 있었다' 는 뜻을 전하라. 처음 보는 과거에서 이같은 명성을 얻었으니, 오늘은 어제 시권보다 만 배나 낫지만 형편상 일단 차등(次等)에 둘 생각이다. 이 뜻도 그의 아버지에게 알려주도록 하라. 그렇지만 경은 연석에서 들은 말이라고 전하는 것이 좋겠다. 공공연히 경을 위해 시감(試鑑)이 있다는 명성이 나게 하였다. 어제 시권을 채점하느라 들인 수고가 적지 않은데, 내가 경에게 무슨 빚을 졌다고 경의 일에 이렇게 힘을 쓴단 말인가? 우습고도 고생스럽다.

정(定)[金定根]에 대해서는 다시 들은 소식이 있는가? 춘(春)[李魯春]의 아들[李敎信] 얼굴은 '개 같은 아버지에 호랑이 같은 자식' 이라 하겠으니 너무도 다행이다. 이만 줄인다.

청합(淸閤)에게 즉시 들일 것

• • •

266 날씨가……다투게 하니 : 이날 춘도기(春到記) 유생의 전강(殿講)을 다시 치르게 하였다.(『승정원일기』 1799년 4월 17일)

夜間衛勝. 晴日極佳, 佳士數人, 列置帳圍中, 使之戰藝, 譬如芙蓉之未出淸水, 而其香已聞十里之外. 吾於此事苦癖, 不自知疲, 好呵好呵. 尤可喜者, 庚卿之子, 親有揀拔於紙券之面, 而聲名將大播也, 亦奇事. 卽須招致乃翁, 以筵中有敎, 使之致賀之意傳及. 初觀之科, 已得名如此, 今日雖萬倍勝於昨券, 勢將姑置次等計, 此意亦使乃翁知之, 而卿則以得聞於筵敎傳之爲可. 公然爲卿出試鑑之聲名, 昨所入勞, 誠不些, 吾何負貰於卿, 而於卿事用力乃爾耶. 且呵且苦. 定也更或聞信奇耶. 春也之子, 面貌可謂犬父虎子, 萬幸萬幸, 姑此.

淸閤卽納
己未四月十七日

기미년1799 4월 19일에 받은 편지

451

편지를 받고 위안이 되었다. 오늘은 날씨가 매우 좋다. 상견례(相見禮)를 잘 치렀으니 매우 기쁘고 다행스럽다.

편지의 내용은 잘 알겠다. 정(定)[金定根]의 일로 마침 사람을 보내려 하였다. [김정근이] 아직 오지 않고 있으니 어찌 답답하지 않겠는가? 편지 끝에 이야기한 사람은 나도 매우 아낀다. 하지만 그의 생질이 동임(同任)으로 있으니 어찌하겠는가? 내일은 경이 또 좋은 일을 하게 될 것이다. 대저 노인의 공명이 예사롭지 않구나. 껄껄.

일차강(日次講)이 이처럼 지체되니 혹시라도 의심을 받을까 염려된다. 그[김정근]가 오기를 기다려 즉시 알려 달라. 이만 줄인다.

청합(淸閤)에게 회답함

承慰. 此中日氣清好, 而相見禮好好順成, 甚喜且幸. 多少依悉, 而定也事, 正欲委伻矣, 尙不來, 豈不泄泄耶. 紙尾所示之人, 吾亦深愛, 乃其甥之在同任何耶. 明日卿又將好事矣. 大抵老人功名, 頗不草草, 呵呵. 日次講如是遲滯, 或恐致疑, 待其厥也之來, 卽示之也. 姑此.

淸閤回敬
己未四月十九日

기미년1799 4월 21일 저녁에 받은 편지

452

낮사이 잘 있었는가? 내일 강(講)[267]에 마음이 쓰인다. 사람도 좋고 지망(地望)도 좋으니, 조정이 뛰어난 선비를 얻는다면 얼마나 좋은 소식이겠는가? 어제 자급을 올린 일은 겉으로 대충 보면 제방(隄防)[268]과 관련된 듯하나, 실은 내 나름대로 요량한 바가 있었다. 경이 다른 사람에게 이야기할 때는 반드시 별록(別錄)에 말한 내용을 그대로 지침으로 삼는 것이 어떠한가?

관(觀)[金觀柱]의 경우는 그를 동벽(東壁)[269]에 통망할 때는 이의를 제기하는 사람이 없었는데, 갑자기 가자(加資)할 때 와서 무슨 쟁집할 단서가 있다고 이조 참의[鄭尙愚]가 죽어도 거행하지 않으려 하니 분통터질 일이다.

심능필(沈能弼)의 처지만 해도 그렇다. 홍의영(洪義榮)은 노적(魯賊)[金尙魯]의 사위였으나 막힘이 없었으며, 안해(安楷)는 한세량(韓世良)의 사위이고, 정극순(鄭克淳)은 조태구(趙泰耈)의 사위인데 선조(先朝)[英祖]께서는 모두 아무 문제 없는 사람처럼 거두어 쓰셨다. 장신(張紳)은 이흥립(李興立)의 사위인데도 인조조(仁祖朝)에 벼슬길이 막히지 않았으며, 홍계흠(洪啓欽)은 이진유(李眞儒)의 사위이고 윤세수(尹世綏)와 안해(安楷)는 동서지간인데 모두 위에 말한 안해와 정극순과 같이 전례대로 관직에 종사하였다.

민양현(閔養顯)의 경우에는 아직 공의(公議)가 있지도 않았고 처지도 문제가 없는데 내가 엄히 배척했던 까닭은 세도(世道)를 위한 고심이었다. 하지만

• • •

267 내일 강(講) : 이튿날 시행한 일차 유생(日次儒生)의 전강(殿講) 및 제술(製述)을 말한다.(『승정원일기』 1799년 4월 22일)

268 제방(隄防) : 제한 또는 방비. 여기서는 관직 임용을 제한하는 규정을 말한다.

269 동벽(東壁) : 홍문관 응교.

오래 알고 지내던 사람을 생각하는 의리로 이렇게 수용하였으니, 신상의 결점이 있는 것과는 차이가 있어 혼자만 발탁하기도 어렵다. 형세상 그저 촌수만 논하자면, 조영경(趙榮慶)은 조영순(趙榮順)의 사촌이고, 이술원(李述源)은 이관원(李觀源)의 사촌이나 근래에 모두 구애받지 않았다. 윤천구(尹天衢)도 윤운구(尹雲衢)의 사촌인데 효종조에 전례에 따라 수용되었다. 이제 민양현이 민홍섭(閔弘燮)의 생사촌(生四寸)이라는 이유로 유독 임용에 제한을 둘 수 있겠는가? 그리고 이에 대해서 도대체 어디서 온 무명업화(無名業火)[270]가 세 길이나 높이 일어난 것인가? 자기와 친밀한 사람이면 음관 수령의 가장 좋은 자리인 황강 태수 자리에 뭇사람들의 의론을 배격하고 뛰쳐나와 의망해 놓고, 감히 고수(瞽睡)나 계관(鷄官)[271] 같은 통정(通政)에 하비(下批)하는 것은 기필코 회피하려 드니, 이 어찌 정말로 민[민양현]을 깊이 미워하여 그러한 것이겠는가? 관[김관주]의 해악이 민[민양현]에게까지 미쳐서 그러한 것이다. 이러한 일들을 조용히 할 수 있겠는가? 매우 우습다. 마침 인편이 있어 두서없이 언급한다. 이만 줄인다.

별지에 규장각에 내리는 별유(別諭)를 써서 보내니, 베껴서 친지들에게 보여주어도 좋다. 한 본은 어제(御製)에 싣고자 내각에 내어 줄 생각이다.

• • •

270 무명업화(無名業火) : 불교의 말로 노기(怒氣)를 뜻한다.

271 고수(瞽睡)나 계관(鷄官) : 고수는 '장님 잠자나 마나' 라는 속담을 인용한 듯하다. 무엇을 해도 겉으로 표가 나지 않는 것을 말한다. 계관은 '닭벼슬' 이므로 역시 허울뿐인 관직을 가리키는 듯하다.

판부사(判府事)가 열어볼 것

午間何候. 明講爲之關心, 人也好, 地亦好, 朝廷若得佳士, 何等好消息耶. 昨日陞資事, 外面驟看, 似關隄防, 其實自有秤稱, 卿之對人說話, 必須依別錄云然者, 作爲指南, 如何如何. 觀也則通東壁時, 無他議者, 忽於加資, 有何可爭之端, 而三銓之抵死不爲擧行, 豈不切憤. 至於沈能弼地處, 洪義榮卽魯賊之婿而無碍, 安楷則世良之婿也, 鄭克淳泰耇之婿也, 先朝皆收用如無故者. 張紳則以興立之婿, 不枳於仁廟朝, 而洪啓欽眞儒之婿, 而尹世綏與安楷同婿, 俱與右所謂楷與克淳, 如例從宦. 至於閔養顯, 不待公議, 亦無論地處, 吾所嚴斥之者, 卽爲世道之苦心, 而以念舊之義, 有此收用, 則旣與身累有間, 難以獨拔, 則勢將只論寸數, 趙榮慶榮順之四寸, 李逑源觀源之四寸, 近皆不拘. 尹天衢亦以雲衢之四寸, 在孝廟朝, 循例收用. 今於養顯以弘燮之生四寸, 豈可偏守隄防耶. 且於此有何來無名業火潑潑三丈起, 與渠親昵, 則蔭倅上上窠之黃岡太守, 排衆議, 挺身照擬, 敢於瞽睡鷄官, 通政下批, 必欲謀避, 是豈眞箇深惡於閔也. 觀也之害, 竝及於閔而然者. 此等處, 其可雍容處之耶. 還覺呵呵. 適因便漫及. 姑此. 別紙以內閣別諭書送, 謄示親知亦可耳. 一本載錄御製次, 出給內閣計.

判府事開坼
己未四月念一夕

편지를 받고 위안이 되었다. 충청도 선비의 일은 이쪽의 상소와 저쪽의 상소를 막론하고 결코 저들이 하는 대로 두어서는 안 된다. 모두에게 장문의 편지를 보내고 온갖 방법을 써서 힘껏 만류하는 것이 어떠한가? 경은 호학(湖學)인가 낙학(洛學)인가? 늘 한번 물어보려 하였으나 하지 못하였다. 다음 편지에 자세히 알려 달라. 껄껄.

수의(收議)한 내용 가운데 호해호걸(湖海豪傑)[272] 운운한 것은 한천(寒泉)[李縡]의 시어(詩語)를 쓴 것이다. 이로 보건대 경의 공론을 알겠다.

전임 평안도 관찰사[韓用龜]의 형[韓用和]의 장례는 언제쯤이라 하던가? 13일과 17일 사이에 한다고 들은 것 같은데, 이미 천륜(天倫)을 돈독히 하는 정사로 체직을 허락하였으니, 다녀온 뒤에 하는 것이 좋을 듯하다. 이만 줄인다.

청동(淸洞)에 회답하여 들일 것[273]

• • •

272 호해호걸(湖海豪傑) : 한원진의 추증과 시호에 대한 의견을 묻는 정조에게 심환지가 답한 말에 보인다. "한원진은 호서(湖西)의 호걸스러운 선비[湖海豪傑]로서 학문에 연원(淵源)이 있고 재질 또한 경륜(經綸)을 겸비했으니, 정경(正卿)을 추증하는 의전(儀典)으로 포상함으로써 그의 훌륭함을 드러내는 동시에 많은 선비들의 여망을 충족시켜 주어야 하리라고 생각합니다. 그러나 시호를 의논하는 한 조목만큼은 비상(非常)한 의전에 관계되는 것이라서 감히 경솔하게 의논드리지 못하겠습니다."(『정조실록』 1799년 10월 15일)

273 청동(淸洞)에 회답하여 들일 것 : 이 어찰은 수신 일자가 명기되지 않았으나 1799년 10월 15일 이후에 받은 것으로 추정된다.

承慰. 湖儒事, 無論此疏彼疏, 決不可任他爲之, 並與長書, 而期於多般力挽, 如何如何. 卿則湖學耶, 洛學耶. 每欲一問而未果, 後便必詳示也. 呵呵. 收議中, 湖海豪傑云云, 用泉詩句語, 以此觀之, 卿之公論可知矣. 舊箕伯兄襄事, 在何間云耶. 似聞十三十七間爲之云, 旣以敦倫之政許遞, 則歸見然後爲之似可耳. 姑此.

淸洞回納

이교(李校)[274] 편에 먼저 알린 것이 있는데, 이미 보았으리라 생각한다. 낮 사이 잘 있었는가? 상소는 내일 써서 들이기로 하되, 하루 이틀 미루더라도 안 될 것은 없다. 그저 편한 대로 하라. 서료(徐僚)[徐龍輔]와는 때때로 소식을 주고받는 것이 좋겠다. 이 뜻을 묵묵히 알아차리겠는가? 출사한 이후로 연락할 일이 많았을 터인데, 요즘은 여하튼 간에 이렇게 하지 않을 수 없다. 이만 줄인다.

성 밖 가까이 와 머무는 것은 결코 안 된다. 출사할 때까지 그대로 있는 것이 어떠한가?

노호(鷺湖)에 회답함

李校便, 先有所報, 想已關照. 午間起居更勝. 上疏期於明日書納, 雖退以一兩日, 亦無不可, 惟在從便處之耳. 徐僚許有時往復爲可, 可默會此意耶. 出仕以後, 自多相關, 近於如何之餘, 不可不如此爲可耳. 姑此.
進住城外一款, 決不可【決不可】, 限出仕仍住如何.

鷺湖回敬

274 이교(李校) : 이씨 성의 교위(校尉)인 듯하나 미상.

丁巳四月十一日

正祖御札帖

五帖

기미년1799 5월 2일에 받은 편지

501

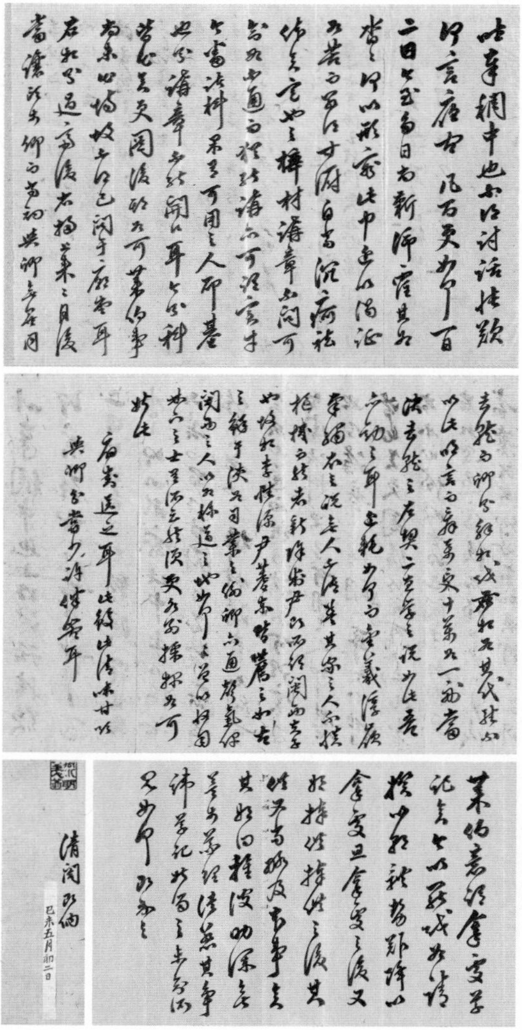

지난번에는 사람이 많은 곳에서 만났기에 이야기를 나누지 못하여 이루 말할 수 없이 한탄스러웠다. 간밤에 잘 있었는가? 하루 이틀이 지나고 이제 여러 날이 되도록 간절히 비가 내리기를 바라고 있으니 그 답답함을 어찌 형언하겠는가? 나는 요사이 갈증 때문에 고생이다. 하지만 단비가 내린다면 고질병도 깨끗이 나을 것이다.

정(定)[金定根]과 같이 글재주가 좋은 사람이 강장(講章)[275]을 한다면 불통(不通)[276]을 맞을 것은 불문가지(不問可知)이다. 그런데 강을 잘 하였다 하니, 참으로 재주있는 사람이라 하겠다. 이번에 치러진 여러 과거의 합격자 중에는 과연 쓸 만한 사람이 있던가? 기(基)는 강장(講章)에서 입을 열지도 못하였다. 이제는 과방(科榜)이 모두 나왔으니 다시 다음 기회를 도모하는 것이 좋겠다.

동래 부사[金觀柱]의 일은 아직 결말이 나지 않았다. 그러므로 어쩔 수 없이 묘당(廟堂)에 문의하였다. 우의정[李時秀]은 재계일이 지난 뒤 성묘하고 올라온다 하니, 다음 달 이후로는 경에게 한 걸음 양보하게 될 것이다. 하지만 당초에 경과 거취를 달리하지 않았는데 경은 정승직에서 해임되고 우의정은 그 후임자가 되었다. 비록 이렇게 분명히 말하지는 않았더라도 1만 석의 녹봉을 사양하면서 10만 석의 녹봉을 받는 것과 마찬가지이니, 마땅히 거취를 결정하는 좌계(左契)[277]가 될 것이다. 이직학[李晩秀]의 말이 이러하였기에 나 역시 권하는 것이다.

요사이 소식은 어떠한가? 김희순(金羲淳)이 경상도 암행어사로 간다는 말을 하지 않는 사람이 없으니, 이것은 그 집안 사람이 추기(樞機)를 삼가지 않아 그러한 것이다.

• • •

275 강장(講章) : 전강(殿講)할 때 시관(試官)이 지정하여 준 경서 가운데 한 장(章), 또는 이 장에 있는 글의 전편을 외는 일.

276 불통(不通) : 강경과(講經科) 성적 등급의 하나. 통(通), 약통(略通), 조통(粗通), 불통의 네 등급 중에서 가장 낮은 등급.

277 좌계(左契) : 약속의 증거. 계약을 두 장으로 쪼개어 하나는 좌계(左契)로 하고 하나는 우계로 삼았다가, 나중에 마주 붙여보아 증거로 삼는다.

새로 제수한 판윤[李膺擧]은 이른바 관서부자(關西夫子)[278]이다. 고상(故相) 이성원(李性源)과 윤시동(尹蓍東)이 옛적에 선우협(鮮于浹)을 사업(司業)으로 임명한 전례와 같이 함께 천거하였다. 경도 소식을 전하여 관서 사람들로 하여금 칭도(稱道)하게 하는 것이 어떠한가? 예전에 재야의 선비들을 거두어 쓰는 일을 가지고 말한 것이 있는데, 각별히 [관서의 인재를] 찾아내는 것이 좋겠다. 이만 줄인다.

부채를 보낸다. 이 전복과 꿀은 맛이 좋기에 경과 나누어 맛보고자 편지와 함께 약간 보낸다.

동래 부사에 대해서는 나처(拿處)하라는 초기(草記)를 올릴 것으로 생각하였다.[279] 그런데 지금 파직하라고 청하니, 조정의 체면으로 헤아려보건대 형세상 나처로 낮추기는 어려울 듯하다. 게다가 나처한 뒤에는 공초를 받을 테고, 공초를 받고 나면 그 공초에 그 일을 대략 언급할 것이 분명하다. 그것은 물결을 일으켜 파란을 돕는 것이다. 의리에는 보탬이 되지 않고 한갓 논쟁만 야기할 것이니, 초기는 일단 대내(大內)에 둘 것이다. [경의] 소견이 어떠한지

• • •

278 관서부자(關西夫子) : 평안도 출신으로 학문이 뛰어난 인물이었기에 이렇게 일컬어진 것이다. 아래의 선우협 역시 관서부자로 일컬어졌다.

279 동래 부사에……생각하였다 : 김관주는 4월 24일 동래 부사에 임명되었으나 부임하지 않았다. 이에 5월 3일 비변사에서는 초기를 올려 의금부로 하여금 나처(拿處)하기를 청하였다.(『승정원일기』 1799년 5월 3일) 나처는 중죄인을 의금부로 잡아들여 조처하는 일이다.

모르겠다. 즉시 알려주도록 하라.

청합(淸閤)에게 즉시 들일 것

昨奉稠中也, 不得討話, 悵歎何言. 夜間凡百更如何. 一日二日, 今至多日, 尙靳沛霔, 其爲沓沓, 何以形容. 此中近以渴証爲苦, 而若得甘澍, 自當沉疴祛體矣. 定也之梓材, 講章不問可知爲不通, 而猶能講, 亦可謂實才. 今番諸科, 果有可用之人耶. 基也則講章不能開口耳. 今則科皆出矣, 更圖後期爲可. 萊伯事, 尙未出場, 故不得已問于廟堂耳. 右相則過齋後, 省掃上來, 來月後當讓頭於卿, 而當初與卿無異同去就, 而卿則解相職, 右相爲其代, 雖不以此明言, 而辭萬受十萬爲一般, 當決去就之左契. 二直學之說如此, 吾亦勸之耳. 近耗如何. 而金羲淳嶺南繡衣之說, 無人不傳, 蓋其家之人不愼樞機而然者. 新除判尹, 卽所謂關西夫子也, 故相李性源尹蓍東, 皆薦之如古之鮮于浹爲司業之例. 卿亦通聲氣, 俾關西之人以爲稱道之地, 如何如何. 曾以收用林下之士有所云然, 須更各別採探爲可. 姑此.
扇封送之耳. 此鰒此淸味甘, 欲與卿分嘗, 少許伴簡耳.
萊伯意謂拿處草記矣, 今以罷職爲請, 揆以朝體, 勢難降以拿處. 且拿處之後, 又將捧供, 捧供之後, 其供又當略及本事矣. 其將日推波助瀾, 無益於義理, 徒惹其爭端. 草記姑留之, 未知所見如何. 卽示之.

淸閤卽納
己未五月初二日
[印]萬川明月主人翁

기미년1799 5월 3일 오후에 받은 편지

502

편지를 받고 위안이 되었다. 동래 부사[金觀柱]의 일에 대해 '좌천된 고을 원[謫倅]' 운운한 것[280]은 그의 출사를 독촉하는 관건이었다. 밤에 하교를 내릴 때 작은 종이에 적어 주기까지 하였으니, 명색은 구두로 전한 하교이나 실제로는 문서와 다름이 없다. 원리(院吏)나 사리(司吏)가 혹시라도 누설할까 그런 것이 아니겠는가? 일단 다시 물은 뒤에 우선 나처(拿處)하고, 공초(供招)를 받기 전에 다시 풀어주어 [임지로] 보낼 생각이다. 이만 줄인다.

청동(淸洞)에 회답하여 들일 것

承慰. 萊伯事, 謫倅云云, 卽其督出之肯綮. 夜於下教之時, 至以小紙錄給, 則名雖口傳下教, 其實無異文蹟. 院吏司吏間, 豈或漏傳而然耶. 第欲更問後爲先拿處, 而捧供前還放發遣爲計耳. 姑此.

淸洞回納
己未五月初三日午後

280 동래 부사의……관건이었다 : 정조는 김관주의 수단자(囚單子)에, "일단 풀어줄 것이며, 특별히 승진시켰으므로 엄하게 처분하지는 않겠으나 좌천[謫補]하는 규례에 따라 즉시 조정에 하직 인사를 하고 출발하라."고 판부(判付)하였다.(『승정원일기』 1799년 5월 4일) 수단자는 의금부로 잡아다 신문하도록 계하된 관원에 대해 잡혀와 수금되었다는 사실을 의금부에서 보고하는 단자이다.

일간에 잘 지냈는가? 오늘 일은 경이 제대로 주선하지 못한 책임이 있기는 하나, 이 또한 '어느 것이든 임금의 은혜 아닌 것이 없다' 고 하겠다. 이러한 의리를 알아낼 수 있겠는가?

근래에 원임(原任)이 시임(時任)의 관직을 침해하여 자못 잡다한 비방이 많다. 이제부터는 옛 전례를 알 것이다. 경은 과연 이 관문을 통과할 수 있겠는가? 아울러 형조의 일을 가지고 황송하다고 하는 단서로 삼아서 아침이 되기를 기다렸다가 차자를 올려 견책을 청하는 것이 어떠한가?[281] 그 일이 이미 조보(朝報)에 나왔으니 나라의 체면으로 보아 잠자코 있어서는 안 될 것이다. 이만 줄인다.

청합(淸閤)에게 즉시 들일 것

日間安重. 今日事, 卿雖有不善周旋之責, 而亦可謂無往非恩造. 能撕得此箇義理耶. 近以原任之侵官於時任, 頗多雜喙, 以今以後, 可知古例, 卿果透得此關耶. 兼以刑曹事爲惶悚之端, 待朝上箚請譴, 如何如何. 本事旣出於朝紙, 揆以國體, 不當泯默耳. 姑此.

淸閤卽納
己未五月初十日夕

281 아울러……어떠한가 : 정조는 이날 이병모, 이시수, 심환지 등이 원임대신으로서 빈대에 참여하지 않은 일을 문제삼았으며, 아울러 적체된 옥사를 속히 처결하라는 전교를 내렸다. 이에 심환지는 5월 12일 차자를 올려 두 가지 일에 대해 견책을 청하였다.(『승정원일기』 1799년 5월 12일)

기미년1799 5월 10일 초경에 받은 편지

504

편지를 받고 위안이 되었다. 이번 일은 이미 조보(朝報)에 나왔으니 내일 차자를 올려 견책을 청하지 않으면 안 된다. 반드시 김예(金隷) 편에 일러준 대로 하는 것이 어떠한가? 이만 줄인다.

삼가 답장을 보냄

承慰. 今番事, 旣出於朝紙, 明日不可不箚請譴勘. 必依金隷便所申爲之如何. 姑此.

回敬
己未五月初十日初更

편지를 받고 위안이 되었다. 비가 내릴 기미가 더욱 막연하니 마음이 타는 듯하다. 어떻게 하면 비가 흠뻑 내리게 할 수 있겠는가?

내일 조정에 나와 차대(次對)를 행하더라도 형편상 조용히 이야기하지는 못할 것 같다. 이른바 재계간(齋桂間) 운운한 것은, 아무리 근래의 인심이 예전만 못하다고는 하나 어찌 저같은 말이 있단 말인가? 듣자니 나에게 알릴 것도 생각하였다는데, 교활하다고 하겠다. 대저 을묘년(1795) 이후로 이런 황당한 이야기는 조금 그쳤을 것이라 여겼는데, 요사이 다시 망령된 행동이 갑절이나 심해졌으니, 비단 이 일만 그러하겠는가? 어찌 매우 답답하지 않겠는가? 이른바 재계지인(齋桂之人)이란 누구인가? 또 그때 문안에 참여했는지 여부를 누가 알고서 이러한 말을 하였는가? 과연 그렇지 않다는 것을 극구 밝혔는가? 경을 위한다고 한 일이 도리어 이렇게 되었으니, 어찌 매우 분하지 않겠는가? 이번 답장에서 반드시 자세히 알려주는 것이 어떠한가? 정(鄭)이 보낸 편지도 이 편지의 답장과 함께 들여보내는 것이 어떠한가?

이조 참판[李書九]은 형편상 암행어사[金羲淳]가 들어오기를 기다렸다가 정사(政事)를 행하여 바꾸어 주겠다. 조(趙)[趙尙鎭]의 일에 대해 삭직하라는 청은 지나치다.[282] 몽(夢)[金鍾秀]의 가장(家狀)은 다음 인편에 들여보내는 것이 어떠한가?

• • •

282 조(趙)[趙尙鎭]의……지나치다 : 대사간 신헌조가 형조 판서 조상진의 삭직을 청한 일을 가리킨다. 신헌조는 조상진이 탄핵을 받은 지 며칠 되지 않았는데 행공한 일과, 옥사의 판결을 지체한 일을 문제삼았다.(『승정원일기』 1799년 5월 22일)

요사이 듣자니 경의 집안에서 집을 짓는 일이 있다고 하는데, 이러쿵 저러쿵하는 말이 들린다. 어쩌다 이런 비방을 듣게 되었는지 모르겠다. 역시 자세히 알려 달라.

대사간[申獻朝]이 조[조상진]의 일에 대한 논의를 꺼낸 것은 마치 정(鄭)을 팽두이숙(烹頭耳熟)[283]한 것 같다. 그가 유감을 품은 것은 우선 제쳐두고, 이러한 때 피차가 분분하니 답답하다. 모두 진정시키는 것이 어떠한가? 이만 줄인다.

청합(淸閤)에게 삼가 답장을 보냄

283 팽두이숙(烹頭耳熟) : 머리를 삶으면 귀까지 익는다는 뜻으로, 한 가지 일이 잘되면 다른 일도 저절로 이루어짐을 비유적으로 이르는 말.

承慰. 沛然愈漠然, 心焉如焚. 何以則可致方千耶. 明日雖篚朝欲行次對, 勢將不得從容討便耳. 所謂齋桂間云云, 雖曰近來人心不古, 寧有如彼之說乎. 聞來示吾亦思之, 可謂巧矣. 大抵乙卯以後, 意謂似此謊說少止矣, 近復妄度倍甚, 奚特此事爲然. 豈不切悶耶. 所謂齋桂之人, 誰某耶. 且其時問安之參與不參, 有誰知之而爲此說云耶. 果極口以明其不然耶. 爲卿地之事, 反爲如許, 豈不切憤耶. 此回必須細答, 如何如何. 鄭也所送, 亦於此答入送如何. 亞銓勢將待繡衣入來後, 行政然後遞給矣. 趙也事, 削職之請過矣. 夢狀待後便入送如何. 近聞卿家有治第之役, 雌黃之說入聞, 未知何以得此謗耶. 亦爲詳示也. 諫長之發趙也事, 有若使鄭也烹頭耳熟者然. 彼之含憾, 姑捨是, 如是之際, 彼此之紛然, 可悶. 須隨處定鎭如何. 姑此.

清閤回敬
己未五月念四日

기미년1799 5월 26일 아침에 받은 편지

506

편지를 받고 위안이 되었다. 지금 비 내릴 기미가 농후한데, 한마음으로 재계하여 감히 조금이라도 해이해지지 않을 생각이다.

송흠서(宋欽書)의 일은 경의 말이 참으로 좋다. 이후의 경연에서 송익정(宋益鼎), 정복환(鄭復煥)의 일과 함께 말을 꺼내는 것이 어떠한가?[284] 보내준 편지는 해질녘이 다 되어 아직 보지 못하였다. 내일 보고 돌려주겠다. 이만 줄인다.

청합(淸閤)에게 회답하여 들일 것

承慰. 目今雨意似濃, 而一心齋遫, 不敢爲少弛之計. 宋欽書事, 卿言甚好. 後筵與宋益鼎鄭復煥事發端如何. 申紙迫昏, 姑未見之, 明當覽還耳. 姑此.

淸閤回納
己未五月念六朝

284 송흠서(宋欽書)의 일은……어떠한가 : 심환지는 송시열(宋時烈)의 봉사손(奉祠孫) 송흠서, 정호(鄭澔)의 후손 정복환, 송재경(宋載經)의 아들 송익정 등을 조용(調用) 또는 방환(放還)하도록 청하였다.(『승정원일기』 1799년 5월 30일)

간밤에 잘 있었는가? 나는 제사를 마칠 때까지 앉아 있다가 새벽에 일어나 수응(酬應)하고 있으니, 근력이 어찌 감당하겠는가? 그래도 병들어 자리에 눕는 것은 면하였으니, 강항령(强項令)[285]이라 할 만하지 않겠는가?

보내준 편지는 보고 돌려보낸다. 얼마 전에 들으니 승정원의 공좌(公座)에서 경상도 암행어사[金羲淳]의 별단(別單)[286]과 중초(中草)[287]가 섞여 들어오는 바람에 승지들이 모두 열어 보고서야 그의 집에 돌려주었다고 한다. 예로부터 지금까지 어찌 이런 일이 있었는가? 그 사람이 정신이 어두워 그런 것이기는 하나, 설사 한양에서 논의하려 했다면 정본(正本)을 들여보냈을 터인데 이상하지 않은가? 다행인 것은 사적인 편지와 계초(啓草)를 동봉하지 않았다는 점이다. 즉시 그 집에 곡절을 알아보는 것이 어떠한가? 이만 줄인다.

청합(淸閤)의 집사(執事)에게

---

285 강항령(强項令) : 머리를 굽히지 않는 관리. 후한(後漢) 광무제(光武帝) 때 낙양 영(洛陽令)을 지낸 동선(董宣)은 강직한 관리였다. 호양공주(湖陽公主)의 종[奴]이 사람을 죽이자 동선이 그를 잡아다 죽였다. 공주가 황제에게 이 일을 하소연하자, 황제는 동선을 잡아다 공주에게 사과하라고 하였다. 동선이 거절하자 억지로 머리를 조아리게 하였는데, 동선은 힘껏 버티며 끝내 머리를 숙이지 않았다.

286 별단(別單) : 국왕에게 올리는 글에 덧붙이는 문서 또는 명부.

287 중초(中草) : 초고를 한 차례 수정한 것.

夜間更衛. 此中坐待祭畢, 曉起酬應, 筋力何以抵當得. 猶能免委頓者, 亦可謂强項令耶. 申紙覽還耳. 昨聞政院公座, 嶺繡別單及中草, 錯爲入來, 諸承旨皆扮見, 還給其家云. 往古來今, 寧有是耶. 其人終涉昏殘而然耳. 設欲議于京中, 以正本入送, 豈不異常, 而所可幸者, 私書與啓草之不爲同封耳. 卽卽探問委折於其家, 如何如何. 姑此.

淸閤執事
己未五月二十七日朝

기미년1799 5월 29일에 받은 편지

508

편지를 받고 위안이 되었다. 반가운 비다. 반가운 비다. 어찌 이처럼 반가운 비가 있겠는가? 아침의 연석에서 이미 전교를 내렸다. 내 생각에 이후의 농사는 오직 사람이 어떻게 하느냐에 달려 있을 따름이다. 이 때문에 애가 탄다. 수확하기 전까지는 하루도 걱정하지 않는 날이 없을 것이니, 임금노릇 하기가 이처럼 어려운 법이다.

나는 경에 대해 숨기는 것이 없다. 예전부터 부족한 점이 없었는데 이제 와서 어찌 가사(家舍)의 일로 사례한단 말인가? 도리어 개탄스럽다. 백변(白弁)[288]에 대한 일은 장(長)에게 말하였으니, 오직 만나서 이야기할 뿐이다. 근간 경상도 암행어사[金羲淳]의 종적은 듣고 있는가? 이만 줄인다.

청합(淸閤)에게 회답하여 들일 것

承慰. 喜雨喜雨, 豈有如此喜雨耶. 朝筵已下傳教, 吾意則此後田功, 惟在人力之如何. 以此憧憧, 收穫以前, 無非念念之日, 爲君難有如是耶. 吾於卿無隱, 昔非不足, 今何稱謝家舍事耶. 還用可慨. 白弁事, 言之長也, 惟在面討. 嶺繡間聞蹤跡耶. 姑此.

淸閤回納
己未五月念九日

288 백변(白弁) : 백씨 성의 무관(武官)인 듯하나 미상.

기미년1799 6월 2일에 받은 편지

509

편지를 받고 위안이 되었다. 나는 체증(滯症)에 복통이 있어 너무도 괴롭다. 『인서록(人瑞錄)』[289]은 아직 자세히 열람하지 못하였으니 추후에 돌려 보내겠다.

충청도 관찰사[李泰永]가 올린 두 편의 장계에 언급된 존창(存昌)[李存昌][290]과 연가(延哥)[延東標][291]의 일로 말하자면, 하나는 사학(邪學) 소굴의 주인이요, 하나는 풍속을 망치고 백성을 어지럽힌 자이다. 이 자들을 용서한다면 사람들이 어찌 두려워할 줄 알겠는가? 하지만 조정의 모든 일은 먼저 대체(大體)를 보아야 한다. 왕도정치(王道政治)는 이단에 물든 사람을 사람답게 만들고 이단의 책을 불태우는 법이니, 잘못을 고친 사람을 죽인다는 말은 듣지 못하였다. 형세상 먼저 관찰사의 장계를 따르고, 다시 차후의 일을 보도록 하겠다. 연가[연동표]의 일도 마찬가지이다. 옥사에는 두 범인이 없는 법이니, 어찌 계속해서 추문(推問)[292]하라고 할 수 있겠는가?

대저 명예를 추구하는 것이 습속이 되어 백성들의 마음이 공손하지 못하다. 지금처럼 가뭄을 걱정하는 때에 보이지 않는 곳을 살피고 억울한 사람을

• • •

289 『인서록(人瑞錄)』: 1795년 정조 즉위 20년, 혜경궁 홍씨의 환갑, 그리고 정순왕후 김씨의 51세가 되는 해를 기념하여 조야(朝野)의 노인들에게 잔치를 베풀고 상을 내린 일을 기록한 책.

290 존창(存昌)[李存昌] : 예산(禮山)의 백성 이존창은 서학(西學)을 전파한 죄로 당시 공주(公州)에 수감되어 있었다. 충청도 관찰사 이태영은 그의 옥사가 지체된 지 5년이 되었고, 마음을 바꾼 것이 확실하다며 석방을 청하였다.(『승정원일기』 1799년 6월 6일)

291 연가(延哥)[延東標] : 청안(淸安)의 백성 연동표는 관장(官長)을 핍박한 사건에 연루되어 조사 중에 있었다. 충청도 관찰사 이태영은 더 이상 그의 죄를 찾아낼 길이 없어 참작할 방도가 있어야 한다고 청하였다.(『승정원일기』 1799년 6월 6일)

292 추문(推問) : 죄상을 추궁하여 심문함.

신원하는 일을 묘당에 맡긴 까닭은, 만약 담당자에게 주관하도록 한다면 제대로 가려내지 못하거나 가볍게 여길까 해서였다. 그래서 대신들로 하여금 이를 알고 거행하게 한 것이다.

이른바 '봉입(捧入)을 허락했다고 하는 원정(原情)' 은 단지 가볍게 여겼다고 말할 수만은 없다. 이 또한 원망을 떠맡지 않으려는 것일 뿐이다. 지금 명예를 추구하고 원망을 떠맡지 않으려는 폐해는 이와 반대로 하는 것보다 더욱 심하다. 이후의 연석에서 말이 나오면 한번 분명하게 아뢰는 것도 안 될 것 없을 듯한데 어떠한지 모르겠다. 이만 줄인다.

청동(淸洞)에 삼가 답장을 드림

承慰. 此中滯有腹痛, 甚苦. 瑞錄姑未細閱, 追當奉復. 而錦伯兩啓, 存昌及延哥事, 一是邪學窩主, 一是悖俗亂民, 此而饒貸, 人何知懼. 然朝廷凡事, 先觀大體, 王者之政, 當人其人火其書, 未聞誅其改過之人. 勢將先從道啓, 更觀下回. 延哥事亦然, 獄無兩犯, 則又何可使之仍推耶. 大抵譽成習, 民志不遜, 今番悶旱時, 察幽伸枉之付之廟堂者, 吾意若令有司主管, 則不可取捨, 或恐屑越, 使大臣知此擧行矣. 所謂許捧之原情, 不可但以屑越言, 此亦不任怨之一端. 目今要譽不任怨, 其害甚於反於是. 後筵出言端, 一番洞陳, 無所不可, 未知如何. 姑此都留.

淸洞回敬
己未六月初二日

기미년1799 6월 4일에 받은 편지

510

일간에 잘 지냈는가? 이조 판서와 전라도 관찰사의 후임자는 극강운(極强韻)[293]이라 하겠다. 과연 그 자리가 누구에게 돌아갈지 모르겠다.

창원 부사[李尙度]는 주자서(朱子書)에 익숙하고, 또 그의 상소 내용은 자못 받아들일 만하다. 그들의 공론에도 고상(故相) 동고(東皐)[李浚慶]의 후손이 아직 승품(陞品)[294]하지 못하였다는 말이 있었다. 그리하여 부득이하게 가자(加資)하였으나 그의 치적을 들으니 매우 해괴하였다.

안악 군수[朴載淳]는 재물을 얻으려는 욕심 때문에[295] 처음의 자세를 계속 지키지 못하므로 내직으로 옮기지 않을 수 없다고 이야기한 적이 있는데, 경은 과연 듣지 못하였는가? 그렇다면 이 두 자리에 전임 수령보다 나은 사람을 임명하여 보내지 않는다면 두 고을의 백성들이 조정을 어떻게 보겠는가? 이조 참의를 엄하게 신칙하여 제대로 의망하게 하는 것이 어떠한가? 그가 공을 세워 보답할지는 일단 제쳐두고서라도, 지금 조정의 급선무는 이보다 긴급한 것이 없으니 정사(政事)에 나오기 전에 즉시 말해두는 것이 어떠한가?

창원은 무신(武臣)을 교대하여 임명할 자리에 해당하는데, 정주성(鄭周誠)이 일찍이 치적도 있었다고 하니 좋을 듯하다. 이만 줄인다.

• • •

293 극강운(極强韻) : 강운은 운목(韻目)에 속한 글자가 적어 시를 짓기 어려운 운자(韻字)를 말한다. 극강운은 그중에서도 더욱 어려운 것을 말한다. 여기서는 후임자를 정하기가 매우 어렵다는 뜻이다.

294 승품(陞品) : 품계가 오름. 여기서는 특히 직위가 종3품 이상의 품계에 오름을 말한다.

295 재물을……때문에 : 『논어(論語)』「계씨(季氏)」의 "혈기가 이미 쇠하였으면 얻으려는 욕심을 경계하여야 한다.[血氣旣衰, 戒之在得]"는 말을 인용한 것이다.

청동(清洞)에 즉시 들일 것

日間安重. 吏判完伯之代, 可謂極强韻, 未知果屬於何者. 而昌原之鬧於朱書, 且其疏語, 頗可取. 渠輩公論, 亦以故相東皐之孫, 尙未陞品, 有所爲言, 雖不得已加資, 聞其治績, 甚駭然. 安岳在得之計, 不承權輿, 以不可不內移, 有所酬酢, 卿果未及聞耶. 然則此二窠, 若不以勝於前倅者差送, 兩邑之民視朝廷如何. 嚴飭三銓, 期於善擬如何. 渠之報效, 姑捨之, 目今朝廷先務, 莫緊於此, 赴政前, 卽爲言及, 如何如何. 昌原則係是武臣交差窠也, 鄭周誠曾聞有治績, 似好耳. 姑此.

淸洞卽納
己未六月初四日

기미년1799 6월 20일에 받은 편지

511

지금 같은 무더위는 50년 가까이 살면서 처음 본다. 요즘 잘 지내는가? 나는 오늘 간소한 음식을 준비하여 정성껏 경축하였다. 인편을 통해 찬합 하나를 나누어 주니, 받아서 맛보길 바란다.

지난 편지에 한 말은 잘 알겠다. 송(宋)이 처음 벼슬하는 일은 비록 그렇다 하더라도 어찌 책망할 필요가 있겠는가?

도목 정사 이후 여론은 어떠한가? 오전에 한해서 서둘러 일을 처리했는데 특별히 문제되는 점은 없는가? 6품에 오른 지 아직 6개월이 지나지 않았는데도 곧장 자기 형이 얼마 전 체직된 풍족한 고을을 차지하려 하니, 결코 [사대부의] 본색이 아니다. 어쩔 수 없이 다시 의망하여 충무공(忠武公)[金應河]의 봉사손(奉祀孫)이나 정익공(貞翼公)[李浣] 집안 사람 중에 아직 관직에 오르지 못한 사람을 호대(互對)[296]하는 것이 조금 나을 듯하다. 한성부 주부를 용궁 현감의 빈자리에 놓은 것은 너무 낮춘 것이 아닌가? 이만 줄인다.

청동(淸洞)의 집사(執事)에게

• • •

296 호대(互對) : 호대쌍거(互對雙擧). 인재 등용에 있어 한쪽 당파를 천거하면 똑같이 다른 쪽 당파의 인물도 천거하여 수적으로 균형을 맞추도록 하는 것.

如今盛熱，行年近五十所初見，比候萬相. 此中今日略備小饌，以伸慶祝之誠，而以一榼因褫分呈，望須領嘗耳. 前書示諭依悉，而宋也筮仕事，雖然，何足責. 大政後，物情云何. 限午前，草草句當，大抵別無太碍處耶. 出六未過六朔，便欲圖占於乃哥腴邑纔遞之餘者，決非這個本色. 不得已改望，歸之忠武祀孫與貞翼家之尙未官享者互對，是爲差强. 京兆主簿見在龍宮窠，不至太劣耶. 姑此.

淸洞執事
己未六月二十日

기미년1799 6월 21일에 받은 편지

512

간밤에 잘 있었는가? 처의(處義)를 한 번 펼 수 없었던 것이 답답하겠지만 실은 어쩔 수 없었다. 해마다 불러오면 번번히 인의(引義)하여 물러가니, 필시 하지 못할 일이어서 그런 것이다. 게다가 경의 나이가 이미 일흔이 넘었는데, 임명되자마자 체직되는 사이 조정에서 대신의 직무를 행한 때가 과연 얼마나 되는가? 연상(連相)은 아예 시골집으로 가버렸지만 과연 세도를 부축하고 풍속을 진작시킨 분명한 효과가 얼마나 있는가? 그렇다면 외면은 외면대로 두고 오직 실제에 힘써야 할 것이다.

이번 일은 사직 상소를 즉시 올리지 않았고, 올리면서도 그저 물러난다고만 말하였기에 수습하고 미봉하기가 갑절로 어렵게 되었다. 대저 옛날 사람은 모든 일을 헤아린 뒤에 하였는데, 지금 사람들은 그렇지 않다. 경도 여기서 벗어나지 못하니 한탄스럽다. 대신의 처의가 구차해서는 안 되겠지만 때로는 마음대로 할 수 없는 경우도 있으니, 나라를 한몸과 같이 여기는 의리가 중요하여 종종 사사로운 의리를 뒤로 제쳐놓아야 하기 때문에 그러한 것이다. 하물며 삼정승이 한꺼번에 갑자기 모두 체직되려 하니, 어찌 이러한 일이 있단 말인가? 그렇다면 다시 조정에 나오는 것 외에 다른 방법이 없다. 이 또한 의리와 분수를 비교해 보아야 할 부분이다. 어찌 생각하는지 모르겠다. 오늘 즉시 차자를 올리겠다고 하였는데, 입계하거든 다시 봉하여 돌려줄 생각이다. 이만 줄인다.

청합(淸閤)의 집사(執事)에게

夜間何候. 處義之不能一伸, 雖似悶然, 其實則實有不得不然者. 年年招來, 番番引遞, 必是行不得之事. 且卿之年齡, 已過七十, 則乍拜乍遞之際, 在朝行大臣之職事, 當爲幾時也. 連相雖長往鄕廬, 而果有何扶植振勵之爀然成效耶. 然則外面從他外面, 惟在於務實而已. 今番事, 辭疏不卽爲之, 爲亦直以告退說去, 以致收殺彌縫之倍難. 大抵古之人, 凡事量而後爲, 而今俗不然, 卿亦未免坐在這裏, 可歎. 大臣處義, 雖當不苟, 亦或有不得自由者, 以其義重體國, 往往以私義或後而然. 况三相之一時無端並遞, 亦豈有如許事面耶. 然則出脚之外, 無他道. 此亦義理分數當較看處, 未知以爲如何. 今日欲爲卽箚云, 待入啓, 又當封還爲計. 姑此.

淸閤執事
己未六月念一日

기미년1799 8월 24일에 받은 편지

513

김예(金隷)를 쓰지 못하여 편지를 보낼 길이 막혔으니 답답하기가 이루 말할 수 없다. 일간에 잘 지냈는가? 나는 자전(慈殿)의 건강이 좋아지고 있어 너무도 다행스럽다.

근래 소식은 들려줄 만한 것이 있는가? 계속 굳게 감추어 바깥 사람들이 엿보지 못하게 하는 것이 어떠한가? 송문술(宋文述)이 하등(下等)을 맞은 것은 안타깝다. 매(邁)[徐邁修]를 파직한 의도는 얼음물 마시는 고통[297]을 면하게 하려는 것이었다. 당사자가 알 수 있겠는가? 전통(銓通)의 대체와 면목은 나의 말이 대경대법(大經大法)[298]이다. 이러한 것은 본래 무한한 묘리가 있는데, 알겠는가? 근황을 알고자 편지를 보냈다. 이만 줄인다.

이 교위(校尉)가 구두로 전하는 말이 있을 것이니, 김예가 나가 있는 동안은 이 말대로 하는 것이 어떠한가?

청합(淸閤)의 집사(執事)에게

297 얼음물 마시는 고통 : 사명(使命)의 어려움을 말한다. 『장자(莊子)』 「인간세(人間世)」의 "내가 아침에 사신의 명을 받고서 저녁에 얼음물을 마셨다.[今吾朝受命而夕飮氷]"는 말에서 유래하였다.

298 대경대법(大經大法) : 지켜야 하는 불변의 법칙.

金隸不用, 書便路阻, 其爲沓沓, 何可勝言. 日間安重耶. 此中慈候向勝, 萬幸萬幸. 近耗有何可聞. 一味堅壁, 無爲外人所窺覘, 如何. 宋文述之下等, 可矜. 邁也罷職, 意在爲免飮氷之苦, 當者能知得耶. 銓通事, 大體面目, 吾言卽大經大法, 此等處自有無限妙理, 可領會耶. 爲探近候, 姑此都留.
此校當有口申者, 金隸出間, 依此爲之, 如何如何.

淸閤執事
己未八月念四日

기미년1799 8월 28일에 받은 편지

514

마침 편지를 보내려 하였는데 [경이] 보내준 편지를 받고 위안이 되었다. 나는 잘 지내고 있다.

신임 이조 판서[徐龍輔]는 처지에 구애되어 이조 참판[李書九]과 같은 수단을 쓸 수는 없지만, 만약 잘 하고자 한다면 어찌 방법이 없겠는가? 일단 만나서 신칙할 생각이나 과연 일을 그르치지 않을지 모르겠다.

서(書)[이서구]의 경우에는 근래 자못 쟁쟁하다. 그리고 이노춘(李魯春)의 일로 말하자면 그의 인품이 본래 어질고 선하니, 허물을 보면 그 사람을 알 수 있을 뿐이다.[299] 이른바 재계예(齋桂隷)라는 자들은 과연 누구누구인가? 매우 답답하다. 하지만 어찌 이 때문에 터럭만큼이라도 좌절할 수 있겠는가? 경이 조만간 다시 임명되면 그때는 또 무어라 이야기하겠는가? 그저 내버려두는 것이 좋겠다.

김이영(金履永)의 편지에 대해 별달리 답할 말이 없으면 그로 하여금 더욱 노력하도록 하는 것이 어떠한가?

몽촌(夢村)[金鍾秀]의 가장(家狀)은 내일쯤 들여보내겠다. 그의 제문(祭文)을 어찌 채상(蔡相)[蔡濟恭]과 비교할 수 있겠는가? 짓고자 한다면 저촉되는 말이 많을 것이다. 게다가 사람들이 알지 못하는 의리를 드러내야 할 것이 있으므로 일단 짓지 않은 것이다. 모르는 사람들은 도리어 채상만 못하다고 여기니, 우스운 일이다. 명색은 제문이지만 행장과 다를 바가 없다. 섣달 초삼일

• • •

299 허물을……뿐이다 : 『논어(論語)』「이인(里人)」에, "허물을 보면 그 사람이 어진 사람인지 알 수 있다.[觀過, 斯知仁矣]"는 말이 보인다. 여기서는 이노춘이 어질고 선한 탓에 잘못을 저질렀다는 뜻이다.

까지 지으려 하는데, 만약 늦다고 여긴다면 그 전에 짓고자 한다. 어떠할지 모르겠다.

김희순(金羲淳)에게는 그저 뜻만 보였을 뿐, 아직 다시 상세히 알려주지는 않았다. 그가 과연 어떻게 할 생각이라 하는가?

박전(朴烇)의 일에 대해 경은 어찌 그리도 약한가? 설령 그대로 간 죄가 있다 하더라도 문제가 된 일은 의관들이 자기 뜻대로 할 수 없어 잡다한 비방이 나온 것에 불과하다. 요사이 이러한 것들이 나를 무척 화나게 한다. 보내온 편지에 언급하였기에 그 때문에 개탄한다.

한(韓)[韓象履]의 초사(初仕)하는 일에 대해 경은 어찌하여 이렇게 말하는가? 그 사이에 씩씩한 기세가 꺾인 것인가? 껄껄. 이밖에도 말할 것이 무수하지만 만날 길이 없으니 매우 답답하다. 나머지는 모두 다음 편지로 미루겠다. 이만 줄인다.

아무개의 일에 대해서는 내가 어찌 소홀히 말하겠는가? 편지를 지닌 심부름꾼이 자주 오느냐 드물게 오느냐를 가지고 조금이라도 자기를 아끼는 사대부가 이런 일로 좋아하거나 섭섭하게 여기면 안 된다. 하물며 을묘년(1795)에 굳게 맹서한 바임에랴. 밖에서 오는 말들을 지나치게 믿어서는 안 된다. 여러 말 하지 않겠다.

청합(淸閤)에게 회답하여 전할 것

政欲討便, 來紙際慰. 此中穩勝耳. 新吏判地處所拘, 縱不得一切用亞銓手段. 苟欲善爲, 豈無其方. 第欲面飭計, 未知果不僨錯. 至於書也, 近頗錚錚, 而李魯春事, 人品本來仁善, 觀過知其人而已. 所謂齋桂隷, 果是誰誰某某耶. 悶甚. 而何可以此一毫少挫耶. 卿從近復拜, 其時又當作何許說話耶. 悠悠一任之爲可. 金履永書, 別無可答之語, 使之益加努力, 如何如何. 夢村家狀, 明間入送也. 其祭文, 豈比蔡相. 欲爲則多觸逼語, 且人所不知之義理, 有可發揮者, 所以姑不爲之也. 不知者反以爲不及蔡相, 可笑. 名雖祭文, 無異行狀, 欲於臘月初三爲之, 而如以爲稽, 則其前欲爲之耳. 未知如何如何. 金羲淳, 只示意而已. 姑未更爲詳見, 彼果如何爲計云耶. 朴烇事, 卿何弱耶. 設有仍往之罪, 其所抉摘, 卽不過醫官輩權不由己, 胥動雜喙之致也. 近來此等處, 令人髮竪. 來紙云云, 爲之慨歎. 韓也筮仕事, 卿何言之若此. 豈於其間壯氣沮耶. 呵呵. 此外可言者無數, 而無路相面, 甚菀. 多少都在更候. 姑此.
某也事, 吾何爲泛然說耶. 至於書伻踈數, 尤非士夫稍欲自好者所可因此輕重者, 況乙卯卽息壤者耶. 外至云云, 須勿傾信, 不在多言.

淸閤回傳
己未八月二十八日

편지를 받고 위안이 되었다. 선비를 구한다는 전교가 조보(朝報)에 나갈 것인데[300], 혹시라도 잘못 쓴 것이 있다면 한탄스러운 일이다. 한 건을 베껴 보내니 다시 여러 건을 베껴 꼼꼼히 교정한 뒤 한양 및 충청도의 인사들에게 널리 보이도록 하라. 그리고 정일환(鄭日煥)에게도 한 건을 베껴 보내는 것이 어떠한가? 이만 줄인다.

대신이 천거하는 일에 대해서는 이미 내린 명이 있으니, 경도 독서하는 선비와 주자서(朱子書)에 조예가 깊은 사람을 모쪼록 천거하는 것이 어떠한가?

청동(淸洞)에 회답하여 들일 것

承慰. 求儒傳敎, 當出於朝紙, 而或有錯書, 則可歎. 一件謄送, 更又多謄精校, 京中及湖中人士, 期於廣示, 而鄭日煥許, 一件亦爲謄送, 如何如何. 姑此.
大臣薦仍, 旣有成命, 卿亦讀書之士及專意於朱書者, 某條薦進如何.

淸洞回納
己未八月二十九日夕

300 선비를……것인데 : 이 전교는 『승정원일기』 1799년 8월 29일에 보인다.

기미년1799 9월 2일에 받은 편지

516

편지를 받고 위안이 되었다. 나는 수응(酬應)하느라 바쁘기는 하지만 계속 잘 지내고 있다. 서산 군수[金履永]의 일은 그를 올라오게 하여 문안하는 반열에 참석한 뒤 내려가도록 하는 것이 좋겠다. 그 편지는 너무 바빠서 아직 보지 못하였다. 이만 줄인다.

이조 판서[徐龍輔]의 첫 정사(政事)를 과연 어떻게 보며 여론은 어떠한지 다음 편지에 자세히 알려주는 것이 어떠한가?

청합(淸閤)에게 회답하여 전할 것

承慰. 此中酬應雖煩, 連爲穩勝耳. 瑞倅事, 使之上來, 候班進參後, 下去爲好. 其紙姑煩甚未見耳. 姑此都留.
吏判初政, 果如何看得. 而物情亦如何. 後便詳示如何.

淸閤回傳
己未九月初二日

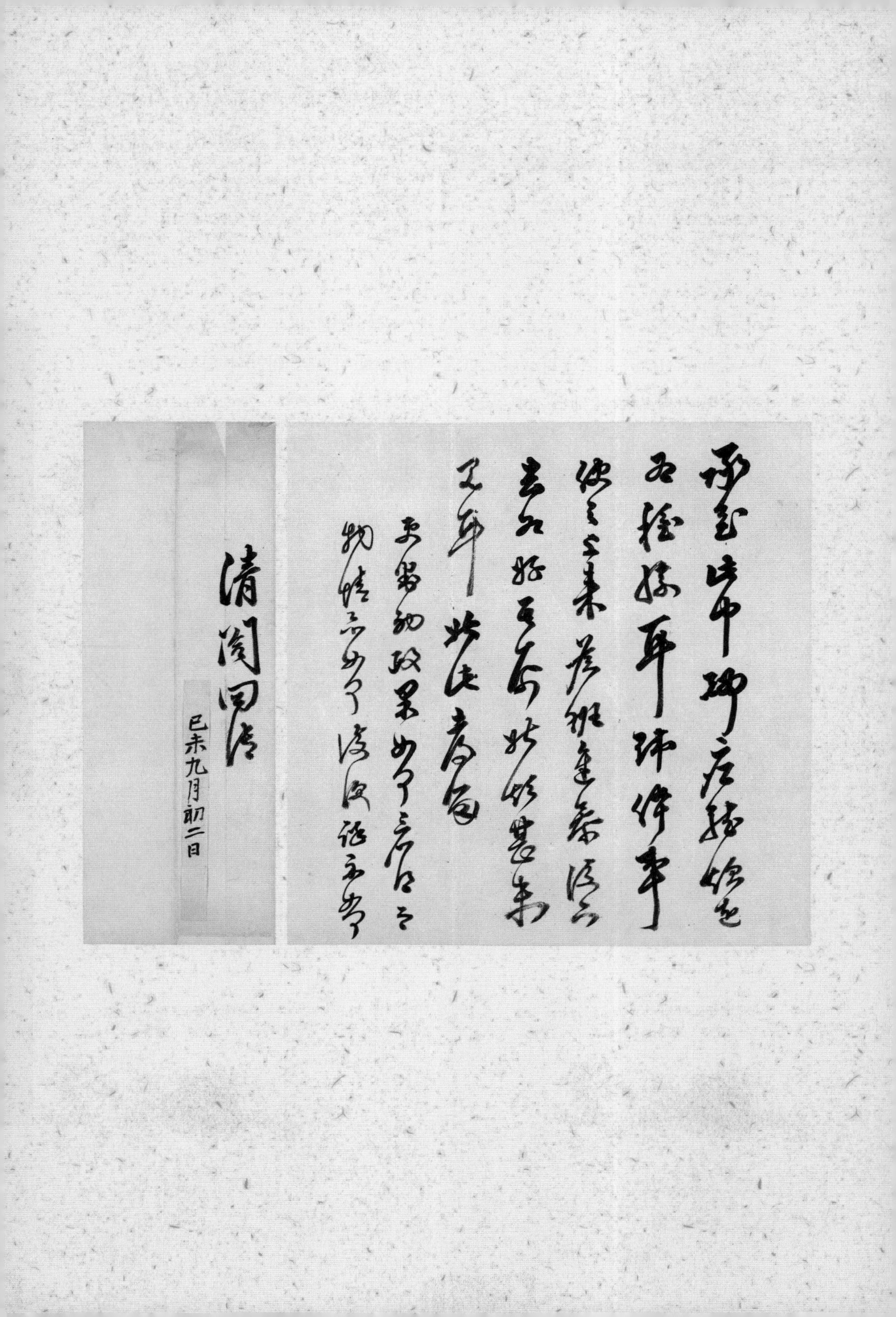

清閣回納

己未九月初二日

기미년1799 9월 3일 밤에 받은 편지

517

아침에 보내준 편지를 받고 위안이 되었다. 저녁에 몸은 더욱 좋아졌는가? 나는 잘 있다. 호위군관(扈衛軍官)도 벽패(僻牌)이므로 위안이 되고 기뻐서 오늘 활쏘기 시험에서 급제자를 많이 내었다. 껄껄.

서산 군수[金履永]가 적어 보낸 김가(金哥)라는 놈은 발방(發放)[301]한 것과 다름이 없는데 어찌하면 좋겠다고 하는가? 남당(南塘)[韓元震]의 일은 희(羲)[金羲淳]가 입시하여 권한 말이 있으니, 반드시 도모하여 단단히 결말을 짓는 것이 어떠한가? 이만 줄인다.

게장[蟹醢] 1단지
화간(華簡) 100폭
향리(香梨) 50개

청합(淸閤)에게 즉시 들일 것

301 발방(發放) : 처분하는 것.

朝便承慰. 晚候更勝. 此中穩勝, 而扈衛軍官, 亦僻牌, 爲其慰悅, 今日試射, 多出及第. 呵呵. 瑞倅所錄金哥漢, 無異發放, 何以則可云耶. 南塘事, 羲也入侍有勸之之語, 必須圖之, 以爲固結之道, 如何如何. 姑此.
蟹醢一缸 華簡百幅 香梨五十

淸閤卽納
己未九月初三夜
[印] ■

기미년1799 9월 20일 아침에 받은 편지

518

전라도의 일은 전임 관찰사[李得臣]가 한 짓이 매우 분하다. 암행어사[金履永]의 장계에 결역(結役)[302]을 균등하게 한다는 말은 있었지만 고급조(考給租)의 일을 바로잡는다는 말은 없었다. 관찰사는 늘상 한양의 소식통으로부터 반호(班戶)의 결역과 민호(民戶)의 결역이 균등하지 못한 것이 도(道)의 폐단이라는 이야기를 듣고서 바로잡으려고 하였다. 그런데 마침 암행어사의 장계에 '결역을 균등하게 한다'는 말이 있는 까닭에 진짜 결역에는 감히 손을 대지 못하고 고급조를 이렇게 해놓고서 아무렇지도 않게 백성들에게 호령하기를, "암행어사의 장계가 이와 같고 조정의 명령이 이와 같다." 하였으니, 이 무슨 도리인가?[303]

고급(考給)이라는 것은 집복(執卜)[304]할 때 백성들이 작청(作廳)[305]에 들어가

302 결역(結役) : 논밭의 결복에 따라 부담시키는 부역.

303 호남(湖南)의 일은……이 무슨 도리인가 : 『승정원일기』 1799년 9월 21일 참조.
김이영이 아뢰기를, "마침 말이 나온 김에 감히 아룁니다. 신이 작년 봄 호남을 안렴하고 복명한 날, 결역의 폐단을 대략 아뢰고 관찰사를 시켜 좋은 쪽으로 바로잡기를 청하였습니다. 듣자니 작년 가을에는 결역 외에 별도로 이른바 '고급채(考給債)'라는 명색이 있어 감영에서 두수(斗數)를 책정하여 이전에 징수하지 않던 곳까지 두루 징수하였다고 합니다. 이른바 고급채라는 것이 언제 만들어졌는지는 모르겠으나 잘못된 습속이므로 이미 법을 벗어난 일입니다. 게다가 관청에서 책정하여 이전에 세금을 거두지 않던 결(結)까지 마치 응당 거두어야 할 결처럼 미치지 않는 곳이 없습니다. 사정이 어떠한지는 모르겠으나 가령 본도의 조치가 결역을 균등히 하고 세금을 가볍게 하려는 의도에서 나왔다면 이러한 폐단을 알고서도 일체 혁파하지 않고 도리어 명목을 만들어 함께 거두어들이는 것은 신이 결역을 바로잡도록 아뢴 본뜻과는 매우 어긋납니다. 묘당으로 하여금 다시 의논하게 하고 본도에 알려 별도로 바로잡는 것이 마땅할 듯합니다. 그러므로 감히 아룁니다." 하니, 상이 이르기를, "들으니 매우 놀랍다. 폐단이 쌓인 결역도 아직 바로잡았다는 말을 듣지 못하였는데, 도리어 이처럼 전에 없던 새로운 세금을 거둔다면 어찌 말이 되겠는가? 묘당으로 하여금 속히 엄금하도록 하라." 하였다.

304 집복(執卜) : 농작물의 잘 되고 못된 것을 실지 답사하여 구실을 매기는 일.

305 작청(作廳) : 아전들의 처소.

면 그의 이름 아래 몇 부(卜), 몇 속(束)이 있으며, 부역을 나간 일이 얼마나 되는지 살펴보고 관례대로 정채(情債)[306]를 주는 것이다. 지금은 소위 양반이라는 자들이 모두 몸소 작청에 들어가 그 짓을 하니, 어찌 원망하지 않겠는가? 그리고 그가 바로잡은 폐단은 결역과 관계가 없고, 반호가 견디기 어렵다는 말은 도로 감추었으니, 어찌 이러한 행동이 있단 말인가?

湖南事, 前伯所爲, 令人切憤. 繡啓中, 有均結役之語, 而無考給租事釐正之語, 監司每因京信, 聞班結民結之不均爲道弊, 欲爲釐正之際, 因繡啓之有此三字, 而眞箇結役, 不敢下手, 乃於考給租如是爲之, 晏然號於民曰, 繡啓如此, 朝令如此, 是豈道理乎. 考給云者, 執卜時, 百姓入作廳, 考出渠之名下幾卜幾束, 出秩之役爲幾許之事, 而例給情債者也. 今則所謂兩班, 皆將躬入作廳而爲之, 安得不怨. 而其所釐弊, 不關於結役, 反斂班戶難堪之說, 寧有如許擧措耶.

己未九月廿朝

306 정채(情債) : 시골의 아전이 선혜청이나 호조의 서리에게 어떤 일을 청탁하고 주는 돈.

기미년1799 9월 20일 아침에 받은 편지

519

할 말은 모두 원폭(原幅)에 있다. 종(種)[沈能種][307]의 일은 이미 마음 속에 굳게 정하였다. 어찌 사양하는 것을 용납하겠는가? 과연 과거를 치르기 전에 올라오겠는가? 경은 그가 글을 못하는 것을 잘 아니, 경의 아들 한 명을 일으켜 일하게 하는 것이 어찌 남들과 별다르다고 할 수 있겠는가? 다만 하는 방법은 반드시 각별히 잘 도모해야 할 수 있을 것이다. 무슨 의견이 있는가? 언제쯤 올라올지 자세히 답하는 것이 어떠한가?

多少俱在原幅. 而種也事, 已牢定于中, 何容辭爲. 果於科前上來耶. 在卿相知不能文, 卿一子作而事之, 豈可曰別異於人耶. 但爲之之道, 必也各別善爲, 可以爲之, 未知有甚意見耶. 何間上來. 詳答如何.

己未九月卄朝

307 종(種)[沈能種] : 심능종(1775-1827)은 심환지의 서자(庶子)이다

편지를 받고 위안이 되었다. 성묘하러 가는 일은 과거가 끝난 뒤 즉시 출발하는 것이 좋겠다. 영(永)[金履永]이 이미 올라왔지만 전라도의 잡역에 관한 일은 그로 하여금 거조(擧條)를 내어 조정의 본뜻이 그렇지 않다는 것을 분명하게 밝히지 않을 수 없다. 게다가 이른바 '규정을 벗어난 반호(班戶)의 새로운 역(役)' 이라는 것이 잡역과 관계가 없겠는가? 이 별지를 보면 알 수 있을 것이다.

김희순(金羲淳)을 어수(魚帥)[魚用謙]의 후임자로 삼았으나 권한이 너무 가벼우니, 비록 자기 편에서 힘을 얻고자 하더라도 어떻게 스스로 도모할 수 있겠는가? 근래 이서구(李書九)를 임용하였으나 이번에도 나라에 출판(出板)의 일이 있으니 그 사람은 그 사람에 맞게 써야 할 것이다. [이서구는] 본래 순전한 사류(士流)가 아니고 그의 선조 때문에 이렇게 발탁한 것이니, 그에게는 충분할 것이다. 게다가 그의 사람됨은 그저 근래 책응(策應)[308]을 감당할 정도이니, 그밖의 것은 나도 모르겠다.

내 생각에 오직 희(羲)[김희순] 한 사람만은 졸렬하기는 하지만 위로는 나를 저버리지 않을 것이요, 가운데로는 경을 저버리지 않을 것이며, 아래로는 스스로를 저버리지 않을 것이니, 사소한 재주가 있는 사람보다 만 배는 낫다. 지금의 방책으로는, 경이 친구 선비들을 만나 김희순과 의논하도록 한다면, 김희순 또한 이를 바탕으로 힘을 얻을 것이다. 그리고 그 역시 경이 아직 이

308 책응(策應) : 필요한 물자를 관계 관청 또는 공계에 책정하여 공급하게 하는 것.

렇게 하지 않았을 것으로 알고, 감히 스스로 추천되기를 구하지 않을 것이니, 각별히 노력하라.

며칠 전 그에게 보고 들은 바가 있으면 일일이 적어 보내되 자잘한 것도 가리지 말고 청동(淸洞)[沈煥之]에 전하면, 청동에서 대궐로 전할 것이라고 신신당부해 말하였다. 이 뜻은 경도 명심하여 어수[어용겸]가 있을 때와 똑같이 하는 것이 어떠한가? 오늘 그를 불러다 약속하는 것이 좋겠다. 희[김희순]와 영[김이영]은 충청도의 주인이니, 크게 힘이 될 수 있는 사람들이 아니겠는가?

한상리(韓象履)가 초사(初仕)한 일은 기쁘다. 그가 김복순(金復淳)의 조카 사위로서 제법 완론을 주장한다 하여 시패(時牌) 사람들이 모두 칭찬한다. 경도 자세히 알고 있는가? 이만 줄인다.

청합(淸閤)에 회답하여 전함

承慰. 楸行, 科後卽發爲可. 而永也雖已上來, 湖南雜役事, 俾渠不可不出擧條, 以明朝廷本意之不然. 而况所謂班戶科外之新役, 亦不關於雜役者耶. 覽此別紙可悉耳. 金羲淳作爲魚帥之代者, 而權太輕, 雖欲得力於自中, 何以自媒耶. 近來李書九雖擲用, 今番亦有出板之政, 而其人但當以其人用之而已. 自來旣非純然之士流, 則以乃先之故, 如是拔出, 於彼足矣. 且人也只堪近日策應, 其他吾不知也. 吾則以爲惟有羲也一人雖拙, 而上不負予, 中不負卿, 下不【自】負, 萬倍勝於些少才局. 爲今之計, 卿對知舊儒士輩, 勸令議於羲也, 則羲也亦當藉此用力. 渠亦以卿之姑不如此, 不敢自求【望, 須】各別努力. 而【數日前言於渠以爲】凡有聞見, 一一錄送, 勿以細瑣取舍之, 傳于淸洞, 則當自淸洞入來【之意】, 申申言之. 此意卿亦銘念, 一依魚帥時例爲之, 如何如何. 今日亦須招渠約束爲可. 羲與永也爲湖西主人, 則豈不大得力處耶. 韓象履初仕可喜, 而【爲】金復淳之姪婿, 言論甚緩云, 而時人莫不譽之, 卿亦詳知耶. 姑此.

淸閤回傳
己未九月念日朝

기미년1799 9월 23일 아침에 받은 편지

521

어제 만났을 때는 사람이 많고 번잡하였으니, 이렇게 편지를 보내는 것만 못하다. 간밤에 잘 있었는가? 내일은 분명히 들어올 것인데, 함께 들어와 앉을 사람은 누구인가? 그 자도 보았는가? 일일이 자세하게 답하는 것이 어떠한가? 충청도의 통문은 근래에 경학(經學)의 문로(門路)를 알지 못하는 자가 지은 것이라 문사가 의리보다 앞서니 한탄스럽다. 상소는 모름지기 식견이 있은 다음에야 대가(大家)의 웃음거리가 되는 것을 면할 수 있다. 이만 줄인다.

청동(淸洞)에 즉시 들일 것

昨奉稠擾, 不若此褫. 夜候更勝. 而明日則分明入來, 而與之同入同坐者, 當誰某耶. 其哥亦觀之耶. 一一詳答, 如何如何. 湖通是近來不知經學門路者所爲, 文詞勝於義理, 可歎. 疏則必須有識, 然後可免見笑於大方. 姑此.

淸洞卽納
己未九月念三朝

기미년1799 9월 28일에 받은 편지

522

간밤에 잘 있었는가? 이제 곧 중복(重卜)할 것인데[309], 예전에 역임했던 자리이니 처의(處義)할 필요는 없다. 한 번 사직한 뒤 다시 조정에 나오겠는가, 아니면 한두 번 돈유(敦諭)하고 나서야 뒤에 출사하겠는가? 사직 상소의 문자에 유의하는 것이 어떠한가? 이만 줄인다.

청합(淸閤)에게 즉시 전할 것

夜間安勝. 今當重卜, 而宿研不必處義. 欲爲一番辭職後出脚耶. 抑一二番敦諭後出仕耶. 文字留意如何. 姑此.

淸閤卽傳
己未九月念八日

309 이제 곧 중복(重卜)할 것인데 : 중복은 정승을 역임한 사람을 다시 정승으로 임명하는 일이다. 심환지는 1799년 9월 28일 다시 좌의정에 임명되었다.

기미년1799 10월 1일에 받은 편지

523

편지를 받고 위안이 되었다. 사흘 동안 눈을 붙이지 못하였는데, 지금까지도 그대로 일하느라 피곤하기는 하지만 요행히 몸져 눕는 것만은 면하였다.

묘당의 일로 말하자면, 초기(草記) 등 묘당의 업무는 서(書)[李書九]와 의논하도록 하라. 차대(次對)는 어느 날 하며 주좌(籌坐)는 언제쯤 하는지 같은 일들 역시 반드시 이전 영윤(令尹)[정승]의 방식대로 이조 판서[徐龍輔]에게 말하여 그를 통해 아뢰도록 정하라. 이밖에 비변사의 공사(公事)[310]에 제급(題給)[311]하는 것 따위는 스스로 판결하여 주었건 공의(公議)를 따라서 하였건 개략적인 내용을 그대로 적어 보이도록 하라. 이것은 절대로 직접 쓰지 말고, 종(種)[沈能種]을 시켜 붓을 잡고 대략 기록하도록 하라. 비단 경의 수고를 덜기 위해서만이 아니라, 종[심능종]의 이력을 위해서라도 반드시 이대로 하는 것이 어떠한가? 이만 줄인다.

조정의 모습이 말이 되지 않는다. 이 일은 현재의 급선무이니, 오늘밤부터라도 각별히 정신을 차려서 중신(重臣) 이하로 무관(武官)에 이르기까지 눈에 띄는 곳에서는 절대로 법을 어기지 말도록 하라. 잘못이 크면 감죄(勘罪)를 청하고, 작으면 아전을 가두는 것이 어떠한가?

청동(淸洞)에 회답하여 들일 것

310 공사(公事) : 관청에서 작성한 공문서. 또는 국가 기간의 공적인 일.

311 제급(題給) : 제사(題辭)를 매기어 내어줌. 지령(指令)을 내어줌.

承慰. 三夜不接眠之餘, 今猶至今役役, 雖憊, 幸免委臥耳. 廟堂事, 如草記等廟謨, 議于書也. 如次對何日爲之, 籌坐何間爲之, 此等事, 亦必依前令尹規模, 言於吏判, 以爲轉稟爲定也. 外此如備局公事之題給者, 無論自爲決給與從公議爲之, 須以槩略這這錄示而, 此則切勿親書, 使種也執筆槩錄, 則不但在卿分勞, 在種也爲履歷, 必也依此爲之如何. 姑此.
朝儀【之】不成說, 卽目下先務, 雖自今夜各別抖搜, 重宰以下, 以至弁僚, 而碍眼處, 切勿犯科, 大則請勘, 小則囚吏, 如何如何.

清洞回納
己未十月初一日

기미년1799 10월 1일에 받은 편지

524

300장 안에 들지 못하였으니 이미 그럴 것이라 생각하였다. 앞으로 기나긴 세월이 있으니 어느 때인들 못하겠는가? 하지만 내가 굳이 이번에 하려고 한 까닭은 경이 많이 늙기 전에 자식이 과거에 합격하는 경사를 보도록 하고 싶었기 때문이다. 앞으로의 계책이야 어찌 장담할 수 있겠는가? 대저 이 또한 이력이 부족한 소치일 뿐이다.

三百張內未及, 已料其然, 而來頭自有長長時節, 何時不可爲. 【而】吾所必欲爲於今番者, 欲令卿見科慶於未【甚衰】老時. 向後之所爲計, 何可必. 大抵此亦履歷不足之致耳.

己未十月初一日

기미년1799 10월 6일에 받은 편지

525

편지를 받고 위안이 되었다. 선혜청(宣惠廳)에서 차하[上下][312]해야 할 것을 아직도 하지 않고 있으니 어찌 말이 되겠는가? 선혜청 당상관은 이 사람[徐龍輔]이 아니면 안 된다고 하겠으니 즉시 편지를 보내어 출사하도록 권하라. 그렇지 않으면 연석에서 아뢰고 거조(擧條)를 내어 엄히 신칙하라. 하지만 연석에 오르기가 쉽지 않으니, 사실에 근거하여 초기(草記)를 올리는 것도 안 될 것 없다. 이만 줄인다.

청합(淸閤)에게 회답함

承慰. 惠廳應上下之尙今不爲, 豈成說耶. 惠堂可謂非此莫可. 卽爲往復, 勸令出仕, 否則筵稟出擧條嚴飭, 而登筵姑未易, 據實以草記爲之, 亦無不可耳. 姑此.

淸閤回敬
己未十月初六日

312 차하[上下] : 관에서 백성에게 지불 또는 지출하는 것.

기미년1799 10월 7일에 받은 편지

526

편지를 받고 위안이 되었다. 선혜청 당상[徐龍輔]의 일[313]은 자기가 스스로 사양하지 않을 수 있겠는가? 할 만한 사람이 누가 있겠는가? 바꾸어 주는 것은 논할 바가 아니지만, 급대(給代)[314]가 하루 지체되어도 백성들이 고통을 받게 되거늘, 오늘 어찌 초기를 올리지 않았는가? 일이라는 것은 때를 놓쳐서는 안 된다. 하물며 이 같은 일이겠는가? 이후로는 절대로 이렇게 하지 않는 것이 어떠한가?

횡성 현감[鄭來升]의 일은 이 장계를 아직 보지 못하였으니 유임시킬 생각이다. 연석에 나오기가 쉽지 않겠지만 동가(動駕)[315]가 내일인데 아직도 초기를 올리지 않았으니 어떻게 하려는 것인가? 이만 줄인다.

청합(淸閤)에게 회답하여 들일 것

313 선혜청 당상[徐龍輔]의 일 : 서용보는 선혜청 제조에 임명된 뒤 여러 날이 지나도록 행공(行公)하지 않았다. 이 때문에 급대(給代)가 지체되자, 정조는 그를 엄히 신칙하고 동료 당상을 차출하여 일을 나누게 하였다.(『승정원일기』 1799년 10월 7일)

314 급대(給代) : 대가(代價)를 지급함.

315 동가(動駕) : 국왕이 수레를 타고 대궐 문을 나가는 일.

承慰. 惠堂事, 自家之辭巽, 安得不然. 誰有可爲者. 遞給非所可論, 而給代之一日遲滯, 亦關民隱, 則今日何無草記耶. 凡事之不可後時, 況此等處乎. 此後切勿如此, 如何如何. 橫倅事, 此啓姑未見之, 當仍任爲計耳. 登筵姑未易, 動駕在明, 尙不草記, 欲何以爲之耶. 姑此.

淸閤回納
己未十月初七日

기미년1799 10월 9일에 받은 편지

527

날씨가 화창하여 대향(大享)[大祭]이 순조롭게 끝났으니, 많은 복을 이어받아 큰 복에 이르게 하였도다.[316] 삼가 조종(祖宗)의 신령으로부터 보살핌을 받아 모든 일이 경사스럽고 다행스럽다. 경은 분주한 가운데 정승의 자리에서 더욱 잘 지내고 있는가?

묘당의 체면이 더욱 무거워지려면 아래에서 시행할 일이 있거든 초기(草記)와 거조(擧條) 외에 관문(關文)으로 신칙한 뒤에야 명령을 하지 않아도 시행될 것이요, 기강도 따라서 바로잡힐 것이다. 지금은 그렇지 않아 크고 작은 일을 막론하고 모두 연석에서 아뢴다. 이 때문에 임금의 자리가 존귀하지 못하게 되니, 경이 분명히 착안할 점은 바로 여기에 있다.

지금 듣자하니, 전라도 관찰사가 절선(節扇)의 봉진(封進)이 줄어든 것은 자기가 본 바와 맞지 않는다면서 감영의 저리(邸吏)에게 마디가 긴 대나무를 내놓으라고 요구하였다고 한다. 암행어사의 장계와 묘당의 행회(行會)도 모두 계하(啓下)한 공사(公事)이니, 이 또한 조정의 법금(法禁)이다. 관찰사는 단지 공손히 준행하기에 겨를이 없어야 하는데, 어찌 감히 규정을 어기면서까지 지나치게 나아가 승부를 다투는 것처럼 한단 말인가? 하물며 복정(卜定)[317]으로 폐단을 일으키는 일을 금지한 지 얼마 되지도 않았는데 이전처럼

• • •

316 많은 복을……하였도다 : 『시경(詩經)』「대아(大雅)」〈재견(載見)〉의 "많은 복을 받음은 여러 제후들이 많은 복으로 편안히 하여 이어 밝혀 큰 복을 내리게 하였다.[思皇多祜, 烈文辟公, 綏以多福, 俾緝熙于純嘏]"라는 구절을 인용한 것이다.

317 복정(卜定) : 공물(貢物) 이외에 필요한 것이 있을 때 상급관청에서 결정하여 하급관청으로 하여금 각 지방의 토산물을 강제로 납입케 하는 일.

내놓으라고 요구한다면 그 꼴이 과연 어떠하겠는가? 즉시 비변사 낭청을 요상(僚相) 및 유사(有司)에게 보내어 전라도에 관문을 보내어 묻고, 엄한 말로 사실을 조사하여 조정의 명령을 공경할 줄 알도록 하는 것이 어떠한가? 이것은 작은 일 같지만 나라의 기강과 관계되니, 절대로 소홀히 하지 말라.

선혜청 당상의 후임은 호대(互對)하자니 할 사람이 없고, 한쪽 당색으로 하자니 예조 판서보다 이력이 나은 사람이 없다. 이 뜻을 이조 판서에게도 과연 전하였는가? 이 말을 하려고 피곤하지만 대략 쓴다.

청합(淸閤)의 집사(執事)에게

日氣淸和, 大享順成, 思皇多祜, 緝熙純嘏, 仰承陟降之眷顧, 萬慶千幸. 卿於駿奔之餘, 鼎席加重耶. 廟堂體貌之增重, 凡於自下可以施措者, 草記與擧條外, 關飭然後不令而行, 紀綱隨張. 今也則不然, 無論巨細, 輒皆筵奏, 以是簾陛不尊. 卿之所可明着眼者, 秖在此箇事. 今聞完伯以扇封之減小, 謂不合於所見, 責出營邸, 以長節之竹云. 繡啓與廟堂之行會, 皆是啓下公事, 則此亦朝禁, 藩臣但當恪遵之不暇, 何敢違越征邁有若角勝者然乎. 况卜定之弊才禁, 責出依舊則其貌羕果如何. 卽令備郎往復於僚揆及有司, 關問該道, 嚴辭査實, 以爲知敬之地, 如何如何. 此似微事, 關係則國綱, 切勿泛忽也. 惠堂之代, 雖欲互對, 無可爲者, 而欲以純色爲之, 則履歷無過於禮判, 此意吏判亦果傳之耶. 爲此撥億略草.

淸閤執事
己未十月初九日

528

오늘은 잘 지내는가? 만나서 이야기할 것이 많은데 편지조차 드물어 참으로 답답하였다. 대신은 본디 자잘한 일을 몸소 해서는 안 된다. 하지만 자질구레한 업무 때문에 여참정(呂參政)[呂蒙正]처럼 수모를 당하는 일을 면치 못하니 너무도 답답하다.

연석(筵席)에서 아뢸 조목은 형세상 서(書)[李書九]와 상의해야 할 것이다. 빈대(賓對)나 주좌(籌坐)를 행할 것인지 여부는 서료(徐僚)[徐龍輔]에게 먼저 알리고 의논하여 결정하는 것이 좋겠다. 비변사의 부결(剖決)[318]을 서[이서구]가 도와준 것이 하나하나 온당한지는 모르겠다. 지난 일은 사마(駟馬)[319]라도 따라잡을 수 없을 것이나, 앞으로는 어찌해 볼 수 있을 것이다. 종(種)[沈能種]을 시켜 그 대강을 기록하게 하라. 이 일은 전말이 이러하고 처결이 이러하며, 저 일은 내력이 저러하고 의론이 저러하다는 식으로 일일이 자세히 기록하여 편지를 주고받는 것이 좋겠다.

중복(重卜)은 처음 임명되는 것과 다르고 묘당(廟堂)은 대각(臺閣)과는 더욱 다르니, 각 조목의 진부한 이야기를 연석에서마다 아뢴다면 도리어 체면이 손상될 것이다. 명분과 의리에 관계되거나 민생에 관계된 큰 일이 아니면 굳이 말할 것 없다. 이만 줄인다.

연주가령(筵奏假令)은 서[이서구]와 상세히 의논해야 하겠으나, 서[서용보]도

• • •

318 부결(剖決) : 옳고 그름을 갈라 결정하고 판단함.

319 사마(駟馬) : 네 마리 말이 끄는 수레. 매우 빠른 것을 비유한다.

필시 듣고 알게 될 것이다.

청합(淸閤)의 집사(執事)에게

即候更勝. 多有面討者, 而書亦稀濶, 泄菀良甚. 大臣固不可躬親細務, 而凡於簿書期會, 不免呂參政之見侮者, 切可悶歎. 筵奏條件, 勢將與書也相議, 如賓對籌坐之其行其否, 徐僚先爲與聞, 往復停當爲可. 至於籌司剖決, 則書也之贊助, 有未可知. 其一一稱當, 則駟雖不及, 來猶可追. 須令種也槩錄其大梗. 此事則顚末如此, 而決處如此, 彼事則來歷如彼, 而議論如彼, 一一詳細錄出, 以爲往復之地亦可. 重卜旣異於初拜, 廟堂又異於臺閣, 則以各條陳談, 每筵輒奏, 反有損於體貌. 除非名義所關民生所係之大者, 則亦不必言之耳. 都留.
筵奏假令, 當與書也有所詳議, 而徐也亦必自當聞知矣.

淸閤執事
己未十月十二日

기미년1799 10월 14일 아침에 받은 편지

529

보낸 편지와 답한 편지가 한 봉투에 함께 왔으니 매우 기쁘다. 남당(南塘)[韓元震]에게 관직을 추증하고 시호를 하사해달라는 청의 경우, 전례를 살펴보면 서경덕(徐敬德), 조식(曺植), 김창흡(金昌翕)과 같이 문묘(文廟)에 배향된 유현(儒賢)은 아니더라도 상경(上卿)의 지위를 추증하고 아름다운 시호를 하사한 일은 이루 헤아릴 수 없다. 하지만 모든 일은 반드시 순서가 있는 법이니, 한 번 유생의 상소가 있었다고 곧바로 시호를 내리는 은전을 베푸는 것은 결국 사문(斯文)을 위해 신중히 하는 뜻이 아니다. 게다가 남당을 위에서 말한 세 사람과 비교하면 누가 나은지 누가 못한지 아직 분명히 결정되지 않았다. 경은 정경(正卿), 좨주(祭酒), 찬선(贊善)을 추증하되 시호는 내리지 않도록 헌의(獻議)하는 것이 좋겠다.[320]

서경덕은 참봉을 지냈는데 곧장 의정(議政)에 추증되었고, 조식은 별제(別提)를 지냈는데 곧장 이조 판서에 추증되었으며, 김창흡은 관함(官啣)이 없이 진사로 일컬어졌는데 역시 이조 판서에 추증되었다. 세 사람에게 관직을 추증하고 시호를 하사한 전례 역시 한꺼번에 모두 시행된 적이 없었고, 3, 40년 또는 5, 60년 사이에 점진적으로 시행된 것이다. 이 세 사람은 한훤(寒暄) 김굉필(金宏弼)이나 일두(一蠹) 정여창(鄭汝昌)과 같이 유생의 상소로 인해 증직과 시호를 내렸다. 특히 삼연은 을미년(1715) 대리청정 때 특별히 거행하였을 뿐이다. 지금 사람들은 전례를 알지 못하고 반드시 허황된 말을 가지고 떠들

320 경은……좋겠다 : 헌의는 정사(政事)에 관한 국왕의 자문에 대해 의견을 올리는 것이다. 심환지의 헌의는 『승정원일기』 1799년 10월 15일에 보인다.

기 때문에 이렇게 모두 언급한다. 기왕 유현이라 해놓고 증직의 은전을 내리는데 정경(正卿)을 내리지 않고 아경(亞卿)을 내리는 것은 전례가 없는 듯하다. 다시 자세히 살펴보는 것이 어떠한가? 아경은 전례가 있다면 괜찮다.

이득신(李得臣)이 저지른 죄를 논한다면 유배보낸다 해도 아쉬울 것이 없다. 하지만 이미 죄를 덮어주기로 하였으니, 굳이 묘당에서 견책을 청할 필요는 없다. 대사간[閔昌爀]의 상소[321]는 황당하고 잡다한 말이 많기는 하나, 수많은 초(楚) 나라 사람들 가운데 한 명의 설거주(薛居州)가 있는 격이다.[322] 경들 같은 이가 칭찬하고 추켜세워, 도와주기를 바라는 그의 마음에 부응하는 것도 급선무에 속한다. 이만 줄인다.

대신 써서 곁에서 돕는 일에 대해 어찌 그리 신중한가? 즉시 해보는 것이 어떠한가?

경의 휴가 요청은 추워지기 전에 하는 것이 좋겠다. 판부사[李秉模]가 고향으로 내려간 지 얼마 되지 않았는데 경이 또 성묘하러 가니, 조정의 체면과 관계가 있다. 또 배표(拜表)[323] 가 20일 이후에 있으니 그 전까지 영의정이 묘당에

• • •

321 대사간[閔昌爀]의 상소 : 민창혁의 상소는 『승정원일기』 1799년 10월 12일에 보인다.

322 수많은……격이다 : 맹자(孟子)는 소인(小人)이 많으면 군자(君子) 한 사람이 임금을 감화시키기 어렵다며 다음과 같이 비유하였다. 제(齊) 나라 사람을 가정교사로 삼아 자식에게 제 나라 말을 가르치는데, 수많은 초 나라 사람이 곁에서 떠들면 아무리 매를 때리면서 가르쳐도 소용 없을 것이다. 이와 마찬가지로 송 나라 왕의 곁에는 소인이 많으니 설거주(薛居州) 한 사람의 힘으로 어떻게 해 볼 수가 없다. (『孟子』 「滕文公 下」)

323 배표(拜表) : 중국 황제(皇帝)에게 보내는 표문(表文)을 다시 살펴보고 봉(封)하는 일.

없다면 어떠하겠는가? 20일 이후에 다시 내 말을 기다리는 것이 좋겠다.

채상(蔡相)[蔡濟恭] 집에는 조문하러 가지 않으면 안 된다. 살아 있을 적에 한 자리에 앉아 담소를 나누었는데, 죽은 뒤에 조문 한 번 하지 않는다면 결코 인정이 아니다. 더구나 조정의 체모로 보아서도 더욱 이러해야 할 것이다.

청합(淸閤)에게 회답하여 전할 것

示幅與答語, 一緘兩至, 其喜可知. 南塘爵諡之請, 參之古例, 如徐敬德曹植金昌翕諸人, 雖非從享之儒賢, 貤以上卿, 錫以美諡, 指不勝僂. 而凡事莫不有漸, 則一番儒疏, 輒施易名之典, 終非爲斯文難愼鄭重之意. 況南塘之比右所謂三人者, 孰優孰劣, 猶有未詳決者. 卿之獻議, 以正卿祭酒贊善贈之, 而不及易名一款則爲好. 徐敬德以參奉而直贈議政, 曹植以別提而直贈吏判, 金昌翕不用官啣, 以進士稱, 而亦以吏判贈之, 雖以三人者之贈且諡之已例, 未嘗並行於一時, 或於三四十年五六十年之間, 漸次施行. 而此三人, 亦因儒疏而贈諡, 有如寒暄一蠹諸公者. 又如三淵則乙未聽政時特擧之耳. 今人多不識典攷, 必有浮說之囂然者, 玆以並及. 而旣曰儒賢, 而擧以貤贈【之】典, 則不以正卿而以亞卿者, 恐無例, 更須細考如何. 亞卿有其例, 則亦可. 李得臣, 論其辜負之罪, 流竄不足惜, 而旣含垢矣, 不必【自】廟堂請譴矣. 諫長疏語, 語多荒雜, 而衆楚之中, 有此一薛, 如卿等者, 延譽推詡, 以副其來蘇之望, 亦屬先務矣. 都留.

替書旁助事, 何乃鄭重耶. 卽須始而試之, 如何如何. 卿之請由, 在於未寒前爲好, 而判府之下鄕屬耳, 而卿又尋楸, 有關朝體, 且拜表在念後, 則其前首相之不在廟堂, 亦甚如何. 以念後更待此言爲可. 蔡相家往唁不可不爲, 生時坐於一席而言笑, 身後不爲一問, 萬萬非其情, 且朝體尤當若此耳.

淸閤回傳
己未十月十四日朝

편지를 받고 위안이 되었다. 휴가를 받아 떠나는 것은 20일 이후가 좋겠다. 찬선(贊善)은 가볍게 말한 것이니[324], 이러한 곳들은 융통성 있게 보아야 할 것이다.

상소에 비답을 내린 뒤로 여론은 어떻다 하는지 모르겠다. 이 이조 판서[徐龍輔]는 한천(寒泉)[李縡]의 집안에서 은혜를 입었기에 존숭한 나머지 정경(正卿)을 증직하자고까지 하였으니, 혹시 이조 판서의 직명(職名)을 바라는 것인가? 이만 줄인다.

청합(淸閤)에 회답하여 전할 것

承慰. 由行, 念後爲可耳. 贊善卽泛言者, 此等處活看爲可. 疏批後物議, 未知如何云耶. 此吏判受恩於寒泉家, 尊尙甚至正卿之贈, 或蘄吏判職名耶. 姑此.

淸閤回傳
己未十月十四日

324 찬선(贊善)은……것이니 : 앞 편지에서 한원진에게 찬선을 추증하도록 헌의하라고 지시한 사실을 가리키는 듯하다.

기미년1799 10월 14일 새벽에 받은 편지

531

새벽부터 주좌(籌坐)에 참석하고서 간밤에 잘 있었는가? 나는 잘 있다. 남당(南塘)[韓元震]의 일로 말하자면 유생들의 상소가 충청도 사람들의 마음을 크게 위로한 것인가? 의견은 대략 별지에 적었으니 분명히 답하기 바란다. 내가 신중하게 하는 까닭은 혹시라도 별다른 풍파를 일으킬까 염려해서이다. 경은 노숙한 사람이니 만전을 기하는 것이 마땅하다. 이것을 보면 분명히 알 것이다.

중복(重卜)한 이후로 서(徐)[徐龍輔]와 서(書)[李書九]가 경을 염려해주는 것이 참으로 고맙기는 하지만, 경이 반드시 일마다 전철을 따르려 하는 것을 전혀 모른다. 그렇다면 경은 시체 인물(時體人物), 시양 규모(時樣規模)에 불과하니, 경의 소광(踈曠)한 점이 어디에 있겠는가? 이러한 곳들은 경위(涇渭)를 분명히 간직하고 아무개 등과 같이 절친한 이들에게도 종종 자기 의견을 고집하여야 업신여김을 당하지 않을 것이다. 이 뜻을 깊이 유념하는 것이 어떠한가?

비록 아무개 등은 관례적인 일이기는 하지만 연석에서 추고하기를 청하라. 시관(試官)의 반열에서 아전을 가둔다면 기강을 세우는 데 있어서는 힘없는 음관(蔭官)이나 무인(武人)에게 대감(臺監)의 일을 시키는 것보다 만 배나 좋을 것이다.[325] 각별히 맹렬하게 마음을 쓰길 바란다.

• • •

325 비록 아무개 등은……좋을 것이다 : 심환지는 예조 참의 서미수(徐美修)가 입궐하여 숙배할 때 실직(實職)을 지니고 있으면서도 관함에 군직(軍職)을 써서 올린 일로 파직을 청하였다. 아울러 이조 참의 윤광보(尹光普)가 인혐(引嫌)을 핑계로 전강(殿講)의 고관(考官)으로 나아가지 않는다는 이유로 역시 파직을 청하였다. 심환지가 상주를 마치자 정조는 그에게 우선 시관(試官)의 반열에 나아가라고 명하였다.(『승정원일기』 1799년 10월 18일)

종(種)[沈能種]에게 대신 쓰도록 하는 일은 어찌 즉시 해보지 않는가? 이만 줄인다.

청합(淸閤)의 집사(執事)에게

曉赴籌坐之餘, 夜候更勝. 此中穩在耳. 南塘事, 儒疏丕慰湖中人士之心耶. 意見略具別紙, 幸須明答, 如何如何. 吾之所審愼者, 恐或生出別般風波. 老成之地, 務要完全爲當, 覽此想犂然. 重卜之後, 徐也書也之爲卿慮念, 固可感, 而太不知卿必欲事事循塗隨轍. 然則卿不過時體人物時樣規模, 焉在乎卿之踈曠. 此等處, 須存涇渭, 如某某人之親切處, 往往有固執己見處, 可以不見侮. 此意深念之, 如何如何. 雖某某之人, 格例間事, 筵中請推, 班間囚吏, 則其爲立紀綱, 萬倍勝於殘冷蔭武輩之使臺監是課, 各別猛着心爲望耳.
種也替書事, 何乃不卽試之. 姑此都留.

淸閤執事
己未十月十四日曉

기미년1799 10월 16일에 받은 편지

532

아침이 되자 날이 개었는데 간밤에 잘 있었는가? 남당(南塘)[韓元震]을 황강서원(黃江書院)에 배향하는 것은 없어서는 안 될 논의이다. 하지만 문순공(文純公) 권상하(權尙夏)가 고암서원(考巖書院)에 배향된 것과는 다르니 어찌 특교(特敎)로 할 수 있겠는가? 그렇다면 차라리 먼저 산앙사(山仰祠)[326]에 배향하여 충청도 선비들의 바람을 크게 위로하는 것이 낫다. 산앙사는 비록 향사(鄕祠)로서 단지 문정공 송시열과 문순공 권상하를 배향하였을 뿐이지만, 그 체모는 죽림서원(竹林書院)이나 소현서원(紹賢書院)에 버금간다. 먼저 [권상하를 따라] 산앙사에 배향하는 것이 온당하다고 나는 생각한다. 이만 줄인다.

얼마 전 희(羲)[金羲淳]와 영(永)[金履永]을 만났고 시(始)[李始源]에게도 사람을 보냈는데 들었는가? 경은 언제 성묘를 갈 것인가? 산역(山役)은 며칠이나 걸리겠는가? 사직 상소를 올리고자 하는가? 일일이 자세하게 답하는 것이 어떠한가? 알고 난 뒤라야 주선할 방도가 있을 것이다. 이조 참판[李書九]은 호락(湖洛) 논쟁과 관계가 없기에 어제 즉시 거행한다고 말한 것인가? 공조 참의[鄭日煥]의 취향은 어떠한가?

청합(淸閤)의 집사(執事)에게

326 산앙사(山仰祠) : 송시열과 권상하를 제향한 사당으로 보은(報恩)에 있었다. 1707년(숙종 33)에 세웠다.

朝來捲晴, 夜間衛重. 以南塘而配黃江, 卽不可無之論, 而旣異於權文純之於考巖, 則何可以特敎爲之耶. 然則無寧先之以山仰之爲丕慰湖士之望. 而山仰雖是鄕祠, 只侑宋文正權文純, 其體貌亞於竹林紹賢, 先從其祠而妥享, 吾以爲便當耳. 姑此.
間見羲與永也, 而始也許亦送人, 聞之耶. 卿之楸行, 當在何間, 而山役當費幾日, 而欲爲呈辭耶. 一一詳答如何. 知之然後亦自有周旋者耳. 亞銓於湖洛無係關, 所以昨卽擧行云耶. 工議趨向如何耶.

清閤執事
己未十月十六日

기미년1799 10월 17일에 받은 편지

533

편지를 받고 위안이 되었다. 아침부터 비로소 겨울 추위가 시작되었으니 너무나도 다행이다.

황강(黃江)의 일로 다시 상소하여 호소한 것은 [나를] 번거롭게 한 데 가깝지 않겠는가? 이시원(李始源)은 황강서원에 배향해야 한다고 힘껏 주장한다는데, 이러한 때에 여강(呂江)의 산림(山林)이 힘을 보탠다면 매우 좋을 것이다. 이시원의 말을 들으니 그의 힘으로는 조금도 움직이기를 바랄 수 없다고 하였다. 이는 저 사람[여강의 산림]과 그[이시원]가 요사이 매우 소원하기 때문이다. 경이 만약 한낙유(韓樂裕)의 무리를 시켜 일어나게 한다면 저 사람이 들어주는 것도 어렵지 않을 듯하다. 이만 줄인다.

궁향(宮享)에 대한 취품(取稟)[327]은 아직 내리지 않았다. 성묘는 관례에서 벗어난 일이니, 내일 차대(次對)할 때 아뢰어 간청하는 것이 어떠한가? 특별히 휴가를 줄 것이다.

청합(淸閤)에게 삼가 답장함

327 취품(取稟) : 국왕에게 상주하여 그 의견을 기다림.

承慰. 朝來始行冬令, 萬幸萬幸. 黃江事, 更爲疏齾, 豈不近於煩瀆耶. 李始源力主黃江之論云, 而此時呂江山林若助力則甚好. 聞於始也之言, 以渠力萬無動得之望云, 蓋彼與渠近甚落落. 卿若使韓樂裕輩打起, 則其聽之似不難. 姑此.
宮享取稟, 姑未下, 省掃係是格外, 須於明日次對陳懇如何, 當特給由暇耳.

淸閤回敬
己未十月十七日

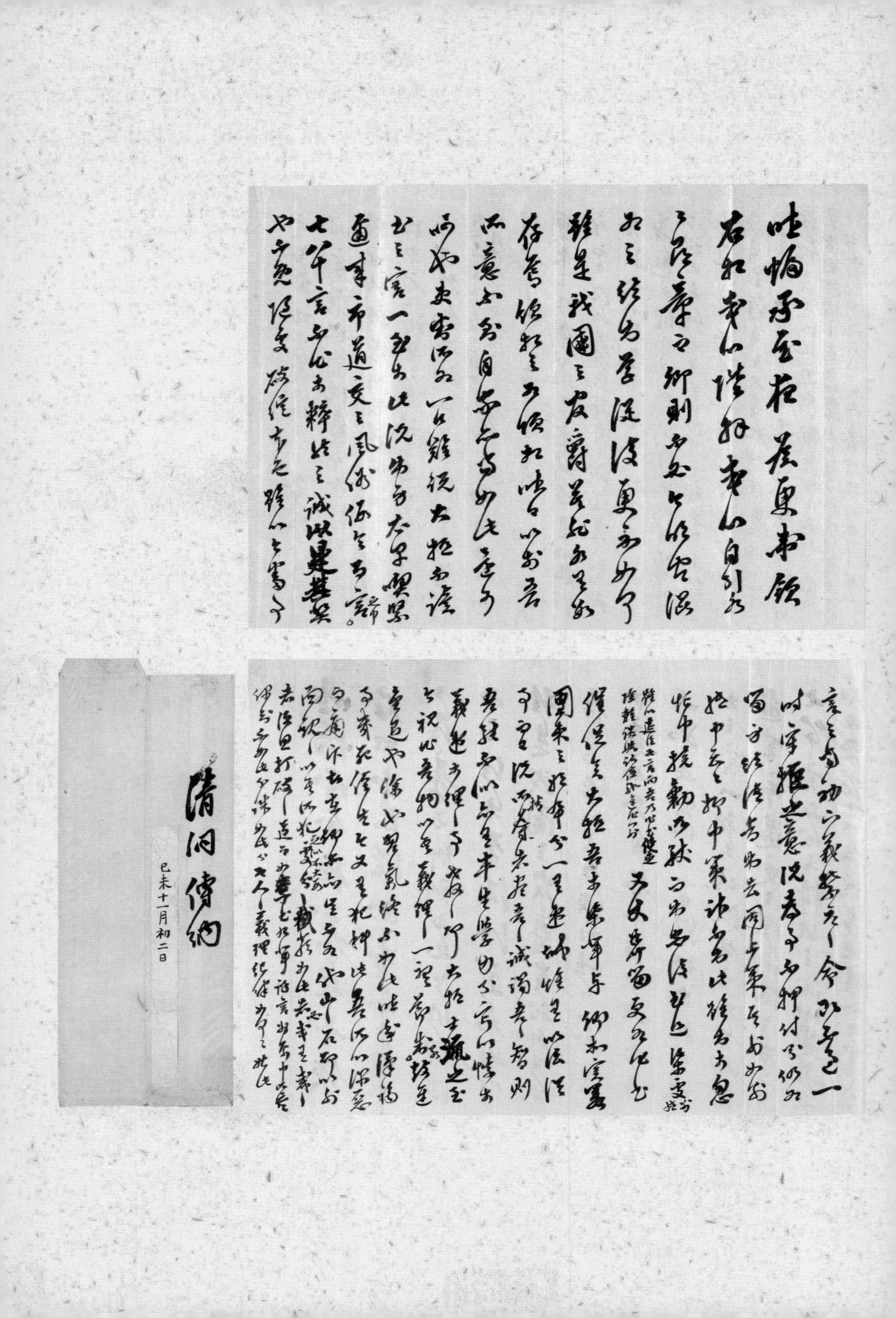

[illegible]

清洞 傳納

己未十一月初二日

기미년1799 11월 2일에 받은 편지

534

어제 보내준 편지를 받고 위안이 되었다. 간밤에 잘 있었는가? 영의정[李秉模]과 우의정[李時秀]이 한 사람은 승진하였다는 이유로, 한 사람은 인혐(引嫌)하여 각각 상소를 올렸다. 하지만 경은 오늘 내일 사이에 그들과 함께 상소할 필요는 없다. 초고가 나오기를 기다렸다가 나중에 다시 알려주는 것이 어떠한가?

우리 나라의 벼슬은 각기 정해진 운수가 없지는 않지만, 이 영의정이 영의정이 되리라고는 어제 이전에는 생각지도 못했다. 그 자신도 그러할 것이니, 껄껄 웃을 일이다.

이조 판서[徐龍輔]가 하는 짓은 한 마디로 말하기 어렵다. 대저 글을 읽지 않는 폐해가 이 지경에 이르렀다. 하물며 너무 빨리 벼슬길에 올라 요사이 저자에서 교유하는 풍속에 익숙하니 어찌 하랴? 가령 100언이라면 7, 80언은 순수한 정성에서 나오지 않는다. 이 때문에 곳곳마다 본색을 드러내는 것이 그의 폐단이다.

이번 일로 말하더라도 당초에 의금부에 하옥하라는 명은 한때 굳게 거절하는 뜻에 불과하였다. 하물며 도사가 압송하지 않았으니, 그대로 있으면서 전지(傳旨)가 나오기를 기다리는 것이 상책이다. 그밖에는 별지에 언급한 것처럼 하는 것이 중책이니, 계책은 이를 벗어나지 않는다. 비록 바쁘고 경황없는 결과 이렇게 된 것이지만 출궁한 뒤에 그에게 편지를 보내었고, 【비록 별지(別紙)에는 연신(筵臣)이라 하였으나 내가 편지를 써서 잡담을 없애고 여러 요속들과 함께 달려와 작별하도록 하였다.】 또 수원 유수[徐有隣]로 하여금 다시 편지를 써서 재촉하도록 하였다. 대저 나와 저들 및 경들의 관계는 실로 단속(團束)[328]한 장졸(將卒)과 같으니, 한번이라도 명령을 어기면 오직 법에 따라 처리할 뿐이다. 하물며 지시한 바는 나의 정성과 지혜를 다한 것이다. 내가 어리석다고는 하나 반평생 배운 힘이 있거늘, 어찌 의리에 어긋나는 일을 하교하였겠는가?

대저 사류를 지금까지 내 사람으로 여긴 이유는 그들이 의리를 지켜 한결같이 명령을 듣는 것이 마치 북을 치면 나아가고 징을 치면 물러가는 것과 같기 때문이었다. 서(徐)[서용보]의 기습은 끝내 이와 같지 않아 작년 이한복(李漢福)의 일[329]로 거의 죽다 살아났는데 지금 또 법을 어기니, 이것이 내가 심히 미워하고 통렬히 배척하는 까닭이다. 경들에게 어찌 타산지석이 되지 않겠는가? 겉으로만 보면 그가 저지른 잘못이 대단치 않은 것 같은데 처분이 이처럼 엄격하기 때문에 필시 이상하게 생각할 사람이 있을 것이니, 타파할 방법을 생각해야 한다.

이서구(李書九)의 무리에게는 별지에 이야기한 내용을 자세히 말하고, 이와 같이 하지 않으면 주살당할 것이요, 이와 같이 하면 사람다운 의리와 기율이 될 것이라고 하는 것이 어떠한가? 이만 줄인다.

청동(淸洞)에 전하여 들일 것

328 단속(團束) : 군대에 편입시킴.

329 이한복(李漢福)의 일 : 이에 대해서는 『승정원일기』 1798년 6월 12일 참조.

昨幅承慰. 夜候更衛. 領右相或以陛拜, 或以自引, 各各尋章, 而卿則不必今明間混爲之. 待出草, 從後更示如何. 雖是我國之官爵, 莫非各有數存焉, 領相之爲領相, 昨日以前, 吾所意不到, 自家亦當如此, 還可呵也. 吏判所爲, 一口難說. 大抵不讀書之害, 一至於此. 况出身太早, 喫緊邇來市道交之風俗. 假令百言【之中】七八十言不出於粹然之誠, 以是其弊也, 不免隨處破綻本色. 雖以今番事言之, 當初下義禁府之命, 卽不過一時牢拒之意. 况都事不押付, 則仍爲留身, 待傳旨出去固上策. 其外如別紙中云云, 抑中策, 計不出此. 雖出於忽忙中撓勸所致, 而出宮後書送渠處,【別紙雖以筵臣爲言, 而吾乃作書, 使之除雜談, 與諸僚馳進作別.】又使華留, 更爲作書催促矣. 大抵吾於渠輩與卿等, 實若團束之將卒, 則一有違越, 惟有以法從事而已. 况所【指】導者, 盡吾之誠, 竭吾之智, 則吾雖不似, 亦有半生學力, 則寧以悖於義違於理之事敎之耶. 大抵士流之至今視作吾物, 以其義理之一聽節制,【若】鼓進金退也. 徐也習氣, 終不如此. 昨年漢福事, 幾死僅生, 今又有犯科, 此吾所以深惡而痛斥者. 在卿等亦豈不爲他山之石耶. 以外面視之, 以其所犯【之似不大段】, 處分之截嚴如此者,【必】或有惑之者. 須思打破之道, 而如李書九輩, 詳言別紙中所言, 俾之不如此則誅, 如此則爲人之義理紀律, 如何如何. 姑此.

清洞傳納
己未十一月初二日

기미년1799 11월 4일에 받은 편지

535

바쁜 중에 잘 지내는가? 경은 '작년 훈련원(訓鍊院)의 일이 있은 뒤로 거취가 다른 정승들과 달랐는데, 이번에는 자못 두려워하며 죽어 마땅하다고 자책한다'는 내용으로 즉시 상소를 지으라. 말을 가려 하지 않아도 무방하다. 상소는 돌려 보낼 생각이다.[330] 즉시 도모하는 것이 어떠한가? 이조 판서[서용보]는 만류하려 한다기에 그로 하여금 즉시 권하게 하였다. 그의 답장은 아마도 이보다 먼저 보게 될 것이다.

영의정에게 내리는 은례(恩禮)는 이렇게 하지 않아서도 안 되고 이렇게 하지 않을 수도 없다. 이렇게 한 뒤에야 그 지위에 걸맞다고 하겠다. 이 뜻을 잠자코 이해하겠는가? 어제 처의(處義)한 것은 매우 탄복했다. 형세상 잠시 허락할 생각이다. 일이 바빠 이만 줄인다.

청합(淸閤)에게 전하여 들일 것

330 상소는……생각이다 : 이튿날 정조는 심환지의 상소 원본을 봉하여 돌려보냈다. 상소에 대한 비답은 『승정원일기』 1799년 11월 5일에 보인다.

駿奔餘, 益衛耶. 卿以昨年訓院後, 去就之異於他相, 而今番頗伈泄, 譏責日死云, 上疏卽卽爲之. 言不擇發無妨, 當還送計, 卽圖之如何. 吏判欲挽止云, 故使之卽勸之, 其答想先此入覽耳. 領相許恩禮, 不可不如是, 不得不如是. 蓋如是然後, 可稱其位, 此意可以默會耶. 昨日處義, 甚爲歎服, 勢將乍許計. 酬應甚煩, 僅草.

淸閤傳納
己未十一月初四日
[印]

기미년1799 11월 4일 삼경에 받은 편지

536

밤중에 편지를 받고 위안이 되었다. 부본(副本) 가운데 3구를 먹으로 말거(抹去)한 부분은 정서하더라도 반드시 깨끗이 지우고 고치는 것이 어떠한가? 애매모호하고 분명히 지적하는 것이 없으니, 변덕스런 사람들로 하여금 떠들어대게 할 뿐이다. 비록 드러내놓고 말하지는 않더라도 어찌 다른 말이 없겠는가? 다만 전편에 정신과 기운이 크게 부족하다. 또 이번 상소의 주지는 작년 상소의 뜻을 다시 제기할 수밖에 없다.

경이 당초에 출사하였을 때는 훈련원에서의 일을 가지고 출사하기 어렵다는 단서로 삼아 기어코 내린 윤음을 도로 거두려 하였다.[331] 이번에는 윤음을 반포하지도 않았으니 도로 거두는 일은 논할 것도 없다. 그리고 강화도 유배죄인[恩彦君]에 관한 일을 상소에 거론하면 금령(禁令)을 어기는 것이니, '이 금령을 거두고 아울러 신이 금령을 범하고 함부로 말한 죄를 다스려 달라' 고 말하라. 이어서 이 말로 상소의 개요를 내되, 상소의 개요도 반드시 장황한 것이 좋겠다. 상소를 반포하지 않더라도 호령포(號令砲)의 역할을 한다면 매우 좋을 것이다. 고치다가 청좌(廳坐)할 때까지 못할 수도 있으니, 절대 너무 늦지 않도록 하는 것이 어떠한가? 이만 줄인다.

• • •

331 경이……하였다 : 1798년 9월 8일 좌의정 이병모가 훈련원에서 백관을 거느리고 은언군(恩彦君)에 대한 처리가 온당하지 못하다고 아뢰었다. 정조는 이 일을 거론하지 말라는 비답을 내렸는데, 심환지는 그 비답의, "어찌 그를 강화에서 꺼내어 서울 집에다 놔두고 아침 저녁으로 계속 만나고 싶은 생각이 없겠는가? 내가 이 일을 서서히 하겠다는 말이 아니다. 장차 기다리는 바가 있기 때문이다.[豈不欲出之津防, 置之京第, 俾朝夕源源, 而非曰徐徐, 蓋有俟也]"라는 25자와 "차라리 형제간에 불화한다는 비난을 스스로 받는 편이 낫지 않겠는가? 그런데 1년에 한 번 정도 만나는 것을 가지고 연과(年課)라고 한다.[無寧自取於尺布斗粟之譏, 而一年一見, 命爲年課]"라는 20자를 문제삼고, 이를 지워달라고 청하며 출사하지 않았다.(『승정원일기』 1798년 9월 8일, 10월 11일)

청동(淸洞)에 회답하여 들일 것

夜中承慰. 副本中三句墨抹處, 雖或正書, 必卽塗改, 如何如何. 蓋近於混圇無指的, 而徒使反側者哆侈, 雖不露說, 豈無他般容說乎. 但全篇太欠精神氣. 且今疏命意, 不可不復提昨年疏意. 卿之初出脚也, 旣以訓院一着爲難進之端, 期於收還. 今番則無宣綸之擧, 收還一款, 固無可論. 而沁謫事, 提說於章奏, 卽亦犯禁, 須以亟收此禁, 仍治臣犯禁妄言之罪爲說, 仍以此語出疏槩, 而疏槩亦必張皇爲可. 疏雖未頒, 大槩有號令砲則甚好. 釐改之際, 或不及於廳坐, 切勿太晚, 如何如何. 姑此.

淸洞回納
己未十一月初四日三更

기미년1799 11월 7일에 받은 편지

537

편지를 받고 위안이 되었다. 영의정에 특별히 임명한 것은 그때 신하들이 한 짓에 격동되어 한 일이다. 그리고 그대에게 영의정의 물망이 부족하기에 어쩔 수 없이 따로 은례(恩禮)를 행하여 의지할 발판으로 삼도록 하기 위해 그리하였던 것이다. 이밖에 시속(時俗)을 바로잡는다는 뜻도 그 사이에 겸하여 담았다. 한마디로 말하자면, '그대가 애걸하여 구한 벼슬'이니, 껄껄 웃을 일이다. 그러나 금명간에 절차가 있으면 바꾸어 줄 것이다.

경의 사직은 논할 바가 아니다. 작년에는 출사하지 않았기에 그 구절을 환수하는 것을 기한으로 삼았는데[332], 올해는 또 무슨 쟁집할 말이 있는가? 처의(處義)는 의리에 맞지 않으면 안 되니, 조만간 다시 절차를 기다려 출사하는 것이 좋겠다. 사람들에게는 일단 행공(行公)한다고 말하지 않는 것이 어떠한가? 나머지는 이만 줄인다.

청동(淸洞)에 회답하여 들일 것

332 그 구절을……삼았는데 : 앞의 주석 참조.

承慰. 領相之特拜, 有激於其時諸臣所爲. 且自家旣乏首揆物望, 不可不別行恩禮, 爲之藉庇而然者. 外此矯時改俗之意, 兼寓於其間, 蔽一言曰, 自家乞地取通所致, 還可呵也. 然今明間若有節拍, 當遞給爲計. 至於卿之解紳, 非可論. 昨年則以其未出仕也, 故雖以句語還收爲限, 今年又有何可執之說耶. 處義不當無義, 從近更待節拍出仕可也. 對人姑勿以行公爲說如何. 姑此都留.

清洞回納
己未十一月初七日

기미년1799 11월 15일에 받은 편지

538

일간에 잘 있었는가? 평안도 관찰사의 후보자는 형조 판서[李義弼]로 하라고 이조 판서[徐龍輔]에게 권하여, 그로 하여금 경에게 전하여 정하도록 하였다. 그런데 사람됨이 만조하다기에[333] 어쩔 수 없이 충청도 관찰사[李泰永]로 하라고 말하였다. 어찌 지나치지 않겠는가?

덕산(德山) 수령 자리는 이러한 때 그 고을에 신임 수령으로 늙은 사람을 보내면 어찌하려는 것인가? 상환(相換)하는 방법을 생각하는 것이 어떠한가?[334] 당일로 사조(辭朝)[335]하라는 명을 내렸는데 어찌하면 좋겠는가? 즉시 도모하는 것이 어떠한가?

청합(淸閤)에게 즉시 들일 것

日間益衛耶. 箕伯望, 以秋判勸於吏判, 使之傳定於卿矣, 以人也之만조爲言, 計不得已, 以錦伯言之矣. 豈不過矣矣乎. 德山倅, 此時其邑如新倅之老公, 何以爲之耶. 相換之道, 思之如何. 有當日辭朝之命, 何以則可耶. 卽圖之如何.

淸閤卽納
己未十一月十五日

333 만조하다기에 : 얼굴이나 모습이 초라하고 잔망하다는 뜻이다.(『표준국어대사전』)

334 상환(相換)하는……어떠한가 : 상환은 자리를 서로 바꾸는 것이다. 얼마 뒤 덕산 현감 정복환과 신천 군수(信川郡守) 권선(權爟)을 상환하였다. 당시 정복환은 65세였다. (『승정원일기』 1799년 11월 19일)

335 사조(辭朝) : 지방관이 임지로 부임하기 앞서 국왕에게 하직 인사를 올리는 일.

간밤에는 잘 잤는가? 차대(次對)하겠다고 명을 내렸는데 오늘은 들어올 것인가? 간간이 비가 내리기는 하였으나 아직 충분히 적시지 않았기 때문에 감히 편안히 있을 수가 없으니, 지금 또 억지로 수응(酬應)할 생각이다.

전라도 관찰사[趙宗鉉]의 일[336]은 들은 지 이미 오래다. 서용보(徐龍輔)가 서홍보(徐弘輔)를 위해 치욕을 씻고자 송 대간(宋臺諫)[宋煥箕]을 불러들였다 하는데, 그런 말은 한 귀로 흘리면 그만이다.

초계문신(抄啓文臣)은 오늘 규장각과 상의하여 초계할 것이다. 심영석(沈英錫)은 결코 빠뜨릴 수 없다. 그 조부[沈得成]의 일에 대해 모르는 사람은 무어라 하지만, 그때 수립한 절개와 사업은 족히 허물을 덮을 만하다. 경은 그 집안과 모르는 사이도 아니니, 그 집안에서 간신히 급제자를 낸 이 때 힘을 쓰지 않아서야 되겠는가?

성균관 대사성[李晩秀]은 이미 나와서 숙배하였다. 사가(四家) 및 상피해야 할 사람 외에 공연히 야료를 부리는 무리들을 각별히 금지하는 것이 어떠한가? 만일 시(始)[李始源]가 있을 때처럼 분란을 일으킨다면 말이 되겠는가? 이만 줄인다.

오늘 차대에서는 진부한 말이라도 백성에게 보탬이 되는 일을 반드시 아

• • •

336 전라도 관찰사[趙宗鉉]의 일 : 이해 11월 11일 정언 심보영(沈普永)이 상소하여 낙안 군수 이겸회(李謙會)가 자기 집 책방에 감영과 가까운 사람들을 데려다 놓고, 뇌물을 받고 관직을 주었다고 고발하였다. 정조는 전라도 관찰사로 하여금 조사하여 보고하게 하였는데, 이날 전라도 관찰사가 피혐하며 사직을 청하는 장계를 올렸다.

되도록 하라.

청합(淸閤)에게 즉시 들일 것

宿來安重. 次對有命, 今日當入來耶. 間雖脉沐, 姑閎浹洽, 以是不敢遑寧, 今又强爲酬應爲計. 完伯事, 聞已久矣. 以徐龍輔之爲弘輔雪耻, 募得宋臺云, 而如許之說, 一耳流可也. 抄啓文臣, 今日當與內閣相議抄啓矣. 沈英錫決不可見漏, 其祖事, 不知者雖有云然, 其時樹立與事業, 足有掩過處. 卿與其人之家, 旣非不知之間, 則當此一絲僅爲一第之時, 何可不宣力耶. 泮長已出肅矣, 四家及應避外, 公然惹鬧之徒, 各別禁戢如何. 萬一如始也時之紛拏, 豈成說耶. 姑此.
今日次對, 雖陳談, 有益於民事者, 不可不奏耳.

淸閤卽納
己未十一月十八日

기미년1799 11월 22일에 받은 편지

540

일간에 잘 있었는가? 나는 일과를 엄히 정해놓고 마치 어린 시절 처음 글을 읽을 때처럼 하고 있다. 하지만 늙어서 아무래도 근력이 부족하다. 게다가 사람 이름이 잡다하게 나오는 곳은 가장 이해하기 어려워 마치 이리저리 뛰는 벼룩마냥 잡으려 해도 잡을 수가 없다. 『춘추』는 쉽게 이해할 수 없어 『주역』 읽기보다 훨씬 어렵다는 것을 이제야 알겠다. 껄껄.

근래 어떤 일에 대해서 아무개 등이 서간으로 발문(跋文)으로 점차 싸움터를 만들고 있으니, 이로부터 세도(世道)는 어그러지고 유림은 갈라질 것이라 두려운 걱정이 한두 가지가 아니다. 이런데도 경 같은 사람이 아직도 입을 다물고 수수방관하면서 잠자코 좌시해서야 되겠는가? 지난 편지에 비록 아무개 등이 있으나 조정(調停)하려면 조정할 수 있다고 하였는데, 이런 사람들이야 근래 내 말을 듣고 내 계책을 따르며 각자 혀를 묶어두는 것 외에도 친지들을 대할 때 소란을 피우지 말라고 경계하였으니, 절대로 다른 염려가 없다. 하지만 영향이 미치지 못하는 곳에는 무슨 방법을 써서 다 그렇게 할 수 있겠는가?

듣자하니 서직수(徐稷修)라는 자가 장문의 편지를 써서 동류들 사이에 전파하였는데, 남당(南塘)[韓元震]을 매우 심하게 비방하였다고 한다. 그는 시속에서 말하는 만무장(萬無匠)[337]의 형이면서 무슨 지식이 있다고 이런 짓을 한단 말인가? 유한재(俞漢宰)와 김기서(金基胥) 같은 놈들의 꼬임에 넘어간 것이

337 만무장(萬無匠) : 서만수(徐萬修)를 가리키나 의미는 미상.

불 보듯 뻔하다. 대저 재(宰)[유한재]와 서(胥)[김기서]는 본디 단정한 선비가 아니고, 부형의 위세를 팔아 유자(儒者)의 말을 하면서 묵자(墨者)의 행동을 하기에 일찍부터 매우 미워하였던 자들이다. 지금 또 이렇게 하니 어찌 분통이 터지지 않겠는가?

또 김매순(金邁淳)처럼 입에서 아직 젖내가 나는 자가 감히 선현(先賢)[한원진]을 모욕하여 붓 끝에 올리기까지 하였으니, 만일 그들이 제멋대로 하게 내버려 둔다면 조정에 어른이 있다고 할 수 있겠는가? 경에게는 모두 가까운 사이로 말을 전해주는 사람이 있을 터인데, 어찌 형세가 더 커지기 전에 즉시 바로잡지 않았는가? 거듭 유념하라. 만류할 때에는 반드시 경의 뜻이라고 말하고, 절대 이런 말이 있었다는 기미를 드러내지 않는 것이 어떠한가?

그리고 남당 문하의 사람들로 말하자면 지금부터 변무하는 말을 하지 않는 것을 비장의 계책으로 삼아야 할 것이다. 패악한 충청도 관찰사처럼 하지 않아야 우리 당의 선비라 할 만할 것이다. 우선 단단히 약속하는 것이 어떠한가? 이만 줄인다.

청동(淸洞)에 즉시 들일 것

日間何候. 此中程督之嚴, 一如少年初讀時, 而老者筋力終有不逮處. 且況人名之互見雜出, 最難領略, 如亂跳之蚤, 捕之不得, 始知春秋【之】不易解, 甚於讀易之難. 呵呵. 近日【某事】某某諸人之以書以跋, 轉成戟手之場, 從此世道乖張, 儒林磔裂, 凜然之憂, 不一而足. 如卿者尙可噤口袖手嘿無言坐視之乎. 昨書中, 雖有誰某輩, 如欲調停, 則足可調停之語, 而所謂這般人, 近來聞吾之言, 從吾之策, 各自囚舌之外, 亦皆對親知, 戒其搖攘, 固萬萬無他慮, 而如聲響不及處, 用何術可以一之耶. 似聞徐稷修者作一長書, 播傳儕流間, 侵詆塘翁, 極其狼藉. 渠以俗所謂萬無匠之兒, 有何知識而辦此乎. 爲兪漢宰金基胥等物所慫恿, 明若觀火. 大抵宰與胥也, 本非端士, 賣父兄之勢, 儒言而墨行, 嘗所切憎之者, 今又若此, 尤豈不憤甚. 又若金邁淳口尙乳臭者, 敢侮昔賢, 登諸筆端, 萬一一任其容易, 則其可曰朝廷有長老乎. 於卿皆有連臂送言之岐, 寧或不卽救正於頭勢益蔓之前耶. 念之念之也. 挽解之際, 必以卿意爲說, 切勿露出似此辭色, 如何如何. 且以塘門諸人言之, 自今一以不言無卞爲一副錦囊計, 無若錦伯之麤悖然, 則是可謂吾黨之士. 爲先申加約束, 如何如何. 姑此.

淸洞卽納
己未十一月二十二日

기미년1799 11월 23일 아침에 받은 편지

541

[이상 결]

말은 필시 잘 알고 있을 것이다. 하지만 근래 날뛰는 모습이 처음에는 놀랍고 우습더니 중간에는 가만히 탄식하였으며, 이어서 팔뚝을 걷어부치고 노려보게 되었다. 이른바 김매순(金邁淳)처럼 입에서 젖내나고 사람 모습도 갖추지 못한 자와, 김이영(金履永)처럼 경박하고 어지러워 동서도 분간하지 못하는 자가 서간과 발문(跋文)으로 감히 선배들의 의론을 비방하려 하니, 참으로 망령된 일이다. 김인순(金獜淳)처럼 어리석고 미련한 백성과 서직수(徐稷修)처럼 무지하고 천한 무리들은 또 그들을 본받아 소란을 일으키니, 만고천하에 어찌 이런 때가 있었단 말인가?

그중에 서직수의 글 내용은 걸(桀) 임금의 개가 요(堯) 임금을 보고 으르렁대는 것[338] 같은 조짐이 있는데, 수수방관하며 앉아서 보고만 있어서야 되겠는가? 지금 정치가 비록 내 뜻대로 되는 데까지 이르지는 못했지만[339], 한 줄기 사도(師道)가 아래에 있지 않고 위에 있는데, 서(胥)[金基胥]와 재(宰)[俞漢宰]의 무리는 어떤 놈들이기에 호백구(狐白裘)를 몰래 훔쳐올 생각을 한단 말인가? 서[김기서]와 재[유한재]는 참형에 처할 만한 죄가 한두 가지가 아니다.

서[김기서]는 본래 행동이 반은 여자, 반은 남자 꼴이라 차마 똑바로 볼 수

338 걸(桀) 임금의…… 것 : 『사기(史記)』「회음후열전(淮陰侯列傳)」에 "도척(盜跖)의 개가 요 임금을 보고 짖는 까닭은 요 임금이 어질지 않아서가 아니라 개는 주인이 아니면 짖기 때문이다." 하였다. 여기서는 자기가 따르는 사람을 편들어 죄없는 사람을 공격한다는 뜻으로 보인다.

339 지금……못했지만 : 순(舜) 임금이 "나로 하여금 바라는 대로 잘 다스려 사방이 풍동하게 하니, 이는 너의 훌륭한 공로이다.[帝曰俾予從欲以治, 四方風動, 惟乃之休]" 한 말을 인용한 것이다.(『書經』「大禹謨」)

없었다. 몇 해 전 특별히 관대한 법을 적용해 살려주었더니, 한편으로는 매(邁)[김매순]와 영(永)[김이영]을 사귀도록 소개하는 간첩 노릇을 하고, 한편으로는 아무아무 등 패악한 놈들과 부화뇌동하고 서직수에게 빌붙었다.

재[유한재]의 경우는 취향이 다른 나쁜 무리들과 함께 어두운 밤에 무릎을 맞대고 함께 일을 벌여, 맑은 물처럼 결백한 청음(淸陰)[金尙憲] 집안의 종손을 만 길 함정에 빠뜨렸으니, 이는 모두 재[유한재]의 죄이다. 비록 백 사람이 관련된다 하더라도 저들이 감히 이렇게 할 수 있단 말인가?

근래에는 여차저차를 막론하고 사람들이 두려워하는 마음이 없어 한 가지 일이 있으면 모두 방자하게 군다. 이는 모두 경이 갈수록 쇠퇴하여 날로 심해져 미연에 엄히 신칙하지 못했기 때문이니, 머지않아 앉아서 수모를 당할 것이다. 내가 비록 무재(武才)는 없으나 지금 사람들을 이나 벼룩처럼 하찮게 본다. 단지 무(武)를 쓰는 것이 지나치게 힘을 쓰는 것 같아 매사에 참고 넘어가는 경우가 많은데, 이처럼 저절로 탄로난 것까지 하는 대로 내버려둔다면 지금까지의 권위가 경들에 의해 훼손될까 두렵다. 심히 통탄할 일이 아니겠는가?

보내온 김달순(金達淳)과 서매수(徐邁修)의 서찰은 웃음거리조차 안 된다. 매(邁)[서매수]는 오장에 숨이 반도 차지 않았고, 달(達)[김달순]은 도처에 돈냄새가 나서 사람들이 모두 코를 막는다. 이 사람들의 말이 세도에 영향을 준다면 그 세도라는 것을 알만하다. 경의 입장에서는 뾰족한 방법이 없다. 지난 일은 모르는 것으로 치부하되 다시 범하는 자가 나타나면 즉시 예리한 검을 쓰듯 단호히 처결해야 할 것이다. 그러한 뒤에야 사도(師道)가 위에 있다고 말할 수 있을 것이다.

『남당집(南塘集)』의 「답황자직서(答黃子直書)」[340] 같은 경우에는 그 의리가 그렇지 않은지 모르겠다. 하지만 이것을 트집 잡아 죄를 성토한다면 「삼관기(三官記)」[341]에서 감히 말할 수 없는 것을 핍진하게 말한 것은 과연 어떤 형률을 시행해야 하겠는가? 그리고 삼연(三淵)[金昌翕]이 위(魏)나라와 원(元)나라를 황제로 인정한 것[342]은 또 어떻게 처리해야 하겠는가?

이기(理氣)에 관해 의견을 주고받으며 피차간에 논변한 것은, 비록 만 번 어긋나고 과격하더라도 그 폐해는 단지 훈고(訓詁) 간의 논쟁거리에 그칠 뿐이다. 하지만 직(稷)[서직수]의 편지에 운운한 것은 근래 관모(官帽) 쓴 자들의 흉악하고 교활한 행태이다. 을묘년(1795) 이후 경들이 조정에 들어와 나를 도와서 한 일이 과연 무엇인가? 오랜 습속에 물들어 구태의연할 뿐이다. 말이 여기에 미치니 기가 찬다.

앞서 서[김기서]와 재[유한재]를 참형에 처할 만하다는 말을 어찌 홧김에 나온 말로 볼 수 있겠는가? 다시 바라건대 분명히 눈을 뜨고 굳건히 발을 붙여 소인의 무리들에게 업신여김을 당하지 않도록 하는 것이 어떠한가? 종이가 짧아 글로 다 말하지 못한다. 이만 줄인다.

• • •

340 답황자직서(答黃子直書) : 한원진(韓元震)의 『남당집(南塘集)』 권17에 실려 있다.

341 삼관기(三官記) : 이재(李縡)의 저술이다.

342 삼연(三淵)[金昌翕]이……것 : 김창흡의 『삼연집(三淵集)』 권36 「만록(漫錄)」에 보인다.

청동(淸洞)에 삼가 답장함

言而必【已】稔知, 然而近日跳踉之象, 始焉駭笑, 中焉竊歎, 繼之以振腕裂眦. 所謂金邁淳之乳口腥臭, 未有人形者, 金履永之浮雜撓攘, 不識東西者, 以書以跋, 敢欲容喙於前輩議論者, 固妄矣. 金㺖淳之蠢蠢愚氓, 徐稷修之蚩蚩賤流, 亦欲效他作鬧, 萬古天下, 豈有如許時節. 其中稷修書辭, 猖然有桀犬吠堯之漸, 其可袖手而坐視之耶. 顧今化理, 雖未臻於從欲, 師道一派, 不在下而在上, 何物金基胥俞漢宰輩, 潛售竊狐之計. 胥也宰也, 可斬之罪, 不一而足. 胥之本來行事, 半陰半陽, 不忍正視, 特從漢法之寬大, 旣活於年前, 一邊爲邁與永交搆紹介之間諜, 一邊與某某悖漢符同粒出稷修, 至於宰也與異趣匪流, 昏夜促膝, 並與白如水之淸陰冢孫, 而陷於萬仞坑坎, 皆宰也之罪, 則百人雖參涉, 渠輩三其敢乃爾乎. 近來無論如此如彼, 人無畏志, 纔有一事, 輒皆自恣者, 莫非如卿者衰頹日甚, 不能嚴飭於未然, 未旣坐受侮蔑. 吾雖不武, 視今之人如視蚤蝨, 特以用武之近於太用力, 每事多含容, 而並與此等自綻自露處, 一任其所爲, 則從來威權, 竊恐爲卿輩所毁劃, 不亦痛惋之甚乎. 來示金達淳徐邁修之札, 尤不滿一笑. 邁是五臟呼不居半, 達亦到處銅臭, 人皆掩鼻. 此輩之言, 若爲輕重於世道, 則其世道居可知矣. 爲卿之計, 別無他術, 旣往付之昧爽, 更犯者登卽試之以楚劍之利, 然後可以言師道在上. 至於塘集中答黃子直書, 其義理未知其不然, 此而抉摘聲罪, 則三官記中語逼不敢言處, 當施何律, 而三淵【之帝魏帝元, 又當何如處之乎.】理氣往復, 彼此論卞, 雖至萬番乖激, 其害但止於訓詁間爭端, 而若稷書中云云, 卽近來加帽之凶惡巧慝之態, 乙卯以後卿等之入而藉手, 果何事. 而漸染之久, 依舊是前日規模. 言之及此, 使人氣短. 右所云胥與宰之可斬者, 豈可憒頭說看得者哉. 更望明着眼牢着脚, 無爲宵小輩所輕忽, 如何如何. 紙縮, 書不盡言. 姑此.

淸洞回敬
己未十一月念三朝

기미년1799 11월 24일 아침에 받은 편지

542

간밤에 잘 있었는가? 나는 요사이 놈들이 한 짓에 화가 나서 밤에 이 편지를 쓰느라 거의 오경(五更)이 지났다. 나의 성품도 별나다고 하겠으니 껄껄 웃을 일이다. 보고 난 뒤에는 남들 눈에 띄지 않도록 하는 것이 어떠한가? 이만 줄인다.

청동(淸洞)의 집사(執事)에게

夜間何候. 此中憤憤於近來漢所爲, 夜搆此草, 幾至五更後. 吾之性度, 亦可謂別異, 還可呵也. 覽後, 須勿煩人, 如何如何. 姑此.

淸洞執事
己未十一月念四朝

편지를 받고 위안이 되었다. 충청도 관찰사[金履永]를 임명한 뒤로 이미 그가 이렇게 말할 것이라 생각하였다. 예전에는 으레 자궁(慈宮)과 소식을 주고받았는데, 근래에는 이마저 모두 하지 않는 것은 그가 근래 몇 년 동안 4도(道)의 관찰사를 지냈기 때문이다. 피혐해야 할 곳에 대해 도리어 함부로 떠들어댔으니, 더욱 분통을 이기지 못하겠다. 다른 사람들에게 분명히 이야기하고, 또한 희(羲)[金羲淳]로 하여금 힘쓰게 하는 것이 어떠한가?

호락(湖洛)의 일은 김조순(金祖淳)이 오로지 내 말을 따라 감히 입을 열지 않았을 뿐만이 아니라 안광우(安光宇)의 장문 편지에 대해서도 나중에야 들었다 하니, 근래에 떠도는 말이 이처럼 허황하다. 【변무(卞誣)】 통문(通文)에 관한 일은 비록 성균관에서 상소를 올린다 하더라도 이미 그 일이 있은 뒤라 바람을 잡듯 도저히 수습할 수 없다. 장차 어떻게 끝맺으려는가? 내 생각으로는 단지 통문을 호령포(號令砲)로 삼고, 성균관에서는 일단 분란을 일으키지 않는 것이 낫겠다.

정주성(鄭周誠)의 일[343]은 희[김희순]가 아직도 그 내막을 알지 못하여 그러한 것이다. 이격(李格)[李在學]과 의견이 같지 않다면 흔적없이 처의(處義)하는 것도 한 가지 방법이기는 하다. 하지만 어찌 감히 처의라는 글자를 써서 올린단 말인가? 예로부터 무관(武官)은 이러한 습속이 없었다. 이런 짓을 내버

• • •

343 정주성(鄭周誠)의 일 : 선전관(宣傳官) 정주성은 동료 선진관 이한극(李漢極)이 선전관청의 행수(行首)를 모욕하였다가 처벌을 받자, 이에 불만을 품과 활쏘기 모임에 나가지 않았다. 아울러 동료를 시켜 처의(處義)한다는 말을 아뢰었다.

려두면 문신은 장차 갈 곳을 모르게 되고야 말 것이다.

대저 문신을 귀하게 여기고 무신을 천하게 여기는 것은 우리 조정의 가법(家法)이다. 이러한 일은 소가 헐떡이는 것을 물었던 이치[344]로 처리해야 하니, 그 일의 시비는 돌아볼 겨를이 없다. 경은 반드시 무관들을 만나, "처의한다는 등의 말을 아뢰어 놓고, 감히 등철(登徹)[345]한 뒤에 다시 처의하여 마치 인책하고 물러나는 것처럼 한다면 너무나도 무엄하다."는 등의 말로 신신당부하라. 일벌백계(一罰百戒)의 도리를 알게 된다면 생도살인(生道殺人)[346]이라 하겠다. 각별히 유의하는 것이 어떠한가? 어찌 그들을 편들거나 억누르고자 이렇게 처분하는 것이겠는가? 이만 줄인다.

정정(鄭正)[鄭日煥]에 대해서는 근래 들려줄 만한 것이 있는가? 그리고 어디에 있는가? 희[김희순]는 전례대로 강석(講席)에 들어오게 하는 것이 어떠한가? 이른바 벽패(僻牌)가 속된 무리들과 다른 것은 그 지조가 조금 낫기 때문

• • •

344 소가 헐떡이는 것을 물었던 이치 : 『한서(漢書)』「병길전(丙吉傳)」에, "병길이 정승이 되어 밖을 나가는데 죽어가는 사람을 만나서는 아무 말도 묻지 아니하고, 사람이 소를 몰고 가는데 소가 헐떡이며 혀를 내놓는 것을 보자 수종자를 시켜서 '저 소가 몇 리(里)나 달렸느냐.' 고 묻게 하였다. 어떤 사람이 병길을 조롱하니 병길은 말하기를, '방금 봄철이라 소양(小陽)이 용사(用事)하여 크게 덥지는 않을 터인데, 소가 더위를 먹어서 헐떡이는 것을 보니 이는 기후가 이상하여 상해가 있을까 염려되기 때문이다. 삼공(三公)이란 음양(陰陽)을 조화하는 책임이 있으니 마땅히 걱정해야 할 바다.' 하였다."

345 등철(登徹) : 상주문(上奏文)을 국왕에게 올림.

346 생도살인(生道殺人) : 『맹자(孟子)』에, "백성을 살리려는 도리로 백성을 죽이면 비록 죽어도 원망하지 아니한다." 하였다. 백성을 살리고자 해악을 제거하려는 것처럼 부득이하게 해야 할 일을 한다면 백성들의 바람을 거슬러도 백성들이 원망하지 않는다는 것이다.(『孟子』「盡心上」)

이라 하는데, 근래 김달순(金達淳)의 한성부의 일에 대한 추악한 소문과 이노춘(李魯春)에 대한 잔단 비방은 상채곡(償債穀)에 관련된 서매수(徐邁修)나 고양이에 물린 꿩 신세인 권유(權裕)와 꼭 같은 꼴이니, 답답할 뿐이다. 벽패에서 학문에 뛰어난 사람을 하나라도 얻을 수 있다면 좋을 것이다. 하지만 그럴 방법이 없으니 어찌하겠는가?

청합(淸閤)에게 회답하여 들일 것

承慰. 錦伯除拜後, 已慮其如許云然. 前則例於慈宮有通信, 而近來則並與此而闕之者, 以其數年來四道建節也. 避嫌處, 反有雜喙, 尤不勝切憤切憤. 須對人洞言之, 亦使羲也效力, 如何如何. 湖洛事, 金祖淳一依吾言, 不惟不敢開口, 安光宇之長書, 追後始聞之云, 近來浮行之說, 虛謊有若此矣. 【卞誣】通文事, 雖爲舘疏, 旣爲之後, 無異捕風之事, 將何以究竟耶. 吾意【則】莫如只以通文, 作爲號令砲, 泮中則姑不紛拏爲可耳. 鄭周誠事, 羲也猶不知本事而然, 與李格意見不同, 則無痕處義, 固是一道, 而何敢以處義下字登聞乎. 自古武弁輩無如許之習, 此而任他, 則文臣將不知去處而後已. 大抵貴文賤武, 卽我朝家法也. 此等處以問牛喘之義, 本事之是非, 有不暇顧, 卿必對武弁輩, 【必曰處義等說入稟, 又敢於登徹之後, 更爲處義, 有若引入然者, 萬萬無嚴】等語, 申申言之, 知所懲一之道, 則可謂生道殺人矣, 各別留意如何. 豈或扶抑於渠輩而有是處分耶. 姑此.

鄭正近來有何可聞, 而在於何處耶. 羲也講席使之如例入來, 如何如何. 所謂僻牌之異於俗流, 以其志操之稍勝云, 而近來金達淳之京兆醜聲, 李魯春之瑣謗, 可謂徐邁修償債穀, 權裕猫噬雉之的對, 令人沓沓而已. 僻中若得學問之士一人, 則可以庶幾, 而其於無其術何哉.

淸閤回納
己未十二月初四日

기미년1799 12월 8일 저녁에 받은 편지

544

아침에 날씨가 추워졌으니 참 다행이다. 지금은 몸이 나아졌는가? 오늘 『춘추(春秋)』를 완독하였기에 이처럼 성대한 행사가 있었으니, 써 보낸 시를 보면 알 수 있을 것이다. 변변찮은 음식이나마 나누어 보낸다.

나는 백발이 성성한데도 아직 글을 읽을 수 있으니, 자신을 가다듬은 위무공(衛武公)에 나를 비견해본다.[347] 그러나 자궁(慈宮)께서는 어린아이 대하듯 음식을 차려 기쁜 날을 기념해 주시니, 옛날에도 이런 일이 있었는지 모르겠다. 정승의 자리에 있는 사람으로서 화답하는 시가 없을 수 없으니, 즉시 답시(答詩)를 지어보내기 바란다. 이만 줄인다.

청동(淸洞)에 즉시 들일 것

朝有戒寒意, 良幸. 卽候更勝. 今日完讀春秋, 有此盛擧, 覽詩可以領悉, 薄饌亦分呈. 顧我髮星星而猶能讀書, 竊附於衛武之自强, 而慈宮待之若嬰兒. 設饌以識喜, 未知於古有此否. 勻座不可無和章, 幸卽賡答也. 姑此不備.

淸洞卽納
己未十二月初八夕

347 자신을……비견해본다 : 위무공은 나이 90세에 〈억(抑)〉 시(詩)를 지어 자신을 경계하였다.

낮사이 잘 있었는가? 아침 편지에 말한 것은 과연 주밀하게 처리하였는가? 이조 판서[徐龍輔]에게도 편지를 보냈으니, 이조 판서의 집에서 편지를 베껴 보내올 것이다. 자세히 보면 알 수 있을 것이다.

대저 통문(通文)의 그 말【능행(陵幸)에 관한 일】은 근거없는 낭설에 불과하니, 이의빈(李義彬)과 송문회(宋文晦) 무리가 한 짓은 화환(禍患)을 좋아하는 것일 뿐만 아니라 스스로 화약(火藥)을 짊어진 격이라 하겠다. 이것이 얼마나 중대한 일인가? 저들이 기꺼이 국청(鞫廳)[348]에 들어가고자 하지만 결국 반좌(反坐)[349]로 판결될 것이니, 어찌 이다지도 맹랑한 일이 있단 말인가? 단지 권당(捲堂)을 엄금할 뿐만 아니라 그 일이 근거없는 허황한 것이니만큼 다시는 입 밖에 내지 말도록 서면으로든 대면해서든 깨우쳐주는 것이 어떠한가? 서(書)[李書九]에게는 이조 판서를 시켜 소식을 전하게 하였다. 이것은 모두 신헌조(申獻朝)가 한 짓이다. 신헌조를 엄히 금지했다면 반드시 일은 반으로 줄고 공은 갑절로 늘어났을 것이다. 이러한 것들에 분명히 눈을 뜨고 보지 않으면 나쁜 무리들이 기세를 올릴 뿐만 아니라 벽패(僻牌)를 건어물 가게에서나 찾게 될까 두렵다.[350] 세상 천지에 어찌 이다지도 가소롭고 맹랑한 일이 있겠는가?

또 각별히 생각해야 할 것이 있다. 이제 만류하는 행동을 하는데, 마치 말

• • •

348 국청(鞫廳) : 중죄인을 심문하기 위해 임시로 설치하는 관청.

349 반좌(反坐) : 사람을 무고(誣告)한 자는 무고를 입은 사람에게 덮어씌운 죄만큼 과죄(科罪)하는 것을 말한다.

을 하려는 사람이 있는데 윗사람에게 압박을 받고 진정되어 아뢰지 못하는 모양처럼 한다면 끝내 사람들의 의혹을 풀 수 없을 것이다. 조금 기다려 이조 판서를 통해 보내는 편지가 오기를 기다렸다가 그 편지의 내용을 자세히 본 뒤에 경의 말인 것처럼 말하도록 하라.

처음에는 연상(連相), 수원 유수[徐有隣], 송 산림(宋山林)[宋煥箕]이 현고(現告)[351]에 들었다 하더니, 근래에는 수원 유수를 빼고 일제조[鄭民始]로 바꾸었다 한다. 비록 맹랑하고 황당한 말이기는 하나 사람들이 다들 다반사처럼 말하고 있으니, 어찌 이런 조정이 있단 말인가? 정말 이런 일이 있다면 나라를 자기 몸처럼 여겨야 할 경과 같은 대신 이하가 알고서도 말하지 않고 한두 시골 선비의 입을 빌린단 말인가? 이러한 사정은 아무리 경이 물정에 어둡다고는 하지만 내 말이 끝나기도 전에 깨달았을 것이다.

연상(連相)의 병이 매우 위독하다고 하는데, 전례에 따르면 정승에게 병이 있거든 으레 아뢰는 일이 있었으니, 이 또한 유의하라. 그리고 먼저 입시하는 동료 정승에게 말해두어 그로 하여금 아뢰도록 한다면 중서(中書)[議政府]의 도타운 풍속에 부합할 것이다. 이러한 일들에 어찌 내 말을 기다릴 필요

• • •

350 벽패(僻牌)를……두렵다 : 곤경에 처해서 망하게 된다는 뜻이다. 장주(莊周)가 길을 가다 보니, 붕어 한 마리가 수레바퀴 자국의 고인 물에 있으면서 한 말이나 한 되쯤 되는 물을 가져다가 저를 살려줄 수 있겠느냐고 하였다. 장주가 장차 오월(吳越) 지방으로 가서 서강(西江)의 물을 끌어다 대주겠다고 하자, 그 붕어가 화를 내며 말하기를, "나는 지금 당장 한 말이나 한 되쯤의 물만 얻으면 살 수 있는데, 당신이 이렇게 엉뚱한 말을 하니, 일찌감치 나를 건어물 가게에서 찾는 것이 낫겠다.[吾得斗升之水然活耳. 君乃言此, 曾不如早索我於枯魚之肆]"고 했다는 고사에서 온 말이다.(『莊子』「外物」)

351 현고(現告) : 범죄나 잘못을 저지른 사람의 이름을 지적하여 고하는 것. 또는 고한 내용.

가 있는가? 나머지는 이만 줄인다.

청합(淸閤)에게 즉시 전하여 들일 것
보는 즉시 찢어버릴 것

午間安重. 朝書中云然者, 果已周章耶. 亦有書送於吏判者, 自吏判家亦當錄送, 詳覽可知耳. 大抵通文中厥說【陵幸事】, 不過無根之譊說, 則李義彬宋文晦輩所爲, 不惟樂禍, 可謂自取火藥, 關係何如. 而渠輩甘心欲入於鞫廳, 終歸於反坐, 則寧有如許孟浪事耶. 不但捲堂嚴禁而已, 厥事以虛譊無根, 更勿發口外之意, 以書以面, 期於曉諭如何. 書也許, 使吏判往復, 而無非申獻朝所爲. 向獻也嚴禁, 則亦必事半功倍, 此等處, 若不明着眼目, 不但匪類生氣, 竊恐僻牌求之於枯魚之肆而後已, 世上天下寧有如許可笑孟浪事耶. 又有各別商量者, 今所挽解也, 若以雖有造言之人, 而壓於自上鎭靜不得白有樣爲之, 則終無以解羣惑, 稍待吏判所送之紙, 【詳見其紙辭意, 以卿言】言之也. 初則連相華留宋山林入於現告云矣, 近則拔華留換一提云, 雖是孟浪譊說, 無人不傳, 無異茶飯, 寧有如許朝廷乎. 眞箇有是, 自卿體國大臣以下, 知而不言, 借口於一二鄕儒耶. 此箇事情, 雖以卿之踈濶, 不待吾言之畢而當領會矣. 連相之病甚劇云, 古例僚相有病, 例必警咳, 此亦留意, 而亦言於先爲入侍之僚相, 使之提奏, 實合於中書厚俗耳. 如許事, 亦何必待吾言耶. 姑此都留.

淸閤卽傳納
覽卽扯去
己未臘月十四日夕

기미년1799 12월 19일 아침에 받은 편지

546

일간에 잘 있었는가? 근래 오랫동안 소식이 없어 매우 답답하였다. 지금의 거취는 이미 일전에 별도의 절차를 거쳤기에 잡다한 비방이 없는 것 같은데, 어떻게들 말하던가? 근래 서(書)[李書九]와 이조 판서[徐龍輔]의 경에 대한 친분은 어떠한가? 이번 처의(處義)에 대해 혹시 도와주겠다는 말이 있었는가? 지금은 이미 종(種)[沈能種]이 대필하는 방도가 있거늘, 어찌 들려줄 만한 일을 속속 써 보내지 않는가?

평안도 관찰사[韓用龜]의 일은 결코 전임 영의정의 전례를 따라서는 안 된다. 당당한 조정에서 어찌 이렇게 야박한 일을 할 수 있겠는가? 탐욕을 부리지 않는다는 명성이야 날로 알려지겠지만 일의 체면은 어찌하겠는가? 그렇다면 그 후임자는 어찌하면 좋겠는가?

김달순(金達淳)이 한성부에서의 일로 비방을 받으니 매우 한탄스러울 뿐이다. 남당(南塘)[韓元震]에 관한 상소 이후에 아무아무의 장문 편지와 발문이 있었다고 하는데, 보았는가? 이른바 변설대(辨說對)라는 것이 나왔는데, 이것은 그런 일이 아니니 내버려두는 것이 좋겠다. 그러나 조정할 만한 곳에는 방편을 쓰는 것이 좋겠다. 민(閔)의 상소와 유생의 통문(通文)이 나온 이후로 전하는 말이 분분하다는데 혹시 들었는가?

새로 인출한 조윤형(曺允亨) 필적의 『춘추(春秋)』 한 건을 보낸다. 이것은 번각본(飜刻本)이다. 이만 줄인다.

청합(淸閤)에게 회답하여 들일 것

日間益衛耶. 近久阻伻, 甚菀. 今則去就, 旣經日前別般節拍, 似無雜喙, 未知如何云耶. 近日書也與吏判向卿情分如何耶. 今番處義, 亦或有相助之說耶. 今則旣有種也代書之道, 則何乃不續續相示可聞耶. 箕伯事, 前領相前例, 決非可引, 堂堂淸朝, 何可爲此薄倫之擧耶. 不貪之譽聲雖日聞, 其奈事面何. 然則其代如何爲可. 金達淳之京兆瑣謗, 甚爲之歎惜耳. 塘疏後有某某長書跋文云, 見之耶. 所謂辨說對出, 此非如彼之事, 任之爲可, 而可以調劑處, 務宜方便爲好. 閔疏儒通後傳說紛紜云, 亦或聞之耶. 新印曹筆春秋一件送之, 此翻刻本也. 姑此.

淸閤回納
己未臘月十九朝

기미년1799 12월 19일 오후에 받은 편지

547

이전 편지는 보았는가? 두 편지를 돌려보낸다. 이조 판서[徐龍輔]의 정사(政事)는 이렇게 하건 저렇게 하건, 요컨대 인정에 맞아 좋은 평판을 얻을 것임은 불문가지이다. 대저 그는 자신이 일을 주관하여 필시 경들의 발밑에 있으려 하지 않을 것이다. 나는 정세환(鄭世煥) 한 사람 외에는 입을 열어 의망하기를 권하지 않았다. 이만 줄인다.

청합(淸閤)에게 즉시 들일 것

前書覽未. 兩紙還送耳. 吏判之政, 無論如此爲如彼爲, 要之當情得聲譽, 不問可知耳. 大抵自主張, 必不欲爲卿輩脚下矣. 吾則鄭世煥一人外, 不爲開口勸擬耳. 姑此.

淸閤卽納
己未臘月十九日午後

기미년1799 12월 26일에 받은 편지

편지를 받고 위안이 되었다. 나는 너무 바빠서 눈코 뜰 새 없으니 참으로 괴로운 일이다.

이번 도목 정사는 보는 이들이 매우 놀라 의아하게 여긴다. 준론(峻論)을 주장하는 사람들의 공격을 어찌 감히 사양하겠는가? 지난 편지에서 이른바 왕패(王覇) 운운한 것이 바로 이러한 뜻이다. 대저 경이 의리에 대해서 끝내 삼엄하지 못해 이런 일을 초래하게 된 것이다. 이러한 것들을 매번 소홀히 보니, 어찌 이다지도 지기(志氣)가 노쇠해졌단 말인가? 한탄스럽다.

이조 판서[徐龍輔]는 늘 습속에 익숙한 경우가 많아 곳곳마다 이처럼 파탄을 드러내니, 참으로 아껴도 도와줄 수 없는 사람[352]이라 하겠다. 이조 참판[李書九]의 편지는 나도 보았다. 어두운 거리의 밝은 등불이라 하겠다. 과연 이조 판서에게 힘써 권하여 받아들이고 사죄하도록 하였다. 김정근(金定根)이 초시(初試)에 합격하여 기쁘다. 나머지는 이만 줄인다.

청동(清洞)에 회답하여 전할 것

352 아껴도 도와줄 수 없는 사람 : 『시경(詩經)』「대아(大雅)」〈증민(蒸民)〉에 "아껴도 도와줄 수가 없다.[愛莫助之]"라는 말이 있다.

承慰. 此中役役, 眼鼻莫開, 苦事苦事. 今都政眼目甚眩, 持峻之攻之, 何敢辭也. 前書所謂王覇云云, 卽此意也. 大抵卿於義理邊, 終不森嚴之致, 此等處, 每歇看, 志氣之老衰, 何乃如彼耶. 爲之慨歎. 吏判每多習俗之慣熟, 隨處破綻有如此, 眞所謂愛莫助之. 亞銓一書, 吾亦見之, 可謂昏衢明燭, 果力勸吏判, 受以爲謝耳. 金定根之升初可喜. 姑此都留.

清洞回傳
己未十二月念六日

기미년1799 12월 27일에 받은 편지

549

편지를 받고 위안이 되었다. 강화 유수[洪明浩]는 내려간 지 이미 오래인데 어찌 듣지 못하였는가? 다른 말은 모두 제쳐놓고, 오늘 본영(本營)에서 활쏘기 시험이 있었는데 경을 편히 쉬게 하려고 시관으로 점하(點下)[353]하지 않았다. 강행(江行)은 편한 대로 하라.

땔감과 숯은 말미에 적은 수량대로 저녁쯤 보내겠다. 지금은 경의 녹봉이 넉넉한데도 이러한 것들을 보내니, 삿갓을 쓰고서도 받고 전립(戰笠)을 쓰고서도 받는 것이라 하겠다. 껄껄. 이만 줄인다.

세화(歲畫)를 따로 나누어 주니 이것도 수량대로 받기 바란다.

소목(燒木) 200개

숯 1섬

세화 6장, 그리고 병풍에 쓸 것 8장

청동(淸洞)에 회답하여 들일 것

353 점하(點下) : 국왕이 어떤 일을 최종적으로 승인하여 내려 보내던 일. 관원을 임명할 때 국왕이 후보자의 이름 위에 점을 찍어서 내려 보낸 데서 유래한다.

承慰. 沁留下去已久耳. 豈未聞之耶. 多少都留. 而今日本營試射, 爲其便休, 試官不爲點下耳. 江行從便爲可. 柴炭依尾錄, 當於晚間輸送. 今則卿之俸祿旣厚, 此等所送, 可謂着笠受着戰笠受, 呵呵. 姑此.
歲畵別分, 亦望依領. 燒木二百箇, 炭一石, 歲畵六張, 又屛風次八張.

淸洞回納
己未臘月二十七日

正祖御札帖

六帖

경신년1800 1월 30일에 받은 편지

601

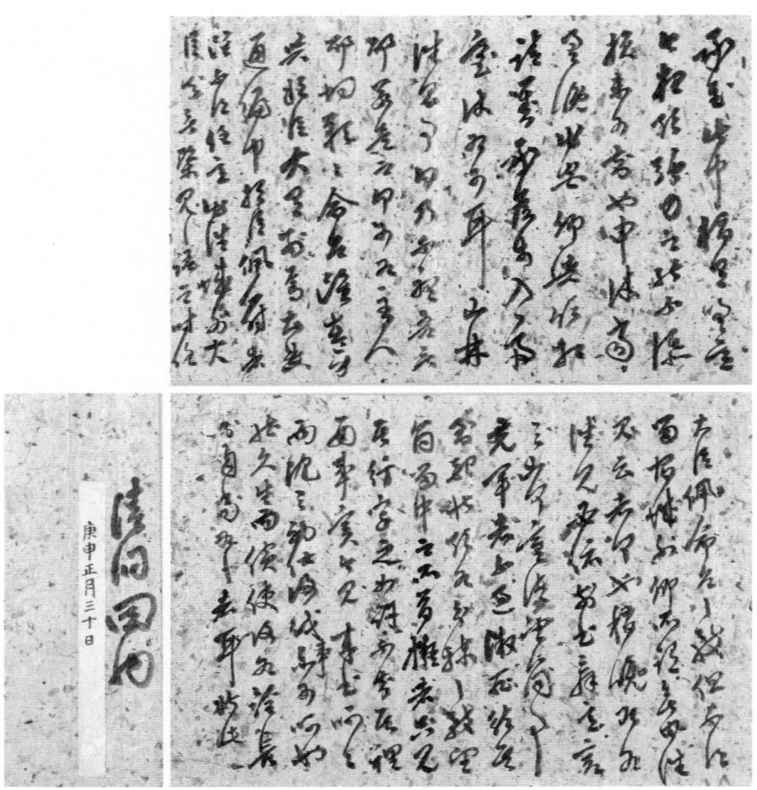

편지를 받고 위안이 되었다. 나는 조금 차도가 있는 것 같다. 오늘 밤 억지로 힘을 내보려 하지만 병이 덧나지 않을지 모르겠다. 신시(申時) 이후 조금 늦게 출궁할 것이니, 경과 영의정[李秉模]의 청대(請對)와 문안은 재실(齋室)에 들어간 뒤에 하는 것이 좋겠다.[354]

산림(山林)[宋煥箕]을 만나러 가는 일은 어찌 내 말을 듣지 않는가? 이러고서 어찌 주인 노릇을 할 수 있겠는가? 너무나도 한탄스럽다. 명소(命召)[355]를 지니고 있기는 하지만 장신(將臣)과는 큰 차이가 있다. 『대전통편(大典通編)』에 "장신으로서 밀부(密符)를 지닌 자는 임의로 성 밖에 나갈 수 없다."[356] 하였으나, 대신(大臣)에 대해서는 전혀 보이는 말이 없다. 시임 대신(時任大臣)은 명소를 지니고 있기 때문에 성 밖에서 유숙(留宿)할 수 없을 뿐인데, 경이 "만나러 갈 방법이 없다."고 말한 이유는 무엇인가? 조금 늦게라도 즉시 만나러 가서 반드시 이전 편지에 말한 대로 일러주는 것이 어떠한가?

선전관(宣傳官)의 망통(望筒)에 관한 일로 말하자면, 충군(充軍)된 사람[沈豐祖]은 작은 죄를 저지른 것에 불과하다.[357] 그가 배소(配所)에 도착하였다는 장계(狀啓)가 올라오기를 기다려 용서하려고 망통은 대내(大內)에 두었다. 수망(首望)으로 의망(擬望)한 자의 항렬자가 그렇다는 것만 보았고 그 이면의 사실은 몰랐다가 이제 보내준 편지를 받아보았다. 껄껄. 두 심씨(沈氏)의 초사

• • •

354 재실(齋室)에……좋겠다 : 정조는 이때 경모궁(景慕宮) 삭제(朔祭)를 앞두고 재계를 준비하고 있었다.

355 명소(命召) : 명소패(命召牌). 국왕의 명령을 받고 대궐에 들어가는 관원이 패용하는 표신.

356 장신(將臣)으로서……나갈 수 없다 : 『대전통편(大典通編)』「병전(兵典)」〈부신(符信)〉에, "장임(將任)을 겸대한 자는 명소(命召)를 지니거나 밀부(密符)를 지니거나를 막론하고 성 밖에 거처할 수 없다."는 조문이 있다.

357 충군(充軍)[沈豐祖]된……불과하다 : 충군은 군역(軍役)에 종사하게 하는 처벌의 일종이다. 이해 1월 18일 정조가 환궁하다가 행진(行陣)이 끊어지는 일이 있었는데, 이는 선전관 심풍조(沈豐祖)가 뒤를 돌아보지 않고 용기(龍旗)만 바라보면서 갔기 때문이었다. 이로 인해 19일 심풍조를 황해도 황주군에 충군하는 벌을 내렸다.(『승정원일기』 1800년 1월 19일)

(初仕)와 복직(復職)에 관한 일도 껄껄 웃을 일이다. 오래 살았지만 빈사(儐使: 館伴)가 다시 전장(銓長)[이조 판서]이 되면[358], 저절로 떠나게 될 것이다. 이만 줄인다.

청동(淸洞)에 회답하여 들일 것

承慰. 此中稍有差意, 今夜欲强力, 而能不添損, 未可知也. 申後當差晩出宮, 卿與領相請對承候, 於入齋室後爲可耳. 山林往見事, 何乃不聽吾言耶. 若是而何可爲主人耶. 切歎切歎. 命召雖在身, 與將臣大有別焉. 大典通編中, 將臣佩符者, 雖不得任意出往城外, 大臣則無槩見之語, 而時任大臣佩命召之致, 但不得留宿城外, 卿所謂無由往見云者, 何也. 稍晩卽爲往見, 必依前書辭意言之如何. 宣傳望筒事, 充軍者不過微罪, 待其到配狀, 欲爲分揀之致, 望筒留中, 而所首擬者, 只見其行字之如許, 不知其裡面事實, 今見來書, 呵呵. 兩沈之初仕復職【事】, 亦可呵也. 然久生而儐使復爲銓長, 則自當爲之去耳. 姑此.

淸洞回納
庚申正月三十日

358 빈사(儐使)가……되면 : 이 무렵 이조판서 김문순(金文淳)은 칙사를 접대하는 관반(館伴)의 임무를 맡고 있었다. 칙사가 1월 29일 돌아갔으므로, 김문순은 다시 이조의 업무를 맡았을 것으로 보인다.

간밤에 잘 있었는가? 송 산림(宋山林)[宋煥箕]이 이미 낙향하였는데, 이 또한 무방하다고 하겠다. 하지만 만류하는 말을 쓸데없는 예의라고 해서 하지 않을 수는 없기에 이미 승지를 보냈다. 찬선(贊善)의 직명(職名)과 면목(面目)이 새로워졌으니 기쁜 일이다.

이 산림(李山林)[李城輔]에게는 즉시 편지를 보내어 연석에서 하교한 말로 타이르고, 절대로 내려가지 말라고 하라. 만약 직명 때문에 굳이 사양한다면 바꾸어 주겠다고 하라. 그의 답장이 오면 즉시 알려 달라. 이만 줄인다.

청합(淸閤)에 즉시 들일 것

夜間何候. 宋山林已尋鄕, 亦可謂無妨, 而挽留之語, 不可以虛禮不爲, 已遣承宣耳. 贊善職名面目新新可喜. 李山林許, 卽爲作書, 諭以筵教, 切勿下往. 若以職名力辭, 則當遞給爲言也. 待其答來, 卽示之. 姑此.

淸閤卽納
庚申二月初三日

경신년1800 2월 4일 해질녘에 받은 편지

603

간밤에 잘 있었는가? 산림의 처의(處義)가 결코 구차해서는 안 된다. 세상 사람들의 여론이 이와 같으니, 함부로 다시 나와서는 안 될 것이다. 이전 편지와 말은 조금 다르게 해야 할 것이지만 실은 똑같이 마땅하다는 뜻이 되어야 한다. 이기헌(李基憲)의 무리와 상의하여 즉시 도모하는 것이 어떠한가? 이만 줄인다.

청동(淸洞)에 즉시 들일 것

夜間何候. 山林處義, 決不可苟且, 世人之議論如此, 則不可輕易更爲進身. 須與前書辭語稍間, 其實則同一允當之義, 與李基憲輩相議, 卽圖之, 如何如何. 姑此.

淸洞卽納
庚申二月初四日晩
[印]雲翰

경신년1800 2월 9일 아침에 받은 편지

간밤에 잘 있었는가? 지금 서료(徐僚)[徐龍輔]의 보고를 받아보니 심 대간(沈臺諫)[沈奎魯]이 [상소]한다고 한다. 말을 잘 만들어서 탈이 없이 지어내야 비답을 내릴 수 있다. 그리 알고 오늘 즉시 의논하는 것이 어떠한가? 두 죄인의 성명은 쓰지 말고, 이어서 금령(禁令)을 거두어달라고 청하라.[359] 그밖에는 아무개 등이라고 말하는 것이 좋겠다. 만약 잘 지었다면 즉시 말한 내용을 따라 공의(公議)를 펴고, 곧바로 이전처럼 시행할 계획이다. 이번에 [경이] 한 번 말하고자 한다면 어찌 말이 되겠는가? 익(翊)[李翊模]의 상소 역시 내가 권한 것이다. 심 대간의 계사(啓辭)는 누가 지어낼 것인가? 어찌 즉시 알려주지 않는가? 이만 줄인다.

청동(淸洞)에 즉시 들일 것

• • •

359 두 죄인의……청하라 : 이해 2월 3일 정조는 왕세자 책봉을 기념하여 김상복(金相福), 이창급(李昌伋), 노성중(盧聖中), 신광복(申光復), 주형로(朱炯魯), 변경붕(邊景鵬), 이극생(李克生), 이만식(李萬軾), 조진명(趙鎭明), 이승훈(李承薰) 등의 죄를 탕척 또는 감등하였다. 이어 조영순(趙榮順), 이재간(李在簡)의 죄명을 탕척하고 관작을 돌려주라는 명을 내렸다. 이에 대해 반대하는 신료들의 상소가 쏟아지자, 정조는 금령을 내려 이 일을 거론하지 못하도록 하였다. '두 죄인'은 이중 조영순과 이재간을 가리키는 듯하다. 심환지는 정조가 지시한 내용대로 차자를 올렸다.(『승정원일기』 1800년 2월 5일)

夜候安重. 卽見徐僚所報, 沈臺欲爲之云. 措語善爲, 結辭無頉, 然後可以賜批. 須知此卽日往復如何. 兩罪人勿書姓名, 仍請收禁, 其外則以某也等爲說爲可耳. 如善爲, 則言亦卽從, 以伸公議, 旋卽依前施行爲計. 今番若欲一言, 豈成說耶. 翊也疏, 亦吾所勸耳. 沈啓何人構出耶. 何乃不爲卽示耶. 餘留.

清洞卽納
庚申二月初九日朝
[謹封]

경신년1800 2월 9일 해질녘에 받은 편지

605

편지를 받고 위안이 되었다. 그 초본(草本)은 어떻게 하려는지 모르겠다. 그리고 대사간[金達淳]의 의론도 왔다갔다하여 알 수가 없다. 그렇지만 하는 것이 하지 않는 것보다 나으니, 일단 기다릴 뿐이다. 이만 줄인다.

상소는 아무아무를 막론하고 듣는 대로 엄히 금하라. 징벌이 엄하지 않아 금령(禁令)을 만들도록 하면 명령은 믿을 데가 있고 조정은 체면이 설 것이다. 이 또한 의리가 달린 일이니 깊이 유념하고 사람들의 질문에 대답하는 것이 어떠한가?

청동(淸洞)에 회답하여 들일 것

承慰. 厥草未知如何爲之, 而諫長之議論, 參差未可知也. 然爲勝於不爲, 第方待之耳. 姑此.
上疏則無論某某, 隨聞嚴禁, 使懲討之不嚴, 歸之於設禁, 則命令有所信, 朝廷有貌樣. 此亦義理所在, 深加留意, 以應諸人之問, 如何如何.

淸洞回納
庚申二月初九日晩

경신년1800 3월 3일에 받은 편지

606

요사이 잘 있었는가? 나는 피로가 쌓인 나머지 재계하며 소식(素食)하는 동안 간간이 생강과 계피를 먹기는 하였으나 기력이 버티기가 힘들어 자리에 앉기만 하면 정신을 잃고 잠이 드니, 너무나도 답답하다.

희(羲)[金羲淳]는 요사이 소식을 전하지 않으니 다시 독촉하라. 노(魯)[李魯春]를 만나 익(翊)[李翊模]의 병을 물었더니 뇌수(腦髓)에서 땀이 나온다고 하였다. 그가 순전히 허한 상태라는 것을 알 수 있다. 박전(朴拴)이라는 자가 간병한다는데 그가 뭐라고 했는지 모르겠다. [이익모의] 재주는 서(書)[李書九]의 절반도 미치지 못하나 자질은 도리어 갑절이나 뛰어나니, 지금처럼 인재가 부족한 때에 우려가 적지 않다. 그가 서료(徐僚)[徐龍輔]와 친하므로 서료[서용보]에게 삼(蔘) 1냥을 싸서 보내주라고 만 번 당부하였는데, 은밀히 하지 못할까 걱정이다.

경의 생질 이성중(李性中)이라는 자가 요사이 익(翼)[金履翼]과 친하다는데 과연 그러한가? 익[김이익]이 와서 붙는다면 굳이 거절할 필요까지는 없겠지만, 경이 먼저 애걸하면 절대로 안 된다. 무슨 묘맥(苗脈)[조짐]이 있는건지 모르겠다. 익[김이익]은 영변 부사의 수망(首望)에 들어간 뒤부터 서료[서용보]를 매우 추켜세워 가는 곳마다 칭송한다고 한다. 하지만 바라는 바는 분명 여기에 그치지 않을 것이다. 서료[서용보]는 장차 끝없는 요구에 어떻게 응하려는가? 이만 줄인다.

이동식(李東埴)의 상소는 어디서 나온 것인가? 매(邁)[徐邁修]와 서[이서구] 중에 누가 주도한 것인가? 노론(老論)된 자가 어찌 한 마디도 없으랴마는 이번에는 아무런 일이 없다.

홍낙안(洪樂安)을 검상(檢詳)에 의망하는 일은 대단히 잘못 생각한 것이다. 관직을 불량한 무리들에게 함부로 주어서는 안 된다. 지금까지 그 때문에 탄식하고 있다.

충청도 관찰사[金履永]의 근래 소식은 들었는가? 재계가 끝난 뒤 도기 인일제(到記人日製)[360]를 치를 것인데 정(定)[金定根]은 응시할 것인가?

청동(淸洞)에 즉시 들일 것

日間安重耶. 此中積憊之餘, 坐齋行素間, 雖雜以薑桂, 氣難抵敵, 貼席昏睡, 悶甚悶甚. 羲也近無所示, 更須鞭策也. 見魯也問翊也之病, 汗出腦髓【云】, 可知其純虛, 而朴烇者看病, 未知其說云何. 才雖倍不及於書也, 質反倍勝, 當此乏人之時, 憂慮不淺. 以其親於徐僚, 從徐僚裏送蔘一兩, 使之萬番當付, 而旋恐不密耳. 卿之甥李性中者, 近與翼也相親云, 果然耶. 翼也如來附, 則雖不必拒之, 自卿先爲乞憐, 甚不可. 未知有何苗脈耶. 翼也之自入寧邊首望, 甚譽徐僚, 到處稱頌云, 而所望必不止此, 徐僚將何以應之於秦求耶. 姑此.
李東埴之疏, 出於何處耶. 邁與書間, 何人所主張耶. 爲老論者, 烏可無一言, 而今則都無事矣. 到於洪樂安之檢詳望, 大是不善思處. 名器不可輕與匪類, 至今爲之咄歎. 錦伯近來聲息聞之耶. 過齋後, 卽當爲到記人製, 定也當赴試耶.

淸洞卽納
庚申三月初三日

360 도기 인일제(到記人日製) : 도기(到記)는 성균관 유생의 식당 출입 횟수를 기록하는 것을 말한다. 그 횟수에 따라 과거 응시 자격이 주어진다. 인일제(人日製)는 본디 1월 7일 성균관 유생을 대상으로 치르는 과거인데, 정조는 이해 3월 22일 춘당대에 친림하여 인일제를 설행하였다.

경신년1800 3월 23일에 받은 편지

607

새벽이 되어서야 비로소 물러갔는데, 몸은 어떠한가? 근력이 튼튼한 줄은 오래 전부터 알고 있었지만 이번에 더욱 잘 알게 되었으니 축하할 일이다. 나는 몸이 좋아졌으니, 행기(行氣)[운동]의 효과이다.

윤군(允君)[361]이 어제 또 떨어졌는데, 아직 때가 오지 않았기 때문이라 하겠다. 듣자니 초시(初試) 시험장에서 시권(試券)을 바친 뒤 경의 조카가 시험장 밖에서 시험장 안에 있는 시관이 데려온 하예의 이름을 불렀는데, 옆에서 듣고 이야기를 퍼뜨리는 사람들이 많다고 한다. 정말 그러하였는지 모르겠으나 이는 또 한 가지 난처한 일이다. 이번 과거에서는 헛수고를 면치 못하였으니 지금은 형편상 과거가 끝날 때까지 조금 기다려야 할 것이다. 껄껄 웃을 일이다. 이만 줄인다.

청합(淸閤)에 즉시 들일 것

侵曉始退, 凡百如何. 筋力之康壯, 知之久矣, 今番益知之, 賀賀. 吾則穩勝, 行氣之效耳. 允君之昨又緯繣, 可謂時未至. 聞於初試場中, 呈劵後, 卿侄自場外, 呼場內試官帶隸之名, 傍多聞而傳之者. 未知信然, 而此又難處之一端也. 未免虛擲, 今則勢將稍竢科後, 還可呵也. 姑此.

淸閤卽納
庚申三月二十三日

361 윤군(允君) : 상대방의 아들을 높여 이르는 말.

경신년1800 3월 24일에 받은 편지

608

단비가 내리는데 간밤에 잘 잤는가? 나는 방이 따뜻하여 동이 트도록 자고 말았다. 윤군이 초시에 합격하여 매우 기쁘다. 그렇다면 혹시 전시(殿試)에서도 가망이 있겠는가? 오직 그의 운수와 경의 운수가 형통한가에 달려있으니, 그렇게 되기를 바란다.

시골 유생들이 한양에 머무르는 동안 양식과 반찬 때문에 주인과 손님이 모두 곤란하여 탄식하였다. 이제 출방(出榜)[362]하여 내려갈 수 있을 것이니 너무나도 다행이다. 봄 농사가 한창이다. 이조에 엄히 신칙하여 과거에 응시한 수령들을 즉시 내려보내는 것이 어떠한가? 이만 줄인다.

청동(淸洞)에 즉시 들일 것

時雨霈霂, 宿來更勝. 此中房煖, 未免明發耳. 允也之發解, 甚喜甚喜. 然則或有可望於殿試耶. 惟在於渠運卿運之通, 以是企之. 鄕儒之滯京, 粮與饌, 實有主客俱困之歎. 今則出榜矣, 可以下去, 甚幸甚幸. 春務方殷, 赴科守令嚴飭吏曹, 卽爲下送, 如何如何. 姑此.

淸洞卽納
庚申三月二十四日

362 출방(出榜) : 과거 급제자를 발표함.

경신년1800 4월 5일에 받은 편지

609

편지를 받고 위안이 되었다. 노(魯)[李魯春]가 하는 짓은 결코 가볍게 볼 수 없다. 그전에는 주상의 뜻이 이러할 것이라는 혐의가 있을까 염려하였다. 경이 비록 분명히 말하지는 않더라도 이후로는 완급(緩急)을 조절할 방법을 생각해야 한다. 만약 서(書)[李書九]나 서(徐)[徐龍輔] 등을 만나거든 반드시, "여러 사람의 입은 막기가 어려우며, 남인과 소론도 몰래 이야기하는 가운데 섞여 있었으니 굳이 숨길 것 없이 각자 알아서 시비를 가리도록 하는 것이 좋겠다."라고 말하는 것이 어떠한가? 이렇게 하지 않으면 장차 경이 들었다는 사실을 알게 될 것이다. 이 한 가지 일은 깊이 생각하는 것이 어떠한가?

충청도의 오(吳)는 당사자에게 물었더니 많이 지었다고 대답하였다. 전하는 사람의 말이 거짓이 아니라는 보장이 있는가? 전라도의 이(李)와 경상도의 김(金)도 각자 지은 것이 천 수에 가깝다고 대답하였으니, 인재를 얻었다는 것을 알 수 있다.[363]

기(基)[364]에 대해 말한 것은 서료[서용보]도 그렇다고 여긴다. 하지만 나는 그가 좋은 선비이고 이 일에는 공정하기 어려웠다는 것을 잘 알고 있다. 이 밖에 그만한 사람이 어디 있겠는가? 나는 믿지 않는다. 다른 사람들에게는 반드시, "만약 그의 시권(試券)인줄 알았다면 어찌하여 장원(壯元)으로 삼아

• • •

363 호서(湖西)의 오(吳)……알 수 있다 : 여기에 언급된 이들은 이날 정조가 소견한 문과 합격자들로 보인다. 방목을 대조한 결과, 충청도의 오(吳)는 오홍석(吳洪錫), 전라도의 이(李)는 이언보(李彦輔), 경상도의 김(金)은 김상원(金尙元)으로 추정된다.

364 기(基) : 이재기(李在璣)를 가리키는 듯하나 미상. 이재기는 이해 4월 3일 치러진 문과에서 장원하였는데, 당시 심환지가 독권관(讀券官)으로 참석하였다. 그 이튿날 이재기를 전적에 단부(單付)한 것으로 보아 이하의 내용과 부합한다.

야 한다고 힘껏 주장하여 공연히 의미도 없는 전적(典籍)에 부직(付職)했겠는가?"라는 말 따위로 가는 곳마다 반드시 이렇게 이야기하는 것이 어떠한가? 절대로 소홀히 여기지 말라. 작년에 알려준 세 사람 가운데 겨우 한 사람을 건졌다. 대저 모든 일은 잘 하려고 하면 이처럼 어려운 법이다.

노[이노춘]가 하는 짓은 인정(人情)에 맞지 않는다 하겠다. 또 그의 행동거지도 매우 부끄러운 점이 많아 조정의 수치가 된다. 정녕 그 사람을 위한다면 단속할 방도를 생각해야 할 것이다. 어떻게 할 계획인가? 이만 줄인다.

이러한 편지는 보는 즉시 찢고 있는가?

청동(淸洞)에 회답하여 들일 것

承慰. 魯也所爲, 決不可泛看. 其前則恐有上意如此之嫌, 卿雖不爲明言, 此後須思弦韋之方. 如對書也徐也諸人, 必以衆口之難防, 午少之亦【混】參於其軍號之狀, 不必諱之, 俾各知而涇渭之爲可, 言之如何. 若不如此, 則將以卿之與聞知之. 此一款深量, 如何如何. 湖西之吳, 問於當者, 對以多作, 傳者之說, 安知非妄耶. 如湖南之李, 嶺南之金, 亦以私作近千首爲對, 其得人可知耳. 基也云云, 徐僚亦以爲然. 然而吾則稔知其佳士也難公也, 此外更誰有如渠者耶. 吾則未之信耳. 對人必以若知其券, 何以力主壯元之論, 公然付典籍之無意味者耶等語, 到處必以此言之, 如何如何. 切勿泛忽也. 昨年所示三人中, 僅濟一人. 大抵凡事若【欲】善爲之, 則其難如此. 魯也所爲, 可謂非人情, 且其行身, 多使人大慚處, 爲朝廷之羞恥. 苟欲爲其人, 宜思束濕之道, 何以爲計耶. 姑此.
似此書尺, 覽卽扯之耶.

清洞回納
庚申四月初五日

요사이 창방(唱榜)[365]하는 반열과 오늘 승문원의 회좌(會坐)에 모두 참석하지 않았다고 하니, 몸이 불편하여 그런 것인지 몰라 염려된다. 나는 잘 지내고 있다.

이번에 창방한 뒤의 소문에 대해 들은 것이 있는가? 경상도의 김상원(金尙元)은 양반이라고 들었는데 어떤 이는 승호(陞戶)[366]의 족속이라 하니, 과연 그러한지 모르겠다.

희(羲)[金羲淳]는 요사이 어떻게 지내는가? 계속 아무 일 없는 사람처럼 있다 하니, 어찌 분개할 일이 아니겠는가?

입번(入番)[367]한 어영청 기수(御營廳旗手)가 술에 취해 마루에 올라왔는데, 행동과 말투가 매우 패악하였다고 사람들이 떠들썩하게 전한다는 말을 들은 듯하다. 그 일은 과연 어떻게 된 것인가? 혹시 근래의 낭설이 아닌가? 어제서야 탐문하였더니 그런 사실이 없지 않다고 하는데, 그렇다면 전하는 말이 맞는 것인가? 이만 줄인다.

청합(淸閤)에게 즉시 들일 것

• • •

365 창방(唱榜) : 과거 합격자를 발표하고 증서를 주는 일.
366 승호(陞戶) : 천민(賤民)을 올려서 양민(良民)으로 삼음.
367 입번(入番) : 차례가 되어 관아에 들어가 숙직함.

近於唱榜班聯與今日槐院之坐，皆不參云，未知有愼節耶．爲之念念．此中穩在耳．今榜後所聞，或有可聞耶．嶺南金尙元，聞是班族，而或云陞戸族屬，未知果然否也．羲也近作何狀．一味自同平人，豈不切憤耶．似聞御營旗手之入番者，醉酒上軒，擧措言辭之切悖，有口喧傳，其事狀果何如，而或非近來浪說耶．昨始探問，則不無其實云．然則傳說信耶．姑此．

清閤卽納
庚申四月十二日

경신년1800 4월 12일 오후에 받은 편지

611

편지를 받고 위안이 되었다. 요사이 아주 쌀쌀하여 초여름 날씨 같지가 않다. 금년의 절기가 늦은 탓이기는 하지만 감히 한시라도 마음을 놓을 수가 없다. 그리고 지금 바람소리가 집을 흔들고 있는데, 내일쯤 비가 왔으면 하는 바람이다.

보내준 시축(詩軸)은 아직 보지 못하였다. 보내준 하예를 오래 잡아두기 어려워 우선 이렇게 답장을 쓴다. 이만 줄인다.

청동(淸洞)에 회답하여 들일 것

承慰. 近日寒峭, 不若孟夏氣候, 雖因今年節晏之致, 不敢一時弛心. 且今風聲撼屋, 明間得雨, 是企是企. 來軸姑未見之. 來隷難以久留, 先此修答耳. 姑留.

淸洞回納
庚申四月十二日午後

경신년1800 4월 17일에 받은 편지

612

단비가 내리기 시작하니 마치 꿀이나 기름, 엿과도 같다. 흠뻑 쏟아져 전답에 가득차기를 간절히 바란다. 요사이 잘 지내는가?

나는 갑자기 눈곱이 불어나고 머리와 얼굴이 부어오르며 목과 폐가 메마른다. 눈곱이 짓무르지 않을 때 연달아 차가운 약을 먹으면 짓무를 기미가 일단 잦아든다. 대저 태양(太陽)의 잡다한 증세가 모두 소양(少陽)의 여러 경락으로 귀결되어 이근(耳根)과 치흔(齒痕)의 핵(核)이 번갈아 통증을 일으키니, 그 고통을 어찌 형언하겠는가?

오늘 강연에 입시하러 가는 그 사람의 모습을 보았는데, 백발이 성성하여 묻지 않아도 김일주(金日柱)라는 것을 알 수 있었다. 그 사람이 간직한 바는 내가 일찍부터 알고 있었으니, 경이 아는 것보다 더할 것이다. 그의 경학과 문식에 대해 나는 항상 『맹자(孟子)』에 이른바 당세의 으뜸가는 사람이라고 여겼다.[368] 나무 다리를 놓은 황량한 마을에서 호롱불을 켜고 공부하면서 세상에 알려지기를 구하지 않았으며, 언론과 지조 또한 훌륭한 선비라 할 수 있다. 한번 만나보고자 하였는데 이제 책을 끼고 강의하는 자리를 드나들게 되었으니 너무나도 다행이다. 옛일을 살피고 바른 길로 인도하는 공부를 이 사람이 아니고서야 누가 할 수 있겠는가? 조금 전 이직학[李晩秀]을 시켜 이러한 뜻을 자세히 전해주도록 하였는데, 과연 들었는지 모르겠다. 경도 이러한 뜻으로 연교(筵敎)를 베껴 보내어 그로 하여금 스스로 책임지고 노력하게

368 『맹자(孟子)』에……여겼다 : 맹자가 말하기를, "제(齊)나라의 선비 중에 나는 중자(仲子)를 으뜸으로 칠 것이다.[於齊國之士, 吾必以仲子爲巨擘焉]" 하였다.(『孟子』「滕文公 下」)

하는 것이 어떠한가?[369]

요사이 망원정(望遠亭) 어선(漁船)의 송사에 관해 들은 사람들은 모두 동전 구린내에 코를 막는다고 한다. 설령 판결한 바가 옳더라도 계하(啓下)받은 송사의 판결을 해당 당상관 한 사람이 아래에서 고쳐서는 안 될 것이다. 기로소(耆老所)에 귀속시킨 것은 더욱 터무니없는 일이다. 그리고 매(邁)[徐邁修]의 일 때문에 경이 대신 비방을 받고 있으니, 어찌 더욱 분개할 일이 아니겠는가?

신임 대사성[尹光顔]은 이조 판서[徐龍輔]를 위해서라도 어쩔 수 없이 중비(中批)하였다. 노론 선비들은 심지어 월강(月講)[370]에 불참하고 승보시(陞補試) 시험장에 들어가지 않으려고 한다는데, 그의 선조가 대사성이 되었을 때와는 다르니, 너무 지나친 것이 아닌가? 여론이 어떠한지 모르겠다. 이만 줄인다.

청합(淸閤)에게 즉시 들일 것

• • •

369 오늘 강연에……어떠한가 : 이 내용은 훗날 김일주의 종손(從孫) 김성길(金聖吉)의 상언(上言)에 보인다.(『순조실록』 1812년 10월 30일)

370 월강(月講) : 예조(禮曹)에서 매달 성균관 또는 사학의 유생을 대상으로 치르는 시험.

好雨伊始, 如蜜如膏復如飴, 沛然盈疇, 深切企祝. 比候衛重. 此中眼眵忽熾, 頭面浮高, 喉肺燥渴, 於眵不膿之時, 連喫凉料, 膿意姑杳然. 大抵太陽雜証, 都歸於少陽諸經, 耳根齒痕之核, 迭爲痛楚, 其苦何狀. 今日因講筵入侍之路, 見其相貌, 欣然白髮, 不問知爲金日柱. 伊人之所存, 吾所夙知, 甚於卿之所知. 盖其經學文識, 吾則常以爲鄒書所謂當世之巨擘. 棲橋荒村, 篝燈劬工, 不求聞達於世, 而言論秉執, 亦可謂藹多之吉士. 願一見之, 今幸出入於挾册之列, 【甚幸甚幸.】稽古導正之功, 捨此人何爲. 俄令二直學詳傳此意, 未知果聞之. 卿須又以此意, 謄送筵敎, 使之自任努力, 如何如何. 近聞望遠亭漁船之訟, 人之聞者莫不掩鼻於銅臭. 設令所决是當, 啓下決訟, 一該堂不可自下撓改. 至於屬於耆所, 尤無着落, 而邁也之事, 卿乃替當其謗, 又豈不切憤耶. 新泮長爲吏判地, 不得已中批, 老輩士論, 至欲不參月講, 不入升場云. 旣與其先之爲泮長有間, 則無或太過耶. 未知物情云何. 姑此.

淸閤卽納
庚申四月十七日

편지를 받고 위안이 되었다. 초계 문신(抄啓文臣)[371]에서 임가(任哥)와 남가(南哥)가 탈락하였으니, 그들은 반드시 억울하다고 할 것이다. 그러나 정밀하게 가리자면 윤(尹)[尹鼎烈]처럼 절개를 수립한 사람의 자손으로 해야 한다. 게다가 새로 내는 방(榜) 한 사람만 선발한들 무슨 해가 되겠는가?

심(沈)[沈英錫]의 일로 말하자면 비단 선조(先朝))[英祖]의 하교가 단청(丹靑)처럼 분명한 정도에 그치지 않을 뿐더러[372], 경은 심진현(沈晉賢)과 잊을 수 없는 우의가 있다. 강제(講製)[373]의 선발은 한권(翰圈)[374]이나 영록(瀛錄)[375]과 다르니, 한다고 해서 크게 안 될 것이 있겠는가? 그럼에도 불구하고 혹시 묻는 사람이 있거든 특별한 분부였다고 말하는 것이 좋겠다.

대저 이희지(李喜之) 모친의 일, 서덕수(徐德修)의 일, 그리고 조(趙)[趙泰億], 송(宋)[宋時烈]과 함께 연석에 올랐던 일은 큰 공을 세운 것이라 할 수 있다. 그리고 그 당시 최석항(崔錫恒)과 크게 싸워 완론과 준론이 판이하였다는 것은 온 세상이 아는 사실이다. 이러한 뜻을 후생[심영석]에게 자세히 이야기

• • •

371 초계 문신(抄啓文臣) : 당하 문관 중 학문이 특출한 사람을 선발하여 매월 제술(製述)과 강서(講書) 시험을 치르게 하고, 우수자에게 승진의 길을 열어주는 제도에 선발된 사람. 이때 초계문신으로 선발된 이들은 이영하(李永夏), 여동식(呂東植), 김매순(金邁淳), 김기은(金箕殷), 신위(申緯), 윤일규(尹日逵), 심영석(沈英錫), 조정화(趙庭和), 오연상(吳淵常), 김순(金錞), 조종영(趙鍾永), 윤정렬(尹鼎烈), 조석정(曺錫正)이다.

372 심(沈)[沈英錫]의 일로……않을 뿐더러 : 이때 초계 문신으로 선발된 심영석의 증조 심단(沈檀)에 관한 일이다.(『정조실록』 1800년 4월 20일)

373 강제(講製) : 강제 문신(講製文臣). 즉, 초계 문신을 말한다.

374 한권(翰圈) : 한림 권점(翰林圈點). 예문관 검열을 뽑는 절차.

375 영록(瀛錄) : 홍문록(弘文錄). 홍문관의 교리, 수찬을 선발하는 기록.

해주는 것이 어떠한가?

이홍겸(李弘謙)이란 자는 반드시 털어내고자 한다. 사람됨이 매우 허황하니, 이러한 것들은 그때그때 억누르는 것이 어떠한가?

병조 판서[趙鎭寬]와 어영대장[李得濟]의 일은 둘다 잘못이라고 하겠다.[376] 대사마(大司馬)[병조 판서]가 무장(武將)을 면전에서 책망했다고 해서 어찌 체면을 잃는 지경에 이르겠는가? 만약 그[이득제]가 먼저 당했다면 반드시 큰 소리로 꾸짖었을 것이다. 어찌 면전에서 책망하는 데 그쳤겠는가? 나의 뜻은 이와 같다. 이만 줄인다.

청합(淸閤)에게 회답함

376 병조 판서[趙鎭寬]와……하겠다 : 어영대장 이득제는 병조 판서 조진관으로부터 면책을 받자 체면을 잃었다는 이유로 자신의 불편한 사정을 이병모에게 전한 것으로 보인다.(『승정원일기』 1800년 4월 24일)

承慰. 抄啓之任哥南哥之見拔, 彼必稱寃矣. 然而取精, 則尹之樹立【人】之孫, 且是新榜單擧何妨耶. 沈也事, 不但先朝下敎炳如丹靑, 卿於沈晉賢, 有不可忘之誼. 講製之選, 異於翰圈瀛錄, 爲之有何大不可乎. 然而或有問者, 以特敎言之亦可. 大抵李喜之母事, 徐德修事, 與趙宋登筵事, 可謂大樹立, 而與崔錫恒大戰於其時者, 其緩峻之判異, 一世所知, 須以此意詳說於後生, 如何如何. 李弘謙者, 必欲拂拭, 而人也甚虛謊, 此等處, 隨處挫抑如何. 兵判御將事, 可謂胥失, 而大司馬面責武將, 豈至於失體. 若使其先當之, 則必喝叱, 豈特面責. 吾意則如此耳. 姑此.

淸閤回敬
庚申四月二十日夕

경신년1800 4월 22일 아침에 받은 편지

614

일간에 잘 있었는가? 밤에는 비가 쏟아질 것 같더니 아침이 되자 다시 해가 쨍쨍하다. 지금 같은 때에 비가 내리기를 바라는 마음은 그저 절절한 정도에 그치지 않는다.

요사이 심(沈)[沈英錫]의 일에 대해 시패(時牌)와 벽패(僻牌)의 의론이 다르다는 것을 알 만하다. 김기은(金箕殷)이라는 자는 과연 시패라고 하던가?

제주도 마필(馬匹)에 관한 일 역시 백성들의 고충이니, 해당 수령에게 이렇게 알고 융통하여 잘 조처하도록 하는 것이 어떠한가? 이만 줄인다.

충청도 관찰사[金履永]에게는 이전에 적어 보낸 것을 과연 자세히 전하였는가? 이기헌(李基憲)은 초계 문신에도 들어가지 못하고 가관(假官)[377]에도 자주 의망되지 못하였다. 여기저기 모두 해당되지 못했다고 하겠다. 어찌하면 좋겠는가?

예산(禮山)의 집성사(集成祠)를 다시 세우는 일을 충청도 관찰사가 하교로 시켰다고 하면서 백성들의 힘을 들였기에 백성들이 자못 원망한다고 한다. 전하는 말이 사실인지 물어보도록 하라.

제주마(濟州馬) 1천 6백여 필을 몇 해 전에 사고로 잃었을 때, 비변사에서는 목자(牧子)들에게 징수하라고 하였다. 당시 목사(牧使) 유사모(柳師模)는 흉

377 가관(假官) : 특별한 임무나 사정이 있을 때 임시로 임명하는 관원의 통칭.

년이 들었다고 장계를 올려 금년으로 기한을 늦추었다. 기한이 되어 신임 목사가 이제 납부를 독촉하는데, 제주에서는 수량을 채울 방도가 없어 육지로 나가서 무역해야 할 형편이라 그 폐단이 매우 크다. 제주마는 항상 1만 필이 넘었는데, 2천 필 가까이 사고로 잃은 것은 전에 없던 일이다. 하지만 5,6년 동안 매우 많이 번식한데다 1년에 두 번 새끼를 친 경우도 있어, 제주 사람들은 모두 이 또한 전에 들어보지 못한 일이라고 여긴다. 지금은 이미 1만 필을 훨씬 넘어 제주 백성들은 신임 목사가 아마도 변통해 줄 것이라 기대했는데, 부임한 초기에 이렇게 말하여 목자들이 한창 소란하다고 한다.

청동(淸洞)에 즉시 들일 것

日間何候. 夜有沛然之望, 朝復杲杲, 此時雲霓之思, 不啻切切. 近以沈也事, 爲時僻之異論可知, 金箕殷者果時云耶. 濟州馬匹事, 此亦民隱, 須使該守臣知此善爲濶狹如何. 姑此.

錦伯許, 日前錄送者, 果詳傳耶. 李基憲不入於抄啓, 不爲頻擬於假官, 彼此可謂無當, 何以則可耶. 禮山集成祠改建, 錦伯以下敎使之用民力, 民怨頗有之云. 傳說信否, 問之也.

濟州馬一千六百餘匹, 年前故失, 其時自廟堂使之徵出於牧子等處. 時牧使柳師模, 以歲荒狀聞, 退限今年, 而當限新牧方今督納, 自島中無以充數, 勢將出貿於陸地, 其弊甚擾. 濟馬恒滿萬匹之數, 近二千故失. 前所未有矣. 五六年之間, 孳長甚盛, 或有一年再孳者, 島人皆以爲此亦前所未聞. 卽今已遠過萬匹之數, 濟民則望新牧之或有變通, 而新莅之初, 告發此, 今牧子輩方騷擾云.

淸洞卽納
庚申四月念二朝

경신년1800 4월 22일 해질녘에 보낸 편지

615

편지들은 차례대로 모두 잘 받아보았다. 요사이 듣자니 남한산성을 지키는 장수가 매우 어리석어 보장(保障)의 임무를 감당하지 못한다고 한다. 병조판서[趙鎭寬]를 겸사겸사 자연스럽게 체직한 뒤에 그 후임자로 삼는 것이 좋겠다. 익(翊)[李翊模]은 내직에 두어 성균관 대사성으로 삼을 것이다. 후임자로 나가는 것은 논할 바가 아니다.

이기헌(李基憲)이 초계문신에서 탈락한 일은 애석하다. 만약 이 사람이 한 살 많으므로 격식에 구애받지 않는다면, 정조영(鄭祖榮)이 꼭 맞는 짝이라고 하겠다.[378] 즉시 기(基)[이기헌]에게 묻고서 알려주는 것이 어떠한가?

회답

諸幅長第並悉. 近聞南城守臣甚憒, 不堪保障云. 兵判此兼彼兼, 順遞後爲其代可也. 翊也在內, 當爲泮長, 出代非可論者. 李基憲之見拔於抄啓可惜, 若【以】此人歲之加一歲, 於格式不以爲拘, 則鄭祖榮可謂的對, 須卽問於基也示之, 如何如何.

回敬
庚申四月念二晩

378 이기헌(李基憲)이……하겠다 : 초계 문신의 연령 제한은 37세이다. 이기헌은 1763년생으로 당시 38세였으며, 정조영 역시 38세였기 때문에 초계 문신에서 탈락하였다.

경신년1800 4월 25일에 보낸 편지

616

편지를 받고 위안이 되었다. 지금 이른바 벽패(僻牌)라는 자들은 모두 아침에는 동쪽으로 갔다가 저녁에는 서쪽으로 가고, 냄새를 쫓아다니며 모였다 흩어지는 무리들이니, 오는 사람을 굳이 막을 필요는 없다. 하지만 이른바 아무아무 이하는 모두 우습다. 을묘년(1795)의 일을 돌이켜 생각해보면 누군가 할 사람이 있을 것이라 여겼는데, 이제서야 그것이 너무 우활하였다는 것을 깨달았다. 게다가 경은 한 사람 뿐인데다 늙었다. 아무개 같은 사람은 단지 혼자 뿐이니, 어찌 물러나 보답하지 않음으로써 보답하려고 하지 않겠는가?[379] 이 때문에 제멋대로 하도록 내버려두는 것이다. 이만 줄인다.

청동(淸洞)에 회답하여 들일 것

承慰. 今之所謂僻牌, 皆朝東暮西, 逐臭聚散之類, 來者不必拒, 而所謂某某以下, 皆可笑. 回思乙卯間事, 意謂有爲者, 今乃覺其太迂濶, 况卿一人且老矣. 如某也者, 卽只是隻掌, 安得不斂却以圖不報之報耶. 所以任其性而縱他倖遊耳. 姑此.

淸洞回納
庚申四月二十五日

379 어찌 물러나……않겠는가 : 보답하지 않음으로써 보답하는 것[不報之報]을 말한다. 은혜를 갚지 않음으로써 도리어 갚는다는 뜻이다.

경신년1800 4월 29일에 받은 편지

617

편지를 받고 위안이 되었다. 나는 가뭄 걱정이 날로 심해져 매일 동트기 전에 일어나 아침을 기다리며 수응(酬應)한 지가 지금 며칠이나 되었다. 하지만 여전히 조금도 비가 내리지 않고 있으니, 얼마나 답답한 일인가?

대저 대동목(大同木)[380]의 일은 서(書)[李書九]가 발미(跋尾)[381]에서 긴밀하게 말하지 못하였다. 승품(陞品)에 관한 일은 이처럼 난처한 지경에 이르렀으니 한탄스럽다.

이의용(李義用)을 어찌 그렇게 두려워하는가? 어찌 이의용의 산송(山訟)만 그러하겠는가? 근래 벽패(僻牌)가 퇴조한다는 소문을 경은 듣지 못하였다고 하는데, 경이 뒷방이 되었다는 소문도 듣지 못하였는가? 경이 모욕받는 까닭을 반성해야 할 것이다. 경보다 한 등급 낮은 자조차 경을 이렇게 대우하니, 이것이 내가 분하고 답답한 일이다.

황인기(黃仁紀)와 김이수(金履秀)는 과연 어떤 놈들이기에 감히 주둥아리를 놀리는가? 이것도 경이 어떻게 진정시키느냐에 달려있다. 이만 줄인다.

청동(淸洞)에 회답하여 들일 것.

380 대동목(大同木) : 대동법에 따라 쌀, 콩 등의 곡물 대신 바치는 무명.
381 발미(跋尾) : 발사(跋辭). 조사와 관련하여 장계의 뒤에 붙이는 건의서.

承慰, 此中悶嘆一念, 日甚一日, 每日未明而起, 待朝酬應, 今至幾許日, 而尙稽方寸之方千, 何窺如之, 大抵大同木事, 書也跋尾不緊說及, 升品事, 致此難處, 可歎, 李義用何爲而畏之若彼, 奚特義用之山訟爲然, 近來僻退之說, 卿則未聞, 而卿爲後房之說, 亦未聞之耶, 卿之受侮, 固可自反, 下卿一等者, 待卿如彼, 此吾所以憤鬱處, 黃仁紀與金履秀, 果是何物, 乃敢鼓吻耶, 此亦惟在卿鎭之之如何耳, 姑此,

淸洞回納
庚申四月念九日

경신년1800 윤4월 4일 아침에 받은 편지

618

요사이 잘 있었는가? 나는 매일 동트기 전에 일어나 문이 열리기를 기다리며 수응(酬應)한 지가 지금 며칠이나 되었다. 하지만 구름이 비를 빚어 퍼붓는 일이 아직도 지체되고 있으니, 이루 말할 수 없이 애타고 답답하다.

오(吳)[吳鼎源]란 사람 자체야 말할 것도 못 되지만, 듣자니 그의 노모가 아흔에 가깝다고 한다. 참작하는 방도가 있어야 하겠다. 내일 차대를 행하거든 이렇게 아뢰는 것이 어떠한가? 오늘이라도 말이 나온다면 곧바로 처분할 계획이다. 유(柳)[柳訸] 역시 늙은 어버이를 모시고 있다 하는데, 과연 그러한가? 조사하여 알려 달라.[382]

충청도 관찰사[金履永]에게는 술을 절제하여 감히 체면을 손상하는 일이 없도록 하라고 엄하게 신칙하였는가?

각 영문에 도상(都相)[都提調]을 둔 까닭은 대장이 남용하는 일을 막기 위해서이다. 지금 병폐가 없는 영문은 어영청인데, 요새 듣자니 비용을 절약하지 않고 몰래 쓴다고 한다. 어찌하여 조절하지 않는가? 이만 줄인다.

청동(淸洞)에 즉시 들일 것.

382 오(吳)[吳鼎源]는……알려 달라 : 경기 감사 서정수(徐鼎修)가 양주(楊州) 이소사(李召史)의 산송(山訟)을 조사한 결과, 양주 목사 오정원과 유화가 사족의 무덤을 파낸 일이 발각되었다. 이에 오정원을 함경도 홍원에 정배하기로 하였으나, 그의 어버이가 85세라는 이유로 속전(贖錢)을 받고 금고(禁錮)하는 데 그쳤다.(『승정원일기』 1800년 4월 30일, 윤4월 4일)

日間安重. 此中每日未明而起, 待放鑰酬應, 今至幾日, 而同雲釀雨, 沛然尙遲, 渴悶何言. 吳也渠固不足說, 聞其老母近九十云, 合有參量之道. 明日若行次對, 以此提奏如何. 今日若有言端, 亦欲直爲處分爲計. 柳也亦云篤老侍下, 果然耶. 第探示也. 錦伯許, 以節飮無敢損體之意嚴飭耶. 各營之置都相, 以防大將之濫用, 且今不病之營門卽御廳, 而近聞潛用無節云. 何乃不爲操節耶. 姑此.

淸洞卽納
庚申閏四月初四朝

경신년1800 윤4월 4일에 받은 편지

619

기쁘고 좋은 비다. 어찌 이처럼 기쁘고 좋은 비가 있겠는가? 하지만 내 마음이 조금이라도 해이해질까봐 감히 기쁘다느니 좋다느니 하는 말을 입 밖에 내지 않고 있을 뿐이다.

두 편지는 차례대로 잘 받아보았다. 기쁘고 마음이 놓인다. 충청도 관찰사[金履永]가 경박하다는 것은 나도 헤아리고 있다. 대체로 그 사람은 순전히 왕도(王道)를 따르는 사람이 아니므로 모름지기 굴레를 씌워야만 죄를 저지르지 않게 할 수 있을 것이다. 부기(浮氣)이건 객기(客氣)이건 간에 장난에 가까운 일이 많아 그러는 것이다. 이만 줄인다.

오(吳)[吳鼎源]는 이미 용서하였다.

청동(淸洞)에 회답하여 들일 것.

喜雨好雨, 寧有如此之喜好雨耶. 然以此心之或有少忽, 不敢出喜好等語於口外耳. 兩紙長第承諗, 慰喜慰喜. 錦伯之浮, 吾亦量之, 大體其人非純王之道, 須用羈勒之法, 可使免於罪科, 其浮氣客氣間, 又多近戲之擧而然耳. 餘留. 吳也已分揀耳.

淸洞回納
庚申閏四月初四日

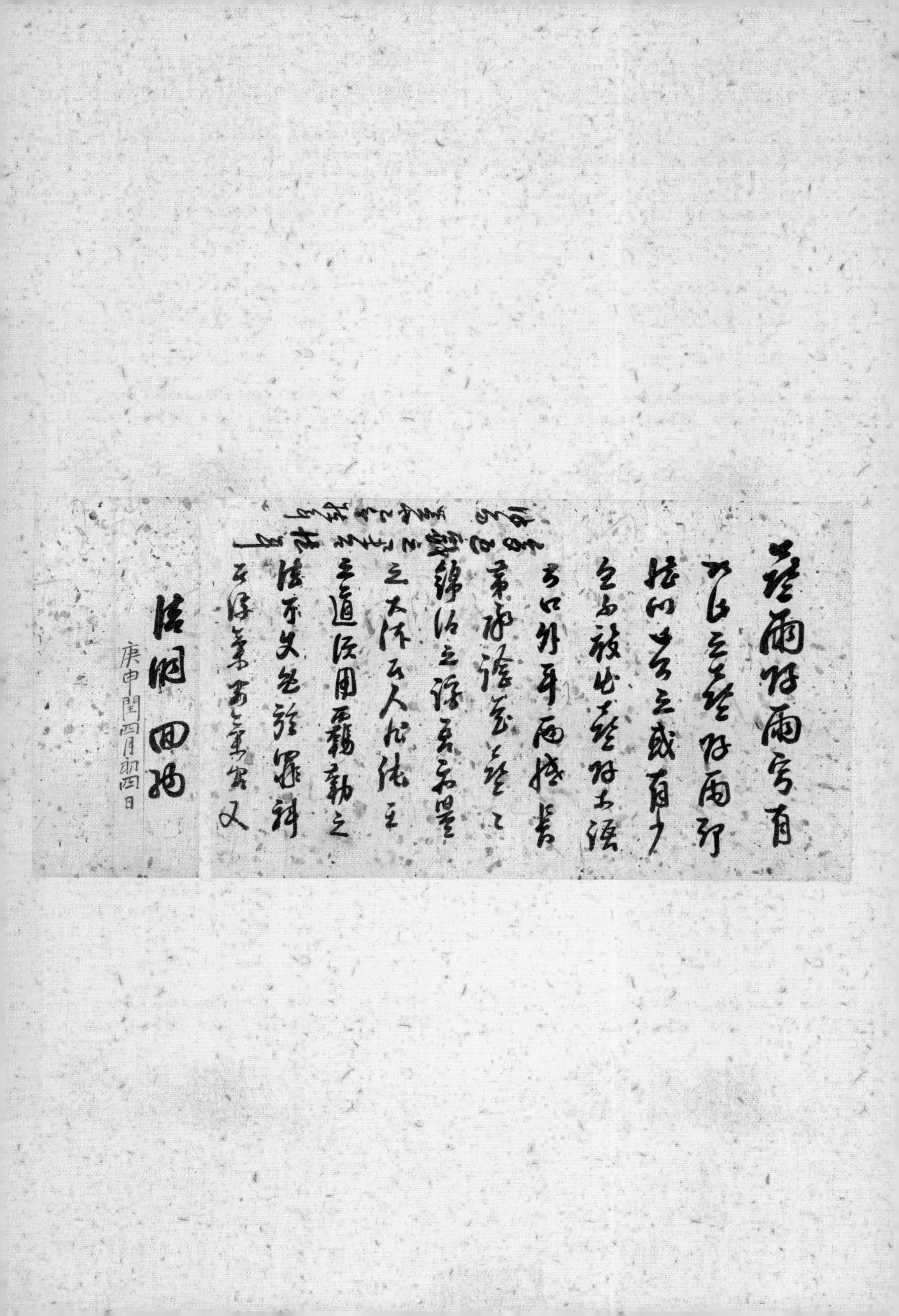

[illegible]

[illegible]

庚申閏四月初四日

경신년1800 윤4월 4일 저녁에 받은 편지

620

비가 쏟아지고 있는데, 흠뻑 적셔주기를 기대한다. 낮사이 잘 있었는가? 배봉 별장은 각별히 가려 임명해야 한다. 김희(金爔)를 수망(首望)으로 의망하는 것이 어떠한가? 이 말을 전하고자 사람을 보낸다. 이만 줄인다.

청동(淸洞)에 즉시 들일 것.

雨意沛然, 浹洽是企. 午間何候. 拜峰別將, 當各別擇差, 以金爔首擬如何. 爲申此語委伻. 姑此.

淸洞卽納
庚申閏四月初四夕

비가 쏟아져 흠뻑 적셔줄 것으로 기대되니 너무나도 기쁘고 다행스럽다. 그동안 잘 있었는가?

통제사[任葎]의 장계[383]를 베껴 보낸다. 조정에서는 체통을 보아야 한다. 몇 해 전에 윤영희(尹永僖)가 가리포 첨사로 있을 때 병사 이항림(李恒林)과 다투었는데, 채상(蔡相)[蔡濟恭]이 멀리 유배보내기를 강력히 청하였다. 삼도통제사가 관하의 고을 수령에게 이같은 모욕을 당한 데다가 병영 관하의 수령은 더욱 남다른 점이 있으니, 한흥유(韓興裕)가 이런 행동을 한 것은 조정이 존중받지 못하는 한 가지 단서이다. 옛말로 말하자면 통제사에게 엄하게 잡도록 하는 것이 좋겠다. 이것은 옛날과 지금의 일이 다르다고 따질 것이 못된다. 이후로는 해당 지역에 정배(定配)하는 일을 결코 그만두어서는 안 된다. 내일 주좌(籌坐)를 행한다 하니, 경은 이렇게 논의를 꺼내는 것이 좋겠다.

옛적에 황해 병사 구선행(具善行)이 문관 수령과 다투었는데[384], 김상로(金尙魯)는 병사와 수령을 모두 파직하기를 청하였다. 근래의 일로 말하자면 김재찬(金載瓚)이 평안도 관찰사로 있을 때 조대(趙岱)와 다투었는데, 윤 우상(尹右相)[尹得孚]은 관찰사를 중률(重律)로 처벌하기를 청하기까지 하였다. 대신이 일을 처리한 잘잘못이 또 이와 같다. 장계에 줄을 그어 보낸 구절을 자

• • •

383 통제사[任葎]의 장계 : 통제사 임율(任葎)이 고성현의 면임(面任)을 처벌한 일로 고성 현령 한흥유(韓興裕)와 마찰이 있었다. 임율은 장계를 올려 이 사실을 보고하고 한흥유를 논죄해야 한다고 청하였다.(『승정원일기』 1800년 윤4월 5일)

384 옛적에……다투었는데 : 구선행이 서흥 부사와 안악 군수의 근무 태만을 문제삼아 곤장을 치려 한 일이 있었다.(『승정원일기』 1781년 4월 28일)

세히 보는 것이 어떠한가? 어찌 욕설이라고 말할 수 있겠는가? 반좌율(反坐律)을 적용해도 좋을 것이다. 이러한 일들에 대해서는 먼저 조정의 체면과 훗날의 폐단을 보는 것이 당연하다. 이만 줄인다.

청동(淸洞)에 즉시 들일 것.

雨勢緊霔, 浹洽有望, 欣幸萬萬, 少選更重. 統啓謄送, 而朝廷當觀體統. 年前尹永僖以加里浦僉使, 與兵使李恒林相較, 蔡相力請遠竄. 三道統制使見如此之辱於管下邑倅, 且況營下守令, 尤有自別, 則韓也之作此擧, 朝廷不尊之一端. 以古言言則使統帥嚴把可也, 而此則古今異宜非可論, 而下此卽其地定配斷不可已矣. 明日行籌坐云, 卿則發論當如此爲可. 昔於閫帥具善行, 與文倅相較也, 尙魯並罷帥臣與守令爲請. 近例則金載瓚爲箕伯, 與趙岱相較也, 尹右相至請道伯之重律. 大臣處事之得失, 又如許耳. 狀啓中劃送之句, 看詳如何. 豈可以辱說言哉. 雖施反坐之律亦可. 此等處, 先觀朝體與後弊, 固當然耳. 姑此.

淸洞卽納
庚申閏四月初四夜

그간 인편 왕래가 없었는데 요사이 몸은 어떠한가? 나는 팔뚝의 통증 때문에 매우 괴롭다. 낮에 앉아 있는 곳도, 밤에 누워 있는 곳도 모두 대청마루이기 때문에 그렇다. 방이 좁은 소치이니 괴롭다 한들 어찌하겠는가? 참으로 '우산이 없는 집은 어떻게 견딜까'[385] 하는 이야기와 같다고 하겠다.

방금 들으니 종(種)[沈能種]이 응강하였는데, 조 시관(趙試官)이 처음에는 사슬[386]에 '불(不)'이라고 썼다가 나중에 겨우겨우 외었기에 '조(粗)'로 매겼다고 한다. 전하는 말이 사실인가? 이 일을 알아보고자 따로 사람을 보낸다. 이만 줄인다.

희(羲)[金羲淳]와 서유순(徐有恂)은 가까운 인척간이라서 근래에 써서 들인 일은 이미 알아낸지 오래이다. 서유순은 들은 이야기를 써서 들이기가 어려워 집안 사람들이나 친구들에게 말하고자 한다는데, 전하는 말이 하나도 근사한 것이 없다. 희[김희순]가 이처럼 치밀하지 못하니 어찌 말이 되겠는가? 하지만 이 이야기는 다시 그의 귀에 흘러 들어갔을 것이다. 한번 희[김희순]에게 묻는 것이 어떠한가?

• • •

385 우산이……견딜까 : 유관(柳寬: 1364-1433)의 일화를 인용한 것이다. 유관은 정승까지 지냈으나 청렴하여 가난한 인물이었다. 장마가 지자 비 새는 집에서 우산을 들고 부인에게 말하기를, "우산이 없는 집은 어떻게 견딜까." 하면서 오히려 가난한 이들을 걱정하였다. 그러자 부인이, "우산이 없는 집은 반드시 다른 준비가 있을 것입니다." 하였다.(徐居正, 『筆苑雜記』)

386 사슬 : 강경과(講經科)의 성적을 표시하는 조그마한 둥근 나뭇조각으로 통(通), 약(略), 조(粗), 불(不)의 글자를 써서 성적을 매겼다.

청동(淸洞)에 즉시 들일 것.

間阻書伻, 比候如何. 此中臂痛甚苦, 槩晝坐夜臥, 必於廳軒而然. 房窄所致, 雖苦無奈, 眞所謂無傘之家何以堪爲也. 卽聞種也應講, 趙試官初書不栍, 後爲營之僅, 爲粗畫云, 傳說信否. 爲探專伻耳. 姑此.
羲也與徐有恂切姻間, 而近來書入之事, 撕得已久, 恂也以所聞之難於書納, 卽言於家間或知舊中云, 無一近似於所傳, 羲也之不密, 豈成說耶. 然而此說復爲流入於這耳也. 一問於羲也, 如何如何.

淸洞卽納
庚申閏四月十二日

간밤에 잘 있었는가? 김기은(金箕殷)의 일[387]은 매우 한심하다는 말로 표현할 수 없다. 이른바 사도(師道)가 위에 있는지 여부는 일단 막론하고, 신임의리(辛壬義理)라고 하는 것은 오늘날 군신 상하가 함께 천명해야 하는 것이다. 아랫사람이 억지로 할 수 없다는 것을 윗사람이 아랫사람에게 애써 하라고 시킬 수 있겠는가? 이러한 의리는 두말할 것도 없이 분명하다. 이 의리에 대해서 터럭만큼이라도 윗사람과 아랫사람이 감히 각자 의견을 달리할 수 있겠는가?

이밖에 경들과 같은 지난날 사류(士流)의 후예들이 눈을 부릅뜨고 기세를 올려야 할 일이 있다. 북촌(北村)이 스스로를 지키는 계책은 신임의리를 빙자하여 팔아먹는 것이었다. 이 때문에 '충신들의 문집을 간행하였다.' 하고, '충신들의 집안과 굳게 맺었다.' 하면서 '누가 감히 우리를 모욕하랴' 하는 기세가 있었다. 그런데 그 당시 한 무리의 사류들이 재야에서 일어나 사람들에게 큰 소리로 외치기를, "신임의리를 준수하는 일에 우리가 어찌 저들만 못하겠는가? 그 선조들의 충성은 우리들의 전통이 되었다. 그 후손들의 악행은 신임년의 불량한 무리들과 마찬가지이다." 하고, 이에 모년의 의리[壬午義理]를 가지고 북촌을 공격하였다. 비록 그의 빙자하여 팔아먹는 계책으로는 감히 대항할 수 없었으나, 그 뒤로 사류들의 원기는 날로 쇠약해졌다. 그리고 지난날 사류의 일은 도리어 적대시하고 흔들어대는 단서가 되어, 한 가

---

387 김기은(金箕殷)의 일 : 김기은은 초계문신(抄啓文臣) 친시(親試)에 병을 핑계로 응시하지 않았는데, 실은 심단의 증손 심영석과 함께 시험을 치르고 싶지 않았기 때문이었다.(『승정원일기』 1800년 윤4월 13일)

지 일, 두 가지 일이 생기면서 그 단서를 가리기 어렵게 되었다.

근래에 김기은이 이론(異論)을 내세운 것이 터무니없기는 하다. 하지만 경이 사람을 보내어 약을 주었다는 이야기가 나오자 기롱하는 것도 부족하여 빈연(賓筵)하는 날 하교한 뒤로도 그만둘 줄 모르고, 심지어 어제 김기은이 한 행동에 이르게 되었다.

대저 의리의 정미한 부분은 알기 어려운 법이다. 지금 사람들은 무식하고 몰지각하여 일단 어떤 일이 신임의리에 속한다고 들으면, 눈앞에 있는 사실의 두서와 시비를 분간하지 않고 오로지 여러 말 하지 않고 군말이 없는 것을 당연한 도리로 여긴다. 그리하여 적대시하고 흔들어대는 사람은 더욱 적대시하고 흔들어대니, 경에게 악의가 없는 사람이라도 한통속으로 경을 침척(侵斥)하는 잘못을 저지르게 되는 것이다. 마치 연석의 하교를 받들어 따르지 않을 듯이 하고, 그 일도 관대히 용서할 필요가 없는 듯이 행동한다. 이것은 모두 경들과 같이 지난날 사류의 후예로서 영락한 이들이 죽을 힘을 다해 미연에 방지하고 조짐을 막지 않았기 때문이다. 어쩌면 머지 않아 『명의록(明義錄)』은 훼판(毁板)되는 책이 될지도 모르겠다.

여러 가지 근심거리를 한두 사람의 힘으로는 막을 수 없지만, 지난 연석에서 한번 깨우쳐 준 일은 한 줄기 양기(陽氣)로 삼고자 하였다. 경은 마땅히 들어와서는 선양하고 나가서는 천명하여 어두워진 사기(士氣)가 이에 힘입어 다시 펼쳐지게 하고 사라져가는 대의(大義)가 이로 인해 가벼워지지 않도록 해야 한다. 경이 살아 있는 동안 충분히 할 수 있을 것이다.

[이하 결]

청동(淸洞)에 즉시 들일 것.

일성조(日省條)[388]

夜間益衛也. 金箕殷事, 不可以凜然寒心言. 所謂師道之在上與否, 姑無論, 名以辛壬義理, 則今日君臣上下之所共闡明者, 在下之可以不能强者, 自上其可使在下者黽勉爲之耶. 此箇義理, 不待兩言而決. 於此義理, 雖絲毫之微, 上下其敢各異乎. 外此又有如卿等昔日士流餘裔之明目張膽處, 北村自保之計, 卽藉賣辛壬義理也, 以是曰忠集印行, 曰忠家固結, 誠有孰敢侮予之勢, 而在其時一隊士流, 起自草萊, 乃大言倡於衆曰, 辛壬義理之遵守, 吾輩豈不及若輩乎. 其祖先之忠爲吾輩之統緖, 其後承之惡, 當與辛壬匪類同歸. 於是以某年義理攻北村, 雖以彼藉賣之計, 不敢抗衡, 而其後士流, 元氣日衰, 而向者士流事, 反爲敵攄之端, 一事二事, 其端難掩. 近日箕殷之槐刺立異, 縱或無妄, 而卿送伻給藥之說出, 而譏嘲之不足, 賓筵日下敎之後, 又復不戢, 甚至昨日箕殷之擧措. 大抵難知者, 義理精微處, 則以今之人無識沒覺, 一聞其事屬辛壬義理, 不卞目下事實之頭緖曲直, 惟以除雜談無異辭爲當然底道理. 於是乎敵攄者益敵攄, 而雖無惡意於卿者, 沕然同歸於侵卿之科, 而筵敎有若不爲奉承, 本事亦若不必寬恕. 此皆由於如卿者, 以舊日士流餘派之零落者, 不能出死力於防微杜漸之道也. 幾何而明義錄不歸於毁板之書耶. 多少隱憂, 有非一葦可抗, 昨筵一諭, 竊付之一脈陽氣. 爲卿之道, 入而對揚, 出而倡明, 使旣晦之士氣, 賴而復張, 將湮之大義, 因此不淺, 則卿之生前足可.

淸洞卽納 日省條
庚申閏四月十四日

---

388 일성조(日省條) : 『일성록(日省錄)』에 실려 있다는 뜻으로 추정된다. 『일성록』 1800년 윤4월 15일에 이 편지에 언급된 내용이 보인다.

경신년1800 윤4월 23일에 받은 편지

624

편지를 받고 위안이 되었다. 가뭄이 이처럼 심하니 이루 말할 수 없이 답답하다. 지금 뭉게구름이 있기는 하지만 아직 구름이 짙지 않다. 이때 비가 쏟아지기를 한결같은 마음으로 바랄 뿐이다.

옥당(玉堂)이 앞에서 인도하는 일에 대해 일전에 서(書)[李書九]의 말을 들으니, 그도 옥당의 고사에 앞에서 인도한 전례가 없다고 하였다. 이른바 '몇 해 전 신칙하여 금지하였다.' 라고 한 것은 근거없는 말이라 하겠다.[389] 이러한 내용으로 밖에 나가서 사람들에게 이야기하도록 하였다. 희(羲)[金羲淳]의 기록에는 아직 분명히 알 수 없다고 하였으니, 이 뜻을 다시 희[김희순]에게 알려주고 다른 사람들에게 말하라고 하는 것이 어떠한가?

기(箕)[金箕殷]의 경우는 응시하겠다는 말인가? 어찌 연소한 자를 위해 편당을 지어 이처럼 장황하게 말을 늘어놓는가? 지금 세상에 번리(樊里)[蔡濟恭]를 위하여 임(任)은 팔을 걷어부치며 배척해서는 안 된다고 강력히 말하지만, 그가 스스로 해낼 수 있는 일이 아니니, 나머지는 미루어 알 수 있다. 또 남촌(南村)의 의리가 옛 신임의리를 핍박하여 한번 갚고자 한 지가 오래였을 것이다. 마침 또 경이 사람을 보내 약을 보낸 일까지 있었으니 겸사겸사 큰 공을 세울 일로 간주한 것이다. 이는 사류(士流)의 원기(元氣)가 이제 거리낄 만하지 않아 그러한 것이다. 밤낮으로 분개하는 것은 이 때문이다. 매(邁)[金邁淳]의 무리와 같은 후생들은 도리어 어두운 소견으로 편들고자 하는 생각

389 옥당(玉堂)이……하겠다 : 당시 옥당이 앞에서 인도하는 예를 행하는지 여부에 대한 논쟁이 있었다. (『정조실록』 1800년 윤4월 24일)

이 없지 않으니, 세상에 이보다 더 우스운 일이 없다. 그동안 과연 서[이서구]의 무리들과 상의하였는가? 이런 일을 소홀히 여긴다면 『명의록(明義錄)』의 단안(斷案)을 뒤집는 것도 종이 한 장 차이가 될 것이다. 경은 그저 으레 있는 일로 간주하지만 이 역시 세도와 관계된 것이라 그렇게 하지 않아도 그리 되는 것이다. 경은 어쩌려고 그다지도 범범한가? 희[김희순]는 종종 만나보는가? 이만 줄인다.

청동(清洞)에 회답하여 들일 것.

承慰. 嘆氣此甚, 渴悶何言. 今雖有油雲, 而姑未同雲, 際今沛然, 一心企企. 玉堂前導事, 向聞書也之言, 亦言其玉署故事例無前導, 所謂年前飭教禁止云云, 可謂鳥啄之說以此使之出而語人矣. 羲錄中尙不得曉然知之爲言, 此意更使羲也知而言於人, 如何如何. 箕也事, 欲爲應試云耶. 豈爲年少者偏黨而有此縷縷也. 今世之爲樊里, 任也攘臂力言其不可斥, 旣非彼所自辨, 則餘可推知. 且南村義理之逼於辛壬古義理, 一欲報之者久矣. 適又有卿送伻送藥之事, 此兼彼兼, 看作樹立. 此盖士流元氣, 今無可以顧忌而然者, 所以日夕憤憤者此也. 如邁也輩後覺者, 反以皮膜之見, 不無右袒之意, 世上可笑事, 莫甚於此. 其間果與書也輩相議耶. 此而泛忽, 明義錄飜案如隔紙. 卿之一味例看, 此亦世道所關, 莫之爲而爲也. 卿欲何以而如彼泛泛耶. 羲也間亦得見耶. 姑此.

清洞回納
庚申閏四月念三日

경신년1800 윤4월 25일에 받은 편지

625

편지를 받고 위안이 되었다. 나는 오로지 비가 내리기를 바라는 마음 뿐이다. 만약 비가 쏟아진다면 얼마나 다행이겠는가?

황해도의 일은 우의정[李時秀]과 상의하여 잘 처리하는 것이 어떠한가? 근래 경외(京外)에서 보관해 오던 재물이 고갈되었는데, 모두 조정을 두려워하지 않은 결과이다. 어찌 매우 답답하지 않겠는가? 희(羲)[金羲淳]가 인혐(引嫌)하여 체직한 것은 과연 무방하다. 이만 줄인다.

청동(淸洞)에 회답하여 들일 것

卽承多慰. 此中一心, 在於望雨, 若得沛然, 其幸當如何. 海西事, 與右相相議善處如何. 近來京外典守之蕩然, 都是不畏廊廟之致, 豈不悶甚. 羲也之引遞, 果無妨. 姑此.

淸洞回納
庚申閏四月念五日

경신년1800 윤4월 28일에 받은 편지

편지를 받고 위안이 되었다. 게다가 몸이 나아져 밤사이에도 줄곧 좋았다니 더욱 마음이 놓인다. 가뭄에 애타는 나의 마음은 마치 목마른 사람이 물을 찾는 것과 같다. 하지만 날씨가 맑아 아직 비가 쏟아질 기미가 없으니, 너무도 답답하다.

우의정[李時秀]이 어제 연석에서 스스로 인혐하지 않은 것은 문제라 하겠다.[390] 어찌 꼭 영의정[李秉模]의 말을 믿고서 그런 것이겠는가? 목물(木物)에 관한 일은 죄에 죄를 더했다고 하겠다. 초기(草記)는 어떻게 지을 것인가? 즉시 써서 들이는 것이 어떠한가? 듣자니 우의정은 기어이 벌을 받겠다고 하는데, 염치에 관계되어 그러한 것인가? 이광익(李光益)이 지금 물건을 보내려 한다는데 그 이야기를 들었는가? 이만 줄인다.

청동(淸洞)에 회답하여 들일 것

• • •

390 우의정[李時秀]이……하겠다 : 지평 신귀조(申龜朝)가 상소하여 황해도 칙수고(勅需庫)의 은전(銀錢)이 포흠(逋欠)으로 인하여 1/5 밖에 남지 않았다는 이유로 전임 관찰사 박기정(朴基正)을 삭탈관직할 것을 청하였다. 이에 정조가 전임 관찰사들을 조사하게 하자, 이시수가 차자를 올려 전임 관찰사로서 잘못된 규례를 답습하였다는 이유로 자신의 죄를 다스려달라고 청하였다.(『승정원일기』 1800년 윤4월 27일)

卽承慰喜. 况諗勝節夜間一如耶. 此中悶旱一念, 如渴求飮, 而晴候姑無沛然之望, 何等沓沓. 右相之昨筵不爲自引, 大是欠典, 何必爲領相之言所傾信耶. 木物事, 可謂罪上添罪, 而草記何以爲之耶. 須卽書納如何. 右相聞欲期於被罪云, 廉防似然耶. 李光益今欲送物, 聞其說也. 姑此.

淸洞回納
庚申閏四月二十八日

가뭄 때문에 걱정이지만 날이 뜨겁고 바람이 훈훈한 것은 바람직하다. 편지를 받고 위안이 되었다.

우의정[李時秀]의 일은 그렇게 하지 않는 것이 낫다. 대체로 보자면 고을에 공적으로 빌려준 것이니 우의정에게 무슨 죄가 있겠는가? 다만 칙수고(勅需庫)에 처음으로 손을 댄 자는 을미년(1775)의 관찰사라고 한다. 비록 당연한 일이라고는 하나, 마치 자기까지 더럽혀질까 염려하는 마음이 있었을 것이다. 하지만 그 뒤의 사람들도 생각이 여기서 벗어나지 못하였으니 한탄스럽다.

매(邁)[徐邁修]가 말한 탕채(蕩債)[391]는 도채(盜債)라 하겠으니 만고에 가소로운 일이다. 이태영(李泰永)의 빚은 현재 경상도 관찰사에 있는데도 역시 탕채에 들어갔다고 하니, 다른 것은 미루어 짐작할 수 있다. 공연히 도랑 파서 좋은 일만 시켰으니, 너무나도 분하다. 이만 줄인다.

청합(淸閤)에게 회답하여 들일 것

391 탕채(蕩債) : 채무를 탕감함, 또는 탕감해 준 채무.

旱氣渴悶，而日熱風薰，是爲可望耳. 卽承多慰. 右相事，不如無是，大體則爲民邑公貸者，於右相何有耶. 但勅庫犯手之倡者，卽乙未道伯云. 雖云當然之事，當有若浼之意，而其後諸人，計不出此，可歎. 邁也所謂蕩債，可謂盜債，萬古可笑事. 李泰永之債，時在嶺伯，而亦入蕩債中，他可推知，公然爲成濬之好事，切憤切憤. 餘留姑此.

淸閤回納
庚申閏四月二十九日

경신년1800 5월 1일에 받은 편지

628

간밤에 잘 있었는가? 거조(擧條)를 낸 뒤 여론에 반드시 찬반이 있을 것이다. 하물며 지금처럼 온 세상이 흠집을 찾으려 하는 때에는 어떠하겠는가? 어찌 터럭만큼이라도 앞서의 견해를 굽혀 웃음거리가 될 수 있겠는가? 이 뜻을 각별히 유념하는 것이 어떠한가?

기(箕)[金箕殷]의 일은 어찌 그리도 세력이 많은가? 어제 내각에서 초계문신의 서도(書徒)[392] 때문에 갈등이 생길 뻔했다고 한다. 듣자하니 그가 다른 사람에게, "나의 부형이 연좌된다 해도 앞서의 견해를 고치지 않을 것이다."라고 말했다고 한다. 어쩌면 저렇게 두려움이 없는지 모르겠다. 경의 위력으로 과연 그를 두려워하게 만들 계책이 없는가?

절선(節扇)은 정으로 주는 것이지 물건 때문에 주는 것이 아니다. 해마다 관례대로 주는 물건처럼 받는 것이 어떠한가? 이만 줄인다.

기우제(祈雨祭)를 위해 내일 향(香)을 받으려 하였는데, 사람들의 의논이 달라 어떤 이는 10일 무렵까지 기다려야 한다고 말하고, 어떤 이는 단오까지 기다려야 한다고 말한다. 일단 하루 이틀 기다려보려 하는데 어떠한지 모르겠다.

청동(淸洞)에 즉시 들일 것

392 서도(書徒) : 매일 읽은 글을 기록해두는 것. 본디 성균관에서 공부하는 유생들에게 학문을 권장하기 위하여 시행하였으며, 매달 예조에 보고하고 과거에 반영하였다.

夜間何候. 擧條後物議, 必當有異同. 況今半世覓瘢之時耶. 豈或一毫撓屈前見以爲見笑之資耶. 此意另念如何. 箕也事, 何其多勢多力也. 昨於內閣以抄啓書徒事, 幾致葛藤, 而聞渠向人言, 渠之父兄雖至逮被坐律, 亦當不改前見云, 未知何如彼無畏耶. 卿之威力, 果無怵彼之計策耶. 扇封不在物也, 卽歲課依領如何. 姑此.
祈雨初欲明日受香, 諸議或云待旬間, 或云待端午. 姑且觀一兩日, 未知如何耶.

清洞卽納
庚申五月初一日

내일 상참(常參)[393]을 하겠다고 명을 내렸는데, 경이 독상(獨相)[394]으로 들어와 한 마디 말도 없어서야 되겠는가? 혹시 생각나는 좋은 재료(滓料)가 있는가? 이를 고민하다가 마침 몇 가지 조목이 생각나서 이렇게 적어 보낸다. 이 편지는 보고 나서 돌려주는 것이 어떠한가? 이밖에도 말할 만한 것이 있는가? 이만 줄인다.

청동(淸洞)에 즉시 들일 것

明日常參有命, 卿以獨相入來, 何可無一言. 或有思得之好滓料耶. 爲之念念. 數條適有思得, 有此錄送, 此紙覽還如何. 此外又有可言者耶. 姑此.

淸洞卽納
庚申五月初一日夜
[印] ■

393 상참(常參) : 대신(大臣)을 비롯한 중신(重臣)과 시종신(侍從臣)이 날마다 편전(便殿)에서 국왕에게 정무를 아뢰는 일.

394 독상(獨相) : 영의정, 좌의정, 우의정 가운데 어느 한 사람만이 자리에 있어 근무하는 것.

경신년1800 5월 5일에 받은 편지

630

편지를 받고 위안이 되었다. 나는 이제야 대내(大內)로 돌아왔다. 매우 피곤할 뿐만 아니라, 오늘 제향을 올리느라 자식으로서 어버이를 사모하는 마음을 더욱 가누기 어렵다.[395]

이영유(李英裕)의 일은 과연 그러하다. 하지만 대신이 연석에서 아뢴 말이 분명히 남아 있으니, 임금이 대신을 대우하는 도리에서나 동료 정승이 동료 정승을 대하는 도리에서나, 떨쳐버리고 임명하여 보내기는 어렵다. 경의 뜻이라고 하면서 여론을 널리 알아본 뒤 천천히 의논하는 것이 좋겠다. 영의정[李秉模]이 나온 뒤라야 결정할 수 있을 것이다. 대개 대신의 말을 고치고자 한다면 어쩔 수 없이 정승들과 두루 상의하여 통일한 뒤에야 비로소 논의할 수 있을 것이다.

개성 유수[金勉柱]의 일 또한 과연 그러하다. 사람이 없어 어쩔 수 없이 점하(點下)[낙점]하였는데, 체차할지 유임할지 아직 정해진 계획이 없다. 잘 모르겠지만 면(勉)[김면주]의 치적은 어떻다고 하는가? 이것을 알아야 결정할 수 있다. 이만 줄인다.

청동(淸洞)에 회답하여 들일 것

395 이날……어렵다 : 이날 정조는 경모궁(景慕宮)에 전배(展拜)하고 하향대제(夏享大祭)를 지냈다.

承慰. 此中今始還內, 德甚之外, 此朔此享, 孺慕尤難抑耳. 李英裕事, 果然果然, 而大臣之筵奏昭在, 所以自上待大臣之道, 僚相待僚相之道, 有難擺脫差送. 須以卿意廣問物議後徐議爲可. 領相出來, 然後可以決定. 盖大臣之言欲改之, 則不可不遍議於諸相, 待歸一, 始可議到耳. 松留事亦果然, 乏人之故, 不得已點下, 而遞仍間姑無定計. 未知勉也治績如何云耶. 知此然後可決. 姑此都留.

清洞回納
庚申五月初五日

경신년1800 5월 11일에 받은 편지

631

이처럼 날이 쨍쨍하니, 내일은 향(香)을 받아 기우제를 지낼 것이다. 애타는 마음을 이루 말할 수 없다. 마침 보내준 편지를 받으니 너무나 기쁘고 마음이 놓인다.

주자서(朱子書)에 뛰어난 선비를 천거하는 일은 나도 박(朴)이 천거하고자 하는지 몰랐다. 지금 보내준 편지를 보고서야 비로소 그 일을 알았다.

경상도 관찰사[申耆]의 일은 서(徐)[徐龍輔]에게 들은 것을 경에게 말하였을 뿐이다. 나는 아무런 생각 없이 들은 것을 전했을 뿐이니, 절대 다시 입 밖에 내어 거꾸로 나를 소문의 출처로 만들지 않는 것이 어떠한가?

한(韓)[韓用龜]을 비변사 당상에 임명하는 것이 마땅하기는 하나, 우선 형조판서 등으로 삼아 겸임하도록 한 뒤 실직(實職)으로 올리는 것도 안 될 것 없다.

통제사[任律]의 일은 뻔뻔하다고 하겠다. 널리 여론을 알아본 뒤 다시 알려 달라. 이만 줄인다.

청동(淸洞)에 회답하여 들일 것

杲杲如此, 明日當受香祈雨, 焦勞何言. 際承來示, 慰喜萬萬. 朱書薦事, 吾亦不知朴也之欲薦矣, 今聞來說, 而始知本事耳. 嶺伯事, 以聞於徐也者言於卿而已. 吾則百無心而只傳所聞者, 切勿更出口外, 反以吾爲言根, 如何如何. 韓也籌堂差下固宜, 先爲刑判等職, 而例兼然後陞實, 亦無不可耳. 統帥事, 可謂强顔, 廣探物議後更示也. 姑此.

淸洞回納
庚申五月十一日

경신년1800 5월 21일에 받은 편지

632

편지를 받고 위안이 되었다. 나는 이 날을 꾹 참고 보냈으니, 참으로 모질다고 하겠다.[396]

우의정[李時秀]이 심각하게 인혐하려는 까닭은, 함답(緘答)[397]에 판부(判付)한 뒤 매(邁)[徐邁修]를 부처(付處)한 것이 개시(開市)의 일 때문이 아니라 산대(散貸)의 일 때문이고, 판부에도 편안히 있기 어려운 단서가 있기 때문이라고 한다.[398] 내일 들어오지 않는다면 필시 이 때문일 것이다.

선혜청 당상[趙鎭寬]의 일은 약원(藥院)[내의원]이나 무고(武庫)[군기시]의 관직과는 차이가 있다. '승문원과 비변사에는 받아들인 돈이 없다는 이유로 행공(行公)하였는데, 선혜청 당상은 똑같이 예겸(例兼)하는 직임이라 의리상 피혐할 것이 없다. 어찌 구가(驅價)[399]의 유무로 머뭇거릴 것이 있겠는가?' 하였으니, 그 말이 매우 옳다. 그렇다면 선혜청 당상이 처의(處義)하는 것은 적반하장과 다를게 무엇인가? 엄하게 신칙하여 행공하게 하는 것이 어떠한가?

귀(龜)[申龜朝]가 황(黃)[黃昇源] 때문에 죽을 뻔했다는 말은 무슨 말인가? 그 사이에 황[황승원]이 무슨 짓을 하였는가? 희(羲)[金羲淳]에게 자세히 묻고

• • •

396 나는 이 날을……모질다고 하겠다 : 사도세자가 죽은 날이기 때문에 이렇게 말한 것이다.

397 함답(緘答) : 함사(緘辭). 6품 이상의 관원이 경미한 죄를 범한 경우, 서면으로 그 죄과를 신문하여, 서면으로 진술을 받는 것.

398 매(邁)[徐邁修]를……때문이라고 한다 : 1796년 황해도 관찰사 서매수는 감영의 빚을 지탱하기 어려워 1년 내에 갚기로 하고 전곡(錢穀)을 얻을 수 있게 해달라고 청하였다. 그런데 산대(散貸)한 것이 무려 2만 6400여 냥이나 되어 칙사(勅使)를 접대할 비용이 모자라게 되었다.(『승정원일기』 1800년 5월 8일) 서매수는 이로 인해 부처(付處)의 벌을 받게 되었으며, 이시수 역시 전임 황해도 관찰사로서 잘못된 규례를 답습한 책임을 지고 인혐하였던 것이다.

399 구가(驅價) : 녹봉 이외에 관리가 하인을 부리는 비용 등으로 쓰도록 주는 돈.

다시 알려주는 것이 어떠한가?

듣자니 매[서매수]는 그 사건과 함답이 서로 어긋난다는 이유로 서(書)[李書九]에게 편지를 보내어 경으로 하여금 자신에게 더 심한 벌을 내리도록 권하였다고 한다. 들었는가? 어제 서료(徐僚)[徐龍輔]가 매[서매수]와 서[이서구]의 서찰을 들여 보냈기에 보고 나서 돌려보냈다. 그렇다면 평안도 관찰사[李泰永]에게 죄가 없다는 사실은 저절로 드러날 것이다. 형정(刑政)으로 보나 평안도 백성을 위해서나 내일 연석에서 유임하도록 청할 것인가? 매[서매수]에게 어찌 더 심한 벌을 내릴 필요가 있겠는가? 여러 곳에 널리 의논하는 것이 어떠한가? 이만 줄인다.

청동(淸洞)에 회답하여 들일 것

承慰. 此中忍過此日, 頑甚頑甚. 右相則緘答判付後, 邁也之付處, 非開市事, 卽散貸事, 而判付中又有難安之端, 將欲深引云. 明日之不入, 似必以此矣. 惠堂事, 與藥院武庫之官職有間, 則槐院籌司, 以其無俸錢而行公, 惠堂則同是例兼, 義無可避, 豈可以驅價有無有所咨且云, 其說甚是. 然則惠堂之處義, 何異於賊反荷杖. 嚴飭使之行公如何. 龜也之因黃也幾死之說, 何謂也. 其間黃也有何所爲耶. 詳問羲也, 更示如何. 聞邁也以本事之與緘答相左, 貽書書也, 勸卿使之加勘云, 聞之耶. 昨日徐僚入送邁也書也之札, 見而還之. 然則箕伯自歸於白脫, 揆以刑政, 且爲西民, 明筵當請仍任耶. 邁也豈必加勘. 須博議諸處, 爲之如何. 姑此.

淸洞回納
庚申五月念一日

편지를 받고 위안이 되었다. 민영조(閔榮祖)가 상소하여 이득제(李得濟), 이석구(李石求) 부자를 함께 논죄하였는데[400], 이석구만 논죄하는 것이 나았을 것이다.

대사성[尹光顔]에 대해서 노론이 어찌 한 마디 하려고 하지 않겠는가? 유생의 통문 내용은 참으로 '볼기 까고 주먹 맞기' 라고 하겠다. 이렇든 저렇든 간에 아닌 밤중에 홍두깨 같은 일이 늘상 잡류(雜流)들이 제멋대로 구는 데서 생기니, 그 버릇을 어찌 그대로 둘 수 있겠는가? 다시 근본을 캐내는 것이 어떠한가?

형조 판서[李得臣]의 일은 한 마디에 만 근의 가치가 있다. 게다가 빈청(賓廳)에서 한 말도 들을 만하였으니 매우 다행이다. 매(邁)[徐邁修]는 형편상 우의정[李時秀]의 처지를 보아 용서할 계획이다. 껄껄. 이만 줄인다.

청동(淸洞)에 회답하여 들일 것

承慰. 閔疏之父子並論, 不若只論李石求. 至於泮長, 則老論豈不欲一言, 而儒通之說, 眞所謂露尻受拳. 無論如此如彼, 暗中之杵, 每出於雜流自爲之擅恣, 其習何可長也. 更須究得根因, 如何如何. 刑判事, 一言可敵萬斤, 且賓廳酬酢, 亦足聽聞, 甚幸甚幸. 邁也勢將爲右相地, 分揀爲計. 呵呵. 姑此.

淸洞回納
庚申五月念二夕

400 민영조(閔榮祖)가……논죄하였는데 : 민영조의 상소는 『승정원일기』 1800년 5월 22일에 보인다.

경신년1800 5월 24일에 받은 편지

634

잘 있는가? 박윤수(朴崙壽)라는 자가 오늘 입시하였는데, 경이 지난 연석에서 거조(擧條)를 올려 형조 판서[李得臣]의 처벌을 청하면서 단지 '직분을 수행하지 못하였다는 비판이 있다.' 라고만 하고 구체적인 일을 말하지 않아 매우 애매모호하니[401], 구체적인 일을 보태 쓰게 하라고 청하였다. 그의 의도가 트집을 잡으려는 데 있다는 것을 알 수 있다. 박[박윤수]의 거조는 아직 입계(入啓)하지 않았는데, 입계하기를 기다렸다가 계하(啓下)하겠다. 이 뜻을 서료(徐僚)[徐龍輔]에게도 전하고 의논하라. 차자의 초고는 미리 유념하여 잘 지어두는 것이 어떠한가? 경의 거조를 어찌 고칠 수 있겠는가? 이만 줄인다.

청동(淸洞)에 즉시 들일 것

即候安重. 朴崙壽者, 今日入侍, 以卿之向筵擧條中, 請罪刑判事, 只言失職之譏, 不言實事, 甚爲黚黕, 請令添書實事. 其意可知出於詆刮. 朴之擧條, 姑未入啓, 待入來, 當爲啓下. 此意亦通於徐僚, 當有往復矣. 箚草預爲留意, 善爲之, 如何如何. 卿之擧條, 豈可改之耶. 姑此.

淸洞即納
庚申五月念四日
[謹封]

401 지난 연석에서……애매모호하니 : 당시 심환지는 이득신이 직분을 수행하지 못하였다는 이유로 파직을 청하였다.(『승정원일기』 1800년 5월 22일)

경신년1800 5월 25일에 받은 편지

635

편지를 받고 위안이 되었다. 승지가 거조(擧條)를 계하(啓下)받은 뒤에는 도리어 난처할 것이라는 서료(徐僚)[徐龍輔]의 말이 과연 그러한 것 같아 일단 대내(大內)에 두었다. 이조 참의[尹光顔]의 일[402]은 변통하기 위해서만이 아니라 성균관 유생들을 보아서도 일단 폐단을 제거하고자 그렇게 한 것이다. 게다가 사람됨 또한 합당하지 않은가? 껄껄. 이만 줄인다.

청동(淸洞)에 회답하여 들일 것

承慰. 承宣擧條啓下之後, 反涉難處, 徐僚之言, 果然, 姑留中耳. 三銓事, 不但爲其區處, 在泮儒亦姑除弊而然者. 況人也亦豈不可合耶. 呵呵. 姑此.

淸洞回納
庚申五月念五日

• • •

402 이조 참의[尹光顔]의 일 : 정조는 4월 12일 윤광안을 대사성에 임명하였는데, 이로 인해 유생들이 통문을 돌리자, 5월 22일 그를 이조 참의로 바꾸어 임명하였다.(『승정원일기』 1800년 4월 12일, 5월 22일)

편지를 받고 위안이 되었다. 방금 김이재(金履載)가 상소를 하나 올려 이조 판서[李晩秀]를 침척(侵斥)하였다. [이조 판서의] 사직 상소의 어구를 트집잡았으니[403], 반드시 만족한 뒤에야 그칠 것이다. 이조 판서가 너무 불쌍하지 않은가? 시패(時牌)의 상소로 공연히 먼저 공격을 받게 되었다.

이번에 특별히 임명한 의도는 시속을 바로잡는 데 있다. 요사이 사륜(絲綸)에 만약 '속(俗)' 이라는 한 글자를 언급하면, 한쪽 편 사람들이 모두 자기 일로 여긴다. 이번 김(金)[김이재]의 상소 역시 그 의도를 알 수 있다. 대저 기(箕)[金箕殷]에 대한 걱정은 그냥 내버려 두었는데, 또 김[김이재]이 나왔으니 세도(世道)에 대한 염려를 한 마디로 말하기 어렵다.

이조 판서가 올린 상소의 '사양하는 미덕은 올바른 의리가 아니다.' 라는 구절은 별달리 명교(名教)에 죄를 지은 것도 아니다. 그런데 저들은 공박하면서 '염치가 훼손되는 결과를 초래할 것이니 경책(警責)하여 세도를 부축하라' 고 청하기까지 하였으니, 그들이 점차 기세를 돋우려 하는 흔적이라고 하겠다. 이제 공들은 어떻게 대처할 것인가? 이만 줄인다.

청동(淸洞)에 즉시 들일 것

• • •

403 방금 김이재(金履載)가……트집잡았으니 : 김이재는 이만수의 사직 상소에서 '신하가 임금을 섬기는 것은 직분을 다하는 일이 충성인 것이고, 사양하는 미덕은 올바른 의리가 아니다.[人臣事君, 盡職爲忠, 克讓之美, 非義之正也]' 라는 구절을 문제삼아 경책(警責)하도록 청하였다.(『정조실록』 1800년 5월 29일)

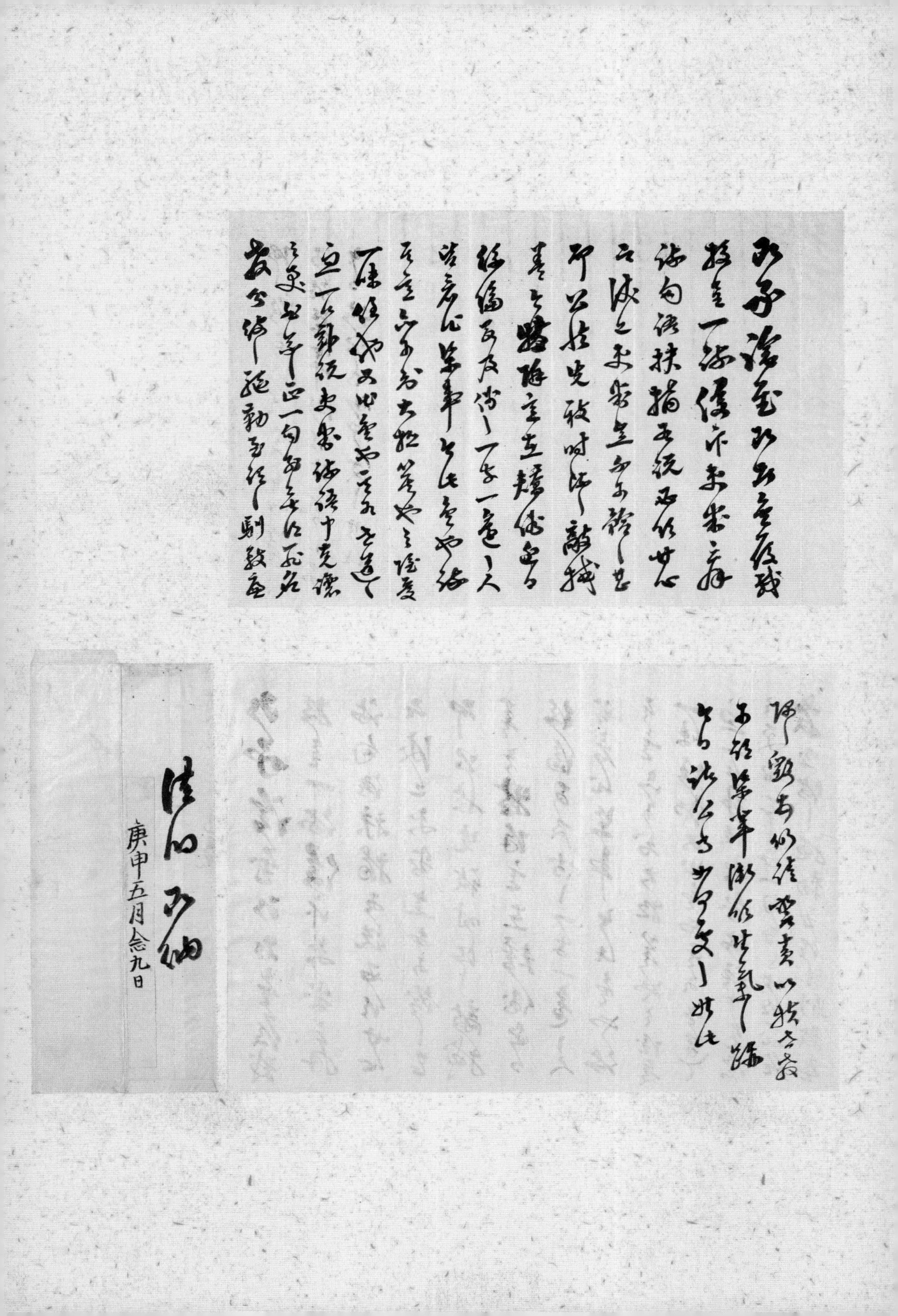

庚申五月念九日

卽承諗慰. 卽者金履載投呈一疏, 侵斥吏判, 辭疏句語, 抉摘爲說, 必欲甘心而後已. 吏判豈不可矜之甚耶. 公然先被時疏之敲撼. 盖今特除, 意在矯俗. 近日絲綸, 若及俗之一字, 一邊之人, 皆看作渠事. 今此金也疏, 其意亦可知. 大抵箕也之隱憂, 一味任他, 又出金也, 其爲世道之慮, 一口難說. 吏判疏語中, 克讓之美非義之正一句, 別無得罪名敎, 則彼之驅勒, 至謂之馴致廉隅之毁頓, 仍請警責, 以扶世敎, 可謂渠輩漸欲生氣之跡. 今日諸公當如何處之. 姑此.

清洞卽納
庚申五月念九日

간밤에 잘 있었는가? 김이재(金履載)의 상소 및 처분하는 전교는 아마도 저보(邸報)[404]를 통해 보았을 것이다. 오늘날 세도가 어찌 이 지경에 이르렀단 말인가? 원기(元氣)가 부족해진 뒤에야 객기(客氣)가 침범하기 마련이요, 사람은 반드시 스스로 모욕한 뒤에야 남이 모욕하는 법이니, 그 근본을 따져보면 경들의 책임이다.

지난번 심(沈)과 유(柳)의 일에 대한 거조를 김기은(金箕殷) 보다 뒤에 내었는데, 이는 크나큰 실착이었다. 의리의 깃발을 펼치고 온 세상을 호령하는데 관계된 일에 비몽사몽을 면치 못하여 저들의 기운을 빼앗아 우리의 기세에 보태지 못하였다. 그러므로 초파리 같은 김이재가 감히 신룡(神龍)의 조화를 모욕하고 희롱한 것이다.

몇 해 전부터 시패(時牌) 쪽의 폐해를 말할 경우 직접 '시(時)' 자를 말하고 싶지 않아 '속(俗)' 자로 바꾸었다. 그런데 시패 쪽 사람들이 이미 알아내고서 '속' 이라는 한 글자가 사륜(絲綸)에 나타나는 것을 보기만 하면 자기들에 대한 이야기로 여긴다. 그렇다면 벽패(僻牌) 사람이라고 모를 리가 있겠는가?

이조 판서[李晩秀]는 명목상으로는 다른 색목이지만 실제로는 벽패에 가깝다. 예로부터 세도를 생각하는 사람은 자기에게 도움 되는 이를 다른 색목이라는 이유로 배척하지 않았다. 그렇다면 이조 판서처럼 벽패에 가까운 사람은 마치 우리 편 사람인 것처럼 더욱 보호하고 아껴야 한다. 그러한 뒤에야

404 저보(邸報) : 경저(京邸)에서 지방의 각 고을로 보내던 연락 보고 문서.

보고 듣는 사람들을 용동(聳動)시킬 수 있다. 경은 과연 그 상소를 보고 이러한 의리를 생각해내었는가?

여윈 돼지가 날뛰더니[405] 모르는 사이에 업화(業火)가 위로 밀려왔다. 서료(徐僚)[徐龍輔]에게 편지를 보내어 물었더니 '견벽청야(堅壁淸野)'[406]라고 대답하였다. 서[서용보]처럼 굳세지 않은 사람이 무엇을 주장하겠는가마는, 이처럼 제때 미치지 못하고 뒤늦게 하는 말은 그저 남에게 모욕이나 당하기에 알맞을 것이다. 이 때문에 객기가 모이는 것이다.

보아하니 지금 시패 쪽에 빽빽하게 서있는 사람들은 모두 세속에서 이른바 '막막조(莫莫調)'라고 하는 자들이다. 이른바 벽패에는 늙고 힘없는 서매수(徐邁修), 어둡고 졸렬한 김희순(金羲淳), 약하고 물러터진 이노춘(李魯春) 등 몇 명 뿐이니, 많고 적음이 상대가 되지 않는데다 노둔하고 어리석기까지 하다. 이러한 때 마음을 가다듬고 용기를 모아 이리 뛰고 저리 뛰어도 대항할 수 없을까 걱정인데, 하물며 경들처럼 이렇게 두려워하고 모호해서야 장차 무슨 일을 할 수 있겠는가?

이조 판서는 형세상 바꾸어 주어야 하겠다.[407] 바꾸어 주기를 기다렸다가

• • •

405 여윈 돼지가 날뛰더니 : 『주역(周易)』 구괘(姤卦) 초육(初六)의 효사(爻辭)에 "여윈 돼지가 날뛰려 한다.[羸豕孚蹢躅]" 하였다. 소인이 올바르지 못한 마음으로 군자를 해치려는 생각을 품고 있다는 뜻이다.

406 견벽청야(堅壁淸野) : 성을 굳게 지키고, 적이 이용하지 못하도록 성 밖에 있는 물자를 거두어들이는 전략.

407 이조 판서는……하겠다 : 정조는 이해 5월 12일 이만수를 이조 판서에 임명하였다. 30일, 김이재의 공격을 받은 이만수가 피혐하자 체직을 허락하고, 6월 6일 공조 판서에 임명하였다. 그 뒤 이만수가 계속해서 피혐하자 정조는 그를 통어사(統禦使)로 좌천시켰다.

경이 "[이만수를] 이조 판서에 특별히 임명한 것은 시속을 바로잡겠다는 성상의 뜻에서 나온 것이었습니다."[408]라고 한다면 저 김이재가 무슨 생각으로 이를 감히 막으려 하겠는가? [이만수를] 체직하는 것은 누추한 시속을 대폭 새롭게 하려는 성상의 뜻에 어긋난다고 하면서 차자를 올려 유임하기를 청한다면 일의 체면이 매우 마땅하게 될 것이다. 어떻게 생각하는지 모르겠다.

이 편지를 쓰던 차에 보내준 편지를 받고 위안이 되었다. 이조 판서의 상소에 있는 말은 왕술초(王述初)의 말을 인용한 것에 불과하다. 그 아래에 이귀(李貴)가 상주한 일을 덧붙였으니, 이조 판서의 뜻을 헤아릴 수 있다.[409] 하지만 글을 제대로 짓지 못하여 공연히 스스로 욕을 먹게 만들었으니 한탄스럽다. 상소의 글을 잘 지었는지 여부를 막론하고, 김이재가 '풍속을 바로잡는다[矯俗]'는 두 글자를 집어내어 반대하는 발판으로 삼으려 하니 얼마나 근심스러운가? 만약 이런 일이 없고 정말 이조 판서 하나 때문이라면 어찌 꼭 이렇게 하겠는가? 경은 차자를 올리는 일을 어떻게 할 생각인가?

• • •

408 [이만수를]……것이었습니다 : 이 내용은 이후 심환지가 올린 차자에 그대로 반영되었다.(『승정원일기』 1800년 6월 12일)

409 이조 판서의 상소에……헤아릴 수 있다 : 이만수의 사직 상소에, "신은 듣건대 '신하로서 임금을 섬길 때 직분을 다하는 것이 충성이고 사양하는 미덕은 바른 의리가 아니다.[人臣事君, 盡職爲忠, 克讓之美, 非義之正]' 하였습니다. 옛적 인조(仁祖) 때 연평부원군(延平府院君) 이귀(李貴)가 어전에서 스스로 자신을 천거하여 특별히 이조 판서에 제수되었던 일은 오늘날까지 전조(銓曹)의 미담으로 전해오고 있습니다." 하였다.(『정조실록』 1800년 5월 24일) 이만수가 인용한 말은 진(晉)나라 왕술(王述)이 한 말이다. 왕술초라고 한 것은 정조의 착각인 듯하다.

권 대간(權臺諫)[權漢緯]의 일은 반드시 각별히 만류하는 것이 어떠한가? 지금 벽패 쪽에는 믿을 만한 사람이 없고, 이른바 상소라는 것도 모두 수치를 당하고 모욕을 받을 이야기이다. 간혹 말해야 하는 일이 있더라도 민(閔)[閔榮祖]의 상소와 같은 꼴이라면 과연 얼마나 답답한가? 게다가 시패 쪽의 젊은 이들이 원한을 묻어두고 있는 이때에 갑자기 윤(尹)의 일로 다시 [상소]하는 사람이 있다면 명의(名義)에 관계 없이 그저 모욕만 더 당하게 될 것이다. 즉시 희(羲)[金羲淳]로 하여금 만류하게 하는 것이 어떠한가? 대저 희[김희순]는 어수(魚帥)[魚用謙]에 한참 못 미친다. 게다가 그의 지혜와 나를 향한 정성도 고인(古人)[어용겸] 보다 못하니, 늘 고인을 생각하면 나도 모르게 탄식이 나온다. 고인의 아우가 아직도 선공감의 직함을 얻지 못하였으니, 경의 일처리가 어찌 개탄스럽지 않겠는가? 이래서야 사람들의 마음과 도움을 얻을 수 있겠는가?

이조 판서의 후임자는 벽패가 아니면 소론 중에서 시켜야 한다. 하지만 매(邁)[서매수]는 어렵고 소론 역시 사람이 없다. 경의 생각은 어떠한가? 이만 줄인다.

청동(淸洞)에 즉시 들일 것

夜間何候. 金履載疏本及處分傳敎, 想從邸報覽悉. 近日世道一何至此. 元氣不足而後客氣來侵, 人必自侮而後人侮之, 究其本則卿等之責耳. 向者沈柳事擧條, 出於金箕殷之後, 卽是大失着, 而凡係張義旗號令一世處, 不免似夢似睡, 無以奪彼氣而增吾勢, 故如履載醯鷄者, 敢欲侮弄神龍之化推矣. 自數年來, 若言時邊之弊, 不欲直說時字, 換用俗字, 則時邊人已自撕得, 才見俗一字之形諸絲綸, 輒認以爲渠輩說, 所謂僻人, 則豈不知之耶. 吏判名雖他色, 其實近於僻, 而自古爲世道者, 未嘗以他色擯之於吾所得力之處, 則吏判之近於僻者, 尤當愛護而顧惜如我固中人, 然後可以聳觀聽, 卿果見其疏而思得此箇事理耶. 羸豕有孚之漸, 不覺業火上潮, 送問徐僚, 答以堅壁清野. 徐之不武, 顧何立說, 而似此緩不及之論, 適足以見侮於人, 而爲客氣所聚矣. 見今時邊林立者, 無非俗所謂莫莫調. 所謂僻中, 則老倦之邁, 昏劣之羲, 虛脆之春若而人, 多寡旣不相敵, 魯愚亦可相掩. 當此時, 雖【銳】意蓄勇, 曲踊巨踊, 尙有抵當不得之慮. 況自卿等, 如是玩玩愓愓, 鶻鶻突突, 將做得甚件事耶. 吏判勢將遞給, 待遞給, 卿以吏判之特除, 出於矯時正俗之聖意, 則彼金履載者, 抑何意見敢欲沮敗. 此而遞解則有違於聖意之必欲丕新陋俗, 短箚請仍, 則事面甚正當, 未知以爲如何.

書此之際, 來示承慰. 吏判疏中句語, 卽不過引用王沭初之說, 而其下卽接李貴之奏, 則吏判之意, 亦有料量, 而文則果不善作. 公然自取辱說, 可歎. 無論疏句之善作與否, 金履載之拈出矯俗二字, 欲爲背馳之出板者, 其爲隱憂當如何. 若無是也, 眞爲一吏判, 何必如是耶. 卿之箚擧, 欲何以爲之耶. 權臺事, 必也各別挽止如何. 顧今僻邊無可恃之人, 而所謂上疏, 皆貽羞取侮之說. 間或有當言之事, 如閔疏之貌樣, 果何等悶然耶. 且况時一邊衆少埋怨之時, 忽以尹也事更爲之者, 無關於名義, 徒增其取侮, 卽使羲也挽止如何. 大抵羲也不及魚帥遠甚, 且其智謀與向我之誠力, 亦莫不爲古人之下風. 每思古人, 不覺嗟歎. 古人之弟, 尙未得將作之卿, 卿之事, 豈不慨然. 若此而可以得人之心與力耶. 吏判之代, 非僻則少中當爲之, 而邁也重難, 少亦乏人, 卿意如何. 姑此.

淸洞卽納
庚申五月三十朝

경신년1800 6월 9일 저녁에 받은 편지

638

지금같은 무더위에 두 영문(營門)을 고과(考課)하러 다녀왔으니, 돌아온 뒤로 피로가 가시지 않았는지 모르겠다. 여러 날 장마가 내리다가 하루 아침에 맑게 개었다. 어제 낮에 마침 칠언고시(七言古詩) 1편을 지었다. 사물에서 기인한 흥취를 담는 『시경(詩經)』의 유의(遺意)를 취하여 그저 마음 속에 있는 감흥을 쏟아내고자 하였을 뿐이다. 남에게는 보여주지 말고, 만약 한가한 틈이 있거든 여기에 차운하기를 바란다. 그 일은 마음에 드는가? 이만 줄인다.

청합(淸閤)에게 즉시 들일 것

如今劇暑, 往來於兩營考績之坐, 不諗歸猶不憊耶. 積日霖雨, 一朝晴霽. 昨午適有賦得七古一篇, 盖竊取於因物託興之三百篇餘意, 而只欲陶瀉而已. 須勿示人, 若得閒隙, 步此爲望. 厥事能諧意耶. 姑此.

淸閤卽納
庚申六月初九日夕

편지를 받고 위안이 되었다. 나는 뱃속의 화기(火氣)가 올라가기만 하고 내려가지는 않는다. 여름 들어서는 더욱 심해졌는데, 그동안 차가운 약제를 몇 첩이나 먹었는지 모르겠다. 앉는 자리 옆에 항상 약바구니를 두고 내키는 대로 달여 먹는다. 어제는 사람들이 모두 알고 있기에 어쩔 수 없이 체면을 차리려고 탕제를 내오라는 탑교(榻敎)를 써 주었다. 올 한 해 동안 황련(黃連)[410]을 1근 가까이 먹었는데, 마치 냉수 마시듯 하였으니 어찌 대단히 이상한 일이 아니겠는가? 이밖에도 항상 얼음물을 마시거나 차가운 온돌의 장판에 등을 붙인 채 잠을 이루지 못하고 뒤척이는 일이 모두 답답하다. 이만 줄인다.

청동(淸洞)에 회답하여 들일 것

承慰. 此中肚裡之火, 有升無降, 當暑越添, 其間所喫涼劑, 不知爲幾許貼. 盖於坐邊常置藥籠, 隨意煎喫. 昨日則以人皆知之, 不得已欲尊體貌, 書出湯劑榻敎, 而今年內黃連幾喫斤近處, 而如飮冷水, 豈非可惑之甚耶. 此外【長喫】照氷之水, 與貼背於冷堗張板上轉側者, 皆可悶. 姑此.

淸洞回納
庚申六月十五日

410 황련(黃連) : 황련은 미나리아재빗과의 여러해살이풀이다. 여기서는 황련의 뿌리를 말한다. 가슴이 답답하고 잠을 자지 못하는 데나 구토, 설사 따위에 쓴다.(『표준국어대사전』)

날짜 미상의 편지 7

640

해가 바뀐 뒤로 아직까지 만나지 못하였는데 잘 지내고 있는가? 요새 윤증(輪症: 유행병)에 걸리지 않았는가? 나는 오늘 조금 나아진 것 같지만 아직까지는 하루 이틀 사이에 평상시처럼 회복되기는 어려울 듯하니, 괴로운 일이다.

조정에 날마다 나쁜 소문이 들리는데, 인재를 보충할 방법을 마련하는 것이 눈앞의 급선무이다. 앞서 음관(蔭官)을 거두어 쓰겠다는 이야기는 과연 내가 꺼낸 것인데, 참으로 아무 이유없이 꺼낸 말은 아니다. 황발(黃髮)과 백수(白首)[411]를 여기서 구하지 않는다면 어떻게 조정의 반열을 화려하게 꾸미겠는가?

이 일은 경들이 깊이 강구하지 않으면 안 된다. 이밖에 재야와 산림에 어찌 사람이 없다고 근심하는가? 불을 끄는 것 같은 수단을 써야 성과를 거둘 수 있을 것이다. 이만 줄인다.

청합(淸閤)에게 즉시 전할 것

411 황발(黃髮)과 백수(白首) : 황발은 머리가 세었다가 다시 노랗게 될 정도로 나이가 많은 사람을 말하고, 백수 역시 노인을 말한다. 여기서는 색깔을 강조하기 위해 이렇게 표현하였다.

歲飜後, 尙阻面對, 凡百如何. 而近日輪症, 果無來侵耶. 此中今日差有勝意, 姑難以一兩日可以如常, 苦事苦事. 朝著日聞惡所聞, 充備之方, 爲目下急務. 前此蔭官收用之說, 吾果發論, 而誠非無所以而發者. 黃髮白首, 若不求之這中, 何以覓來賁庭班. 此一款, 卿等不可不熟講處. 外此野外林下, 豈患無人. 須用救焚手段, 庶責其效矣. 多少都留.

淸閤卽傳

날짜 미상의 편지 8

641

밤사이 잘 있었는가? 낯빛이 좋아졌으니 매우 다행이다. 출근하느라 피곤하지 않은가?

복색(服色)에 관한 일은 너무나도 난처하다.[412] 『상례보편(喪禮補編)』[413]이 나온 뒤로 오랜 폐단이 깨끗이 사라져 제복(祭服)도 아니고 관복(冠服)도 아닌 잘못된 제도는 이제 쓸 데가 없다. 선조(先朝)[英祖]의 성대한 덕을 이루 말할 수 없으며, 선정(先正)[宋時烈]의 정론을 비로소 시행할 수 있다. 다만 일제학[鄭民始]의 주장으로 미루어보면 모르는 사람들이 무어라 말할지 모르겠다. 그렇다면 어떤 이들은 도리어 더욱 무겁게 하였다고 여길 터이니, 더욱 난처한 일이 아니겠는가? 겉으로 보기에는 지나친 것을 모자라게 만드는 것이 아니면 박하게 하려다가 도리어 후하게 하는 격이니, 난처한 것은 이 때문이다. 만약 이러한 혐의를 피하려고 다시 잘못된 제도를 따른다면 최복(衰服)에 여전히 별도의 제도가 있는 것이니 어찌 말이 되겠는가?

『국조오례의(國朝五禮儀)』의 '황제를 위하여 성복(成服)하는 경우'의 조항에는 단지 최복을 입어야 한다고만 되어 있다. 그 복색이 어떠한지는 경자년(1780) 이전 최복 제도가 어떠하였는지와 같다. 사리로 헤아려 보건대 지금 단지 최복을 입어야 한다면 그저 『상례보편』에 정해진 제도를 따라야 할 것이다.

• • •

412 복색(服色)에……난처하다 : 이때 건륭제(乾隆帝)가 붕어(崩御)하여 복제(服制)에 대한 논의가 있었다. 이 사안에 대해서는 『정조실록』 1799년 1월 22일, 23일의 기사를 참조.

413 『상례보편(喪禮補編)』: 1758년(영조 34) 홍계희(洪啓禧)가 왕명을 받아 편찬한 왕실의 상례 지침서.

만약 오랑캐 황제가 아니라면 어찌 난처할 것이 있겠는가? 하지만 지금처럼 존주대의(尊周大義)가 완전히 사라진 때, 갑자기 이전의 제도보다 더한 것을 시행한다면 과연 어떠하겠는가? 조정이나 재야에 언론이 엄중하여 믿고 따를 만한 사람이 있다면 고치기가 어찌 어렵겠는가? 하지만 지금은 그렇지 않으니 더욱 난처한 노릇이다. 어제 사람들이 모였을 때 소견들은 어떠하던가? 경의 의견도 자세히 답하는 것이 어떠한가? 이만 줄인다.

청합(淸閤)에게 즉시 전할 것

夜間安重. 神觀有勝, 爲之甚幸. 赴公而無傯節耶. 服色事, 難處莫甚. 補編出而一洗千古之陋, 非祭服非冠服之謬制, 今無用處. 先朝之盛德, 於乎難名, 先正之正論, 始得行焉. 特以如一提學之論推之, 則不識者未知如何爲說. 然則或以反或較重知之, 豈不重難耶. 外面看之, 則非由汰入濶, 卽從薄爲厚, 所以難處者此也. 若或避此嫌, 而復循謬制, 則衰服尙有別制, 亦豈成說乎. 五禮儀【爲皇帝成服】條, 只言衰服, 而服色之如許, 乃庚子以前衰服制度之如許也. 論以事理, 今亦只言衰服, 則但當遵用補編定式之制度矣. 如非胡皇, 何必持難, 而顧今尊周大義到底掃地之時, 忽以加於前之制度爲之, 果如何. 朝廷草野之間, 如有言重可以信服之人, 則改之何難. 今之時不然, 尤所難處. 昨日諸人之會, 所見如何. 卿之意見, 亦爲詳答, 如何如何. 姑此.

淸閤卽傳

날짜 미상의 편지 9

642

편지를 받고 위안이 되었다. 내일 배궁(拜宮)할 때 만나게 될 것인데, 천거단자(薦擧單子)는 초기(草記)를 갖추어 정부 또는 묘당에서 올리는 것이 사리상 당연하다. 내일 청좌(廳坐)할 때도 좋고 연석에서 물러난 뒤도 좋으니 우의정[李秉模]과 상의하여 결정하라.

어전(魚廛)을 육의전(六矣廛)에 귀속시키는 것을 누군들 안 된다고 하겠는가? 통공(通共)의 실효는 어전을 넣느냐 빼느냐에 달려 있고, 육의전이 잘 되고 못 되는 것도 여기에 달려 있으니, 좌우간 실로 어느 하나를 가리켜 말하기 어렵다. 일단 고향에 간다는 핑계를 대고 천천히 미루었다가 조정으로 돌아온 뒤 우의정과 함께 주좌(籌坐)에서 말을 꺼내어 사람들의 의견을 묻는 것이 좋겠다. 사람들의 의견이 일치하지 않아 논의가 막히게 된다면 경의 입장에서는 별달리 난처할 일이 없을 것이다. 일단 이렇게 하고, 다시 육의전 밖의 여론을 조사하는 것이 어떠한가? 이만 줄인다.

납약(臘藥)으로 삼료(蔘料)를 동봉한다.

청동(淸洞)에 회답하여 들일 것[414]

···

414 청동(淸洞)에……것 : 이 어찰에는 수신 일자가 부기되지 않았으나, 『승정원일기』 1800년 5월 12일에 심환지가 어전의 폐해를 제기하는 기사가 보이므로 이 무렵의 것으로 추정된다.

承慰. 明於拜宮之時, 當相面, 而薦單具草記, 政府或自廟堂爲之, 事面當然. 明日廳坐時, 或筵退後俱可. 須與右揆相議決定也. 魚臺屬之六矣, 夫孰曰不可, 而通共之實效, 未必不在於此臺之陞黜, 厥臺之腴瘠, 亦果在此, 左右看實難指一爲說. 姑托以鄕行以爲緩頰之道, 而還朝後, 與右相發端於籌坐時, 仍問諸議爲可. 諸議之不一, 而若至見格, 則在卿別無難處之端. 姑且如是, 更探該臺外物情, 如何如何. 姑此.
臘藥蔘料伴簡.

清洞回納

날짜 미상의 편지 10

643

사직 상소의 주지는 다음과 같이 하라.[415]

"신은 다른 재주가 없고, 일편단심으로 성상의 뜻을 밝히고 성상의 덕을 높이는 것을 위주로 삼았습니다. 그리하여 아무리 자잘한 일이라도 성은이 막혀 베풀어지지 못하거나 어리석은 백성이 감사할 줄 모르는 일은 반드시 드러내고자 하였습니다. 풍문이 사실인지 거짓인지는 따지지 않고서, 아는 것은 모두 말한다는 의리에 따라 감히 얕은 소견을 아뢰었습니다."

그리고,

"요사이 풍속이 성상의 뜻을 밝히고 성상의 덕을 높이는 것을 조롱거리로 삼고 있습니다. 성인께서 '군주를 섬기는 데 예를 다하는 것을 사람들은 아첨이라고 여긴다.' 라고 하신 가르침이 있습니다. 이 때문에 모든 사람들이 신을 비난하더라도 신은 사양하지 않을 것입니다."

라고 하라. 그리고,

"참으로 각도의 장계대로 한 명도 어긴 사람이 없다면 조정의 기강이 무너지지 않은 것을 경하할 일입니다. 그렇지만 만약 건성건성 조사하고 대강대강 아뢰었다면 신의 한 마디 말로 기강이 거듭 무너지게 되니, 이것은 신이 더욱 속죄하기 어려운 점입니다."

라고 하라. 그리고,

"당장의 병세 외에도 받아야 하는 형벌을 받아 함부로 말하는 자의 경계

415 사직 상소의……같이 하라 : 정조가 적시해 준 이하의 구절은 심환지의 사직 상소에 대부분 반영되었다. 심환지의 사직 상소는 『승정원일기』 1797년 12월 4일에 보인다.

로 삼지 않는다면, 모든 사람들이 '저 사람은 관직이 높고 임금과 가까워 죄가 있어도 요행히 빠져나간다.' 라고 말할 것입니다. 그렇다면 죄를 저지른 수령들이 요행히 형벌을 면한 것보다 도리어 심하게 기강을 무너뜨리게 될 것입니다."

라고 하라. 말을 만들 때 각별히 굳세게 하는 것이 어떠한가? 상소의 초고가 나오거든 즉시 보여달라.

辭疏命意, 則臣無他能, 斷斷一心, 在於明聖志尊聖德爲主, 而雖微事細節, 聖恩之閼而不揚, 小民之愚不知感處, 必欲闡揚, 無論風傳之虛實, 竊附知無不言之義, 敢陳淺見爲說. 又以爲近俗於明聖志尊聖德, 看作嘲訕之資, 而聖人有事君盡禮, 人以爲諂之訓, 雖以此萬口譏臣, 臣所不辭爲言. 又以爲誠如諸道狀辭, 無一犯者, 爲朝廷賀紀綱之不挫, 而萬一草草行查, 泛泛封啓, 則緣臣一言, 重壞紀綱者, 此尤臣難贖之罪爲說. 而又以爲目下病勢之外, 不被當被之律, 以爲妄言者之戒, 則夫夫也, 皆曰彼夫官高職親, 有罪倖逭云爾, 則其爲紀綱之乖損, 反有甚於犯科守令之倖逭當律爲言. 措語各別倔彊, 如何如何. 疏草出後, 卽示之也.

[이상 결]

다른 염려가 없을 것이 분명한데 경의 생각이 여기에 미치지 못하니 어찌 한탄스럽지 않겠는가?

그리고 머리를 쭈뼛서게 만드는 일이 있다고 하였는데 그것은 무엇인가? 귀신에게 질정(質正)해도 부끄럽지 않고 백세(百世) 뒤에 성인이 나오더라도 부끄럽지 않으며,[416] 반드시 하지 않을 수 없는 언론을 말할 만한 자가 말해야 우리 당(黨)이 빛나고 우리 도(道)에 도움이 될 것이다. 그런데 느닷없이 만 번 죽을 뻔하다가 한 번 살아난 폐족(廢族)에게서 [이러한 말이] 나왔으니, 그 조짐을 살펴보면 소름이 돋는다. 하지만 갑자기 듣거나 별안간 본다면 배척하거나 비난할 수 없는 일이다. 지금 이를 부지할 방법은 오직 경 한 사람이 얼마나 힘써 말하는가에 달려 있다. 어제 이전에는 어찌하여 여기에 생각이 미치지 못하였는가?

이른바 김상임(金相任)이라는 자의 내력은 어찌 내가 말하기를 기다려야 알겠는가? 우선 김기은(金箕殷)으로 하여금 전례에 따라 초계(抄啓)에 응시하게 하는 것이 당장의 미봉책이 될 것이다. 이제부터 이러한 것들을 담당하여 천명하는 일을 경이 살아있는 동안 소홀히 해서야 되겠는가? 어제 서(書)[李

416 귀신에게……않으며 : 『중용장구(中庸章句)』 제29장에 "군자의 도는 자기 몸에 근본하여 백성들에게 징험하며, 삼왕(三王)에게 상고하여도 틀리지 않으며, 천지에 세워 놓아도 어긋나지 않으며, 귀신에게 질정하여도 의심이 없으며, 백세 뒤에 성인이 나온다 하더라도 의혹되지 않을 것이다. [君子之道 本諸身 徵諸庶民 考諸三王而不謬 建諸天地而不悖 質諸鬼神而無疑 百世以後聖人而不惑]라고 한 데서 나온 말이다.

書九]를 만나 대략 이렇게 말하였으나 바빠서 이것만 말해 둔다. 이기헌(李基憲)의 무리들처럼 새로 관직에 나온 사람들은 이러한 사리를 더욱 분명히 알아야만 한다. 각별히 도모하는 것이 어떠한가? 희(羲)[金羲淳]에게도 알려주어야 한다. 글로 쓰지 못한 것 중에는 이조 판서에게 언급한 것도 있다. 이조 판서는 성품이 느긋한데다 지난날 준론을 주장하던 사람들과 간격이 없지 않으니, 과연 어떻게 할지 모르겠다. 너무 피곤하여 겨우 쓴다.

아무개 무리들도 들었다고 한다. 몰지각한 무리들에게 어찌 이면의 의리를 요구할 수 있겠는가? 경이 만약 경전을 인용하고 의리에 근거하여 강력히 말한다면 근래의 누구누구보다는 나을 것이다.

保無他慮, 而卿之志思乃不及此, 寧不咄咄. 且有使人髮竪之事, 何者. 雖是質鬼神俟百世而不愧無怍, 必當爲不可已之言論, 可爲者爲之, 然後於吾黨有光, 於吾道有助, 而忽地出於萬死一生之廢族殊類中, 夷考其漸, 雖有體粟之端, 而驟聞瞥看, 乃是不可斥之非之之擧也. 爲今扶接之方, 惟在於卿一人力言之如何. 昨日以前, 何乃不念及於此耶. 所謂金相任者來歷, 豈待吾言而知之耶. 爲先使箕殷循例應試於抄啓爲目下彌縫之策, 而從後此等處, 擔當闡揮, 卿之生前, 其可忽諸. 昨見書也, 略及此言, 而忽忽不能掛一. 如李基憲輩新出身, 尤不可不明知此箇事理. 另圖之, 如何如何. 羲也亦當使之知之, 書未形容者, 亦有言及於吏判者, 而吏判性緩, 且與舊日峻論, 猶不無間隔, 未知果如何爲之也. 憊甚僅草.

某也輩, 亦與聞之云. 沒覺者流何責裡面義理耶. 卿若引經據義, 大言之, 則猶勝於近來某某人耳.

해제

『정조어찰첩正祖御札帖』 — 편지로 읽는 '정조실록'

임형택(성균관대학교 명예교수)
진재교(성균관대학교 한문교육과 교수)

1. 다시 찾은 '정조실록'

『정조어찰첩正祖御札帖』[1]은 정조正祖(1752~1800)가 심환지沈煥之(1730~1802)라는 인물에게 보낸 서간 묶음이다. 이 자료를 특별히 중시하여, 동아시아학술원은 한국고전번역원과 함께 공동연구 작업을 수행하여 학계 및 사회일반에 제공하는 것이다.

첩본의 형태로 된 이 『정조어찰첩』 원본은 총6첩 297건으로 구성되어 있다. 옛날 간찰이 대개 그렇듯 '어찰첩' 역시 대부분 초서草書 내지 행초行草로 씌어

1 지금 남아 있는 『정조어찰첩正祖御札帖』은 장첩粧帖으로 되어 있다. 하지만 원래의 모습이 아니라 근래에 장황이 된 것이며, 표제標題도 없다. 새로 발견된 6첩 모두 보기 드물게 '正祖의 편지를 모은 간찰첩'이기 때문에 '正祖御札帖'이라 부르기로 한다.

서 해독의 어려움이 따른다. 원본을 먼저 사진으로 촬영한 다음, 탈초를 하고 번역과 윤문을 거쳤다. 그런 한편으로 여러 분야의 전문가들로 연구팀을 짜서 자료의 검토 분석을 진행했다. 이런 일련의 공작을 기초로 학술발표회를 개최한 바 있다. 이 학술회의는 지난 2009년 2월 9일에 열렸는데 귀중한 문헌을 발굴, 소개하는 자리이기도 하여 학계와 언론의 비상한 관심을 끌었다.

이 『정조어찰첩』은 기실 사신私信이면서 밀서密書이다. 발신자는 국왕 정조이고 수신자는 정조 치세에서 중신이었던 심환지라는 점에서 특이하다. 4년여에 걸쳐 정조가 심환지라는 한 사람에게 발송한 편지가 297통이다. 기왕에 알려진 정조의 어찰첩 중에 가장 많은 분량일 뿐 아니라,[2] 조선왕조의 군주 중에서도 이렇게 다량을 남긴 경우는 유례가 없다. 양적인 면도 이 문헌의 가치를 가늠하는 데 무시할 수 없겠지만 더 중요한 것은 그 내용이 지닌 의미다.

국왕도 물론 사람이지만 전제군주제 하에서는 둘도 없이 특별한 존재이다. 국왕으로서 편지를 쓰는 행위는 아무리 사신私信이라도 그 자체가 정치적 의미를 담기 마련이다. 더욱이 정조의 이 간찰첩의 경우 공적인 행위가 아닌데다 일종의 밀서이기 때문에 정치적 의미는 오히려 더 크고 많은 것이 담겨져 있다. 심환지는 정조와 정치적 입장이 상반되는 노론老論 벽파僻派에 속한 인물이다. 그런 심환지를 정조는 중용하면서 '편지 정치'를 실행했다. 일종의 막후 정치라고 하겠는데 정조의 국정운영의 방식 내지는 통치술의 은밀한 부분을 역력히 엿볼 수 있다.

• • •

2 정조가 남긴 어찰은 국립중앙박물관과 국립고궁박물관, 그리고 수원 화성박물관과 삼성미술관 Leeum에 다수 보관되어 있다. 수원 화성박물관 소장 어찰은 정조가 채제공蔡濟恭과 조심태趙心泰에게 보낸 것이다. 정조가 채제공에게 보낸 어찰은 2007년에 『번암 채제공 가문 기증유물 특별전』(수원 화성홍보관 개관 기념, 수원시화성사업소, 2007.3)에 소개가 되었다. 특히 정조가 채제공에게 보낸 어찰에 대한 연구는 김문식, 〈채제공가 소장 정조의 어찰〉(『한국서지학회』, 2005.12) 참조. 그리고 삼성미술관 Leeum 소장 『정조어필첩』은 『정조대왕의 편지글』(임재완 편역, 하영휘 교열)로 삼성미술관 Leeum 학술총서(삼성문화재단, 2004.12.31)로 간행된 바 있다. 여기에 대해서는 박철상, 〈새로 발굴한 『正祖御札帖』의 자료적 가치〉(『새로 발굴한 정조 어찰의 종합적 검토』 2009.2 동아시아학술원 한국고전번역원) 참조.

정조는 흔히 '개혁군주改革君主' 혹은 '호학군주好學君主'라는 평가를 받아왔으며, 그의 치세에서 실학이 발흥했기 때문에 '실학군주實學君主'로 인식되기도 했고, 친부 사도세자가 조부 영조에 의해 살해당한 사실로 인해서 입지가 곤혹스러웠고 위태로웠는데, 정치적 수완을 발휘해서 대단한 치적을 이룬 것으로 이야기되기도 했다. 그리고 그의 갑작스런 죽음과 관련해서 의문이 제기된 바도 있다. 이 '어찰첩'에는 기왕에 알려진 정조의 이미지와는 다른 실상이 드러나, 대비하고 음미해볼 여지가 여러모로 많다. 그의 인간적인 성격이나 고민, 일상모습이 드러나며, 신상의 병력까지도 언급되어 있다. 또한 당시 조정의 신하들에 대한 평이나 어떤 문제에 관련한 그의 생각이 솔직하게 제시되어 있기도 하다. 한편으로 정조는 『홍재전서弘齋全書』라는 방대한 문집형태의 저술을 남겼는데 공식적인 형식의 글에서는 노출되지 않는 그의 글쓰기 스타일이 자못 흥미롭기도 하다.

이 『정조어찰첩』에 실린 내용은 『조선왕조실록』이나 『승정원일기』, 그리고 『홍재전서』에서 전혀 찾아볼 수 없는 것들이다. 이 점에서 또 하나의 '정조실록', 어쩌면 보다 더 생생한 정조 시기의 실록이라고 말할 수 있다.

『정조어찰첩』의 학술발표회를 갖고 난 다음, 이 소중한 문헌이 널리 제공될 수 있도록 공간해야 한다는 사회적 요구가 일어났다. 지금 간행에 붙이는 『정조어찰첩』은 그 동안 수행했던 정리작업의 결과물이다. 자료에 대한 개략적인 해제를 싣는데 이 해제 또한 여러 분야의 연구자들이 자료를 검토하고 분석한 내용을 집약해서 여기에 약간의 견해를 붙여 작성한 것이다.

2. 『정조어찰첩』의 서지사항 및 전반적인 특징[3]

이 문서는 낱장으로 전해오던 것을 첩으로 만든 것이다. 언제 장첩粧帖한 것인지는 분명하지 않지만 오래 되지 않은 것으로 보인다. 편의상 6첩으로 나누어 만

들었으며, 순서는 편지를 쓴 시대순인 것으로 생각된다. 각 첩별로 수록된 편지의 수량과 일시는 다음과 같다.

구분	수량	일자	비고
1첩	48건	1796. 8. 20 – 1797. 7. 8	2건은 일자 없음
2첩	52건	1797. 7. 9 – 1798. 3. 27	2건은 일자 없음
3첩	50건	1798. 4 .5 – 1798. 10. 9	
4첩	54건	1798. 10. 11 – 1799. 4. 21	2건은 일자 없음
5첩	49건	1799. 5. 2 – 1799. 12. 27	
6첩	44건	1800. 1. 30 – 1800. 6. 15	5건은 일자 없음
합계	297건	1796. 8. 20 – 1800. 6. 15	11건은 일자 없음

어찰을 발송한 시기는 1796년 8월부터 정조가 붕어하기 직전인 1800년 6월에 이르기까지 약 4년간이다. 정조는 최고 통치자로서 이 4년 동안에 지속적으로 심환지와 편지를 교환하면서 정치를 한 것으로 볼 수 있다. 느리게는 몇 달에 한 번, 빠르게는 하루에 4번이나 편지를 보냈다.[4] 이 기간에 수신자 심환지는 노론 벽파의 중추적인 존재이면서도 국왕의 신임을 얻어 중앙정계에서 본격적으로 활약하며 정국 운영에 깊숙하게 간여했던 것이다.

이 '어찰첩'의 297건의 편지에는 갖가지 다양한 내용이 담겨 있는데, 그 대략을 구분해서 표로 제시하면 다음과 같다.

• • •

3 『정조어찰첩』의 기본적인 서지 사항과 형태의 경우, 기왕의 학술 발표에서 자세하게 보고된 바 있다. 여기에 대해서는 박철상, 〈새로 발굴한 『正祖御札帖』의 자료적 가치〉(『새로 발굴한 정조 어찰의 종합적 검토』 2009.2 동아시아학술원 한국고전번역원)에서 자세하게 고찰한 바 있다. 서지 사항은 이 논문을 근거로 작성한 것이다.

4 정조는 1797년 1월 17일 하루 동안 4번, 1800년 윤 4월 4일에 아침부터 밤까지 모두 4번의 편지를 보낸 적이 있다.

내용	편지 건수	비고
인사 문제	54건	중앙과 지방의 인사 문제를 치밀하게 시행함
중앙 정계와 산림의 여론과 동향의 탐색	31건	현안이 된 상소나 인사 문제를 둘러싼 여론을 탐색하고 정국 동향에 관한 정보를 수집
민감한 정치 현안의 처리와 자문	67건	현안이 된 정치적 문제와 향후 파급이 큰 현안을 막후에서 조정
상소 · 차자 · 장계의 처리와 지시	41건	국가의 공식 문서를 심환지에게 구체적인 방향을 제시하거나 상의하여 처리
부정부패의 척결과 정조의 관심사	19건	개인 비리의 척결과 정국 운영에서의 정조의 관심사
정조와 심환지의 인간적 관계	31건	부인의 건강과 자식 문제 관심
심환지의 출처出處 문제	18건	대부분 상의하여 결정
정조의 건강 상태	10건	자신의 건강 상태를 심환지에게 알림
조정 인사들의 인물 평	15건	업무 능력과 상소의 내용을 근거로 인물을 평함
정조의 성격과 개성	11건	쉽게 흥분하고 화를 잘 내는 정조의 인간과 성격

위와 같이 구분해본 '어찰첩'은 정조 자신의 일상이나 신상에 대해 진술한 것들도 없지 않지만, 정국 현안이나 중앙관 지방관의 인사 문제, 여론의 향배에 대한 관심 등 정치적 내용이 대부분이다.

이 '어찰첩'은 당시의 일반 서간의 관행과 유사하면서도 다른 면이 있고 서지사항에서도 특징이 있다. 몇 가지 점을 들어 보면 다음과 같다.

첫째, 발신자인 정조가 보낸 편지에는 발신일자가 없는 반면, 수신한 심환지는 수신한 일자와 시간을 기록해 두고 있다는 점이다. 어찰은 대부분 피봉과 함께 장첩되어 있는데, 각 피봉에는 일부를 제외하고 수신 일자와 시간을 기록한 부전지가 첨부되어 있다. 이를테면 수신한 쪽에서 수신 일자를 적은 다음, '조朝', '오후午後', '석夕', '야夜', '만晩', '초경初更', '삼경三更', '동튼 뒤[開東後]', '식후食後', '밤 1시 경[夜初鼓]' 등과 같이 구체적인 시간을 적어 놓아 어찰을 받은 일자와 시점을 정확하게 기록해 두고 있다. 발신자는 대체로 사람을 보내 전하는 것이기에 일시를 적지 않았을 것인데, 수신자는 어찰 하나하나를 기록으로 후세에 남기기 위해 일부러 일시를 명기해 놓았을 것으로 추정된다.

둘째, 어찰을 보낸 장소와 수신자를 분명하게 표시하고 있다는 점이다. '삼청동부三淸洞府', '삼청동문三淸洞門'과 같이 편지를 수신한 장소도 적고 있다.[5] 수신 장소가 집이 아닐 경우 '강려江廬'나 '노호鷺湖' 등과 같이 어찰을 보내는 장소를 표기해 두고 있다.[6] 수신자의 경우 피봉에 '우의정이 열어볼 것[端揆開坼]', '노호에 즉시 전할 것[鷺湖卽傳]', '청합에게 회답함[淸閤回敬]', '청합이 열어볼 것[淸閤開坼]', '청합에게 즉시 들일 것[淸閤卽納]', '청동에 전하여 들일 것[淸洞傳納]', '청합의 집사에게[淸閤執事]', '청동에 즉시 전하여 들일 것[淸洞卽傳納]', '청합에 회납함[淸閤回納]', '판부사가 열어볼 것[判府事開坼]', '노호에 회답함[鷺湖回敬]' 등을 적어 발신자가 어찰의 수신처와 수신자를 분명하게 밝혀 놓고 있다. 이러한 표현을 통해 발신자와 수신자가 정조와 심환지임을 충분히 짐작할 수 있다.

셋째, 어찰에 사용한 지질이 다양하다는 점이다. 어찰의 지질을 보면 도침이 잘된 고급의 간지簡紙가 대부분이다. 하지만 일부 편지의 경우, 태지苔紙는 물론 비교적 저급의 용지로 알려진 피지皮紙도 일부 사용하고 있다. 이외에도 지질이 두꺼운 장지라든가, 얇고 윤택이 나며 질긴 장지, 가끔 운모를 뿌린 장지를 사용하기도 하였다. 이처럼 다양한 지질을 사용한 것은 촉급한 정치적 사안이나 시간을 다투는 현안의 경우, 굳이 지질을 고려하거나 격식을 따질 수 없는 경우가 적

• • •

5 심환지의 손자 심의요沈宜堯의 기록에 따르면 심환지는 만년에 삼청동에 거처를 옮겨 살았다고 한다.

6 강려江廬는 노량진鷺梁津에 위치한 별서別墅다. 이곳은 심환지가 우의정으로 등용되기 직전 머물면서 조정에 들어갈 시기를 조율하던 장소였다.

지 않았기 때문으로 보인다.

넷째, 『정조어찰첩』의 서체는 매우 다양하며 정조 특유의 개성과 수준을 엿볼 수 있다는 점이다. 편지는 실용적인 양식이기 때문에 아주 다양한 서체를 구사하는 경우가 일반적이다. 기왕에 소개된 정조의 어찰도 해서와 행서를 비롯하여 행초와 초서 등 여러 서체인데, 이번에 발굴한 『정조어찰첩』에도 다양한 서체가 등장한다. 해서와 행서, 행초와 초서뿐 아니라 한글서체도 두루 섞여 있다. 정조 스스로 군사君師임을 자처하며 폭넓은 독서를 바탕으로 학문에 남다른 능력을 보여주었음은 알려진 사실이지만, 서예에서도 남다른 개성과 솜씨를 보여주고 있어 주목할 만하다. 이번 어찰에서도 이 점을 확인할 수 있다.[7]

다섯째, 비밀 유지를 위해서 필히 피봉처에 글씨를 적거나, 봉함인封緘印을 찍어 두고 있다는 점이다. 일반적으로 편지를 보낼 때, 편지를 쓴 다음 밀봉을 하고 밀봉한 피봉처에 글씨를 써 넣거나 봉함인을 찍어 개봉을 방지한다. 어찰 역시 봉함한 곳에 초서로 '근봉謹封'이라 적은 경우도 있고, 봉함인을 사용하여 수신인 이외의 개봉을 방지하였다. 이를 위해 정조는 '함緘', '근봉謹封', '보안報安', '운한雲翰' 등의 봉함인을 사용하거나, '만천명월주인옹萬川明月主人翁'의 봉함인을 함께 사용하고 있다. 특히 정조는 만년에 자신을 '만천명월주인옹'이라 자칭하고, 〈만천명월주인옹자서萬川明月主人翁自序〉를 적어 그 연유를 밝힌 바 있다.[8]

여섯째, 상황에 맞는 실용적인 문체를 구사한다는 점이다. 대부분 『정조어찰첩』에 보이는 문체는 일반 편지의 격식을 준용하거나 수준 높은 산문의 아름다움을 보여주기보다 그야말로 실용에 가까운 문체다. 이두吏讀식 표현은 물론이며, 한글 어휘를 섞어 쓰기도 하고 속어나 속담을 구사하거나 심지어 비속한 표현까

7 『정조어찰첩』에 나오는 모든 것이 정조의 친필은 아니다. 대필代筆을 이용한 경우도 있었는데, 어찰의 내용으로 볼 때 대필을 사용한 경우는 다섯 차례 보인다. 정조가 어찰에서 대필임을 밝힌 것은 심환지가 어찰의 진본眞本 여부를 의심하는 것을 방지하기 위한 것으로 볼 수 있다.

8 正祖, 『弘齋全書』 권10, 〈萬川明月主人翁自序〉(戊午 : 1798)를 보면 정조가 '萬川明月主人翁'을 사용한 저간의 사정이 자세하게 나와 있다. 『정조어찰첩』의 서지사항에 대해서는 박철상, 앞의 발표문 참조.

지 활용하여 자신의 솔직한 정감과 의도를 전달하는 데 주력하였다. 이는 발신자와 수신자가 정해져 있고 시간을 다투고 굳이 격식을 따질 상황이 아닌 데 연유한다. 이를테면 '仍于[지즐우]'와 같은 이두의 투식어를 사용하는가 하면, '뒤죽박죽'과 '만조'[9]와 같은 한글 어휘를 편지 속에 함께 구사하여 자신의 의중을 적확하게 표현하였다. 뿐만 아니라, '눈코 뜰 새 없다[眼鼻莫開]', '좌우간 하나만을 가리켜 말하기는 어렵다[左右看實難指一爲說]', '모쪼록[某條]'과 같이 일상에서 쓰는 우리말 표현을 그대로 사용하는 등 상황 표현을 충실하게 하여 자신의 의도를 전달하려고도 하였다. 또한 '좋은 건더기[好滓料]', '볼기를 까고 주먹을 맞는 격[露尻受拳]', '개에 물린 꿩 신세[犬囓之雉]', '한 귀로 흘리다[一耳流]', '꽁무니 빼다[拔尻]', '누울 자리 보다[占臥]', '마누라 장의[抹樓下長衣]', '입에 맞는 떡[適口之餠]', '냉수 중의 냉수[冷水之冷水]', '벽벽파[碧碧派] 막막조[莫莫調]', '야사립[野絲笠]'과 같은 속어적 표현을 구사하기도 하였다. 특히 정조는 '산대놀이의 언청이 샌님[棚戲之缺脣生員]'[10], '볼기를 까고 주먹을 맞는 격[露尻受拳]', '아닌 밤중에 홍두깨[暗中之杵]', '사복개천[司僕川邊]'[11], '한 숟가락에 배부르고 한 숟가락에 굶주리는 사람[一匙飽一匙饑者]' 등과 같이 속담을 적절하게 구사하여 자신의 의도를 분명하게 나타내기도 하였다.[12] 뿐만 아니라 속어를 넘어 욕설에 가까울 정도의 표현도 마다하지 않고 사용하였다. 심지어 '참으로 호로자식[眞胡種子]', '주둥아리를 놀리려고 한다[敢欲容喙]' 등과 같은 욕설로 자신의 격한 감정을 여과 없이 그대로 전달할 정도로 거칠다. 이러한 거친 표현은 이미 『일성록』에서도 더러 확인할 수 있다.

앞서 제시한 표현과 문체의 특징적인 면모는 『홍재전서』를 통해 접하게 되는

9 얼굴이나 모습이 초라하고 잔망하다는 뜻이다.

10 산대놀이의 언청이 샌님은 무대에 등장하는 늙은 샌님 가면을 쓴 양반을 말하는데, 하인에게 조롱받는 무능한 양반을 일컫는다.

11 이 속담은 '거리낌 없이 상말을 마구 하는, 입이 더러운 사람을 낮게 일컫는 말'이다.

12 정조 어찰의 문체적 특성에 대해서는 안대회, 〈御札帖으로 본 正祖의 인간적 면모〉(『새로 발굴한 정조 어찰의 종합적 검토』 2009.2 동아시아학술원 한국고전번역원)에서 자세하게 고찰한 바 있다. 이 사항은 이 발표문을 근거로 작성한 것이다.

정조의 문체와는 사뭇 다르다. 정조는 당대에 명말청초의 패사소품이 인기를 얻고 연암 박지원이 『열하일기』를 지어 신문체를 확산시키자, 이를 '연암체燕巖體'로 지목하여 국왕의 권위로 문체반정文體反正을 일으켰다. 나아가 신문체의 확산을 정치문제에 연결시켜 사상적 제약까지 가했던 사실을 고려하면 의외로 비쳐지기도 한다. 하지만 '어찰첩'은 격식을 차릴 상황이 아니며, 정해진 인물에게 급하게 보낸 비밀 편지라는 점에서 일반 서간과는 구분해 볼 필요가 있다. 그렇긴 하지만 한문 문장 속에서 속담을 자유롭게 구사하고 우리 고유의 구어적인 표현까지 대담하게 도입한 것은 매우 흥미로운 현상이며, 박지원이나 정약용이 했던 언어표현상의 시도와 비교해서 고찰할 필요도 있다고 본다.

3. 정조의 인사와 상소의 처리 방식

이 '어찰첩'은 인사에 관한 사항이 상당한 비중을 차지하고 있다.[13] 인사 문제는 정조의 입장에서 보면, 정국 운영을 위한 중요한 사안이었다. 정조는 자신이 원하는 방향에서 인사 문제를 처리하기 위하여 막후에서 편지를 주고받으며 사안을 조정하고, 자신의 안을 관철시키려 노력하였다. 한 대목을 보자.

> 이조 참의[金祖淳]의 정사(政事)는 그래도 너무 치우쳤다고 하겠다. 볼품없는 말석조차 소론과 남인을 의망하는 것은 거론하지 않았으니 말이 되겠는가? 정(丁)[丁若鏞]을 서반(西班)으로 보내지 않은 것은 선(善)을 권장하는 뜻이 전혀 아니다.[14] 한두

13 정조의 인사 문제와 막후에서의 조정은 백승호, 〈정조어찰첩의 서지적 고찰〉(『새로 발굴한 정조 어찰의 종합적 검토』 2009.2 동아시아학술원 한국고전번역원)에서 자세하게 고찰한 바 있다. 이 사항은 이 논문을 근거로 작성한 것이다.

14 『승정원일기』 1797년 6월 27일을 보면 다음과 같은 내용이 나온다. "상이 이르기를, '정약용은 어제와 오늘 정사에서 아직 군직軍職에 부직하지 않았는가?' 하니, 이면긍이 아뢰기를, '이조에서 아직 서반으로 보내지 않았습니다.' 하니, 상이 이르기를, '이는 지나치다.' 하였다."

가지 일 때문에 반세(半世)의 원한과 유감이 날로 심해지니, 이러한 것들을 어찌 유념하지 않는가? 참판[洪明浩]이 들어올 것이니, 이번 정사에서 서반으로 보내도록 하는 것이 어떠한가? 참의의 사직 상소는 반드시 베껴서 보는 것이 어떠한가? 참으로 볼만할 것이다. 이만 줄인다. [1797년 6월 27일]

정조는 이조참의였던 김조순金祖淳의 인사처리 방식을 문제 삼았다. 정조는 남인과 소론을 의망하지 않은 처사는 반세의 원한과 유감을 심화시키는 것이라 지목하고, 김조순의 처리를 비판하고 있다. 위에서 丁은 바로 정약용丁若鏞을 말한다. 이 무렵 정약용은 천주교 신자라는 비방을 받아 동부승지同副承旨를 사양하는 상소를 올린 바 있는데, 김조순이 정약용을 서반의 인사에서 배제한 것은 정조가 원하는 방향이 아니었으므로 이를 비판한 것이다. 정조는 소론과 남인을 인사에서 배제하는 것이야말로 자신이 구상하는 탕평 인사의 원칙에 배치된다고 판단하였다. 기본적으로 정조는 모든 정파를 아우르고, 각 정파의 의견을 조정하는 인사를 염두에 두었다. 때문에 자신의 뜻과 다른 방향으로 인사를 처리한 김조순의 행동은 용납할 수 없었던 것이다. 정조는 자신이 원하는 인사를 위해, 1797년 10월 30일에 심환지에게 이조판서를 제수한다. 심환지가 이조판서를 맡자, 정조는 편지를 보내 충청도 인심을 수습하기 위해 자리를 안배할 것을 지시하고, 영남의 고을에 한강寒岡 정구鄭逑(1543~1620), 여헌旅軒 장현광張顯光(1554~1637), 남명南溟 조식曺植(1501~1572)의 후손을 수령으로 쓰도록 지시하며, 초사初仕의 경우, 시파와 벽파를 골고루 섞어 의망할 것을 지시하는 등, 자신의 구상을 심환지를 통해 현실화시켰다.

시사(試事)로 바빠서 보내온 초본에 대해 이제야 의견을 적어 보낸다. 초사인(初仕人)과 그 관직은 각별히 유의하는 것이 어떠한가? 이번 정사는 오직 두루 인재를 등용하고 탕평(蕩平)을 하여 내 뜻을 널리 알리는 단서로 삼는 것이 좋겠다.

이기헌(李基憲)에 관한 일은 내가 가부를 말하고 싶지 않다. 그리고 김기서(金基胥)

로 하고자 한다면 헌[이기헌]을 부망(副望)으로 삼는 것이 좋겠는가, 아니면 수망(首望)으로 삼고자 하는가? 편한 대로 하라. [1797년 12월 19일 밤]

정조는 인사를 시행하기 전에 미리 심환지에게 도목 정사都目政事의 초본을 요구하고, 심환지는 초본을 보냄으로써 막후에서 서로 의견을 조정하였다. 정조는 심환지가 이조판서에 임용된 후 인사에 만족해 한 것을 보면, 막후에서의 지시와 조정이 현실화되었음을 의미한다.[15] 특히 정조는 항상 인사문제와 관련하여 여론의 동향과 각 정파의 시선에 관심을 기울였다. 정조의 관심에 심환지는 적극 부응한 것으로 보인다. 그만큼 심환지는 정조의 뜻을 헤아려 처리할 줄 아는 노련한 중신이었다.

(1) 이익모(李翊模)를 이조 참의에 임명하는 것은 내 마음에 차지 않는다. 희(羲)[金羲淳]나 춘(春)[李魯春]에 비하면 크게 미치지 못한다. 내 생각은, 두 사람의 자급을 올린 뒤 익(翊)[이익모]은 문학이 뛰어나다는 이유로 성균관 대사성의 빈자리에 중비(中批)하려 하였다. 그렇게 되면 희[김희순]와 춘[이노춘] 중에 한 사람은 저절로 전임(銓任)이 될 것이다. 이는 내가 마음 속으로 생각한 것이니, 절대로 누설하지 않는 것이 어떠한가? [1799년 1월 20일]

(2) 이조 판서의 후임자는 벽패가 아니면 소론 중에서 시켜야 한다. 하지만 매(邁)[서매수]는 어렵고 소론 역시 사람이 없다. 경의 생각은 어떠한가?
[1800년 5월 30일]

• • •

15 정조는 자신이 원하는 방향으로 인사 문제가 정리되자, 심환지에게 다음과 같은 편지를 보낸다. "도목 정사都目政事가 잘 되었다고 하니 매우 다행이다. 퇴근한 뒤로 잘 있었는가. 여론을 대략 들어보니 시파時派와 소론少論은 그다지 잘못되었다고 여기지 않고, 간혹 칭찬하는 사람도 있다고 한다. 심지어 무관武官들조차도 놀랍다 하며 입을 모아 칭찬하지 않는 사람이 없다고 한다. 매우 다행이다. 남인들은 초사初仕를 얻지 못한 것을 자못 불만스러워한다는데, 차후에 김성일金誠一의 자손을 거두어 써서 크나큰 비난을 막는 것이 어떠한가. 감역監役을 소론에게 돌리지 않는다면, 또 무슨 욕을 먹겠는가. 껄껄. 이만 줄인다.[정사년(1797) 12월 21일 저녁]

희羲는 김희순金羲淳을 지칭하고 춘春은 이노춘李魯春이다. 이조참의는 인사를 실질적으로 관장하고 실무를 책임지는 자리였으므로, 다른 어느 자리보다 정치적으로 비중이 컸다. 더욱이 향후 정국의 향방과 관련해서도 이조참의를 누구로 임명하는가는 큰 변수였다. 당시 정조는 김희순과 이노춘을 비교적 호의적으로 인식하였다. 김희순은 서산 군수로 나아가 있을 때 정조에게 정기적으로 편지를 올렸던 인물이다. 정조는 충청도 지역의 민심을 수집하고 여론의 향배를 위해 김희순을 배치하였던 것이다. 그런데 당시 김희순의 전임자는 어용겸魚用謙으로, 그 역시 정조에게 정보와 여론의 동향을 보고한 인물로 정조가 관리를 하고 있었다. 이러한 배경을 가졌으므로 정조는 어용겸이 자신의 후임자로 김희순을 지목하자 받아들였다. 이후 정조는 자신의 의중을 충분히 아는 인물을 이조참의에 임명하려 하였으나, 뜻을 이루지 못하자 결국 내키지 않은 이익모李翊模를 임명한다. 이 역시 정조와 심환지가 막후에서 조정한 결과였던 것이다.

한편 정조는 국정의 원활한 운영을 위해 벽파계의 다양한 인물들을 직접 관리하고 있었다. '어찰첩'을 보면 벽파계 지도자인 김종수와 심환지를 비롯하여, 서매수, 서용보, 이서구, 김희순, 이노춘, 이익모 등을 거론할 수 있다. 정조는 김종수의 사망 이후 심환지와 편지를 주고받으며, 벽파계 인사들의 진퇴를 조정하며, 자신의 정치적 구상에 따르는 인물을 인사에 반영하기를 원하였다. 그럼에도 불구하고 정조가 인사에서 가장 중시한 것은 벽파, 시파, 남인, 소론 등의 적절한 안배였다. 정조는 각 당파의 정치적 입장이 다르다는 사실을 누구보다 잘 인식하고, 이를 인정하는 바탕 위에서 인사를 실시하며, 심환지의 협조를 구하는 등 정국을 안정적으로 운영하려고 하였다. 인사정책을 통하여 볼 수 있듯이 정조는 국왕인 자신을 중심으로 각 정파가 정국 운영에 동등하게 참여하는 것을 원하였고, 이것이 인사의 탕평이라고 생각하였다.

이 '어찰첩'에서 정조는 여론을 중요하게 고려하고 있음을 보여주고 있다. 그는 여론의 동향을 사전에 파악하거나, 정국의 안정을 해치는 상소의 경우, 공론화를 미연에 방지하는 조처를 취하고 있는 것이다. 정치적 파장을 몰고 올 상소와 자신이 원하지 않는 인사 문제 등을 미리 차단하기 위하여 끊임없이 정보를 수집하고 편지를 보내 막후에서 여론을 조정하였던 것이다. 심지어 정조는 정국 운영을 유리하도록 공론화시키는 데도 주력하였다. 그는 이를 위해 심환지의 입과 글을 활용하였다. 심환지에게 상소의 내용까지 지시하고, 심환지가 상소할 발언의 수위와 내용까지 조절하였다. 이러한 장면은 '어찰첩'의 곳곳에서 확인할 수 있다. 하나의 사례를 들어보자.

> 윤함(尹涵)이라는 자가 또 상소를 올리려 한다는데, 어찌 이렇게 함부로 올리는 일이 있단 말인가? 요동(遼東)의 돼지와 비슷하다. 만류할 수 있다면 하지 못하게 하라. 그리고 이노춘(李魯春)이 상소한다는 소문도 정말인가? 그에게도 굳이 잘못된 짓을 본받지 못하도록 하라. 이만 줄인다. [1799년 2월 3일 밤]

정조는 윤함이 상소를 올려 이명연李明淵의 상소를 반박하려는 정황을 포착하고, 심환지에게 이를 제지시키도록 지시하는 내용이다. 이는 이명현이 정조가 자신의 뜻에 맞지 않는 경우, 지나치게 엄격하고 급하게 처분을 내린다고 정조를 비판한 상소에 대해, 윤함이 반박 상소를 올리려 한다는 것이 핵심이다. 윤함의 상소 이전에 이미 신료들은 정조를 비판하는 내용을 담은 이명현의 상소에 격분하고, 역모에 연루된 성덕우成德雨와 정호인鄭好仁을 몰래 편들었다며 이명현을 극력 비난한 바 있었다. 이 상소를 둘러싼 정국은 정조가 이명연을 비호함으로써 일단락되는 것처럼 보였다. 그런데 윤함이 다시 상소를 올려 문제를 비화시키려 하자, 정조가 정보를 미리 입수하고 심환지를 통해 중지시켜 논란을 막고자 한 것이다. 이러한 예는 '어찰첩'에서 드물지 않다. 특히 정조는 정치적 파장이 큰 상소를 중지시키거나, 내용을 조율하는 것에서부터, 자신이 원하는 방향으로 정국을 이끌기 위해 심환지를 비롯한 관료에게 상소를 지시하는 편지를 보내기도 한다. 더욱이 정조는 이를 위해 상소할 시기와 주된 내용을 미리 정해주는가 하면, 상소의 핵심 내용을 대필해 줄 정도로 치밀한 막후정치의 수완을 보여주기도 하였다.[16]

『정조어찰첩』을 보면 정조는 인적 정보망을 동원하여 끊임없이 정계의 여론을 수집하고 이를 근거로 막후에서 비밀리에 정치적 사안을 조정하거나 보합하였다. 이러한 정치적 행위의 파트너로서 심환지라는 인물이 중요했다.

4. 정조의 정국 운영 방식

위에서 거론하였지만 이 '어찰첩'에서 주목할 점은 정조의 정국 운영의 방식이다. 이에 관해서 좀 더 자세히 살펴보기로 한다.

정조는 시급한 현안이나, 민감한 정치 문제를 해결하는 데, 심환지를 비롯해 신임하는 신하들에게 비밀편지를 보내 정보를 수집하고 현실 문제를 해결하는 경우가 많았다는 사실을 알 수 있다.[17] 이는 마치 청나라 때 시행되었던 주접제도奏摺制度와 흡사하다. 이 자료에 나타난바, 정조는 정치 문제와 현안의 해결을 위해 먼저 자신의 뜻을 심환지에게 사전에 전달하고 의견을 조율하였다. 이는 『정조실록』과 같은 공식적인 사료에는 드러나지 않는 것으로 '어찰첩'을 통해 비로소 확인할 수 있는 정조의 정국 운영방식 중 하나이다.

구체적으로는 정리곡整理穀의 경우를 들 수 있다. 정리곡은 1795년 정조의 어머니인 혜경궁 홍씨가 화성 행궁에 행차하자, 이를 기념하기 위해 어머니인 혜경궁 홍씨의 이름으로 백성에게 곡식을 나눠 주어 구휼한 것이다. 당시 정조는 이 정리곡과 관련한 관리들의 부정부패가 정치적 현안으로 떠오르자, 심환지에게

• • •

16 이에 대해서는 장유승, 〈정조 어찰의 사료적 성격〉 (『새로 발굴한 정조 어찰의 종합적 검토』 2009.2 동아시아학술원 한국고전번역원) 참조.

17 정조는 심환지에게 어찰을 주고 답신을 받은 것은 아니다. 정조는 김희순金羲淳, 어용겸魚用謙, 서용보徐龍輔 등 노론 벽파에 속하는 인물들과도 편지를 주고받으면서 정국의 동향과 정보를 수집하였다. '김희순은 요사이 소식이 없으니 다시 독촉하도록 하라.' (1800년 3월 3일), '어용겸에게 어찌하여 근래의 소식을 적어 보이지 않는지 엄히 신칙하라.' (1797년 7월 17일), '지금 서용보의 편지를 받아보니 심규로沈奎魯가 상소한다고 한다.' (1800년 2월 9일), '어용겸은 요사이 소식이 없는가. 무슨 까닭으로 어魚만 소식을 전하고 다른 사람들은 그렇게 하려고 하지 않는가.' (1797년 3월 12일)라 하여 편지를 주고받은 정황을 알 수 있다. 정조는 이들과의 서신 교환을 통해 정기적으로 정보를 입수하고자 하였으며, 오랫동안 보고가 없는 경우 심환지를 시켜 재촉하기도 하였다.

어찰을 보내 이 문제를 제기할 것을 지시하였다.

(1) 요사이 듣자하니 각 도에서 정리곡이라고 하면서 두세 전씩 돈을 주고는 일곱 말의 쌀을 거두어 들이거나, 또는 몇 전의 돈을 주면서 가을에 두세 냥의 돈을 받아 들인다고 한다. 올해는 작년보다 더욱 심하여, 지금 민간에서는 모두 떠들썩하게 '조정의 사재(私財)' 라고 말한다고들 한다. 시행 초기에 돈을 주고 곡식으로 환산한 것은 당연하지만, 곡식으로 환산한 뒤에도 이렇게 돈으로 돌려받는 것은 어째서인가?

정리곡은 피곡(皮穀)이다. 봄에 한 알을 나눠주어 가을에 만 알이 익도록 하겠다는 지극하고 성대한 뜻은 미물도 감동시킬 만하다. 그런데 어떤 놈의 관리가 이처럼 공적인 일을 빙자하여 사사로운 이익을 챙기는 짓을 하는가? 자애로운 은혜를 널리 펴기 위해 마련한 본뜻이 도리어 원망을 부르는 단서가 되었으니, 여기에 생각이 미치면 분통이 터지지 않을 수 있겠는가? [1797년 10월 5일]

(2) 내일 차대(次對)를 할 것이니 정리곡(整理穀)에 관한 일은 경이 곧바로 연석에서 아뢰는 것이 어떠한가? 오늘 서용보(徐龍輔)를 만났다. "내가 이미 이제학[沈煥之]에게 말하였으니 다른 사람을 시키거나 스스로 하거나 좋을대로 하라."고 서[서용보]에게 말하였다. 만약 내일 만나거든 경도 이렇게 말하는 것이 어떠한가? 거조(擧條)의 초본은 가령(假令)으로 써서 어 장군(魚將軍)[魚用謙]에게 주고, 서로 서신으로 주고받으며 윤색하게 할 양으로 서[서용보]에게도 말하였다. 이것도 알아두는 것이 어떠한가? 어[어용겸]는 그사이 과연 만나보았는가? [1797년 10월 6일 밤]

(1)의 어찰 서두에서 정조는 "정리곡처럼 백성을 위해 만든 것에 대해서도 이렇게 잡다한 말이 많고 간사한 폐단이 생겨날 줄 어찌 생각이나 했겠는가?"라 하여 시급하게 정리곡 문제의 해결을 거론하고 있다. (2)에서 정조는 심환지에게 이 문제를 연석에서 제기하도록 권하고 있다. 실제로 『정조실록』(1797년 10월 7일조)을 보면 심환지가 정리곡의 폐단을 먼저 발언하자, 정조가 이를 칭찬하며 표피

豹皮 1장을 내린 기록이 있다.[18] 공식 기록만 보면 심환지가 먼저 이 문제를 제기한 듯하지만, 어찰과 함께 놓고 보면 전혀 다른 것임을 짐작할 수 있다. 정조는 이미 수집한 정보를 통해 정리곡의 폐단을 알았고, 이 문제를 해결하기 위해 심환지를 시켜 발언하도록 하였다. 그리고 정조는 이 문제를 해결하는 데 앞장 선 심환지에게 상을 내림으로써 국정 현안을 해결하였다.

이처럼 정조가 심환지와 편지를 주고받으며 막후에서 자신의 의중을 보여주어 자신이 원하는 방향으로 심환지가 움직여 줄 것을 지시하는 경우가 많았다. 특히 정조 재임 당시 가장 민감한 정치적 사안은 사도세자의 명예를 회복하는 것이었는데, 정조는 이 역시 이러한 방식으로 풀어나갔다. 정조는 자신의 숙원을 해결하기 위해 심환지에게 먼저 자신의 의중을 전달하였다. 정조는 심환지에게 사도세자를 직접 거론하지 않고, 임위任瑋와 한유韓鍮의 의리와 절개를 거론하도록 제안하고, 이어서 이들에게 증직贈職을 내리고 그 후손의 등용 문제를 거론해 주기를 요청한 바 있다.

> (1) 고(故) 승지(承旨) 임위(任瑋)의 전말은 다른 종이에 적어두었으니, 참으로 이른바 '조용히 의리에 나아가는 것이 강개하여 죽는 것보다 낫다'는 것이라 하겠다. 지금처럼 의리가 밝지 않은 때 첫 연석에서의 한 마디 말은 대려(大呂)나 황종(黃鐘)처럼 무거우니, 이대로 유의하는 것이 어떠한가? [1798년 10월 14일]

> (2) "고(故) 승지 임위(任瑋)는 지난날 동궁의 관원으로서 [사도세자가] 온천에 행차할 때 예가(睿駕)를 모시고 가는 승지가 되어 남다른 은총을 받았으니, 이에 대해서는 신이 이루 다 아뢸 수 없습니다. 그리고 2년 뒤에 홍주 목사로 부임하였는데, 5월 24일부터 음식을 먹지 않고 통곡하다가 열흘도 안 되어 죽고 말았습니다. 그 훌륭한 충성과 절개는 어두운 하늘의 별과 같다고 하겠습니다. 천 년이 지나도록 뜻있는 선비들로 하여금 눈물을 흘리게 할 것이니, 융숭하게 보답하는 도리에 따라 증직(贈職)

18 『승정원일기』 1797년 10월 7일에도 심환지가 이 정리곡 문제를 논한 기사가 보인다.

하는 은전(恩典)을 베풀어야 합니다."[19]라는 등의 말을 부연하여 글을 짓는 것이 좋겠다. [1798년 10월 14일]

(3) 첫 연석의 연본(筵本) 초고는 보고 돌려준다. 좌의정[李秉模]은 동료 정승이자 우위에 있는 사람이다. 그가 이미 지어 보냈은즉 서로 공경하는 조정의 체모로 보아 그의 초본을 쓰지 않을 수 없다. 그 아래의 몇 조목에서 각 거조에 유의하라는 것은 한(韓)[韓鍮]과 임(任)[任瑋]을 가리키는 것이다. 이만 줄인다. [1798년 10월 16일 저녁]

임위는 1760년에 사도세자가 온양溫陽을 방문했을 때 승지로 수행한 인물이다. 그는 1762년 5월에 홍주목사로 근무하던 중, 사도세자의 사망소식을 들은 뒤, 곡기를 끊고 절명하였다. 사도세자에 대한 충성과 절개를 끝까지 지킨 인물이었다. 또한 한유는 청주清州 출신의 유생으로 1770년 3월에 '사도세자의 사망과 관련이 있는 간신 홍봉한洪鳳漢을 참하라' 는 상소를 올려 홍봉한을 실각시키는 데 결정적으로 기여한 인물이다.[20] 정조는 심환지의 첫 번째 연주筵奏에서 이 사람을 현창할 것을 제안하라고 당부했다. 1798년 11월 1일에 정조와 심환지는 막후에서 조정한 것을 그대로 실행하였다. 이날 정조는 경모궁景慕宮에서 동향대제冬享大祭를 거행했고, 채제공蔡濟恭을 면담한 다음 좌의정 이병모와 우의정 심환지를 불렀다. 심환지는 먼저 『명의록明義錄』의 의리론을 제기하여 경모궁의 제삿날에 『명의록』의 의리론을 거론하였다. 이는 심환지가 명분을 잡아 정조의 의도에 적극 동의하는 발언을 하기 위한 예비 조처였다.[21] 이어서 심환지는 임위와 한유의 의리와 절개를 거론하며 이들에게 증직을 내리고 후손을 등용할 것을 건

19 이 내용은 『정조실록』 정조 22년 11월 1일에 보인다. 임위와 관련한 저간의 사정에 대해서는 김문식, 〈正祖 말년의 정국 동향과 沈煥之〉와 백승호, 〈정조어찰첩의 서지적 고찰〉(『새로 발굴한 정조 어찰의 종합적 검토』 2009.2 동아시아학술원 한국고전번역원)에서 자세하게 고찰한 바 있다. 이 사항은 이 논문을 근거로 작성한 것이다.

20 『英祖實錄』 권114, 英祖 46년 3월 戊戌(21일).

21 『正祖實錄』 권50, 正祖 22년 11월 庚申(1일)

의하였다.[22] 그러자 정조는 임위에게 좌찬성을 증직하고, 충렬忠烈이라고 시호를 내렸다. 요컨대 정조는 심환지에게 사도세자의 명예를 회복하기 위해 의리를 지킨 임위와 한유를 거론할 것을 사전에 주문하였고, 심환지는 우의정이 된 첫 번째 연주筵奏에서 『명의록』의 의리론을 제기한 다음, 두 사람의 행적을 표창하라고 건의함으로써 두 사람 사이의 막후 조정은 일단락되었다.

사실 심환지가 임위를 추존하자고 발언한 것은 아버지 사도세자의 명예를 회복하려는 정조의 숙원을 해결해 준 셈이지만, 심환지의 결정은 노론 벽파의 당론과는 정면에서 배치되는 사안이었다. 그러나 심환지는 정치적 결단을 하고, 정조의 요구대로 어전에서 그대로 행동하였다. 마침내 정조는 정치적 반대파였던 심환지에게 자신의 요구를 관철시킴으로써 사도세자의 명예를 회복시킬 수 있었다. 요컨대 정조는 막후 조정과 정치적 능력을 통해 반대파까지 사도세자를 인정하게 만듦으로써 자신의 정국 운영의 방식과 능력을 동시에 보여주었다. 더욱이 심환지가 당파의 정치적 입장을 넘어 정조의 의견을 따른 것은, 정조와 심환지가 남다른 관계임을 보여주는 대목이다.

또한 정조는 화완옹주를 처리하는 문제에서도 심환지의 협조를 받아내어 자신이 원하는 방향으로 문제를 타결하였다. 화완옹주는 사도세자의 동생이자 정조의 친고모였다. 하지만 그녀는 양자 정후겸鄭厚謙과 모의한 뒤, 홍인한洪麟漢과 결탁하여 정조의 대리청정을 반대하고, 그를 음해하였다. 정조는 즉위 직후 정후겸과 홍인한을 유배 보낸 뒤 사사(賜死)하였다. 반면에 정조는 화완옹주를 극렬하게 비난하는 여론에도 불구하고 그녀를 사사하지 않고 강화도 교동부에 위리 안치하였다. 이후 정조는 1783년에 몰래 선전관을 시켜 화완옹주를 파주로 옮겼다. 그러자 이를 안 신료들은 화완옹주의 처분을 강력하게 주장하였지만, 정조는 이를 따르지 않았다. 정조가 몇 년 후 다시 화완옹주를 한양에 몰래 오게 하자 신료들은 거센 항의와 함께 정치적 공세를 하였다. 정조는 여기에 여전히 굴하지 않

22 『承政院日記』, 正祖 22년 11월 1일(庚申).

았고, 도리어 1799년 3월 4일 화완옹주를 석방하라는 어명을 내렸다. 이에 신료들은 정조에게 일제히 상소하여 어명을 거두어달라고 요구하였다. 정조가 이를 단호하게 거부하자 정치적 긴장감은 며칠째 이어졌다. 그러자 정조는 정치의 중심에 있던 심환지에게 다음과 같은 어찰을 보냈다.

일전의 처분에 대해서는 알아들을 만큼 이야기하였고, 의리가 지극히 엄중하다. 경의 경우에는 몽합(夢閤)[金鍾秀]이 죽은 뒤로는 경이 주인의 자리를 양보해서는 안 된다. 일이 『명의록(明義錄)』의 의리와 관련되니, 차라리 지나칠지언정 미치지 못해서는 안 된다. 내일 신하들을 소견할 것인데, 반열에서 나와서 강력히 아뢰고 즉시 뜰로 내려가 관을 벗고 견책을 청하라. 그러면 일의 형세를 보아 정승의 직임을 면해주든지 견책하여 파직하든지 처분할 것이다. 그 뒤에 다시 임명하는 방법도 생각해 놓은 것이 있으니, 이렇게 마음먹고 있으라. [기미년(1799) 3월 6일 저녁]

정조의 정치적 결단을 요구받은 심환지는 정조의 뜻을 따랐다. 그리고 3월 7일 정조가 신료들을 차대次對한 자리에서 심환지는 정조의 지시대로 화완옹주를 석방한다는 어명을 환수해달라고 청하였다. 『정조실록』의 해당 내용을 보면 심환지가 정조의 지시를 얼마나 충실히 이행하였던가를 알 수 있다. 심환지는 대신들 앞에서 자신의 의견과 맞서 적극적으로 행동하라는 정조의 지시를 그대로 수행하였다. 그런데 정조가 화완옹주를 사면한 것은 즉위 직후 확립한 '『명의록』 의리'에 배치되는 사안이었다. 모든 신료들이 적극적으로 반대하였던 것은 이 때문이었다. 하지만 정조는 막후에서 심환지와 타협안을 마련하였고, 의리의 수호자로서 심환지의 위상을 세워주는 한편, 임시방편으로 심환지를 파직함으로써 자신의 확고한 의지를 신료들에게 천명하고 정치적 난제를 해결하였다. 이러한 정조의 정국 운영 방식은 자신이 만든 '『명의록』 의리'의 정당성을 확보하는 한편, 화완옹주에 대한 처리를 관철시킴으로써 한꺼번에 두 마리 토끼를 잡는데 성공한 격이었다. 심환지 역시 얼마 뒤 정계에 복귀하여 본래 지녔던 정치적 위상을 회복하였다. 정조는 심환지를 영중추부사를 제수하여, 정치 일선에 복귀시킴으로써, 상호 유리한 방향에서 문제를 해결하였던 것이다. 요컨대 이 정치 현안의 처리는 정조와 심환지 모두 명분과 실리를 함께 얻는 등 유용한 결과였다. 이처럼 정조는 치밀한 각본에 따라 정국 현황을 풀어가고 자신이 원하는 방향으로 국정을 이끌어갔다.

그런데 『정조어찰첩』을 검토하면 심환지가 올린 상소문의 일부는 정조의 뜻을 받들어 심환지가 올린 것이 적지 않다는 사실을 알 수 있다. 여기서 정조와 심환지의 정치적 관계를 십분 알 수 있어 이 또한 흥미롭다. 실제로 『정조어찰첩』과 『승정원일기』를 대조하면, 공식적인 사료史料에 심환지의 행동으로 기록된 것은 대체로 정조의 지시에 의한 것이었다는 사실은 이를 증명한다. 더욱이 정조가 심환지에게 정치적 문제를 제시한 의견 역시 국가의 공식 사료와 사뭇 다르다는 사실도 적지 않게 발견할 수 있다. 이는 정조가 심환지와 함께 정치적 문제를 막후에서 은밀하게 조율하면서도, 심환지의 의도와 무관하게 자신의 의도를 관철시키려 한 점과 관계가 깊다. 정조가 자신의 어찰을 심환지에게 은밀히 전달하고 그 내용의 노출을 꺼렸던 까닭도 이 때문이었을 것이다.[23] 이처럼 정치적 사안에 대한 정조의 진의는 공식적 입장과 상반되는 경우가 있다는 점에서, 실록과 『승정원일기』의 기록을 사실 그대로 받아들이는 것은 주의를 요한다. 아울러 이번 『정조어찰첩』의 공개를 계기로 실록이 지니는 관찬 사료로서의 한계와 『승정원일기』가 지니는 정치적 성격도 재검토할 필요가 있다.

• • •

23 정조는 편지를 보내면서 끊임없이 자신의 어찰들을 없애라는 지시를 남겼다. 어찰 중 '此紙卽卽丙之' [불에 태워라], '此紙卽扯之' [찢어버려라], '覽卽扯去' [보고나서 찢어버려라], '此紙卽洗之或還送如何' [세초하든지 돌려보내든지 하라], '此紙覽後卽扯之, 切勿暫留' [읽은 다음 찢어버리고 남기지 말라], '此紙勿留, 卽扯之' [남겨두지 말고 찢어버려라] 등의 문구를 확인할 수 있다. 그만큼 정조는 어찰의 내용들이 공개되면 정치적 파장이 크다는 것을 잘 알고 있었던 것이다. 그러나 심환지 역시 정조의 이러한 우려와 정치적 파장을 감수하고 자신이 받은 어찰들을 세초洗草하거나 없애지 않고 그대로 보관한 것은 향후 있을지도 모르는 자신의 정치적 입장을 확보하기 위한 것이 아닌가 한다. 그런 점에서 심환지 역시 정조와 마찬가지로 정조가 일방적으로 요구하는 방향으로만 움직이지 않았음을 보여준다.

5. 당대 인물과 정파에 대한 정조의 평가

정조가 심환지에게 보낸 어찰의 특징 가운데 정국 운영에 참여한 인물과 정파에 대한 평가가 많이 나온다는 점도 특이하다. 실제 이 '어찰첩'에는 수많은 인사의 언행과 정파에 관련한 언급이 나온다.[24] 인물에 대한 평가는 국정 운영과 국왕의 입장에서 바라본 것이기 때문에 객관성이 떨어질 수도 있지만, 기왕에 알려진 인물의 경우 이를 통해 새로운 면모를 발견하거나 기왕의 평가를 재고해 볼 필요도 있을 것이다.

우선 노론 벽파계의 핵심 인물인 윤시동尹蓍東과 김종수金鍾秀에 대한 평가를 들어볼 수 있다. 윤시동(1729~1797)은 1754년(영조 30)에 문과에 급제한 이후 1795년에 우의정에 올랐던 인물이다. 정조는 "윤시동이 사망한 후 도道가 날로 외로워졌다."(1797년 3월 5일)고 하여 그의 죽음을 애석해 한 바 있다. 어찰을 훑어보면 윤시동은 정조와 심환지, 서용보 사이에 일정한 정보망을 가질 정도로 노론 벽파계의 좌장 역할을 한 인물 중의 한 사람이다. 김종수(1728~1799) 역시 윤시동과 같이 노론 벽파계의 좌장이고 정치적 비중이 큰 인물이었다. 그는 1789년에 우의정, 1793년에 좌의정에 임명되었고, 1794년에 사직을 요청하여 봉조하奉朝賀가 되었다. 그는 정조의 묘정廟廷에 배향될 정도로 정조와 정치적으로 긴밀한 관계를 유지하기도 했다.[25] 정조는 어찰에서 "김종수를 만났는데 그의 지론이 느슨하지만 대사헌 김재찬金載瓚이 상소를 백 번 올리는 것보다 김종수의 한 마디가 낫다."(1797년 1월 26일)고 하여 그의 정치적 식견과 판단력을 높이 평가하였다. 또한 "김종수의 병은 낫기 어렵다고 하겠다. 어찌 걱정이라고만 하겠는가?"(1978년 9월 15일)라 하여 그의 병세를 누구보다 걱정할 정도로 인간적으로도 가까웠다.

• • •

24 인물과 정파의 평가는 김문식, 〈正祖 말년의 정국 동향과 沈煥之〉와 백승호, 〈정조어찰첩의 서지적 고찰〉(『새로 발굴한 정조 어찰의 종합적 검토』 2009.2 동아시아학술원 한국고전번역원)에서 자세하게 고찰한 바 있다. 이 사항은 이 논문을 근거로 작성한 것이다.

25 『正祖實錄』 권51, 正祖 23년 1월 丙寅(7일).

뿐만 아니라 정조는 "김종수가 집안에 유언을 남기기는 하였으나, 시장諡狀 없이 시호諡號를 내릴 것이며, 비문碑文은 직접 지을 생각이다. 반드시 그의 손자에게 알려주도록 하라. 두호斗湖로 영구靈柩를 옮길 때 한 사람도 나와 보는 이가 없었다 하는데, 이른바 사류士類라는 것들의 꼴이 어찌하여 이 지경에 이르렀는가? 나도 모르게 팔뚝을 걷어붙이고 분개하게 된다."(1799년 1월 20일)라 하여 김종수의 죽음에 직접 시호를 내리고 비문과 제문을 직접 지을 정도로 김종수에 대한 정조의 호의는 남달랐다.[26]

노론계로서 산림山林이었던 송환기宋煥箕(1728~1807)에 대한 평가도 어찰에 자주 등장한다. 송환기는 송시열宋時烈의 5세손으로 호론湖論을 주장한 성리학자였다. 그는 1787년에 『송자대전宋子大全』의 간행을 주도하면서 가학家學(우암학尤庵學)을 통해 학문의 정통성을 잡았던 인물이다.[27] 그는 승지, 예조참판, 대사헌 등에 임명되었지만 출사하지 않았다. 정조는 1796년 12월에 송환기를 원자元子[순조]의 사부師傅에 임명하고, 이듬해 초에 있을 개강례開講禮에 나오라고 요청했다. 하지만 송환기는 1797년 1월부터 사직소를 올리기 시작했고, 그때마다 정조가 정중하게 요청하는 상황이 반복되자, 정조는 심환지에게 어찰을 보내 송환기가 올라올 수 있도록 주선하라고 지시했다.

> 송 산림(宋山林)[宋煥箕]의 일은 전혀 말이 되지 않는다. 처음에는 우의정[尹蓍東]이 올라온다고 말하였는데, 어제 해래사관(偕來史官) 편에 갑자기 병을 핑계대는 것은 오로지 한양의 의론이 둘로 갈라졌기 때문에 그런 것이다. 지금은 소홀히 대할 수 없으니 우의정과 상의하여 힘을 합쳐 불러올 방도를 찾으라.[28] [1797년 2월 14일]

---

26 정조가 지은 김종수의 제문은 『弘齋全書』 권25, 祭文 7에 있는 「左議政金鍾秀致祭文」이 그것이다.

27 『송자대전』의 편찬 과정에 대해서는 辛承云, 「宋子大全의 編刊과 그 傳記資料的 價値」 『書誌學硏究』 13, 1997.

28 윤시동尹蓍東은 어찰이 보내진 지 4일 후인 1799년 2월 18일에 사망했다.

정조는 여러 차례 심환지에게 어찰을 보내 송환기를 도성으로 부르는 데 성공을 한다. 정조의 요청을 받아들여 송환기는 4월 18일에 도성에 들어와서 원자에 대해 상견례相見禮와 개강례開講禮를 습의習儀했다.[29] 4월 21일에 거행된 행사 때 원자(순조)의 사부는 송환기였고 유선諭善은 윤득부尹得孚였다.[30] 송환기는 개강례가 끝나자마자 바로 도성을 떠났는데, 이런 송환기에 대해 정조는 "산림(山林)[宋煥箕]의 일은 행동거지가 구차하지 않다. 한양에서 잠자코 있느니 자리에서 물러나와 곧바로 고향으로 돌아가면 흠잡힐 일이 없을 듯하다."(1797년 4월 23일)라고 논평했다. 하지만 정조는 "산림의 처의(處義)가 결코 구차해서는 안 된다. 세상 사람들의 여론이 이와 같으니, 함부로 다시 나와서는 안 될 것이다.(1800년 2월 4일)"라고 하여 송환기를 원자 · 왕세자의 사부로 임명하여 예우했지만, 정치적 동반자로 인정하지는 않았던 것 같다.

또한 이 '어찰첩'을 보면 정조와 심환지를 연결하는 두 사람이 나오는데, 어용겸魚用謙과 서용보徐龍輔이다. "어수魚帥" 또는 "어장군魚將軍"으로 표현되는 어용겸(1742~1798)은 그동안 별로 알려지지 않은 인물이다. 그의 본관은 함종咸從, 자字는 사익士益이며, 어유용魚有龍의 손자이자, 김성택金聖澤의 외손이다. 그는 1796년 이후 승지와 이조참의를 역임하는 등 정조의 측근으로 떠오른 인물이었다. 정조는 1798년 9월에 어용겸이 사망한 이후 '그의 후임자를 구하기 어렵다'(1798년 9월 18일)고 할 만큼, 그는 측근에서 정조의 막후 역할의 중개자 노릇을 충실하게 했음을 알 수 있다. 어용겸이 죽은 뒤에 김희순金羲淳이 그 역할을 대신했지만, 정조는 여전히 어용겸을 잊지 못하였다. 어찰에서 "대저 희[김희순]는 어수(魚帥)[魚用謙]에 한참 못 미친다. 게다가 그의 지혜와 나를 향한 정성도 고인(古人)[어용겸] 보다 못하니, 늘 고인을 생각하면 나도 모르게 탄식이 나온다."(1800년

---

29 『正祖實錄』 권46, 正祖 21년 4월 戊子(18일).

30 『正祖實錄』 권46, 正祖 21년 4월 辛卯(21일).

5월 30일)라 탄식한 대목에서 어용겸에 대한 정조의 인식을 엿볼 수 있다.

서용보(1757~1824) 역시 정조와 심환지를 연결하는 통로였다. 서용보는 이조참판, 대사헌, 이조판서, 예조판서를 역임하였던 정조의 측근이었다. 정조 만년에 정조와 심환지, 서용보 사이에 비밀 통신망이 확보되어 있었다. 정조는 심환지와 서용보에게 밀찰密札을 보냈고, 심환지와 서용보 역시 서로 긴밀하게 연락을 취하고 있었다. 하지만 정조는 서용보의 역할 수행을 그다지 좋게 보지 않았다. "서(徐)[서용보]의 일처리가 이처럼 더디고 둔하니, 껄껄 웃을 일이다."(1798년 1월 19일)라고 평하여, 그의 둔하고 서툰 일처리를 꼬집는가 하면, "이조 판서[徐龍輔]는 늘 습속에 익숙한 경우가 많아 곳곳마다 이처럼 파탄을 드러내니, 참으로 아껴도 도와줄 수 없는 사람이라 하겠다. 이조 참판[李書九]의 편지는 나도 보았다. 어두운 거리의 밝은 등불이라 하겠다. 과연 이조 판서에게 힘써 권하여 받아들이고 사죄하도록 하였다."(1799년 12월 26일)고 하여 심지어 맡은 일을 파탄에까지 빠지게 하는 그의 실무 능력을 거론하며 도와줄 방법조차 없다고 비난하기도 하였다. 하지만 정조는 만년에 서용보의 정보력과 그가 보내는 비밀 정보 때문에 그를 중요하게 관리하고 있었다. 1800년 5월에 서용보는 서매수徐邁修와 이서구의 서찰을 정조에게 보고했는데, 이는 서용보가 정조의 정보통이었음을 의미한다. 다른 어찰을 보면 정조 말년에 벽파계인 심환지, 서용보, 이서구는 정조와 긴밀하게 연결되었던 것을 확인할 수 있다.(1799년 10월 12일) 이러저러한 이유로 서용보는 정조가 사망한 이후에도 우의정, 좌의정을 거쳐 1819년에는 영의정에까지 오를 정도로 정치적인 비중이 높았다.

정조의 어찰에는 노론 시파時派계의 핵심 인물인 이병모李秉模(1742~1806)에 대한 평가가 나오는데, 전체적으로 부정적이다. 이병모는 1794년에 우의정에 임명된 이후 좌의정을 거쳐 1799년에 영의정이 되었다. 특히 정조는 심환지와 이병모의 적대적 관계에 각별한 주의를 하였다. 심지어 정조는 중요한 논의가 있을 경우 두 사람이 한 자리에 있는 것을 피하라고 제안할 정도의 요주의 인물이었다. 정조는 심환지에게 어찰을 보내면서 이병모를 표창하거나 승진시키면서 이를 희화화

했는데, 이는 정치적 성향이 다른 두 사람의 관계를 고려한 때문으로 보인다.

정조의 어찰에는 남인南人계 핵심 인물인 채제공蔡濟恭(1720~1799)에 대한 평가도 나온다. 일찍이 영조는 정조에게 "나와 너로 하여금 부자의 은혜를 온전히 할 수 있게 한 사람은 채제공이다. 나에게는 순신純臣이요 너에게는 충신이니 너는 이것을 알라."고 할 정도로 채제공을 평가하였거니와, 정조와 채제공의 관계는 특별하였다. 채제공은 1788년 정조의 특지特旨로 우의정에 임명된 뒤로부터 정치적 활약이 가장 두드러진다. 정조는 이례적으로 어찰을 적어 채제공을 정승으로 임명할 정도로 그에게 누구보다 각별한 신임을 보냈다. 채제공이 1790년 좌의정에 임명되어 3년 동안 독상獨相으로 있었던 것도 정조의 신임이 어떠했던가를 보여주는 대목이다. 이후 그는 좌의정과 영의정을 역임하였다. 정조는 채제공에게도 어찰을 보내 정치 현안을 막후에서 논의한 것이 이미 밝혀져 있다.[31]

정조가 심환지에게 보낸 어찰에도 이러한 정황을 볼 수 있다. 정조는 심환지에게 어찰을 보내 채제공을 보호하거나, 다른 계파에서 채제공을 공격하면 나서서 해결하라는 주문을 할 정도로 채제공에 대한 정치적 후원자 역할을 자임하였다. 1797년 10월 18일의 어찰은 그러한 내용이었다. 지평 조수민趙秀民이 좌의정 채제공을 비판하는 상소를 올렸는데 "세도世道가 무너지는 시기에 재상은 다른 의견을 조화시키고 충돌을 진정시켜야 하는데, 채제공의 차자箚子를 보면 당대의 문제점을 건드리지 못하고 실언失言이 많다."는 비판이었다.[32] 조수민의 상소가 올라오자, 정조는 조수민의 상소가 어떤 배후가 있는지 조사하라고 즉시 심환지에게 지시를 했다.(1797년 10월 18일) 이어서 정조는 채제공에 대한 공격이 계속되자, 심환지에게 어찰을 보내 "저들이 바야흐로 유순한 자세로 있는데 떼지어 일어나 이렇게 말하며 공격하니, 항복을 애걸하는 사람에게 어찌 무례하다고 책망할 수 있겠는가?"(1797년 10월 22일)는 어찰을 보내 그를 적극 보호하였다. 이후 채

• • •

31 김문식, 〈채제공가 소장 정조의 어찰〉(『한국서지학회』, 2005.12) 참조.

32 『正祖實錄』 권47, 正祖 21년 10월 癸丑(18일).

제공이 사망하자 정조는 "채상(蔡相)[蔡濟恭]이 세상을 떠났으니 허무한 사람이라 할 만하다."(1799년 1월 18일)라는 심정을 밝혀 향후 정국 운영에 대한 고민을 여과 없이 드러내었다. 심지어 정조는 심환지에게 "채상(蔡相)[蔡濟恭] 집에는 조문하러 가지 않으면 안 된다. 살아 있을 적에 한 자리에 앉아 담소를 나누었는데, 죽은 뒤에 조문 한 번 하지 않는다면 결코 인정이 아니다. 더구나 조정의 체모로 보아서도 더욱 이러해야 할 것이다."(1799년 10월 14일)라는 표현을 하면서까지 심환지에게 채제공의 문상을 권하기도 했다. 이를 보면 정조는 탕평을 통한 정국의 안정을 위해 벽파계와 남인계 사이에 소통을 기대한 것으로 보인다.

그리고 어찰첩을 보면 정조가 당시는 아직 신진의 문신이었던 김매순에 대해 혹독하다 할 정도로 부정적인 평가를 하고 있어 주목을 끈다.

> 김매순(金邁淳)처럼 입에서 아직 젖내가 나는 자가 감히 선현(先賢)[한원진]을 모욕하여 붓 끝에 올리기까지 하였으니, 만일 그들이 제멋대로 하게 내버려 둔다면 조정에 어른이 있다고 할 수 있겠는가? 경에게는 모두 가까운 사이로 말을 전해주는 사람이 있을 터인데, 어찌 형세가 더 커지기 전에 즉시 바로잡지 않았는가? 거듭 유념하라. 만류할 때에는 반드시 경의 뜻이라고 말하고, 절대 이런 말이 있었다는 기미를 드러내지 않는 것이 어떠한가?
>
> [기미년(1799) 11월 22일]

김매순(1776~1840)은 19세기 전반기의 대표적 고문가이며 학자로서도 명망이 높았다. 그는 정조에 의해 초계문신에 뽑혔는데, 24세 젊은 나이에 낙론을 지지하여 한원진을 비방한 것이 정조의 비난을 받은 듯하다. 정조는 김매순을 "입에서 아직 젖비린내가 나는 자"라고 심한 표현을 써가면서 극렬하게 비난하고 개탄해 마지않았다. 같은 날 다시 보낸 편지에서 "근래 날뛰는 모습이 처음에는 놀랍고 우습더니 중간에는 가만히 탄식하였으며, 이어서 팔뚝을 걷어붙이고 노려보게 되었다. 이른바 김매순(金邁淳)처럼 입에서 젖내나고 사람 모습도 갖추지 못한 자와, 김이영(金履永)처럼 경박하고 어지러워 동서도 분간하지 못하는 자가 서간과 발문(跋文)으로 감히 선배들의 의론을 비방하려 하니, 참으로 망령된 일이다." (1799년 11월 23아침)고 하면서 김매순의 처신을 수시로 꾸짖은 바 있었다.

'어찰첩'에는 그 당시 활동하는 정파政派에 대한 평가가 자주 등장한다. 주로 벽파에 대한 언급이 많다.

(1) 요사이 벽패(僻牌)가 탈락한다는 소문이 자못 성행한다고 하는데, 내허외실(內虛外實)에 비한다면 그 이해와 득실이 과연 어떠한가? 이렇게 한 뒤라야 우리 당의 광사(狂士)를 얻을 수 있을 것이다. 지금처럼 벽패의 무리들이 뒤죽박죽이 되었을 때에는 종종 이처럼 근거없는 소문이 있다 해도 무방하다. 이해할 수 있겠는가? [1797년 4월 11일]

(2) 지금 이른바 벽패(僻牌)라는 자들은 모두 아침에는 동쪽으로 갔다가 저녁에는 서쪽으로 가고, 냄새를 좇아다니며 모였다 흩어지는 무리들이니, 오는 사람을 굳이 막을 필요는 없다. 하지만 이른바 아무아무 이하는 모두 우습다. 을묘년(1795)의 일을 돌이켜 생각해보면 누군가 할 사람이 있을 것이라 여겼는데, 이제서야 그것이 너무 우활하였다는 것을 깨달았다. [1800년 4월 25일]

(3) 벽패(僻牌)는 다른 장점이 없고 남의 옳지 않은 점을 보면 힘껏 말하고 통렬히 배척하는 것 뿐인데, 지금은 그렇지 않다. 이후로는 옳지 않은 일에 대해서는 의논하기를 기다리지 말고 그때마다 곧장 말하도록 어(魚)[魚用謙]와 상의하여 하나의 규범으로 삼는 것이 어떠한가? [연도 미상]

정조는 벽파의 중심인물인 심환지를 통해서 벽파를 조종하고, 자기가 바라는 정치적 방향으로 벽파를 유도하려 한 것으로 보인다. (1)은 사실과 관계없이 정치적 역학관계 속에서 벽파가 정치의 중심을 잡지 못하는 것에 대한 정조의 안타까움이 배어 있다. (2)의 언급 역시 벽파가 정조가 원하는 방향으로 움직이지 못하고 명리名利를 따라 이합집산離合集散하는 성향을 꼬집는 한편, 이러한 행태를 심환지에게 알림으로써 자신이 원하는 방향으로 정치적 역할을 해줄 것을 은근히 기대하고 있다. 특히 정조는 심환지와 밀지를 교환하면서 막후에서 벽파계 인물들의 진퇴를 조정했고, '사류士類 출신으로 사론士論을 가진 벽파 세력'이 커지기를 주문하였다. (3)은 벽파에 대한 정조의 입장이 분명하게 드러난다. 무엇보다 정조는 벽파에게 의리에 충실할 것을 주문하였다. 벽파의 장점이 옳지 않은 일을 만나면 다른 사정을 돌아보지 않고 통렬하게 배척하는 것인데, 이를 제대로 못하는 벽파는 존재 의미가 없다는 점을 구체적으로 거론하고 있는 것이다.

특히 정조는 을묘년(1795) 이후 벽파의 활약을 기대했는데, 자신의 기대가 충족되지 못하는 현실에 안타까움을 표시한 것도 벽파가 자기 정체성을 잃었기 때문으로 판단한 듯하다. 이를 위해 정조는 심환지를 비롯한 벽파계 인물들에게 국왕의 의리인 '신임의리辛壬義理'를 따를 것을 강력하게 요구했다. 정조는 '신임의리'는 국왕과 신하가 함께 천명해야 하는 의리이며, 『명의록』의 의리가 바로 신임의리라고 주장했다.(1800년 윤4월 14일) 정조는 심환지가 이 일을 담당하여 사기士氣를 높이고 대의大義를 회복시키는 데 앞장 설 것을 기대하였던 것이다. 뿐만 아니라 정조는 심환지에게 노론 벽파 중심의 의리론을 지지한다고 언급하는 한편, 남인南人과 소론少論의 동향에도 유의할 것을 주문했다. 정조는 노론 벽파의 중심에 있었던 심환지에게 상대적으로 열세인 남인과 소론을 정치의 동반자로 인정하고, 이들에 대한 정치적 고려를 해줄 것을 지속적으로 주문하였다. 정조는 이러한 자신의 탕평정책을 적극 시행하였으며, 심환지와 탕평정책을 위해 막후에서 조정하였던 것이다.

6. 정조의 일상과 인간, 만년의 건강

이 '어찰첩'은 어디까지나 사신의 성격을 띤 것이기에 정치와 관련된 내용이라도 거기에는 자신의 입장이나 생각과 함께 감정이 섞여서 진솔하게 개진되어 있으며, 자기 신상에 관련한 내용을 많이 접할 수 있다. 정조 그 자신의 일상과 인간적인 면모가 드러나는 것이다. 역으로 심환지의 인간적 면모 역시 함께 유추할 수 있다.

이 자료에서 그려지는 정조의 일상은 격무의 연속이었다. 정조는 그런 격무 속에서도 틈만 나면 독서하고 학문에 게으르지 않는 모습을 보여주고 있다. 그야말로 군사君師요 호학군주好學君主의 면모가 여실하다.

(1) 간밤에 잘 지냈는가? 나는 밤에 더워서 잠시도 눈을 붙이지 못하였다. 새벽이 되자마자 빗질하고 세수한 뒤 지금까지 수응(酬應)하고 있으니 얼마나 피곤한지 알 것이다. 껄껄 웃을 일이다. [1797년 7월 8일]

(2) 여전히 비가 내릴 것 같으니 두루 적셔주기를 기대한다. 며칠 밤사이 계속 잘 지냈는가? 나는 마치 베를 씌운 것처럼 눈이 어둡고 안화(眼花)가 생기는 바람에 책을 보는 일은 감히 엄두를 내지 못한다. 대개 주서(朱書)는 100권에 가까운데 밤낮으로 비점(批點)과 권점(圈點)을 찍는 데다 가뭄 걱정까지 겹치고, 또 재계하는 중에 온갖 문서를 보느라 심혈이 모두 메마른 소치이니, 답답한 일이다. [1798년 5월 26일]

(1)과 (2)의 내용 모두 격무에 시달리는 가운데서도, 독서와 학문에 매달리는 모습이다. 정조는 건강을 해칠 정도로 정무政務에 시달렸고 독서에 매달렸다. 정조는 어찰에서 자신의 바쁜 일상을 자주 언급하고 있다. 그 스스로도 "나는 너무 바빠서 눈코 뜰 새 없으니 참으로 괴로운 일이다."(1799년 12월 26일)고 토로하고 있을 정도였다. 어찰에서 정조는 바쁜 일과 때문에 밥도 먹지 못하고 잠도 자지 못하는 처지를 자주 언급한다. 그럼에도 불구하고 정조는 항상 정무를 생각하였다. 그래서 "나는 조금 나았고 앞으로 더욱 나아질 것이다. 그러나 백성이 마음에 걸리고 조정이 염려되어 밤마다 침상을 맴도느라 날마다 늙고 지쳐가니 그 괴로

움을 어찌 말할 수 있겠는가?"(1799년 1월 20일)라 하여 과로로 찌든 자신의 모습을 토로했고, "편지는 잘 받았다. 사흘 동안 눈을 붙이지 못했는데, 지금까지도 그대로 일하느라 피곤하지만 몸져눕는 것만은 면했다."(1799년 10월 19일)라고 하여 거의 사경에 이른 자신의 건강을 호소하기도 했다.

정조는 거의 매일 일 중독에 가까울 정도로 정무政務에 매달렸다. "나는 일이 바빠 잠깐의 틈도 내기 어렵다. 닭 우는 소리를 들으며 잠들었다가 오시(午時)가 지나서야 비로소 밥을 먹으니, 피로하고 노둔해진 정력이 날이 갈수록 소모될 뿐이다."(1798년 10월 7)고 하여 밤잠을 자지 못하고 새벽까지 공무 처리에 집착하였다. 이는 물론 과장된 발언일 수 있으나, 정무政務에 과도하게 집착하고 있음을 엿볼 수 있는 대목이다.

정조는 이외에도 시간을 쪼개 자신이 관리하는 인사들에게 편지를 보내기도 하였고, 더러 왕가의 친척들에게도 편지를 적기도 하였다.[33] 정조는 정무에 진력하면서도 시간을 허비하지 않았던 것으로 보인다. "나는 수응하느라 바쁘고 간간이 윤음(綸音)을 짓느라 며칠째 밤을 새고 닭 울음을 듣고 있으니, 고생스럽다."(1798년 12월 1일)라고 하여, 윤음을 반포하기 위해 밤까지 지새우며 골머리를 썩이는 대목은 이를 말한다. 정조의 일상 모습과 정무에 종사하는 구체적인 내용은 다른 역사기록에서는 전혀 알 수 없는 내용이다.

한편 '어찰첩'에 흔하게 등장하는 사연의 하나가 정조의 독서벽이다. 그는 독서에 골몰하여 창밖의 일은 전혀 모르지만 "다만 잊지 못하고 마음속에 남아 있는 것은 백성의 일이라."고 하면서, 이 때문에 편지도 다른 사람의 손을 빌거나 아예 소식조차 전하지 못한다고 했다.(1797년 10월 24일) 그리고 공부와 관련해서 정조는 『춘추春秋』는 인명이 잡다하게 나와 이해하기 어렵고, 그 때문에 이리저리 튀는 벼룩마냥 잡으려 해도 잡지 못하겠다고 농담처럼 말할 정도로 학문에도

33 정조가 그의 외사촌인 홍취영에게 1792년부터 1800년까지 모두 39건의 편지를 보낸 것에서 알 수 있다. 현재 남아 있는 것이 그 정도지만 실제 더 많은 편지를 보냈을 것으로 추정할 수 있다. 여기에 대해서는 임재완 편역, 하영휘 교열 『정조대왕의 편지글』(삼성미술관 Leeum 학술총서, 삼성문화재단, 2004.12.31) 참조.

남다른 열정을 보였다.(1799년 11월 22)

다른 한편 '어찰첩'은 자신이 원하는 방향으로 정국이 진행되지 않거나, 정국을 어지럽히는 상소나 사안을 접하면, 쉽게 화를 내고 거친 언사를 서슴없이 하는 정조의 성격을 선명하게 보여준다.

간밤에 잘 있었는가? 나는 요사이 놈들이 한 짓에 화가 나서 밤에 이 편지를 쓰느라 거의 오경(五更)이 지났다. 나의 성품도 별나다고 하겠으니 껄껄 웃을 일이다. 보고 난 뒤에는 남들 눈에 띄지 않도록 하는 것이 어떠한가? 이만 줄인다.

[1799년 11월 24일 아침]

정국이 자신의 뜻대로 움직이지 않는 것에 화가 치밀어, 이를 해결하기 위해 밤잠까지 설쳐가며 심환지에게 편지를 쓰고 있다. 요즘 말로 정조는 다혈질의 소유자였던 같다. 사안이 마음에 들지 않으면 가리지 않고 화를 내기도 하였다. "황인기黃仁紀와 김이수金履秀가 과연 어떤 놈들이기에 감히 주둥아리를 놀리는가!"(1800년 윤4월 19일)라고 하거나, "관(觀)[金觀柱]의 경우는 그를 동벽(東壁)에 통망할 때는 이의를 제기하는 사람이 없었는데, 갑자기 가자(加資)할 때 와서 무슨 쟁집할 단서가 있다고 이조 참의[鄭尙愚]가 죽어도 거행하지 않으려 하니 분통터질 일이다."(1799년 4월 21일 저녁)고 하여 사소한 문제에도 쉽게 흥분하고 화를 내었다. 정조는 측근 인물인 서영보徐榮輔를 평하면서도 "이 사람은 그저 염량세태만 볼 뿐이다. 참으로 호로자식이라 하겠으니, 답답한 노릇이다. 근래의 꼴은 본색을 점점 가리지 못하고 있으니 어찌하겠는가?"(1798년 8월 16일)라 비난할 정도로 감정을 추스르지 못하고 욕설에 가까운 언사를 퍼부을 정도였다.

하지만 정조는 시사時事에 누구보다 민감하게 반응하였다. 정조는 "나는 시사(時事)가 눈에 들어오지 않는다. 일마다 그저 마음 속에 불길이 치솟게 만들 뿐이다. 불은 심장에 속하니, 이 때문에 안화(眼花)가 나을 기미가 없어 너무나도 답답하다."(1798년 7월 8일)고 말하기도 하였다. 정치가 되어가는 꼴에 화가 나고, 그 때문에 마음속에 불길이 치솟는다고 하였다. 그리고 정조는 심환지에게 만족스럽지 못한 시사 때문에 눈앞이 어지러운 증상까지 얻었음을 솔직하게 고백하고 있다. 자신의 감정과 속내를 심환지에게 가감 없이 보여주었던 것이다.

또한 '어찰첩'은 정조의 인간미가 넘치는 모습도 보여준다.[34] 국왕의 입장이 아니라, 친근한 사람들 사이에서 볼 수 있는 인정을 느끼게도 한다. 정조는 심환지의 부인이 병환이 나자, 이 사실을 전해 듣고 "부인은 쾌차하였는가? 삼아(蔘椏)를 보내니 약으로 쓰도록 하라."(1796년 11월 3일)는 편지를 보내, 부인의 안부와 함께 쾌유를 빌고, 선물을 보내기도 하였다. 이 외에도 정조는 "부채를 보낸다. 이 전복과 꿀은 맛이 좋기에 경과 나누어 맛보고자 편지와 함께 약간 보낸다."(1799년 5월 2일)거나, "지금 같은 무더위는 50년 가까이 살면서 처음 본다. 요즘은 잘 지내는가? 나는 오늘 간소한 음식을 준비하여 정성껏 경축하였다. 인편을 통해 찬합 하나를 나누어 주니, 받아서 맛보길 바란다."(1799년 5월 5일)와 같은 내용을 적어 심환지에게 인정이 넘치는 모습을 보여주기도 하였다. '어찰첩'에는 물목物目이 자주 보이는데, 이는 정조가 심환지에게 각종 물품을 하사한 것들이다. 심환지의 마음을 꼭 잡으려는 의도도 없지 않았겠으나 정조의 다정한 인간적 면모이기도 할 것이다.

뿐만 아니라 정조는 늦도록 과거에 급제하지 못한 심환지의 아들에 대한 배려도 잊지 않았다. 심환지는 과거시험에 낙방한 아들 심능종沈能種(1775~1827) 때문에 상심하고 있었다. "만약 300명 안에만 들도록 답안을 냈으면 경이 심하게 늙기 전에 자식이 과거에 합격하는 경사를 보도록 조처하려 했으나 그리 되지 못했다고 했다."(1799년 10월 1일) 정조의 이러한 배려에도 불구하고 심능종은 낙방하고 말았다. 심환지 가문에 대한 정조의 호의와 인간적 배려는 이러한 비밀편지를 통해 확인할 수 있을 뿐이다.

또한 '어찰첩'을 통해서 정조의 건강상태를 구체적으로 알 수 있다. 어찰의 곳곳에서 정조는 스스로 자신의 건강에 문제가 있음을 언급하고 있는 것이다. 정조

34 정조의 인간적 면모에 대해서는 안대회 앞의 발표문 참조. 정조의 인간적 면모는 이 글을 참조하여 기술하였다.

는 전부터 병마에 시달렸다. 실록에 보이는 몇 대목을 들어 보자.

(1) 상에게 부스럼병이 있었다. 대신 각신閣臣과 약원藥院의 세 제조提調를 소견召見하였다.[35]

(2) 전교하기를, "머리에 난 부스럼과 얼굴에 생긴 종기가 어제부터 더욱 심해졌다. 씻거나 약을 붙이는 것도 해롭기만 하고 약물도 효험이 없어서 기가 더 막히고 쌓여서 화가 더 위로 치밀어 오른다. 얼굴은 모든 양기陽氣가 모인 곳이고 머리도 뭇 양기가 연결되어 있는 곳인데 처음에는 소양少陽 부위에서 심하게 화끈거리더니 독맥督脈 부위로 뻗어나갔다. 왼쪽으로는 귀밑머리 가에 이르고 아래로는 수염 부근까지 이르렀다가 또 곁의 사죽혈絲竹穴로도 나고 있다. 이는 모두 가슴속에 떠돌아다니는 화(火)이니, 이것이 내뿜어지면 피부에 뾰루지가 돋아나고 뭉쳐 있으면 곧 속이 답답하여지는 것인데, 위에 오른 열이 없어지기도 전에 속의 냉기가 갑자기 일어나는 것을 의가醫家에서는 대단히 경계하는 것이다. 성질이 냉한 약제를 많이 쓸 수 없음이 이와 같으니 오직 화를 발산시키고 열어주는 처방을 써야 효과를 볼 수가 있을 것이다. 경락經絡에 침을 맞는 것이 합당한지의 여부를 여러 의원들에게 물어서 아뢰라."하였는데, 약원藥院이 아뢰기를, "삼복三伏에는 침을 놓지 말라는 경계가 의서醫書에 기록되어 있습니다."하였다. 상이, 잠시 경락을 소통시키는 것에 불과하므로 구애받을 필요가 없다고 하여 마침내 세 부위에 침을 맞았다.[36]

(3) 내의원 제조를 불러보고 상이 이르기를, "머리의 부스럼은 하찮은 일이다마는 5월 20일 후부터는 밤잠을 이루지 못하였고 며칠 전부터 두통이 점점 심하고 진독이 뻗친데다가 이질 증세까지 있다."하였다. 도제조 홍낙임洪樂任이 의관을 불러

---

35 『조선왕조실록』 정조 17년(1793년) 7월 2일 계사조.

36 『조선왕조실록』 정조 17년(1793년) 7월 4일 을미조.

들여 진찰하고 창름산倉廩散을 의논하여 정할 것을 청하고, 제조 정창순鄭昌順이 숙직하기를 청하였으나, 윤허하지 않았다.[37]

정조는 사망하기 7년 전부터 머리에 난 부스럼 때문에 속이 답답하고, 때로는 밤잠을 설치며 두통을 앓는 등 갖은 고생을 하였다. 정조는 치료를 위해 부스럼에 약을 붙이거나 자신의 요구에 따라 침을 놓아 병증을 다스리기도 하였다. 이러한 증세는 만년에 다시 위협하였다. 다른 글과 『정조어찰첩』에도 정조의 병과 관련한 대목이 적지 않게 나온다. 그 몇 대목이다.

(1) 간밤에 잘 있었는가? 나는 곽란(癨亂) 같기도 하고 아닌 것 같기도 한데 며칠째 고통스럽다. [1797년 1월 5일]

(2) 6월 14일에 적신賤臣[김조순 : 필자 주]은 정리소의 당상관으로 여러 벼슬아치와 함께 정리소整理所에 나아갔다. 이 날에 상上께서 절후癤候(부스럼이 피부를 파고드는 병) 때문에 혜경궁 홍씨의 진찬進饌을 연기한다는 어명을 내렸다. 이어 천신에게 입시하라고 명을 내렸는데, 영춘헌迎春軒 동쪽에 있는 여경헌餘慶軒에서 임금을 접견하였다. 천신이 문후를 마치자, 상께서 옷깃을 풀어헤치고 부스럼이 난 곳을 보여주었다. 가슴과 젖꼭지 사이 부위에 좁쌀 같고 강낭콩 같은 크고 작은 부스럼이 십여 낱알이 있었는데 모두 고름이 차 있었다. 상께서 고약을 걷어내고 보여주는데, 안색이 매우 괴로워 보였다. 하교하기를 "이와 같은데, 금년에는 요 몇 해보다 무엇 때문에 심한지 알지 못하겠구나. 한 번이라도 마찰하기만 하면 쑤시고 아픈 것을 견디지 못할 지경으로 옷을 입고 진찬례進饌禮를 할 수 없을 것 같아 부득이하게 잠시 진찬의 시기를 미루었고, 소일할 것이 없어서 함께 수작을 하고자 하여 부른 것이다."라 하셨다. 곧 다시 옷깃을 여미고 자리에 기대어 쉬면서 앉아 계시면서 모시는 사람

37 『조선왕조실록』 정조 18년(1794년) 7월 13일 무술조.

에게 명하여 담배를 내어오라 하시고는 "금일 매우 조용하니 함께 생각하고 있는 것을 말할 수 있을 것이다."라고 하교를 하셨다.[38]

(3) 나는 온몸에 뜨거운 기운이 상승하여 등이 뜸을 뜨는 듯 뜨겁고 눈은 횃불같이 시뻘겋고, 숨은 가쁘게 쉴 뿐이다. 시력은 현기증이 심하여 역시 책상에서 힘을 쏟을 수 없다. 더욱 사람으로 하여금 고통을 참지 못하게 한다.[39]

(4) 나는 갑자기 눈곱이 불어나고 머리와 얼굴이 부어오르며 목과 폐가 메마른다. 눈곱이 짓무르지 않을 때 연달아 차가운 약을 먹으면 짓무를 기미가 일단 잦아든다. 대저 태양(太陽)의 잡다한 증세가 모두 소양(少陽)의 여러 경락으로 귀결되어 이근(耳根)과 치흔(齒痕)의 핵(核)이 번갈아 통증을 일으키니, 그 고통을 어찌 형언하겠는가?

[1800년 4월 17일]

(5) 편지를 받고 위안이 되었다. 나는 뱃속의 화기(火氣)가 올라가기만 하고 내려가지는 않는다. 여름 들어서는 더욱 심해졌는데, 그동안 차가운 약제를 몇 첩이나 먹었는지 모르겠다. 앉는 자리 옆에 항상 약바구니를 두고 내키는 대로 달여 먹는다. 어제는 사람들이 모두 알고 있기에 어쩔 수 없이 체면을 차리려고 탕제를 내오라는 탑교(榻敎)를 써 주었다. 올 한 해 동안 황련(黃連)을 1근 가까이 먹었는데, 마치 냉수 마시듯 하였으니 어찌 대단히 이상한 일이 아니겠는가? 이밖에도 항상 얼음물을 마시거나 차가운 온돌의 장판에 등을 붙인 채 잠을 이루지 못하고 뒤척이는 일이 모두 답답하다. 이만 줄인다. [1800년 6월 15일]

• • •

38 『楓皐集』 卷17 別集, 〈迎春玉音記〉 p. 399. 보경문화사, 1988. "六月十四日, 賤臣, 以整理堂上, 與諸堂仕, 進於整理所矣. 是日, 上以有癤候, 命十八日慈宮進饌退期, 仍命賤臣入侍, 上接見於迎春軒之東餘慶軒中, 賤臣問候訖, 上解衣襟示癤處, 胸乳間一帶, 如粟如菉豆, 大小可十餘顆, 皆膿脹. 上揭起膏藥以示之, 玉色甚苦, 敎曰, 如許矣, 今年不知何故甚於近年, 一有摩擦, 不堪刺楚, 無以着衣行禮, 故不得已, 姑退進饌之期, 而無可消遣, 故欲與酬酢, 召之耳. 仍復係衣襟, 倚按息而坐, 命侍者進烟茶, 敎曰, 今日甚從容, 可與言懷矣."

39 임재완 편역, 하영휘 교열 『정조대왕의 편지글』(삼성미술관 Leeum 학술총서, 삼성문화재단, 2004.12.31) p.86 참조.

위의 예들을 보면 정조의 병인은 한두 가지가 아님을 알 수 있다. (1)은 곽란으로 며칠 동안 고생을 하고 있으며, (2)에서는 정조가 직접 김조순에게 가슴과 젖꼭지 사이에 크고 작은 부스럼을 보여주고 있다. 정조는 고름이 가득 찬 부스럼 때문에 스치기만 해도 고통스럽다고 호소하였다. 이 때문에 정조는 공식 일정을 중지하기도 하는데, 이러한 증세가 수년 전부터 있었음을 언급하고 있다. (3)에서는 눈이 시뻘겋고 등은 뜸을 뜨는 듯 아프고 숨이 가쁜 증세를 보여준다. (4)에서는 눈곱이 생기며 머리가 붓고 목과 폐가 마른다고 하였다. (5)에서는 화기火氣가 끓어올라 스스로 조제하여 약을 몇 첩이나 달여 먹는데도 차도가 없고, 열 때문에 잠조차 제대로 이루지 못하는 증세를 언급하고 있다. (1), (4), (5)는 모두 정조가 심환지에게 자신의 병세를 자세하게 알려준 것이고, (2)의 경우, 자신이 측근으로 관리하던 김조순에게 일러준 것이다. 그리고 (3)은 외사촌인 홍취영洪就榮(1759~?)에게 정조가 일러준 내용이다. 이처럼 정조는 자신의 측근과 인척에게 두루 자신의 병세를 일러주고 있거니와, 이들과 인간적으로 가까웠을 뿐만 아니라, 모두 신임하였기 때문에 자신의 병세를 직접 보여주거나 알려주었을 것이다.

『조선왕조실록』은 정조가 6월 초에 등창이 나서 20여 일 만에 사망한 것으로 되어 있다. 하지만 위에서 보듯이 정조의 증세는 복합적이었고, 사망하기 수년 전부터 병마에 시달리고 있었다. 그 수년 동안에 정조의 병세는 호전과 악화가 반복되었다. 이런 사실들을 종합해 보면 정조의 사망은 갑작스러운 일이 아니었다고 해야 할 것이다. 병적일 정도로 일에 집착을 보이는 그의 성격과 항상 따라다니는 격무와 과로, 여기에 사소한 일에도 화를 삭이지 못하는 성격, 잦은 병치레 등이 그의 수명을 단축시킨 것으로 일단 판단이 된다.

당시 정조의 죽음 직후에 의혹이 없지 않았다. 다산 정약용(1762~1836)은 〈기고금도장씨여자사紀古今島張氏女子事〉에서 정조의 사인과 관련하여 독살설을 언급한 바 있다.[40] 비록 다산은 풍문風聞에 기대어 정조의 독살을 간접적으로 제기하였지만, 내심 그것을 믿었던 것 같다. 다산이 〈해랑행海狼行〉과 〈기고금도장씨여자사〉, 그리고 〈염우부鹽雨賦〉을 통해 정조의 독살을 강하게 우의寓意한 것도 이 때문이었을 것이다.[41] 내의원의 수장이었던 심환지가 자신의 먼 친척 사람인 심인沈鏔을 어의로 발탁하여 왕의 진료를 맡게 한 사실, 본디 심환지와 정조가 정치적으로 대립적 관계였다는 점, 왕의 죽음이 갑작스럽게 발생한 점 등 때문에 정조의 죽음에 의문이 일어났던 것이다. 이것이 독살설로 이어졌다. 실제로 영남 남인과 기호의 남인 벽파, 그리고 노론 벽파에 반대되는 입장에서는 정조의 죽음에 의혹을 품을 개연성이 충분하였다.

정조의 사망 이후에 전개된 정치적 파란과 실제로 정조가 이룩해 놓은 개혁 정치의 성과가 훼손되었던 점을 감안하면 정조의 독살설은 공감을 얻을 소지가 있다. 하지만 채제공의 사망 이후 정조의 최측근으로는 벽파계가 있었고, 반면에 남인을 위시한 다른 정파들은 정조의 건강과 관련한 정보를 전혀 접할 수 없었다. 이런 점에서 정조의 죽음과 관련한 풍문은 풍문에 그칠 가능성도 없지 않다. 앞서 언급하였듯이, 정조는 오랫동안 지병이 있었으며, 역의逆醫로 몰렸던 심인의 연훈방烟熏方 역시 정조가 직접 요구한 처방이었다. 더욱이 정조 자신 조제와 처방을 지시할 정도로 의학 지식이 풍부하였다. 정조의 사망 당시 혜경궁 홍씨도 옆에서 정조의 병환과 죽음을 직접 지켜보았다.

이런 등등의 증거와 정황을 의거해서 보면 정조 독살설은 다분히 사실이 아닌

• • •

40 『여유당전서』 1집, 권 17, 〈紀古今島張氏女子事〉 "가경 경신년(필자 주, 1800년) 여름에 우리 정조대왕께서 임종하셨는데, 인동부사仁同府使 이갑회李甲會가 공제(국왕이나 왕비 등이 선왕의 국상에 상복을 벗는 것)가 끝나기 며칠 전에 그 아버지 생일을 위해 잔치를 마련하고 기생을 불렀다. 그리고 장현경의 부자와 함께 놀기를 청하니, 장현경의 어버지가 말하였다. '공제가 아직 끝나기 전인데, 잔치를 벌여 술을 마시는 것은 옳지 못하다.' 그리고 나가서 수리首吏 이방吏房에게 말하기를 '국상이 있은 지 채 얼마 지나지도 않았는데, 이렇게 잔치나 벌이고 술을 마시려 하는가? 때를 보아서 하라고 하시게.' 이에 앞서 장현경 아버지와 부사의 아버지는 성이 다른 친척간이 되어 자주 부에 들러 서로 만나고 들려오는 소문을 이야기하곤 하였다. 장현경의 아버지가 '당시의 정승이 역적 의원 심인을 추천하여 임금을 돌보는 척 하다가 독약을 올려 바치게 하여 정조 대왕이 돌아가셨는데 나는 손수 그 역적 놈을 제거하지 못하는구나.' 하니 이갑회의 아버지가 비분강개하여 눈물을 흘리곤 하였다."(嘉慶庚申夏, 我正宗大王薨, 仁同府使李甲會, 於公除前數日, 爲其父晬日, 設杯酌召妓女, 玄慶父子共歡, 玄慶之父答之曰, 公除未過, 不可宴飮, 出謂首吏曰, 國恤之初, 爲此宴飮, 亦瞻時象而爲之也..先是, 玄慶父與府使之父, 爲異姓親屬, 數入府相見, 言傳聞之說云. 時相, 以逆醫沈醫薦之, 使進毒藥, 吾不能手除此賊, 爲之忼慷流涕.)

41 정조의 독살설을 문학 작품으로 寓意한 것이라 제시한 연구로는 진재교, 「다산茶山의 우언시와 그 성격 – 〈해랑행海狼行〉의 경우」(『고전문학연구』 제26집, 2004년) 참조.

것처럼 생각된다. 이 '어찰첩'은 정조 독살설을 부인하는 쪽에 힘을 실어주고 있다. 그러나 이 문제에 대해서 '어찰첩'에 결정적인 증거가 제시되어 있는 것은 아니다. 궁정 내부에서 일어난 복잡한 사안에 대해서 단정적인 결론을 내리기는 어려운 법이다.

7. 정조와 심환지의 관계

이 '어찰첩'을 통해서 보면 정조와 심환지는 매우 가깝고 인간적인 신뢰와 믿음을 구축한 사이였다. 하지만 임금과 신하라는 공적인 관계로 보면, 둘의 정치적 입장은 달랐다. 그럼에도 불구하고 정조와 심환지는 정치적 입장과 개인적 입장이 상호 맞물리면서 오랜 기간 동안 정치적으로 또한 인간적 동반자로 지냈다. 정조는 심환지를 비중 있는 국정운영의 파트너로 인정하였다. 때문에 정조는 자신이 구상하고 운영하는 탕평정치의 틀 안에서 벽파의 입장을 대변하는 심환지의 의견과 벽파의 정치적 입장을 도외시하지 않았다. 물론 정조는 여러 정파의 의견에도 귀를 기울였다. 심환지는 정조의 정치적 입장에 반대편에 있었지만 정조는 정국의 운영과 자신이 원하는 구상을 실현시키기 위해 심환지와 같은 노련한 정치력을 필요로 한 것으로 이해해 볼 수 있다. 심환지 또한 정조의 국정운영에 꾸준히 협조하였다. 심환지의 손자 심의요沈宜堯가 남긴 조부의 행장은 양자의 관계가 어떠했던가를 잘 보여준다.

> 이 무렵, 국가에서 정승 몽오夢梧 김종수金鍾秀의 상喪이 있자 의리와 두뇌를 잡아 지킬 사람이 없었다. 부군이 사설이 갑자기 일어날 것을 크게 두려워하여 임금님과 어찰을 왕복함으로써 군신상하 사이의 삼십년 동안 굳게 지킨 대의를 낱낱이 진술하였다. 이에 왕께서 수교手教로 대답하기를 별폭에서 말한 것은 경의 말이라고 할 수 있다. 경의 말은 곧 경의 마음이니, 경의 마음은 내 진실로 알고 있다. 매양 경

> 에 대해 내가 마음에 품은 생각을 그대로 드러내었고, 경도 실정實情으로 말하였으니, 내 어찌 거짓말로 답을 하겠는가?[42]

양자는 군신의 관계로서 상호 신뢰에 기반한 국정운영의 파트너였음을 말해준다. 하지만 정조는 국왕이었기 때문에 심환지만 관리한 것은 아니었다. 그는 국왕이라는 위치를 적극 활용하여 각 정파와 자신이 사적으로 구축한 정보망을 통해 널리 많은 정보를 수집하였다. 정조는 노론과 남인, 시파와 벽파 등 각 정파의 정보를 집중할 수 있었기 때문에, 이를 활용하여 자신의 구상대로 각 정파를 이끌어 갔다. 심지어 정조는 이러한 정보를 활용하여 자신의 정치 구상에 반대하거나 자신과 반대편에 있었던 세력을 견제하는 데 활용하기도 하였다. 하지만 심환지는 정조의 지시를 일방적으로 따르지는 않았다. 정조가 벽파의 의리까지 수용하여 정국을 이끌어 간 것은, 심환지와 같은 벽파계의 지속적인 요구가 있었고, 정조와 심환지는 이러한 정치적 문제를 주고받았을 법하다. 정조가 심환지에게 보낸 어찰을 통해 정조의 정국운영 방식, 18~19세기의 정국에 등장한 벽파계의 동향과 특성, 그리고 당대 정치사의 이면과 정조와 그 시대를 재조명하는 계기를 마련할 수 있을 것이다.

정조가 보낸 어찰의 수신자이자, 정조 만년의 정치적 동반자였던 심환지는 정조의 죽음을 어떻게 생각하였을까? 자료상에 보이는 바 그는 정조의 죽음을 누구보다 슬퍼하였다.

> 정조가 세상을 떠나니 부군이 애통해 하며 살고자 하지 않았다. 국상에 상복을 벗은 뒤 집으로 돌아와서 집안사람과 함께 서로 향하여 곡을 하였다. 그때에 흘러내리는 눈물이 물결처럼 얼굴을 덮어 흐르니, 보는 사람이 감동하여 울지 않는 사람이 없었다.

42 경기도박물관 '청송심씨 만포가 기증고문서', 『家狀』, "至是, 國家新喪夢梧金相國, 義理頭腦, 無人執守. 府君大懼邪說之闖作 因宸札往復, 歷陳君臣上下三十年, 固守之大義. 上以手教答曰: '別幅示喻, 可謂卿之言也. 卿之言, 卽卿之心, 卿心, 吾固知之. 每於卿傾困倒廩, 卿旣以實言 吾何以假僞之說答之耶?"

그리고 아침저녁으로 국상國喪의 곡하는 자리에 참여하였다. 슬픔이 이르면 무시로 사실私室에서 곡읍哭泣하니 곁에 있는 사람들이 곡을 그치라고 권할 수도 없었다.[43]

신하된 도리로서 주군의 사망에 슬퍼하는 것으로만 보기에는 애통의 정도가 심한 것으로 느껴진다. 혹시라도 정조의 죽음과 함께 자신의 운명은 물론 자신이 속한 정파의 운명을 예상했기에 그토록 애절해 했던 것은 아닐까. 정조에서 순조로 이행한 18~19세기의 복잡한 정치사의 내부를 섬세하게 읽을 필요가 있다고 하겠다.

8. 맺음말

『정조어찰첩』에 붙인 이 글은 자료 소개를 목적으로 한 해제에 해당하는 것이다. 그런데 실제로는 자료의 내용을 분석하고 논평을 가하기도 했다. 엄격하게 말하면 해제의 체제에서 벗어났다고 할 수 있다. 새로 발굴된 문헌으로서 사회적 관심이 대단히 높았으므로 이에 부응하여 내용을 파고들어 설명을 했으며, 특히 문제점이 된 사안에 대해서는 논증을 한 것이다. 이제 결론에 대신하여 『정조어찰첩』이 문헌으로서 어떤 가치를 갖는지 두 가지를 점을 들어두기로 한다.

첫째, 사료적인 가치이다. 특히 정치사적인 의미다. 한 시기의 따끈따끈한 정치현실이 이 자료에 담겨 있다. 전제군주하의, 그 수뇌부에서 진행된 정치의 실태와 생리를 관찬의 사료는 미화시키거나 소거하기 마련이며, 민간의 기록들은 대체로 현장감을 확보하기 어렵다. 하지만 『정조어찰첩』은 정조의 치세에서 세도정치의 시대로 이행하는 19세기 전후의 정치사를 해명하는 데 긴요한 사료이며,

• • •

43 경기도박물관 '청송심씨 만포가 기증고문서',『家狀』, 〈祖考文忠公晩圃軒府君家狀〉 "正廟賓天, 府君哀慟不欲生. 公除後始歸家, 與家人相向而哭. 涕泣汎瀾,被面, 見者莫不感泣, 朝夕必參哭班. 哀至則無時哭泣於私室, 傍人未能勸止也."

군주제시대의 현실정치를 인식하는 이론적인 과제에도 크게 참고가 될 것이다.

둘째, 문화적인 가치이다. 정조의 친필 원본 3백 점에 이르는 이 묶음은 그 자체로서 문화재이다. 정조는 물론 전문서예가는 아니지만 서예의 품격이 높은 것으로 인정을 받아왔다. 내용적인 의미까지 고려하면 중요한 문화재로서 평가하는 것이 마땅하다. 예전에는 어필이라면 그 자체로 특별한 의미를 가지고 있었고 더없이 귀중하게 여겼다. 지금 달라진 사회에서 어필의 의미 또한 예전과는 많이 달라졌으나 이 다량의 집적물은 유일한 것이므로 그 가치를 높이는 조건이다.

또한 이것은 문화적 의미를 부여할 수 있다. 앞서 '편지정치'라는 용어를 썼지만 폭넓게 보아서 편지문화에서 파생된 형태라고 하겠다. 편지문화는 전통적인 교양에서 나온 것인데 정조는 편지문화를 정치적으로 적절히 활용했던 셈이다. 이 '어찰첩'은 정조의 교양수준을 반영하는 것임은 물론이다. 서예의 측면에서 가치를 말했지만 문학적인 면에서도 평가할 수 있으며, 글쓰기의 방식이나 문체 등도 주목할 필요가 있다.

이 '어찰첩'의 원본은 현재 어느 분이 소장하고 있다. 소중한 문헌을 고이 보관하고 있으면서 연구자를 위해 제공하고 또 사회적으로 공개함에 선선히 동의하신 데 깊은 감사를 드린다. '어느 분'이라는 표현을 쓴 것은 당사자가 성명을 밝히기를 고사하신 때문이다. 겸손하신 태도에 거듭 경의를 표해 마지않는다.

본 자료의 정리 연구 작업에 진재교 교수, 안대회 교수, 이상하 교수, 김문식 교수, 최병준 선생, 백승호 선생, 박철상 선생, 장유승 선생 등 여러 분이 동참해서 학구적인 열성과 노고를 아끼지 않았다. 지난번에 가졌던 『정조어찰첩』 관련 학술회의는 그 연구의 중간결과를 발표한 것이거니와, 지금 이 책으로 매듭이 지어지는 것이다. 그리고 발표 논문들은 따로 『대동문화연구大東文化硏究』의 특집으로 수록될 예정이다. 관심을 더 갖는 독자들은 이 논문집을 참조해주시기 바란다.

丁巳六月二十四日

丁巳六月二十四日

丁巳六月二十四日
丁巳六月二十四日
丁巳六月二十四日
丁巳六月二十四日
丁巳六月二十四日
丁巳六月二十四日
丁巳六月二十四日
丁巳六月二十四日